Stephen R. Covey
Der 8. Weg

Stephen R. Covey

Der 8. Weg

Mit Effektivität zu wahrer Größe

Mit 8 Filmen auf DVD

Aus dem Englischen von Ingrid Proß-Gill

11., überarbeitete Auflage

GABAL FranklinCovey®

Die amerikanische Originalausgabe »The 8th Habit« erschien 2004 bei Free Press, New York, USA.

Bibliografische Information der Deutschen Nationalbibliothek

Die Deutsche Nationalbibliothek verzeichnet diese Publikation in der Deutschen Nationalbibliografie; detaillierte bibliografische Informationen sind im Internet über http://dnb.d-nb.de abrufbar.

ISBN 978-3-86936-895-5

Lektorat: Claudia Franz | www.info@text-it.org
Umschlaggestaltung: Martin Zech Design, Bremen | www.martinzech.de
Satz und Layout: Das Herstellungsbüro, Hamburg | www.buch-herstellungsbuero.de
Druck und Bindung: Salzland Druck, Staßfurt

11., überarbeitete Auflage 2018

www.gabal-verlag.de
www.franklincovey.de
www.franklincovey.ch
www.franklincovey.at

Inhalt

UMSETZUNG – KOORDINATOR UND COACH SEIN

DAS ZEITALTER DER WEISHEIT

Anhänge

Vorwort zur deutschen Ausgabe

In unserer Gesellschaft werden Sinnhaftigkeit, Leidenschaft, Vision und Gewissen immer wichtiger, wenn man langfristig erfolgreich und zufrieden sein möchte. Es geht dabei um Leadership, um persönliche und berufliche Sinnhaftigkeit in verantwortungsvollen Positionen. Dr. Stephen R. Covey zeigt uns in diesem Buch, dass Führung immer eine Frage der Wahl ist, nicht der Position. Und er vermittelt, wie man die persönliche Ausrichtung immer wieder überdenkt, neue sinnhafte Ziele entdeckt und die Verantwortung für den Weg zu wahrer Größe übernimmt. Dabei ist es wichtig, alle Ebenen des Menschseins – Körper, Geist, Verstand und Emotionen – zu betrachten sowie die eigene innere Stimme zu entdecken und einzusetzen, um so auch andere zu inspirieren.

Wer neue Wege gehen möchte, braucht Visionen und Werte, Geduld und Disziplin. Dabei will Ihnen dieses Buch helfen. Viel Freude beim Lesen und Umsetzen dieses zeitlosen Prinzips.

Behalten Sie dabei das Ziel im Auge, und denken Sie daran: Veränderungen passieren nicht von heute auf morgen. Wenn wir Sie dabei unterstützen können, lassen Sie es uns wissen.

Hans-Dieter Lochmann
President und CEO
FranklinCovey Leadership Institut GmbH, Grünwald
Deutschland | Schweiz | Österreich

info@franklincovey.de
www.franklincovey.de
www.franklincovey.at
www.franklincovey.ch

Für jene Bescheidenen, Mutigen, »Großen« unter uns, die beispielhaft vorleben, dass Führung eine Frage der Wahl ist, nicht der Position.

Dank

Wenn man einen neuen Beitrag leisten möchte, braucht man eine ganz neue Vorbereitung. Das gehört zu den wichtigsten Dingen, die ich je gelernt habe. Jedes wichtige Schreibprojekt, mit dem ich mich befasst habe, hat dieses Prinzip untermauert. Dennoch vergisst man das nur allzu leicht. Als ich vor fünf Jahren mit der Arbeit an diesem Buch begann, war ich guter Dinge.

Ich dachte, ich könnte mich dabei auf meine Studien, meine Lehrtätigkeit und meine Arbeit als Berater im Bereich der Führung stützen. Schließlich hatte ich mein ganzes Berufsleben damit verbracht. Deshalb war ich überzeugt, der Text würde mir in ein paar Monaten »aus der Feder fließen«. Nachdem mein Team und ich die Inhalte für dieses Buch über ein Jahr lang gelehrt und niedergeschrieben hatten, lag ein erster Entwurf vor. Wir waren überglücklich und dachten, wir hätten es endlich geschafft. Doch dann erlebten wir das, was Bergsteiger nur zu gut kennen: Wir waren noch lange nicht auf dem Gipfel, sondern wir hatten gerade mal den ersten Anstieg geschafft. Von diesem neuen Aussichtspunkt hart verdienter Erkenntnisse konnten wir Dinge sehen, die uns bis dahin verborgen geblieben waren. Also richteten wir unseren Blick auf den »wirklichen« Gipfel und begannen mit der nächsten Etappe.

So ging es uns noch unzählige Male: Immer wieder glaubten wir, den Gipfel erreicht zu haben. Wir waren überzeugt, dass das Buch nun »fertig« sei. Doch jedes Mal mussten wir feststellen, dass wir lediglich auf eine weitere entscheidende Ebene der Erkenntnis gelangt waren und noch ein weiterer steiler Anstieg auf uns wartete.

Ein Blick in die Geschichte zeigt: Die größten und inspirierendsten Leistungen bei der Bezwingung von Bergen sind nicht das Werk Einzelner. Sie sind das Ergebnis echter Teamarbeit. Sie beruhen auf der außergewöhnlichen Stärke kooperativer, hochtalentierter, gut vorbereiteter *Teams*, deren Mitglieder einander und der gemeinsamen Vision *bis zum Ende* loyal verbunden blieben. Die meisten Gruppen, die den Mount Everest besteigen wollten, scheiterten. Den Gipfel haben nur ganz wenige erreicht. Fast alle brechen ihr Vorhaben ab, wenn sie durch die extremen Bedingungen an ihre Grenzen getrieben werden. Bei unserem fünf Jahre währenden Aufstieg zur Vollendung dieses Buchs sah es nicht anders aus. Ohne die Entschlossenheit und die feste innere Verpflichtung, Geduld, Ermutigung und die synergetischen Beiträge des bemerkenswerten Teams, das mir zur Seite stand, wäre das Buch niemals so geworden, *wie* es ist. Mehr noch: Dieses Buch wäre nie vollendet worden!

Daher gilt den folgenden Personen mein tief empfundener Dank für ihre Beiträge zu diesem Buch:

- Zehntausenden von Menschen auf der ganzen Welt, denen das Projekt wichtig genug war, um uns ehrliches Feedback zu geben. Sie haben uns bereitwillig ihre Zeit geschenkt und uns von ihren wahren Problemen, Schmerzen und Hoffnungen erzählt. Mit ihrer Hilfe konnte ich allmählich eine »Bergkette« des Lernens erklimmen. Dieser Aufstieg führte mich zu immer neuen Erkenntnissen und stellte die Geduld meines Teams immer wieder auf die Probe.
- Boyd Craig, der sich fünf Jahre lang mit Leib und Seele in den Dienst dieser Sache stellte. Ich danke ihm für seine Leidenschaft und Hingabe beim Redigieren; dafür, dass er alle Bereiche dieses so umfangreichen Teamprojekts managte; für seine Führung und seine synergetische Partnerschaft mit unserem Verleger, unserer Agentin und innerhalb unserer Firma; und ganz besonders für seine Spiritualität, Urteilskraft, Flexibilität, Geduld und Fachkenntnis. Auch seiner Frau, Michelle Daines Craig, möchte ich für ihre wundervolle positive Einstellung, ihre nie endende Unterstützung und all die Opfer, die den »Gipfelmarathon« erst möglich machten, von ganzem Herzen danken.
- Den Leuten in meinem Büro und dem ganzen Assistenzteam: Patti Pallat, Julie Judd Gillman, Darla Salin, Julie McAllister, Nancy Aldridge, Kara Foster Holmes, Luci Ainsworth, Diane Thompson und Christie Brzezinski. Ihnen danke ich für ihren wirklich außergewöhnlichen Einsatz, ihre Loyalität, ihre unermüdliche Unterstützung bei der Verwirklichung des Projekts und ihre erstklassige Professionalität.

- Meinen engagierten Partnern bei FranklinCovey, allen voran Bob Whitman und meinem Sohn Sean, für die aufmerksame, tief schürfende Durchsicht des endgültigen Manuskripts und das wertvolle Feedback.
- Edward H. Powley, der mir bei der Sichtung der Literatur zum Thema Führung unschätzbare Dienste leistete.
- Richard Garcia und Mike Robins, die mich bei meinen Forschungen unermüdlich unterstützten.
- Tessa Meyer Santiago für ihre redaktionelle Hilfe bei den frühen Fassungen des Buchs.
- Sherrie Hall Everett für ihre unermüdliche Arbeit bei der immer wieder neuen Gestaltung der Abbildungen.
- Brad Anderson, Bruce Neibaur, Micah Merrill und vielen anderen talentierten Kolleginnen und Kollegen, die im Laufe der Jahre die treibenden kreativen Kräfte hinter den preisgekrönten Filmen auf der beiliegenden DVD waren.
- Greg Link für seine visionäre Genialität bei der Vermarktung und seine fortwährende innere Verpflichtung auf unser Leitbild und dieses Projekt.
- Meinem Sohn Stephen, von dem ich so viel über Vertrauen gelernt habe – durch sein eigenes Beispiel und durch die Erforschung der theoretischen und praktischen Grundlagen.
- Meiner wundervollen Literaturagentin Jan Miller und ihrer Partnerin Shannon Miser-Marven für ihren jahrelangen Einsatz und ihre Fürsprache.
- Bob Asahina, meinem zuverlässigen langjährigen Redakteur, der mich immer wieder daran erinnerte, dass ich aus meinem eigenen Kopf herauskommen und immer dort anfangen muss, wo der Leser steht.
- Unseren geschätzten Partnern beim Verlag Simon & Schuster – besonders Carolyn Reidy, Martha Levin, Suzanne Donahue und Dominick Anfuso. Danke, dass ihr mich bei dem langwierigen Aufstieg trotz einer Reihe von Irrwegen nicht im Stich gelassen habt.
- Meiner geliebten Frau Sandra sowie meinen Kindern und Enkeln. Sie wurden durch dieses beinahe endlose Buchprojekt an den Rand der Verzweiflung getrieben. Doch sie haben sich dafür entschieden, zu lächeln und mich zu ermutigen, anstatt mir den Hals umzudrehen. Außerdem danke ich meinem geliebten Großvater Stephen L. Richards und meinen verehrten Eltern, Stephen G. und Louise

Richards Covey. Dank gebührt auch meinen lieben Geschwistern Irene, Helen Jean, Marilyn und John, die seit meiner Kindheit großen Einfluss darauf hatten, wer ich geworden bin.

- Gott, unserem Vater, für seinen Plan, der Glück für *alle* seine Kinder vorsieht.

KAPITEL 1

Der Schmerz

Stimmen wie diese hören wir immer wieder:

»Ich habe gar kein Privatleben mehr. Ich fühle mich total ausgebrannt und leer.«
»Niemand schätzt mich wirklich. Mein Chef hat nicht die leiseste Ahnung von meinen Fähigkeiten.«
»Ich habe nicht das Gefühl, gebraucht zu werden – nicht bei der Arbeit und auch nicht von meinen Kindern, meinen Nachbarn, der Gemeinde oder meiner Frau. Die braucht mich höchstens, um die Rechnungen zu bezahlen.«
»Ich stecke im Hamsterrad des Alltags fest. Es ist immer der gleiche Trott.«
»Ich bin frustriert und mutlos.«
»Ich verdiene einfach nicht genug. Es reicht kaum zum Leben. Irgendwie komme ich überhaupt nicht voran.«
»Vielleicht bin ich einfach nicht gut genug.«
»Nichts von dem, was ich mache, ist wirklich wichtig.«
»Ich fühle mich innerlich leer. Mein Leben hat keinen Sinn. Irgendwie fehlt was.«
»Ich bin wütend. Und ich habe Angst! Ich kann es mir absolut nicht leisten, meinen Job zu verlieren.«
»Ich bin einsam und allein.«
»Alles ist immer nur dringend. Ich halte diesen Stress nicht mehr aus!«
»Nur Mikromanagement. Ständig kontrolliert mich mein Chef – ich ersticke einfach!«
»Der ganze sinnlose Kleinkrieg – das macht mich richtig krank.«
»Ich langweile mich, vertreibe mir bloß die Zeit. Die Arbeit macht mir einfach keinen Spaß.«

»Ständig diese Hetze, die Jagd nach Erfolg. Dieser ungeheure Druck, die gewünschten Resultate zu liefern. Ich habe einfach nicht genug Zeit und Ressourcen, um das alles zu schaffen.«

»Meine Frau versteht mich nicht, die Kinder hören mir nicht zu und machen einfach nur, was sie wollen. Zu Hause bin ich kein bisschen besser dran als bei der Arbeit.«

»Ach, ich kann ja doch nichts ändern ...«

Ob im Privatleben oder im Beruf: Das sind die Worte von Millionen von Menschen – von Eltern, Arbeitern, Dienstleistern, Managern, Experten und Führungskräften auf der ganzen Welt. Sie alle kämpfen darum, in der neuen Realität des Wissenszeitalters nicht unterzugehen. Der Schmerz ist *persönlich* – und sitzt tief. Vielleicht sprechen Ihnen viele dieser Menschen aus der Seele? Carl Rogers hat recht, wenn er sagt: »Gerade das Persönlichste ist das Allgemeinste.«[1]

Natürlich gibt es durchaus Menschen, die sehr viel Kraft in ihre Arbeit stecken, wichtige Beiträge leisten und dadurch auch wieder Kraft gewinnen. Es sind aber viel zu wenige! Ich stelle meinen Zuhörern oft die Frage: »Wie viele von Ihnen denken, dass die große Mehrheit der Leute in Ihrem Unternehmen über weitaus mehr Talent, Intelligenz, Fähigkeiten und Kreativität verfügt, als ihr derzeitiger Job erfordert oder auch nur zulässt?« Die überwältigende Mehrheit hebt die Hand – und zwar überall auf der Welt. Die meisten bestätigen auch, dass sie unter einem enormen Druck stehen, mehr für weniger produzieren zu müssen. Ist das nicht unglaublich? In einer ungeheuer komplexen Welt sollen die Leute immer mehr für immer weniger produzieren. Aber man erlaubt ihnen einfach nicht, ihre Talente und ihre Intelligenz einzusetzen.

In *Unternehmen* und *Organisationen* zeigt dieser Schmerz sich am deutlichsten in der Unfähigkeit, sich auf Prioritäten zu *konzentrieren* und sie *umzusetzen*. Harris Interactive, die Begründer der Harris Poll, haben das in einer Studie bestätigt. Für ihre Studie befragten sie 23 000 Einwohner der USA, die Vollzeitstellen in *Schlüsselbranchen*[2] und *Schlüsselbereichen*[3] hatten. Dazu nutzten sie den so genannten xQ-Fragebogen. xQ steht für *Execution Quotient*, also für »Umsetzungsquotient«.*

---

* Die Ergebnisse der Studie von Harris Interactive, bei der 23 000 Angestellte, Manager und Führungskräfte den xQ-Fragebogen ausfüllten, werden in Anhang 4 eingehend erläutert.

Die Ergebnisse der Studie waren wirklich erstaunlich:

- Nur 37 Prozent der Befragten gaben an, genau zu wissen, welche Ziele ihr Unternehmen erreichen will und weshalb.
- Nur 20 Prozent waren von den Zielen ihres Teams und ihres Unternehmens überzeugt.
- Nur 20 Prozent der Mitarbeiter sagten, ihre eigenen Aufgaben seien klar auf die Ziele ihres Teams und ihres Unternehmens ausgerichtet.
- Nur 50 Prozent waren am Ende der Woche mit der von ihnen geleisteten Arbeit zufrieden.
- Nur 15 Prozent meinten, dass ihr Unternehmen sie rückhaltlos dabei unterstützt, Schlüsselziele zu erreichen.
- Nur 15 Prozent hatten das Gefühl, dass in ihrem Unternehmen viel Vertrauen herrscht.
- Nur 17 Prozent glaubten, dass ihr Unternehmen eine offene Kommunikation fördert, bei der auch abweichende Meinungen geschätzt werden, sodass neue, bessere Ideen entstehen.
- Nur zehn Prozent waren der Ansicht, dass ihr Unternehmen die Mitarbeiter für ihre Ergebnisse verantwortlich macht.
- Nur 20 Prozent hatten uneingeschränktes Vertrauen zu der Organisation, für die sie arbeiteten.
- Nur 13 Prozent hatten wirklich kooperative, von großem Vertrauen geprägte Arbeitsbeziehungen zu anderen Teams oder Abteilungen.

Übertragen auf eine Fußballmannschaft hieße das: Bloß vier der elf Spieler wüssten, welches Tor ihr eigenes ist. Nur zweien der elf Spieler wäre das überhaupt wichtig. Lediglich zwei würden ihre Position kennen und genau verstehen, was sie tun sollen. Aber neun der elf Spieler würden auf die eine oder andere Weise gegen ihre Mannschaftskameraden antreten – und nicht gegen das gegnerische Team.

Diese Zahlen machen einen wirklich nachdenklich. Sie stimmen mit meinen Erfahrungen mit den verschiedensten Organisationen und Unternehmen auf der ganzen Welt überein. Trotz des technischen Fortschritts, der vielen Produktinnovationen und der globalen Märkte verkümmern die meisten von uns in ihrem Job. Sie sind weder erfüllt noch begeistert von ihrer Arbeit. Im Gegenteil: Sie sind frustriert. Ihnen ist nicht klar, wie die Ziele ihres Unternehmens und ihre obersten Prioritäten aussehen. Sie haben das Gefühl, in einer Sackgasse zu stecken. Und das Schlimmste ist: Sie glauben nicht, dass sie viel an dieser Situation ändern können. Können Sie sich vorstellen, wie viel Geld verschwendet wird, weil man die Leidenschaft, das Talent und die Intelligenz der Mitarbeiter nicht richtig ausschöpft? Die Kosten sind gigantisch. Sie übersteigen die Summe aller Steuern, Zinszahlungen und Arbeitskosten bei Weitem!

Weshalb ein 8. Weg?

Seit dem Erscheinen von *Die 7 Wege zur Effektivität* im Jahr 1989 hat sich die Welt radikal verändert. Ob in unserem persönlichen Leben, in unseren Beziehungen, in unseren Familien oder im Beruf und in den Unternehmen: Heute sind die Herausforderungen sehr viel größer und komplexer.

1989 war ein ganz besonderes Jahr: Einerseits fiel damals die Berliner Mauer. Andererseits betrachten viele 1989 als Beginn des Informationszeitalters – als Geburtsstunde einer völlig anderen Wirklichkeit, als wahre Zeitenwende … als Anfang einer ganz neuen Ära.

Ich bin oft gefragt worden, ob die 7 Wege in der neuen Realität unserer Zeit überhaupt noch von Bedeutung sind. Meine Antwort war immer die gleiche: Je größer die Veränderungen und je schwieriger die Herausforderungen, desto *wichtiger* werden die 7 Wege! Denn hier geht es nicht nur um hohe *Effektivität*, sondern auch um ein *vollständiges* Gefüge universeller, *zeitloser* Charakter- und Effektivitätsprinzipien.

Heute steht es dem Einzelnen und den Unternehmen nicht mehr frei, sich für Effektivität zu entscheiden. Sie haben keine Wahl. Sie *müssen* effektiv sein. Doch wenn wir in dieser neuen Wirklichkeit überleben wollen, wenn wir in ihr wachsen, uns weiterentwickeln und eine Führungsrolle übernehmen wollen, reicht Effektivität allein nicht aus. Die neue Ära verlangt *Größe*, sie ruft nach *Erfüllung*, einer *leidenschaftlichen Umsetzung* und *bedeutsamen Beiträgen*. Diese Faktoren gehören zu einer anderen Ebene, einer anderen *Dimension*. Sie sind von völlig anderer Art. Nehmen wir beispielsweise die *Bedeutsamkeit*. Sie unterscheidet sich vom *Wesen* her, nicht aber im *Ausmaß* vom Erfolg. Wer die höheren Bereiche der menschlichen Kreativität und der Motivation erschließen, wer die *innere Stimme* entdecken will, der braucht neue Denkweisen und Einstellungen, neue Fähigkeiten und Techniken, neues Werkzeug – kurz gesagt: einen neuen Weg.

Der 8. Weg ist also keine Ergänzung der 7 Wege. Er ist kein weiterer Weg, der bisher vergessen wurde. Vielmehr geht es darum, den 7 Wegen die Kraft einer *dritten Dimension* zu verleihen, ohne die wir die zentralen Herausforderungen des neuen Zeitalters der Wissensarbeit nicht meistern können. Der 8. Weg wird Ihnen dabei helfen, *Ihre innere Stimme zu finden*. Und: Er wird es ihnen ermöglichen, auch *andere dazu zu inspirieren, ihre innere Stimme zu erkennen*.

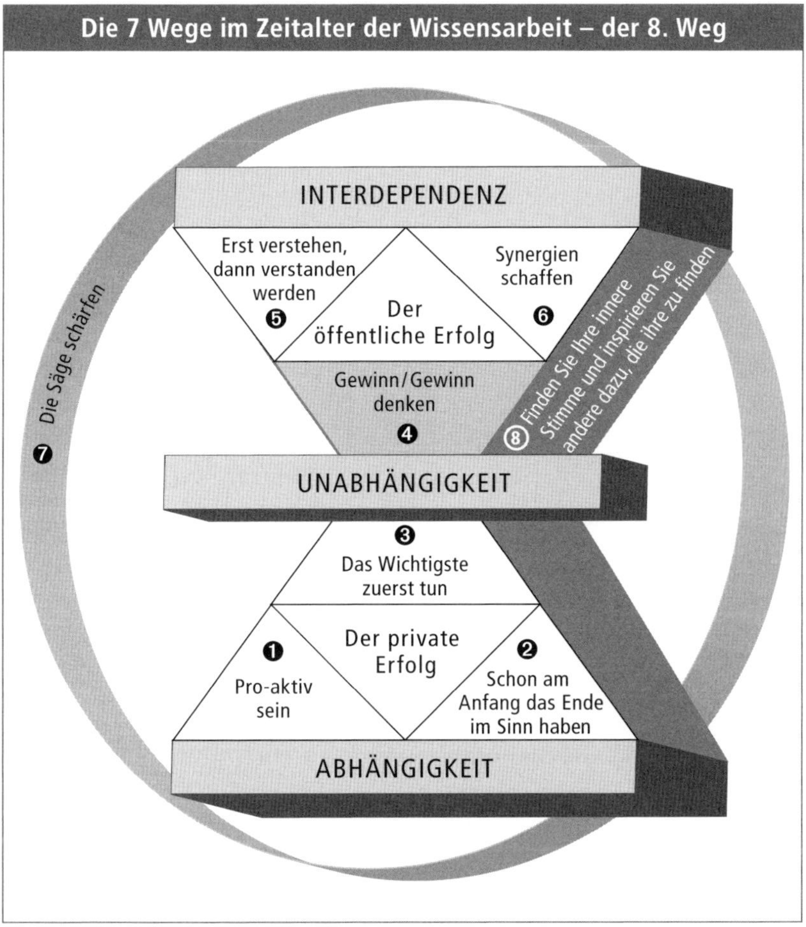

Abb. 1.1

Der 8. Weg führt uns zu einer wirklich vielversprechenden Seite unserer heutigen Realität. Sie steht in scharfem Kontrast zu dem Schmerz und der Frustration, von denen gerade die Rede war. Es ist eine zeitlose Realität: die Stimme der menschlichen Seele – voller Hoffnung und Intelligenz, von Natur aus widerstandsfähig und grenzenlos in ihrem Potenzial, dem Wohl der Allgemeinheit zu dienen. Diese innere Stimme existiert auch in den Organisationen und Unternehmen, die überleben und wachsen und die Zukunft der Welt maßgeblich beeinflussen werden.

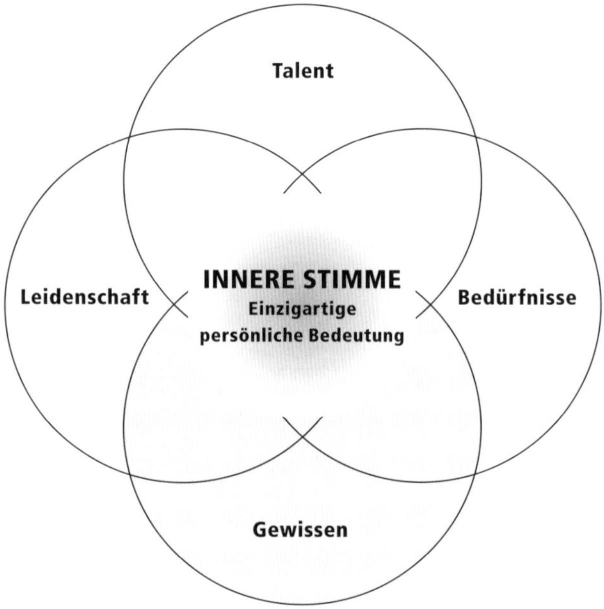

Abb. 1.2

Innere Stimme? Was heißt das genau? Mit der inneren Stimme ist die *einzigartige persönliche Bedeutung* eines Menschen gemeint. Diese Bedeutung zeigt sich immer dann, wenn wir vor großen Herausforderungen stehen. Sie hilft uns dabei, diese Herausforderungen zu meistern.

Wie Abbildung 1.2 zeigt, liegt unsere innere Stimme genau in der Schnittmenge von *Talent, Leidenschaft, Bedürfnissen* und *Gewissen.* Mit *Talent* sind unsere natürlichen Gaben und Stärken gemeint; *Leidenschaft* bezieht sich auf die Dinge, die uns Kraft geben, die uns begeistern, motivieren und inspirieren; zu den Bedürfnissen gehören nicht nur unsere eigenen, sondern auch die, die von außen an uns herangetragen werden; und das *Gewissen* ist jene leise Stimme in uns, die uns sagt, was richtig ist, und uns dazu bewegt, entsprechend zu handeln. Wenn wir eine Aufgabe übernehmen, die unser Talent zur Entfaltung bringt und unsere Leidenschaft weckt, eine Aufgabe, die aus einem großen Bedürfnis in der Welt erwächst und zu deren Erfüllung unser Gewissen uns drängt, dann liegt genau darin unsere innere Stimme, unsere Berufung, der Code unserer Seele.

In jedem von uns schlummert eine tiefe, ursprüngliche Sehnsucht, seine innere Stimme zu finden. Das zeigt sich ganz besonders in der exponentiellen, revolutionären Ausbreitung des Internets. Man kann das Internet als perfektes Symbol für die neue Welt betrachten, für die Wirtschaft im Zeitalter der Informationen und der Wissensarbeit und für die dramatischen Veränderungen, die stattgefunden haben. In ihrem 2000 erschienenen Buch *Das Cluetrain Manifest* schreiben die Autoren Levine, Locke, Searls und Weinberger:

> *Wir alle finden unsere eigene Identität wieder. Wir lernen, wieder miteinander zu reden … Innerhalb und außerhalb der Unternehmen ist inzwischen eine Form der Konversation zu beobachten, die noch vor fünf Jahren gar nicht stattfand und die seit der industriellen Revolution kaum in Erscheinung getreten war. Nun, da diese Form des Miteinandersprechens, die via Internet und World Wide Web den gesamten Planeten umspannt, so gewaltig und facettenreich ist, ist es geradezu müßig, herausfinden zu wollen, worum es geht. Denn es geht um seit Milliarden von Jahren aufgestaute Hoffnungen und Ängste und Träume, verschlüsselt in verdrillten DNA-Strängen. Es ist das kollektive Déjà-vu unserer kaum zu begreifenden und verblüffenden Spezies. Es ist etwas Altertümliches, Elementares, Heiliges und eine ziemlich lustige und witzige Angelegenheit, was da in den Strippen, Drähten und Kabelkanälen des 20. Jahrhunderts losgetreten wurde. Es existieren Millionen »roter Fäden« oder Threads. Doch am Anfang und am Ende eines solchen Thread steht immer ein Mensch. … Ein so leidenschaftliches Verlangen nach dem Web zeugt von einer sehr intensiven Sehnsucht, die nur noch spirituell begründet werden kann. Sehnsucht ist ein Indiz dafür, dass es unserem Leben an etwas mangelt. Wir vermissen den Klang der menschlichen Stimme. Die spirituelle Verlockung des Web ist die Aussicht darauf, diese Stimme wiederzufinden.*[4]

Statt die *innere Stimme* jetzt noch genauer zu beschreiben, möchte ich sie lieber durch die wahre Geschichte eines Mannes veranschaulichen. Dieser Mann ist Muhammad Yunus, der Gründer der Grameen Bank. Die Grameen Bank ist eine einzigartige Organisation, deren einziger Daseinszweck die Vergabe von Kleinstkrediten an die Ärmsten der Armen in Bangladesch ist. Als ich Muhammad Yunus kennenlernte, fragte ich ihn, wann und wie seine Vision entstanden ist. Da meinte er, dass es zunächst gar keine Vision gab. Er hätte schlichtweg einen Menschen mit einem Bedürfnis gesehen. Also hätte er einfach versucht, dieses Bedürfnis zu erfüllen. Erst dann hätte sich die Vision allmählich entwickelt. Seine Vision von einer Welt ohne Armut entstand durch eine Begebenheit auf den Straßen von Bangladesch. Bei einem Interview für meine Kolumne zum Thema Führung[5] erzählte er mir die folgende Geschichte:

Der Beginn liegt 25 Jahre zurück. Damals war ich an einer Universität in Bangladesch Dozent für Volkswirtschaft. Das Land litt unter einer furchtbaren Hungersnot und ich fühlte mich schrecklich. Im Hörsaal trug ich, mit der Begeisterung eines frisch gebackenen Doktors aus den USA, all die tollen Wirtschaftstheorien vor. Doch draußen sah ich überall bis auf die Knochen abgemagerte Menschen – Menschen, die auf ihren Tod warteten.

Alles, was ich gelernt hatte und lehrte, war offenbar nur schöner Schein. Es hatte keinerlei Bedeutung für das Leben der Menschen. Daher fing ich an zu recherchieren, wie die Leute in dem Dorf lebten, das unmittelbar an das Universitätsgelände angrenzte. Ich wollte herausfinden, ob ich irgendetwas tun konnte, um den Tod hinauszuzögern oder zu verhindern. Es hätte mir schon gereicht, nur das Leben eines einzigen Menschen zu retten. Ich gab die Vogelperspektive auf, aus der wir die Dinge von oben sehen – vom Himmel herab. Stattdessen wechselte ich in die Froschperspektive, sodass ich alles aus der Nähe sah, es riechen und berühren konnte, um eventuell helfen zu können.

Dann hatte ich ein Erlebnis, das alles veränderte: Ich begegnete einer Frau, die Stühle aus Bambus anfertigte. Ich sprach lange mit ihr und erfuhr, dass sie nur zwei US-amerikanische Cent am Tag verdiente. Das konnte ich nicht fassen! Wie war es möglich, dass jemand, der so hart arbeitete und so schöne Bambusstühle herstellte, nur einen so winzigen Gewinn machte? Die Frau erklärte mir, dass sie kein Geld hätte, um den Bambus zu kaufen. Deshalb musste sich den Bambus von dem Händler leihen. Er verlangte, dass sie ihre Stühle ausschließlich an ihn verkaufte – und zwar zu einem Preis, den er bestimmte.

Deshalb verdiente sie nur zwei Cent am Tag. Sie war praktisch die Leibeigene des Händlers! Und wie viel kostete der Bambus? Sie sagte: »Oh, ungefähr 20 Cent. Besonders guter 25 Cent.« Ich dachte: »Die Leute leiden wegen 20 Cent und man kann nichts dagegen tun?« Erst wollte ich ihr 20 Cent geben, doch dann fiel mir etwas Besseres ein: Ich würde eine Liste aller Leute machen, die Beträge in dieser Größenordnung brauchten. Also zog ich mit einem meiner Studenten tagelang durchs Dorf. Schließlich enthielt unsere Liste 42 Namen. Als ich die Beträge addierte, bekam ich den größten Schock meines Lebens: Die Summe belief sich auf ganze 27 Dollar! Ich schämte mich, weil ich zu einer Gesellschaft gehörte, die 42 hart arbeitenden, geschickten Menschen nicht einmal 27 Dollar zur Verfügung stellen konnte.

Um der Scham zu entkommen, nahm ich das Geld aus meinem Portemonnaie und gab es dem Studenten: »Bringen Sie dieses Geld den 42 Leuten, mit denen wir gesprochen haben. Sagen Sie ihnen, dass es sich um ein Darlehen handelt. Sie müssen es mir aber erst zurückzahlen, wenn ihnen das möglich ist. Inzwischen können sie ihre Produkte überall verkaufen, wo sie einen guten Preis dafür bekommen.«

> *Damit das Böse triumphieren kann, ist nur eins nötig: dass gute Menschen nichts tun.*[6]
>
> EDMUND BURKE

Als die 42 Leute das Geld in den Händen hielten, waren sie überglücklich. Und ich dachte: »Was kann ich noch tun?« Mir fiel die Bankfiliale auf dem Universitätsgelände ein. Ich vereinbarte einen Termin mit dem Zweigstellenleiter und erzählte ihm von den armen Leuten, die ich im Dorf kennengelernt hatte. Dann schlug ich ihm vor, ihnen Geld zu leihen. Das verschlug ihm fast die Sprache.

»Sie sind ja verrückt! Das ist völlig unmöglich! Armen können wir kein Geld leihen, sie sind nicht kreditwürdig!« Ich verlegte mich aufs Bitten: »Versuchen Sie es doch wenigstens. Es sind doch nur kleine Beträge!« Er blieb hart: »Nein. Das wäre gegen unsere Regeln. Die Leute können keine Sicherheiten bieten. Außerdem lohnt sich das Verleihen

so kleiner Summen nicht.« Schließlich empfahl er mir, mich an die hohen Tiere in den Banken in Bangladesch zu wenden.

Das machte ich dann auch. Ich ging zu den Leuten, die im Bankgeschäft etwas zu sagen hatten. Doch überall bekam ich ein striktes Nein zu hören. Nachdem ich mir tagelang die Füße wund gelaufen hatte, bot ich mich schließlich als Bürge an: »Ich stehe für das Darlehen gerade. Ich werde alles unterschreiben, was Sie wollen. Dann können Sie mir das Geld auszahlen und ich gebe es den Leuten, die ich unterstützen will.«

So fing es also an. Die Bankleute warnten mich immer wieder. Sie sagten, dass die Armen das Geld niemals zurückzahlen würden. Ich meinte nur: »Okay, dann lasse ich es eben darauf ankommen!« Und dann kam die große Überraschung: Sie zahlten mir tatsächlich jeden Cent zurück! Also ging ich wieder zum Zweigstellenleiter und sagte: »Sehen Sie nur, sie zahlen das Geld doch zurück. Es gibt kein Problem!« Er aber erwiderte: »Oh nein, sie machen Ihnen nur etwas vor. Bald werden sie mehr Geld nehmen – und das sehen Sie dann nie wieder!« Also gab ich ihnen mehr Geld. Auch das zahlten sie wieder zurück. Als ich das dem Zweigstellenleiter erzählte, zuckte er nur die Schultern:

»Na ja, in einem einzigen Dorf mag das vielleicht funktionieren ... Aber in zwei Dörfern ganz bestimmt nicht!« Daraufhin versuchte ich es in einem anderen kleinen Ort – und auch hier klappte es.

Die Sache wurde gewissermaßen zu einem Wettstreit zwischen mir, dem Zweigstellenleiter und anderen hochrangigen Bankleuten. Sie behaupteten, eine größere Zahl von Dörfern würde zeigen, dass sie Recht hätten. Also verlieh ich Geld in fünf Dörfern – und wieder zahlten alle es zurück. Doch die Bankleute gaben sich nicht geschlagen. Sie sagten: »Zehn Dörfer. 50 Dörfer. 100 Dörfer!« Zwischen uns entwickelte sich ein regelrechter Wettkampf. Ich präsentierte ihnen Ergebnisse, die sie nicht abstreiten konnten. Denn ich arbeitete ja mit ihrem Geld. Sie wollten diese Ergebnisse jedoch nicht akzeptieren. Denn während ihrer Ausbildung hatte man ihnen beigebracht, dass arme Leute nicht zuverlässig sind. Ich war zum Glück nicht so ausgebildet worden. Deshalb konnte ich das glauben, was ich mit meinen eigenen Augen sah. Die die Bankleute aber waren blind – blind durch ihr Wissen.

Schließlich kam ich auf die richtige Idee: Warum versuchte ich eigentlich ständig, sie zu überzeugen? Ich war doch felsenfest davon überzeugt, dass Arme sich Geld leihen und es auch zurückzahlen können. Warum sollte ich also keine eigene Bank gründen? Die Idee begeisterte mich! Ich schrieb mein Konzept auf und beantragte eine Genehmigung bei den Behörden. Nach zwei langen Jahren bekam ich sie endlich.

Am 2. Oktober 1983 wurden wir eine Bank – eine offizielle, unabhängige Bank! Nun konnten wir nach Belieben expandieren. Genau das taten wir auch!

> *Wenn wir durch ein großes Ziel inspiriert werden, durch ein außergewöhnliches Projekt, sprengen unsere Gedanken alle Grenzen. Unser Verstand erhebt sich über alle Schranken, unser Bewusstsein dehnt sich in alle Richtungen aus – und wir finden uns in einer neuen, großartigen, wundervollen Welt wieder.*
>
> AUS DEM JOGASUTRA VON PATANJALI

Heute hat die Grameen Bank in Bangladesch 1267 Filialen mit über 12000 Angestellten und ist in mehr als 46000 Dörfern tätig. Sie hat über 4,5 Milliarden US-Dollar als Darlehen vergeben. Sogar Bettler bekommen Geld, damit sie sich eine Existenz aufbauen können. Die Darlehensbeträge belaufen sich im Durchschnitt auf 12 bis 15 Dollar. Ein Hausbaukredit liegt bei 300 Dollar. Im Bankwesen sind das natürlich kleine Summen. Doch für den Einzelnen bewirken sie unendlich viel.

Die Grameen Bank gewährt jedes Jahr Darlehen im Wert von insgesamt etwa einer halben Milliarde Dollar. Hinter dieser Zahl steckt eine wichtige Botschaft: Diese Summe bedeutet, dass 3,7 Millionen Menschen den Entschluss gefasst haben, ihr eigenes Leben und das ihrer Familien zu verändern; 3,7 Millionen Menschen haben erkannt, dass sie Veränderungen herbeiführen konnten; 3,7 Millionen Menschen erlebten eine schlaflose Nacht und standen am nächsten Morgen zitternd, aber fest entschlossen in einer Filiale der Grameen Bank.

96 Prozent der Darlehen der Grameen Bank gehen an Frauen. Sie haben sich dafür entschieden, selbstständige, unabhängige Unternehmerinnen zu werden. Die Kredite helfen ihnen, Waren zu produzieren, um wirtschaftlich überlebensfähig und erfolgreich zu werden. Sie alle haben ihre innere Stimme *gefunden*!

Ich habe mich mit einigen großen Visionären und Führungspersönlichkeiten auf der ganzen Welt beschäftigt und auch selbst mit ihnen gesprochen. Dabei fiel mir auf, dass Visionen meist dann entstehen, wenn Menschen ein Bedürfnis erkennen, auf ihr Gewissen reagieren und alles daransetzen, es zu erfüllen. Wenn ihnen das gelungen ist, sehen sie ein weiteres Bedürfnis, das sie ebenfalls erfüllen, und das geht dann immer so weiter. Irgendwann fangen sie dann an, darüber nachzudenken, wie sie ihre Bemühungen institutionalisieren können, um sie nachhaltig zu machen.

Muhammad Yunus ist ein gutes Beispiel für diese Vorgehensweise. Er spürte die *Bedürfnisse* anderer Menschen. Dann folgte er seinem *Gewissen* und setzte sein *Talent* und seine *Leidenschaft* ein, um diese Bedürfnisse zu erfüllen. Nachdem er tragfähige Lösungen gefunden hatte, folgte der nächste Schritt: Er institutionalisierte die Fähigkeit, die Bedürfnisse der Gesellschaft zu erfüllen, und gründete die Grameen Bank. Muhammad Yunus fand seine eigene innere Stimme, indem er andere dazu inspirierte, ebenfalls ihre innere Stimme zu finden. Heute breitet sich die Kleinstkredit-Bewegung über die ganze Welt aus.

> *Nur wenige von uns können Großes tun. Doch wir alle können mit großer Liebe kleine Dinge tun.*
>
> MUTTER TERESA

Der Schmerz – das Problem – die Lösung

Ob in Unternehmen und Organisationen jeder Art, in Familien oder in Gemeinden: Am Anfang dieses Buches habe ich den Schmerz beschrieben, den unzählige Menschen heute empfinden.

Mit dem 8. Weg möchte ich Ihnen eine Landkarte an die Hand geben. Eine Landkarte, die Sie von Ihrem Schmerz und der damit verbundenen Frustration zu wahrer Erfüllung, Relevanz, Bedeutung und wichtigen Beiträgen in der neuen Landschaft unserer Zeit führen wird. Kurz gesagt: Mithilfe dieser Landkarte werden Sie *Ihre innere Stimme finden* – nicht nur bei der Arbeit und in Ihrem Unternehmen, sondern in Ihrem ganzen Leben. Wenn Sie mögen, wird der 8. Weg Sie auch dazu befähigen, Ihren Einfluss unabhängig von Ihrer Position erheblich zu erweitern. Wie das geht? Ganz einfach: Indem Sie die Menschen, die Ihnen wichtig sind, Ihr Team und Ihr Unternehmen dazu inspirieren, ebenfalls ihre innere Stimme zu finden und ihre Effektivität, ihr Wachstum und ihre Wirkung *um ein Vielfaches* zu erhöhen. Sie werden entdecken, dass diese Art von Einfluss und Führung aus Ihrer *eigenen Entscheidung* erwächst, nicht aus der Position oder dem Rang.

Aber wie kann man den Schmerz bewältigen und eine dauerhafte *Lösung* erreichen? Die beste und oft auch einzige Möglichkeit, liegt darin, zunächst das Grund*problem* zu verstehen, das den Schmerz verursacht. In unserem Fall resultiert das Problem vor allem aus einem Verhalten, das auf einem unvollständigen oder stark verzerrten Paradigma beruht. Dieses Paradigma höhlt das Wertgefühl der Menschen aus und erstickt ihre Talente und ihr Potenzial.

Die *Lösung* für dieses Problem kann – wie die meisten großen Durchbrüche in der Geschichte der Menschheit – nur aus einer fundamentalen *Abkehr* von alten Denkweisen erwachsen. Das Versprechen dieses Buches ist: Sie werden dieses Problem lösen! Dazu ist es wichtig, dass Sie Geduld aufbringen und sich bemühen, es an der Wurzel zu verstehen. Das ist der Schlüssel, damit Sie Ihr Leben dann an den zeitlosen, universellen Prinzipien ausrichten können, auf denen die hier dargestellte Lösung beruht. Dann wird Ihr Einfluss stetig von innen nach außen wachsen. Sie werden Ihre innere Stimme finden. Zudem werden Sie Ihr Team und Ihr Unternehmen dazu inspirieren, in unserer dramatisch veränderten Welt ebenfalls ihre innere Stimme zu finden.

Der 8. Weg hilft Ihnen, vom Schmerz über das Problem zur Lösung zu kommen. Kapitel 1 skizziert kurz den erschreckenden Status quo unserer Wirklichkeit.

Das nächste Kapitel wird das Kernproblem identifizieren. Ob im persönlichen Bereich, in der Familie oder am Arbeitsplatz, an dem wir den größten Teil unseres Lebens verbringen: Wenn wir dieses tief verwurzelte Problem verstehen, können wir die Herausforderungen, denen wir uns heute gegenübersehen, viel besser meistern. Das geht allerdings nicht ohne geistige Anstrengung! Aber die Investition, sich mit der *menschlichen* Seite dessen zu befassen, was im letzten Jahrhundert in den *Organisationen* passiert ist, wird sich für Sie auszahlen. Denn sie gibt Ihnen das Schlüsselparadigma für das ganze Buch an die Hand. Schritt für Schritt werden Sie Weisheit, Orientierung und Kraft für den Umgang mit den wichtigsten Herausforderungen und Chancen im *persönlichen* Bereich und in Ihren *Beziehungen* erlangen. Also: Halten Sie durch. Es lohnt sich!

Kapitel 3 gibt einen Überblick über den 8. Weg und die Lösung, die dann im Rest des Buches besprochen wird. Zudem finden Sie in diesem Kapitel einige Tipps und Hinweise dazu, wie Sie den größten Nutzen aus dem Buch ziehen können.

Film: »Das Lebenswerk«

Bevor Sie weiterlesen, möchte ich Sie einladen, sich einen kleinen Drei-Minuten-Film mit dem Titel *Das Lebenswerk* anzuschauen. Dieser Film wurde überall in den USA in den Kinos gezeigt. Er wird Ihnen ein paar Augenblicke schenken, in denen Sie über Ihre innere Stimme und die vier damit zusammenhängenden universellen menschlichen Bedürfnisse – zu leben, zu lieben, zu lernen und ein Vermächtnis zu hinterlassen – nachdenken können. Zudem wird er Ihnen das Grundmodell, das fundamentale Paradigma dieses Buchs, vermitteln: das Modell der GANZEN PERSON. Auch in einigen anderen Kapiteln werde ich auf *einen kurzen Film* hinweisen, der Ihnen den Kern des jeweiligen Inhalts vermitteln soll. *Diese Filme – viele wurden mit renommierten nationalen und internationalen Preisen ausgezeichnet – finden Sie auf der beiliegenden DVD.* Manche der gezeigten Geschichten sind wahr, andere Fiktion. Doch alle sind kraftvoll und sehr emotional. Ich bin überzeugt, dass Sie die Inhalte dieses Buchs durch die Filme besser *verstehen und verinnerlichen* können. Außerdem glaube ich, dass Ihnen die Filme gefallen werden. Falls Sie gerade keine Gelegenheit haben sollten, sich die Filme anzusehen, können Sie die entsprechenden Hinweise im Buch einfach überspringen und weiterlesen. Nun viel Vergnügen bei *Das Lebenswerk*!

KAPITEL 2

Das Problem

Wenn die Infrastruktur sich verschiebt, ächzt und knarrt alles.[1]
STAN DAVIS

Wir erleben gerade eine der einschneidendsten Verschiebungen in der Geschichte der Menschheit. Peter F. Drucker, einer unserer anerkanntesten Managementexperten, formuliert das so:

> *In einigen Jahrhunderten, wenn die Geschichte unserer Zeit aus einer langfristigen Perspektive heraus betrachtet wird, werden die Historiker wahrscheinlich weder die Technologie noch das Internet oder den E-Commerce als wichtigstes Ereignis sehen, sondern die großen Veränderungen der Lebenssituation. Zum ersten Mal hat eine große, schnell wachsende Zahl von Menschen die Freiheit, zu wählen. Zum ersten Mal müssen sie sich selbst managen. Und darauf ist unsere Gesellschaft in keiner Weise vorbereitet.*[2]

Wenn wir das Kernproblem und die tief greifenden Auswirkungen von Druckers Prophezeiung verstehen wollen, müssen wir uns zunächst den geschichtlichen Kontext näher ansehen. Dabei sind insbesondere die fünf Zeitalter der Zivilisation wichtig: das Zeitalter der Jäger und Sammler; das Zeitalter der Landwirtschaft; das Industriezeitalter; das Zeitalter der Informationen und der Wissensarbeit; und schließlich das heraufziehende Zeitalter der Weisheit.

Stellen Sie sich bitte kurz vor, dass Sie im Zeitalter der Jäger und Sammler leben. Jeden Tag ziehen Sie mit Pfeil und Bogen oder Steinen los, um Nahrung für Ihre Familie zu beschaffen. Bisher konnten Sie Ihr Überleben nur auf diese Weise sichern. Nun versucht jemand, Sie zu überreden, ein »Bauer« zu werden. Wie würden Sie wohl reagieren?

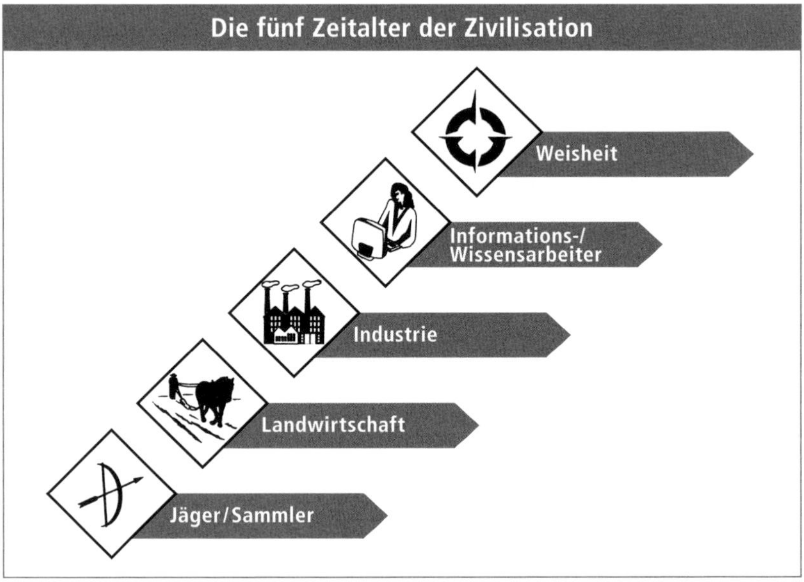

Abb. 2.1

Sie sehen, wie der Landwirt den Boden aufritzt und kleine Samen in die Furchen wirft – aber es tut sich nichts! Sie sehen, dass er den Boden bewässert und Unkraut zupft – und es tut sich immer noch nichts! Doch dann sehen Sie, dass er eine große Ernte einfährt. Sie erkennen, dass sein Ertrag als Landwirt 50-mal so hoch ist wie Ihrer als Jäger und Sammler. Und dabei gelten Sie als einer der besten Jäger und Sammler von allen! Was würden Sie tun? Wahrscheinlich würden Sie sich sagen: »Selbst wenn ich das machen wollte, könnte ich es gar nicht. Ich habe weder die nötigen Fähigkeiten noch das entsprechende Werkzeug!« Sie wissen einfach nicht, wie man als Landwirt arbeitet.

Inzwischen ist der Bauer so produktiv, dass er genug Geld verdient, um seine Kinder zur Schule schicken und ihnen tolle Zukunftschancen zu ermöglichen. Da entschließen Sie sich, auch Ihr Glück als Landwirt zu versuchen. Nach und nach durchlaufen Sie den intensiven Lernprozess des »Bauer-Werdens«. Zudem bringen Sie Ihren Kindern und Enkeln alles bei, was ein Landwirt wissen muss. Genau das passierte in unserer Frühgeschichte. Die Zahl der Jäger und Sammler ging um mehr als 90 Prozent zurück. Man könnte auch sagen: Alle diese Menschen verloren ihre Jobs und mussten sich eine neue Arbeit suchen.

Mehrere Generationen später kommt das Industriezeitalter. Die Menschen bauen Fabriken und lernen, sich zu spezialisieren, zu delegieren und Größenvorteile zu nutzen. Sie bauen Fließbänder und verarbeiten Rohstoffe mit immer größerer Effizienz. Die Produktivität ist jetzt 50-mal so hoch wie bei den Bauern mit den Familienhöfen. Stellen Sie sich jetzt vor, Sie sind ein Bauer und produzieren 50-mal so viel wie die Jäger und Sammler. Doch plötzlich sehen Sie, dass eine Fabrik gebaut wird und 50-mal so viel produziert wie Ihr Hof. Was würden Sie dann machen? Wahrscheinlich wären Sie neidisch, vielleicht würden Sie sich sogar in Ihrer Existenz bedroht fühlen. Aber was würden Sie brauchen, um selbst von den Errungenschaften des Industriezeitalters zu profitieren? Sie benötigen völlig neue Techniken und Werkzeuge, vor allem aber neue Denkweisen, eine neue Mentalität. Da die Fabriken des Industriezeitalters über 50-mal so produktiv waren wie die von den Familien bewirtschafteten Bauernhöfe, sank die Zahl der Bauern um 90 Prozent. Jene, die nicht untergingen, übertrugen die Konzepte des Industriezeitalters auf die Landwirtschaft: Sie entwickelten den industrialisierten Bauernhof. Heute sind nur noch drei Prozent der US-Amerikaner Bauern. Trotz der geringen Anzahl, produzieren sie einen Großteil der Nahrungsmittel für das gesamte Land und die weltweiten Märkte.

Denken Sie, dass die Produktivität im Zeitalter der Informations-und Wissensarbeiter, in das wir jetzt eintreten, erneut um das 50-Fache steigen wird? Ich glaube das. Nathan Myhrvold, der frühere technische Leiter bei Microsoft, drückt das so aus: »Die Spitzenentwickler von Software sind produktiver als die durchschnittlichen Software-Entwickler – nicht um den Faktor 10, 100 oder 1000, sondern um den Faktor 10 000.«

Gute Wissensarbeit ist so wertvoll, dass die Freisetzung ihres Potenzials den Unternehmen außergewöhnliche Chancen zur Wertschöpfung bietet. Deshalb ist die Erschließung des Potenzials Ihrer Kinder von ungeheurem Wert. Wissensarbeit erhöht die Wirksamkeit aller bisherigen Investitionen von Unternehmen, Organisationen und Familien. Mehr noch: Die Wissensarbeiter bilden die Verbindung zu allen anderen Investitionen. Sie sorgen für den nötigen Fokus, enorm große Kreativität und einen wirksamen Hebeleffekt bei der Nutzung dieser Investitionen. So können die Unternehmensziele wesentlich schneller und besser erreicht werden.

Denken Sie, dass das Zeitalter der Wissensarbeit eine Reduzierung der Arbeitskräfte des Industriezeitalters um bis zu 90 Prozent mit sich bringen wird? Ich glaube auch das. Die aktuellen Trends zum Outsourcing und zum Stellenabbau sind nur die Spitze des Eisbergs. Diese Trends sind Gegenstand erbitterter politischer Debatten. Tatsächlich ist der Abbau der im Industriezeitalter vorhandenen Stellen aber nur in geringem Maße durch die Politik und die Freihandelsabkommen bedingt. Er ist in erster Linie auf die dramatische Verschiebung zurückzuführen, die der Weg ins Zeitalter der Wissensarbeit mit sich bringt.

Glauben Sie, dass es für die Berufstätigen von heute eine Bedrohung sein wird, die neuen Denkweisen, Fähigkeiten und Werkzeuge dieses neuen Zeitalters zu erlernen? Und wenn ja? Was würde das *für Sie* bedeuten, um in diesem neuen Zeitalter überleben zu können! Und für Ihr Unternehmen …

Peter F. Drucker vergleicht das Industriezeitalter und das Zeitalter der Wissensarbeit wie folgt:

> *Der wichtigste und tatsächlich einzigartige Beitrag des Managements im zwanzigsten Jahrhundert war die fünfzigfache Steigerung der Produktivität der INDUSTRIEARBEITER.*
>
> *Die Produktivität der WISSENSARBEIT und der WISSENSARBEITER auf ähnliche Weise zu steigern, dürfte sich als der Beitrag erweisen, den das Management im Laufe des 21. Jahrhunderts leisten muss.*
>
> *Das wertvollste Kapital eines Unternehmens im 20. Jahrhundert waren seine Produktionsmittel. Das wertvollste Kapital eines Unternehmens im 21. Jahrhundert, egal ob privatwirtschaftlich oder gemeinnützig, werden seine Wissensarbeiter und deren Produktivität sein.*[3]

Dem großen Historiker Arnold Toynbee zufolge kann man die Geschichte der Gesellschaft und ihrer Institutionen sehr gut mit sechs Worten zusammenfassen: *Nichts scheitert so wie der Erfolg*. Anders ausgedrückt: Wenn wir vor einer Herausforderung stehen, richtig darauf reagieren und sie meistern, nennen wir das Erfolg. Sobald wir aber vor einer neuen Herausforderung stehen, funktioniert die alte Reaktion nicht mehr. Deshalb wird sie als Scheitern bezeichnet. Wir leben zwar im Zeitalter der Wissensarbeiter, aber unsere Unternehmen setzen noch immer auf das Kontrollmodell des Industriezeitalters. Doch dieses Modell unterdrückt die Erschließung des menschlichen Potenzials völlig. Die innere Stimme spielt keine Rolle. Das ist höchst erstaunlich. Denn die Denkweisen des Industriezeitalters, die die heutige Arbeitswelt immer noch bestimmen, werden im Zeitalter der Wissensarbeiter und der New Economy nicht mehr funktionieren. Und Tatsache ist auch: Wir haben diese Kontrollmentalität auch mit nach Hause in unsere Familien genommen. Sie beherrscht den Umgang und die Kommunikation mit unseren Ehepartnern und die Art und Weise, wie wir versuchen, unsere Kinder zu managen, zu motivieren und zu disziplinieren.

Die Denkweise des Industriezeitalters: Fokussierung auf die Dinge

Im Industriezeitalter waren die wichtigsten Wertschöpfungsfaktoren und die Haupttreiber des wirtschaftlichen Wohlstands die Maschinen und das Kapital. Hier standen also *Dinge* im Mittelpunkt. Natürlich ging es nicht ohne Menschen. Doch sie waren ersetzbar. Denn das Angebot überstieg die Nachfrage. Man konnte die Industriearbeiter fast nach Belieben kontrollieren und »verbrauchen«. Die Menschen waren wie Dinge, die so effizient wie nur möglich eigesetzt wurden. Und wenn sie das nicht aushielten, besorgte man sich einfach bessere Körper, die sich den strengen Verfahrensweisen unterwarfen. Man wollte nur den Körper. Nicht aber den Verstand, das Herz oder den Geist eines Menschen. Denn alle drei behinderten die Abläufe und Prozesse des Maschinenzeitalters. Doch wenn man nur den Körper einer Person will, setzt man sie zu einem Ding herab.

Viel zu viele unserer modernen Managementmethoden stammen noch aus dem Industriezeitalter:

- Die Überzeugung, dass man die Leute kontrollieren und managen muss.
- Die Ansicht, dass die Menschen ein Kostenfaktor sind, die Maschinen dagegen Wertschöpfungsfaktoren. Wie absurd! Die Maschinen erscheinen in der Bilanz als Investition, die Leute aber werden den Ausgaben zugerechnet.
- Unsere Philosophie der Motivation durch Zuckerbrot und Peitsche. Die Eselstechnik, bei der man durch ein vorgehaltenes Zuckerbrot,

durch eine Belohnung motiviert und von hinten mit der Peitsche, mit Angst und Bestrafung antreibt.

- Die zentralisierte Budgetierung, bei der man aktuelle Trends in die Zukunft hochrechnet. Dann wird alles getan, dass die projektierten Zahlen erreicht werden und das Geld auch komplett ausgegeben wird. Denn sonst erfolgen im nächsten Jahr Budgetkürzungen. Ein überholter, reaktiver Prozess, bei dem es vor allem darum geht, der eigenen Abteilung den Rücken zu stärken.

Auch viele andere Managementpraktiken stammen noch aus dem Industriezeitalter, wo die Arbeit noch manuell geleistet wurde. Das Problem dabei? Die Manager übertragen das Kontrollmodell des Industriezeitalters auf die Wissensarbeiter. Viele, die Führungspositionen innehaben, erkennen den wirklichen Wert und das wahre Potenzial ihrer Leute nicht. Deshalb *managen sie ihre Leute wie Dinge*. Doch so können sie deren Motivation und Talent nicht erschließen. Was passiert, wenn man die Menschen heute noch wie Dinge behandelt? Das führt zu Kränkungen und Entfremdung. Es entpersonalisiert die Arbeit und erzeugt eine Kultur, in der wenig Vertrauen herrscht, die gewerkschaftlich organisiert und streitsüchtig ist. Und was passiert, wenn wir unsere halbwüchsigen Kinder wie Dinge behandeln? Auch das führt zu Entfremdung und Kränkungen. Die Folgen sind mangelndes Vertrauen, Streit und Auflehnung.

Die abwärts gerichtete Spirale der Ko-Dependenz

Was passiert, wenn man Menschen wie Dinge behandelt? Sie verlieren den Glauben daran, dass man sich für Führung frei entscheiden kann. Die meisten Leute begreifen Führung als Frage der Position. Deshalb sehen sie sich nicht in einer Führungsrolle. Doch persönliche Führung ist eine Frage der Entscheidung. Es ist so, wie die Wahl zu haben, Klavier zu spielen. Diese Freiheit muss man sich verdienen. Dann kann man selbst wählen, ob man eine Führungspersönlichkeit werden will oder nicht.

Viele glauben, dass nur Menschen in Autoritätspositionen entscheiden dürfen, was getan werden muss. Sie sind – vielleicht unbewusst – damit einverstanden, selbst wie ein Ding kontrolliert zu werden. Auch wenn sie ein Bedürfnis erkennen, übernehmen sie nicht die Initiative. Sie handeln nicht. Stattdessen warten sie, bis die Person mit dem offiziellen Titel ihnen sagt, was sie tun sollen. Dann machen sie genau das. Und wenn etwas schief geht? In diesem Fall geben sie ihrem Vorgesetzten die Schuld. Sie schreiben es ihm aber auch zu, wenn alles gut läuft. Ihnen selbst dankt man höchstens für ihre »Mitarbeit und Unterstützung«.

Die Abneigung dagegen, die Initiative zu ergreifen und selbstständig zu handeln, ist weit verbreitet. Sie ist Wasser auf die Mühlen der Führungskräfte, die das Kontrollmodell aus dem Industriezeitalter nutzen. Dadurch fühlen sie sich umso mehr bemüßigt, ihren Untergebenen Anweisungen zu erteilen und sie zu managen. Ihrer Ansicht nach kann man die Leute nur so dazu bringen, etwas zu tun. Dieser Kreislauf spitz sich so lange zu, bis er in einer wechselseitigen Abhängigkeit, der so genannten Ko-Dependenz mündet. Worum es dabei geht? Die Schwächen beider Seiten verstärken das Verhalten der jeweils anderen. Mehr noch: Sie rechtfertigen es sogar. Oder anders gesagt: Je strenger die Manager kontrollieren, desto mehr rufen sie Verhaltensweisen bei den Mitarbeitern hervor, die noch mehr Kontrolle und Management erfordern. Letztlich ist diese Kultur wechselseitiger Abhängigkeit so sehr institutionalisiert, dass niemand mehr Verantwortung übernimmt. Im Laufe der Zeit bestätigen sowohl die Führungskräfte als auch die Mitarbeiter ihre Rolle in einem unbewussten Pakt. Sie demotivieren sich selbst, weil sie glauben, dass sich erst die anderen ändern müssen, bevor sich ihre eigenen Arbeitsbedingungen verbessern können. Auch in den Familien, zwischen Eltern und Kindern, wiederholt sich dieser Kreislauf immer wieder.

Diese stille Verschwörung ist überall zu finden. Nur wenige Menschen haben den Mut, sie in sich zu erkennen. Sobald sie davon hören, richten sie ihren Blick instinktiv nach *außen,* auf die anderen. Wenn ich vor einem großen Publikum über dieses Thema spreche, halte ich nach zwei Stunden oft inne und frage: »Wer von Ihnen fühlt sich angesprochen, ist aber der Ansicht, dass diejenigen Leute, die meinen Vortrag *wirklich* hören sollten, nicht hier sind?« Damit ernte ich gewöhnlich großes Gelächter. Doch die meisten heben die Hand.

Finden Sie auch, dass die Leute, die ein Buch wie dieses wirklich brauchen, es nicht lesen? Genau das ist typisch für wechselseitige Abhängigkeit, für Ko-Dependenz. Wenn Sie diese Thematik durch die Schwächen anderer betrachten, demotivieren Sie sich selbst. Und: Sie unterstützen Ihre eigenen Schwächen dabei, auch weiterhin die Initiative, die Motivation und die Energie aus Ihrem Leben zu saugen.

Film: »Max & Max«

Bevor wir tiefer einsteigen, möchte ich Ihnen die oben beschriebene Problematik anhand eines kurzen, ganz wunderbaren Films verdeutlichen. Er zeigt die frei erfundene Geschichte von Max, dem Jagdhund, und Max, dem Kundenbetreuer. Der Film ist auch die Geschichte von einem Chef namens Mr. Harold. Mr. Harold managt seine Leute – zum Beispiel den neu eingestellten Kundenbetreuer Max – auf die gleiche Art und Weise wie seinen Hund Max. Der Film spielt am Arbeitsplatz. Wobei natürlich *jeder* Mensch einen Arbeitsplatz hat – für Lehrer und Schüler ist das die Schule, für viele von uns ist es ein Unternehmen oder eine Behörde, für die Familien das Zuhause und für andere die Gemeinde. Es geht bei *Max & Max* also nicht primär um die Arbeit, sondern um Beziehungen und Interaktionen zwischen Menschen, die ein gemeinsames Ziel anstreben. Deshalb sollten Sie die Umgebung, in der dieser Film spielt, auf *alle* Bereiche übertragen, in denen Sie zusammen mit anderen etwas erreichen wollen. Am besten, Sie gehen gleich zu Ihrem DVD-Player, legen die beiliegende DVD ein und schauen sich den Film an.

Denken Sie nun über diesen Film nach. Wie die meisten, die eine neue Stelle antreten, ist Max von Leidenschaft, Begeisterung und Motivation erfüllt. Als er die Initiative ergreift, um Kunden zu gewinnen und zu halten, staucht Mr. Harold ihn zusammen. Max wird so sehr gemanagt und kontrolliert, dass sein Wille gebrochen wird. Er verliert nicht nur das Vertrauen, sondern auch seine Vision von seinem Ziel, seinem Potenzial und seiner Freiheit, zu wählen. Er hat seine *innere Stimme* verloren und schwört, nie wieder initiativ zu werden. Der Mensch Max verfängt sich in einer wechselseitigen Abhängigkeit mit Mr. Harold. Zudem sieht man, dass er allmählich dem Hund Max immer ähnlicher wird: Er wartet nur noch auf den nächsten Befehl. Vielleicht würden Sie die Schuld dafür gern Mr. Harold zuschieben. Bitte bedenken Sie aber, dass *sein* Chef ihn genauso behandelt wie *er* selbst den Hund Max. Dieses Mikromanagement ist für die ganze Firma typisch. Die gesamte Kultur ist ko-dependent. Niemand übt Führung, Initiative oder Einfluss aus. Alle gehen davon aus, dass Führung einzig und allein eine Frage der Position ist, die man innehat.

Tatsächlich unterscheiden sich die meisten Unternehmen gar nicht sehr von demjenigen, in der Max und Mr. Harold beschäftigt sind. Selbst in den besten Firmen, mit denen ich in den letzten 40 Jahren gearbeitet habe, wimmelt es nur so von Problemen. Die Veränderungen, die derzeit die ganze Welt erfassen, vergrößern diese Probleme ganz enorm. Und je größer die Probleme und Herausforderungen werden, desto heftiger wird der Schmerz der Menschen. Wie bei *Max & Max* lassen sich diese Herausforderungen generell in drei Kategorien unterteilen: Herausforderungen *im Unternehmen oder in der Organisation*, bei den *Beziehungen* und im Hinblick auf die *eigene Person*.

Auf der Ebene der *Unternehmen und Organisationen* werden Leistung, Kommunikation, Vergütung, Bonussysteme oder Weiterbildung und andere zentrale Bereiche von einer auf Kontrolle ausgerichteten Managementphilosophie bestimmt, die das Talent und die innere Stimme der Leute unterdrückt. Diese Philosophie stammt aus dem Industriezeitalter und ist quer durch alle Branchen und Berufe bei Leuten in Führungspositionen zur dominierenden Management-Denkweise geworden. Ich habe sie *die »Ding«-Mentalität des Industriezeitalters* genannt.

Auch auf der *Beziehungs*ebene herrscht in den meisten Unternehmen Ko-Dependenz. Es herrscht ein grundlegender Vertrauensmangel. Vielen Leuten fehlt es an den nötigen Fähigkeiten und der richtigen Denkweise, um ihre Meinungsverschiedenheiten authentisch und kreativ zu lösen. Unternehmensinterne Strukturen und die auf Kontrolle ausgerichteten Managementpraktiken tragen viel dazu bei, diese Ko-Dependenz zu fördern. Doch das Problem wird dadurch verschärft, dass bei der Erziehung vieler Menschen das Verglichenwerden mit anderen und der Wettstreit eine entscheidende Rolle spielten. Dadurch entsteht eine Mangel-Mentalität, sodass viele von uns sich nicht wirklich über die Erfolge anderer freuen können.

Auf der *persönlichen* Ebene schließlich gibt es in allen Unternehmen auf allen Hierarchieebenen intelligente, talentierte und kreative Leute. Aber sie haben das Gefühl, in eine Zwangsjacke gesteckt, nicht genügend geschätzt und nicht inspiriert zu werden. Sie sind frustriert und glauben nicht, irgendetwas verändern zu können.

Die Kraft eines Paradigmas

Der Autor John Gardner sagte einmal:

> *Die meisten kränkelnden Organisationen haben eine funktionelle Blindheit für ihre eigenen Mängel entwickelt. Dass sie nicht gesund sind, liegt nicht daran, dass sie ihre Probleme nicht lösen könnten, sondern daran, dass sie ihre Probleme nicht sehen können.*

Einstein formulierte es so:

> *Probleme kann man niemals mit derselben Denkweise lösen, durch die sie entstanden sind!*

Diese Aussagen unterstreichen eine der wichtigsten Erkenntnisse, die ich in meinem Leben gewonnen habe: Wenn wir *kleine*, schrittweise Veränderungen und Verbesserungen erzielen wollen, sollten wir an den praktischen Methoden, dem Verhalten oder der Einstellung arbeiten. Wenn wir jedoch entscheidende, quantensprungartige Verbesserungen erreichen wollen, müssen wir an den *Paradigmen* arbeiten. Das Wort *Paradigma* stammt aus dem Griechischen. Ursprünglich war es ein wissenschaftlicher Begriff.

Heute wird dieser Begriff häufig in der Bedeutung »Wahrnehmung, Annahme, Theorie, Bezugsrahmen« oder »Brille, durch die man die Welt betrachtet«, verwendet. Ein Paradigma ist mit einer Landkarte oder einem Stadtplan vergleichbar. Was passiert, wenn die Karte oder der Plan nicht stimmt? Dann können Sie sich noch so abmühen, Ihr Ziel zu finden, und noch so positiv denken – es wird Ihnen nichts nützen. Nur wenn die Karte oder der Plan korrekt ist, kommt es auf Fleiß und die Einstellung an, sonst nicht.

Ich möchte Ihnen das an einem Beispiel verdeutlichen: Im Mittelalter versuchte man, die Menschen durch *Aderlässe* zu heilen. Wie sah das Paradigma aus, das dahintersteckte? Der Krankheitserreger ist im Blut – also heraus damit! Was würden Sie tun, wenn Sie dieses Paradigma nicht in Zweifel ziehen? Sie würden mehr Aderlässe vornehmen. Sie würden die Sache schneller machen. Schmerzloser. Sie würden für den Aderlass auf TQM oder Six Sigma setzen. Statistische Qualitätskontrollen vornehmen, Varianzanalysen. Studien zur strategischen Durchführbarkeit erstellen. Alles um brillante Marketingpläne herum organisieren, um damit werben zu können, dass Ihre Aderlassklinik »Weltklasse« ist und »Spitzenqualität« bietet.

Sie könnten natürlich auch mit Ihren Mitarbeitern in die Berge fahren. Dort könnten sie Ihre Leute von einem Felsen in die Arme ihrer Kollegen springen lassen, sodass sie danach mit mehr Liebe und Vertrauen in der Klinik arbeiten. Sie könnten Ihre Mitarbeiter und auch Ihre Patienten im positiven Denken trainieren. Dann herrscht die optimale positive Energie, wenn die Aderlässe durchgeführt werden.

Können Sie sich vorstellen, was passierte, als die Bakterien entdeckt wurden? Als der Ungar Semmelweis, der Franzose Pasteur und andere Forscher herausfanden, dass Bakterien eine der Hauptursachen für Krankheiten sind? Nun hatte man endlich eine Erklärung dafür, warum Frauen sich von Hebammen entbinden lassen wollten: Weil die Hebammen mehr auf Sauberkeit achteten. Man begriff jetzt auch, warum auf den Schlachtfeldern mehr Männer an Staphylokokken-Infektionen starben als durch Kugeln: Die Krankheit breitete sich durch Bakterien hinter den Frontlinien aus. Die Bakterientheorie eröffnete ganz neue Forschungsfelder und bestimmt bis zum heutigen Tag die Abläufe im Gesundheitswesen.

Das Beispiel mit den Bakterien zeigt, wie stark ein zutreffendes Paradigma wirken kann! Es *erklärt* und dann *gibt* es *Orientierung*. Das Problem dabei? Paradigmen – wie beispielsweise Traditionen – sind sehr hartnäckig, sodass überholte Paradigmen sich noch Jahrhunderte halten. Das gilt auch, wenn bereits ein besseres Paradigma entdeckt wurde: So behaupten die Geschichtsbücher bis heute, George Washington sei an einer Halsentzündung gestorben. Doch die wahre Todesursache dürften Aderlässe gewesen sein. Die Halsentzündung war nur ein Symptom von einer anderen, wesentlich schwerwiegenderen Erkrankung. Doch nach dem damals vorherrschenden Paradigma war der Krankheitserreger im Blut. Daher nahm man Washington in nur 24 Stunden weit über einen Liter Blut ab. Heute empfiehlt man, höchstens alle zwei Monate einen halben Liter Blut zu spenden – und das auch nur dann, wenn wir bei bester Gesundheit sind!

Das neue Zeitalter der Wissensarbeit beruht auf einem neuen Paradigma. Es unterscheidet sich grundlegend vom *Ding*-Paradigma des Industriezeitalters. Ich habe es das »Paradigma der ganzen Person« genannt.

Das Paradigma der ganzen Person

Es gibt einen ganz einfachen Grund, warum so viele Menschen unzufrieden mit ihrer Arbeit sind und die meisten Unternehmen es nicht schaffen, das Talent, den Einfallsreichtum und die Kreativität ihrer Mitarbeiter wirklich auszuschöpfen und wahrhaft große, überdauernde Organisationen zu werden. Dieser Grund ist *unsere fundamentale Sicht von der Natur des Menschen, ein unvollständiges Paradigma davon, wer wir sind.*

Tatsache ist: Menschen sind keine *Dinge*, die motiviert und kontrolliert werden müssen. Im Gegenteil: Jeder Mensch hat vier Dimensionen: Körper, Verstand, Herz und Geist.

Paradigma der ganzen Person

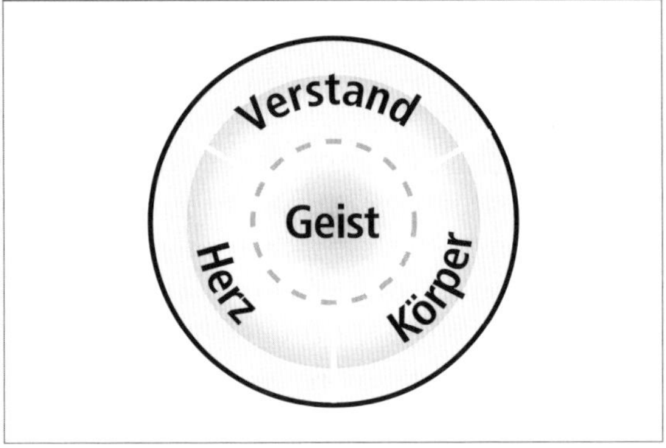

Abb. 2.2

Ob die westlichen oder die östlichen: Wenn man alle Philosophien und Religionen vom Beginn der Geschichtsaufzeichnungen an betrachtet, findet man eine Gemeinsamkeit. Auch wenn die Begrifflichkeiten zum Teil unterschiedlich sind, stößt man auf immer die gleichen vier Dimensionen des Lebens: die physische oder wirtschaftliche, die mentale, die soziale oder emotionale und die spirituelle. Aus diesen vier Dimensionen lassen sich die *vier grundlegenden Bedürfnisse und Motivationen aller Menschen* ableiten. Sie sind in Abbildung 2.3 dargestellt und werden in dem Film *Das Lebenswerk* (Kap. 1) verdeutlicht:

Abb. 2.3

- zu leben (Überleben),
- zu lieben (Beziehungen),
- zu lernen (Wachstum und Entwicklung),
- ein Lebenswerk zu schaffen (Sinn und persönlicher Beitrag).

Wir haben die Freiheit, zu wählen

Wie bereits erwähnt, beherrscht das kontrollierende Paradigma vom »Ding«, von der Teil-Person die heutige Arbeitswelt. Dieses Paradigma hängt eng mit der Unfähigkeit der Manager und Organisationen, ihre Mitarbeiter so zu inspirieren, dass sie freiwillig ihre wichtigsten Talente einbringen und wertvolle Beiträge leisten. Denn die Mitarbeiter haben die Wahl. Ob bewusst oder unbewusst: Sie entscheiden, wie viel von sich sie in ihre Arbeit einbringen wollen. Doch wovon hängt diese Entscheidung ab? Ausschlaggebend ist, wie die Mitarbeiter behandelt werden und inwieweit sie *alle vier* Dimensionen ihres Menschseins einsetzen können. Wie Abbildung 2.4 zeigt, reicht die Spannbreite von Rebellion oder Kündigung bis zur begeisterten Kreativität.

Abb. 2.4

Überlegen Sie bitte, welche dieser sechs Entscheidungen Sie in den fünf folgenden Situationen treffen würden:

- *Erstes Szenario*: Man behandelt Sie nicht gerecht. In Ihrem Unternehmen gibt es viel Vetternwirtschaft. Die meisten Mitarbeiter empfinden das Lohn- und Gehaltssystem als ungerecht. Ihr eigenes Gehalt entspricht nicht der Höhe Ihres Beitrags. Wie würden Sie sich entscheiden?
- *Zweites Szenario*: Ihr Gehalt ist zwar angemessen. Doch man ist Ihnen gegenüber generell nicht freundlich. Man respektiert Sie nicht. Je nachdem, welche Stimmung Ihr Chef gerade hat, werden Sie inkonsequent, willkürlich oder launenhaft behandelt. Wie würden Sie sich entscheiden?
- *Drittes Szenario*: Sie werden gerecht bezahlt und freundlich behandelt, doch man diktiert Ihnen Ihre Meinung. Anders ausgedrückt: Man schätzt zwar Ihren Körper und Ihr Herz, nicht aber Ihren Verstand. Wie würden Sie sich entscheiden?
- *Viertes Szenario*: Sie werden gerecht bezahlt (Körper), freundlich behandelt (Herz) und auch kreativ einbezogen (Verstand). Allerdings sollen Sie ständig Projekte starten und dann doch wieder einstellen oder Berichte erstellen, die keiner liest. Kurzum: Ihre Arbeit ist

nicht bedeutsam, sie hat keinen Sinn (Geist). Wie würden Sie sich entscheiden?

- *Fünftes Szenario*: Lassen Sie uns nun noch annehmen, dass Sie gerecht bezahlt (Körper), freundlich behandelt (Herz) und kreativ in sinnvolle Aufgaben einbezogen werden (Verstand). Aber gegenüber den Kunden und Zulieferern und auch gegenüber den anderen Beschäftigten wird viel gelogen und betrogen (Geist). Wie würden Sie sich entscheiden?

Ihnen ist sicher aufgefallen, dass wir alle vier Elemente des Paradigmas der ganzen Person durchgegangen sind: Körper, Herz, Verstand und Geist. Dabei haben wir den Geist zudem in zwei Bereiche aufgeteilt, nämlich in die Sinnlosigkeit der Arbeit und die prinzipienlose Weise, auf die sie gemacht wird. Der entscheidende Punkt ist: Vernachlässigt man auch nur eine der vier Dimensionen unseres Menschseins, wird die Person zu einem Ding. Was aber macht man mit Dingen? Man muss sie kontrollieren, managen und mit Zuckerbrot und Peitsche motivieren.

Die fünf Fragen, die Sie eben gelesen haben, habe ich Menschen auf der ganzen Welt gestellt. Die Leute wählten fast immer eine der drei unteren Entscheidungsmöglichkeiten. Sie würden also rebellieren oder kündigen, widerwillig gehorchen oder bestenfalls bereitwillig mitmachen. Ob freudige Kooperation, überzeugtes Engagement oder begeisterte Kreativität: Im Zeitalter der Informations- und Wissensarbeiter wählen nur diejenigen eine der drei oberen Entscheidungsmöglichkeiten, die als ganze Person in einem ganzen Job respektiert werden. Abbildung 2.5 auf der folgenden Seite zeigt, was das genau bedeutet. Es heißt, die Mitarbeiter müssen *gerecht bezahlt, freundlich behandelt* und *kreativ eingesetzt werden* und zudem die Möglichkeit bekommen, *menschliche Bedürfnisse auf prinzipientreue Weise zu erfüllen.*

Unsere Identität ist unser Schicksal.

Haben Sie es erkannt? Die Kernprobleme in unserer heutigen Arbeitswelt und ihre Lösungen liegen in unserem Paradigma der menschlichen Natur. Auch die Lösungen für viele der Probleme in unseren Familien und Gemeinden sind in diesem Paradigma zu finden. Das »Ding«-Paradigma des Industriezeitalters und alle praktischen Methoden, die auf ihm beruhen, sind das moderne Gegenstück zum Aderlass.

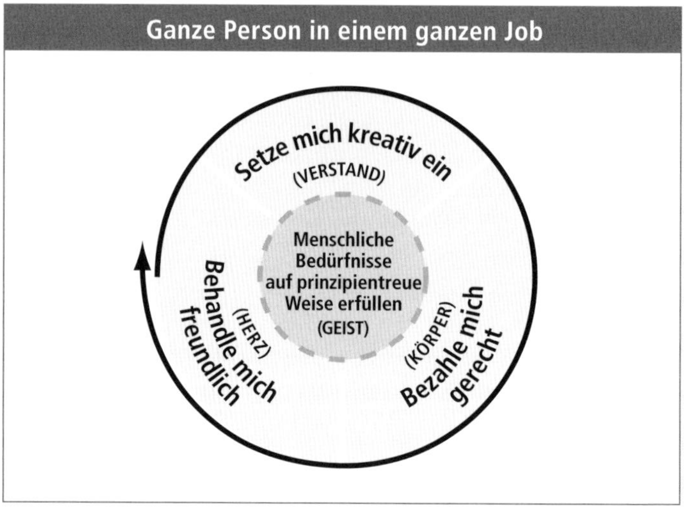

Abb. 2.5

Wenn vier Dimensionen der menschlichen Natur in Unternehmen und Organisationen vernachlässigt werden, führt das zu *vier chronischen Problemen*. Mehr über diese vier Probleme, ihre Lösungen und den Einfluss der vier Führungsrollen werden Sie ab Kapitel 6 erfahren. Zunächst wenden wir uns aber der Reaktion des *Einzelnen* und der Lösung seiner individuellen Probleme zu.

KAPITEL 3

Die Lösung

Nichts auf der Welt ist so mächtig wie eine Idee, deren Zeit gekommen ist.
VICTOR HUGO

Henry David Thoreau schrieb einmal: »Tausende hacken an den Ästen des Übels herum, doch nur einer trifft die Wurzel.«[1] Mit diesem Buch möchte ich die Axt an die Wurzel der wichtigen Probleme legen, vor denen wir stehen.

Ich habe mit dem *Schmerz* begonnen, dann haben wir das *Problem analysiert*, das ihn hervorruft – ein Problem, das persönliche Wurzeln hat und ein tief verankertes Paradigma und überholte Traditionen in der Arbeitswelt umfasst. Jetzt wenden wir uns der Lösung zu. Zunächst möchte ich Ihnen gerne einen Überblick geben, wie ich diese Lösung im Laufe des Buches Schritt für Schritt entwickeln werde.

Ich habe über 40 Jahre lang mit Organisationen und Unternehmen auf der ganzen Welt gearbeitet und mich eingehend mit den Erkenntnissen der großen Denker auf diesem Gebiet beschäftigt. Dabei habe ich festgestellt: Die meisten tief greifenden kulturellen Veränderungen *begannen* mit der Entscheidung *eines* Menschen. Durch die Entscheidung eines Einzelnen sind Unternehmen entstanden, die ihr eigenes Wachstum *dauerhaft* erhalten und *langfristig* einen wichtigen Beitrag für die Menschheit leisten konnten. Manchmal war das derjenige an der Spitze des Unternehmens, der Vorstandsvorsitzende, Inhaber oder Geschäftsführer. Sehr oft aber war es jemand anders: ein Fachexperte, ein Abteilungsleiter oder ein Assistent. Unabhängig von ihrer Position veränderten diese Menschen zunächst sich selbst *von innen nach außen*. Durch ihren Charakter, ihren Sachverstand, ihre Initiative und ihre positive Energie – kurz gesagt: durch ihre moralische Autorität – inspirierten sie andere. Diese Menschen hatten ein tief verankertes Identitätsgefühl. Sie entdeckten ihre Stärken und Talente und setzten sie ein, um Bedürfnisse zu erfüllen und Ergebnisse zu erzielen. Und das bekamen die anderen Leute im Unternehmen zu spüren. Auf einmal wurde ihnen mehr Verantwortung übertragen. Sie nahmen diese neue Verantwortung an und weiteten sie aus. Dadurch erzielten sie deutlich bessere Ergebnisse. Mehr und mehr Leute im Unternehmen registrierten dies. Das Topmanagement wollte mehr über ihre Ideen erfahren und wissen, wie sie es schafften, *so viel* zu erreichen. Die Unternehmensleitung interessierte sich immer mehr für sie und ihre Visionen.

Solche Menschen lassen sich von negativen, demoralisierenden, verletzenden Kräften im Unternehmen nicht lange entmutigen. Interessanterweise sind ihre Firmen auch nicht besser als die meisten anderen. Ein gewisses Chaos herrscht in *allen*. Aber diese Menschen erkennen, dass sie nicht darauf warten dürfen, dass ihr Chef oder die Firma sich ändert. Sie werden zu einer Insel der hervorragenden Leistungen in einem Meer von Mittelmäßigkeit. Und das ist ansteckend!

Woher bekommt jemand die innere Stärke, gegen den Strom zu schwimmen, negativen kulturellen Einflüssen im Unternehmen zu widerstehen, selbstsüchtige Interessen hintanzustellen und seine Vision und Entschlossenheit nicht aufzugeben?

Diese Menschen wissen um ihre Persönlichkeit und ihre Talente. Sie nutzen sie, um eine Vision von den wirklich großen Dingen, die sie erreichen wollen, zu entwickeln. Zudem übernehmen sie klug und umsichtig die Initiative. Zugleich haben sie viel Verständnis für die Bedürfnisse und Chancen in ihrer Umgebung. Deshalb konzentrieren sie sich auf die Bedürfnisse, die ihren einzigartigen Talenten entsprechen, die ihre volle Motivation und Begeisterung wecken und die ihnen und anderen wirklich wichtig sind. Kurz gesagt: *Sie finden ihre innere Stimme und bringen sie zum Ausdruck.* Sie dienen anderen und inspirieren sie. Sie wenden PRINZIPIEN an, von denen das Wohlergehen und das Wachstum der Menschen UND der Unternehmen abhängen. Körper, Verstand, Herz und Geist: Diese Prinzipien fördern das Höchste und Beste im »ganzen Menschen« zutage.

Aber mindestens genauso wichtig ist: Sie entscheiden sich dafür, Einfluss auf *andere* zu nehmen. Denn sie *inspirieren* die Menschen in ihrer Umgebung dazu, sich ebenfalls mit den zeitlosen, universellen Prinzipien zu befassen und *ihre innere Stimme zu finden*.

Die eigene innere Stimme finden und andere dazu inspirieren, ihre innere Stimme zu finden: Diese zweiteilige Lösung ist eine Landkarte für Menschen auf ALLEN Ebenen von Organisationen. Mit dieser Landkarte können Sie Ihre Erfüllung und Ihren Einfluss vergrößern, einzigartige Beiträge leisten und Ihr Team und die ganze Organisation dazu anregen, Ihnen nachzueifern. Daher habe ich dieses Buch in zwei Hauptteile untergliedert:

1. Finden Sie Ihre innere Stimme.
2. Inspirieren Sie andere dazu, ihre innere Stimme zu finden.

Darauf möchte ich nun kurz eingehen.

Finden Sie Ihre innere Stimme

> *Zwei Wege trennten sich im Wald – und ich nahm den, der kaum begangen war. Das hat den ganzen Unterschied gemacht.*[2]
>
> ROBERT FROST

Die Abbildung 3.1 zeigt zwei völlig verschiedene Lebenswege. Sie ist die Landkarte für den 8. Weg: Mit Effektivität zu wahrer Größe. Dieses Diagramm wird von jetzt an am Anfang jedes neuen Kapitels stehen und den jeweiligen Schwerpunkt hervorheben. So können Sie immer ganz genau sehen, wo Sie gerade sind, woher Sie kommen und wohin Sie gehen.

Ob alt oder jung, reich oder arm, Mann oder Frau: Wir alle *wählen* einen der beiden Lebenswege: den breiten, ausgetretenen Weg zur Mittelmäßigkeit oder den Weg zu wahrer Größe und Sinnhaftigkeit. Für beide Wege gibt es ein breites Spektrum von Möglichkeiten, das ebenso groß ist wie die Vielfalt der Persönlichkeiten und Talente unter den Menschen. Aber der Unterschied zwischen diesen Routen ist wie Tag und Nacht.

Der Weg zur Mittelmäßigkeit erstickt das menschliche Potenzial und

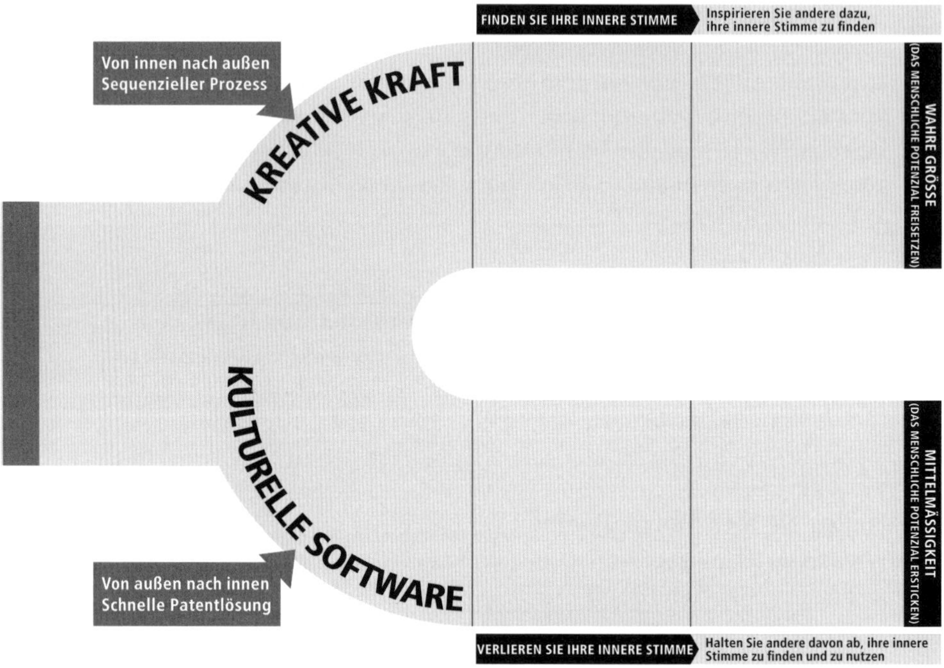

Abb. 3.1

der Weg zur wahren Größe setzt es frei. Der Weg zur Mittelmäßigkeit ist die Lebenseinstellung, die nach einer schnellen Patentlösung sucht, nach einer Abkürzung. Dahingegen ist der Weg zur wahren Größe ein Prozess des sequenziellen Wachstums von innen nach außen.

Die Menschen auf dem Weg zur Mittelmäßigkeit halten sich in ihrem Leben an die *kulturelle »Software«* des Egos, des Mangels, des Vergleichs, des Konkurrenzkampfs und der Opferrolle. Ganz anders sieht es bei den Menschen auf dem Weg zur wahren Größe aus. Sie überwinden die negativen kulturellen Einflüsse und *entscheiden* sich dafür, selbst die kreative Kraft in ihrem Leben zu werden. Den Weg zur wahren Größe kann man mit zwei Worten beschreiben: innere Stimme. Die Menschen auf diesem Weg finden ihre innere Stimme und inspirieren andere dazu, ihre innere Stimme zu finden. Über den Weg zur Mittelmäßigkeit aber gelingt das nie.

Das Streben der Seele nach dem Sinn

In uns allen lodert eine tiefe innere Sehnsucht danach, ein Leben voller *Größe* zu führen – wahrhaft von Bedeutung zu sein, etwas Wichtiges zu bewirken. Vielleicht zweifeln wir an uns selbst und an unserer Fähigkeit dazu. Doch ich bin zutiefst überzeugt, dass *Sie* ein solches Leben führen *können*. Sie haben das Potenzial dafür! Wir alle haben es. Es ist das Privileg von uns Menschen.

Vor einigen Jahren habe ich den Kommandeur eines Militärstützpunktes getroffen. In diesem Mann brannte ein inneres Feuer, er wollte unbedingt in seiner Organisation einen wirklich bedeutsamen kulturellen Wandel bewirken. Er war Oberst und schon lange als Lehrer und Trainer in seiner Organisation tätig. Eigentlich hätte er nach über 30 Jahren beim Militär seinen Abschied nehmen können. Doch er wollte weitermachen. Deshalb fragte ich ihn, warum er sich diese Last weiter aufbürden wollte. Weshalb er weiter gegen den Strom schwimmen und gegen die enormen Widerstände der Tradition, gegen Lethargie, Gleichgültigkeit und mangelndes Vertrauen ankämpfen wollte. Ich sagte sogar zu ihm: »Sie könnten Ihr Leben jetzt genießen. Sie hätten einen wunderschönen Ruhestand. Man würde Ihnen zu Ehren Bankette veranstalten. Die Menschen, die Ihnen nahestehen, und die Armee würden Sie feiern und für Ihre Erfolge bewundern.«

Er wurde nachdenklich und schwieg lange. Doch dann erzählte er mir von einem sehr persönlichen Erlebnis: Sein Vater war vor Kurzem gestorben. Als er auf dem Sterbebett lag, rief er seine Frau und seinen Sohn zu sich, um sich von ihnen zu verabschieden. Seine Frau weinte die ganze Zeit über. Der Oberst aber bemerkte, dass sein Vater ihm etwas sagen wollte. Er beugte sich zu ihm hinab und sein Vater flüsterte ihm ins Ohr: »Mein Sohn, lebe nicht so, wie ich es getan habe. Ich habe dir und deiner Mutter gegenüber nicht das Richtige gemacht und nie etwas wirklich Wichtiges bewegt. Versprich mir, dass du dein Leben anders gestalten wirst!«

Es waren die letzten Worte, die der Oberst von seinem Vater hörte, der kurz darauf starb. Für ihn waren sie das größte Geschenk, das größte Vermächtnis, das sein Vater ihm hinterlassen konnte. In diesem Augenblick entschloss er sich, von nun an etwas zu bewegen – und zwar in allen Bereichen seines Lebens.

Später vertraute der Oberst mir noch an, dass er ursprünglich durchaus geplant hatte, seinen Abschied zu nehmen und ein geruhsames Leben zu führen. Insgeheim hatte er sogar gehofft, dass sein Nachfolger nicht so gut sein würde wie er und dass das für alle offensichtlich sein würde. Nach dem Schlüsselerlebnis mit seinem Vater entschied er sich jedoch, in seinem Stützpunkt Veränderungen voranzutreiben und die Prinzipien der nachhaltigen Führung zu implementieren. Zudem wollte er dafür sorgen, dass sein Nachfolger *mehr* Erfolg haben würde als er selbst. Er wollte alles dafür tun, diese Prinzipien fest in den Strukturen, Systemen und Prozessen seiner Organisation zu verankern. Denn so stieg die Wahrscheinlichkeit, dass sein Vermächtnis von einer Führungsgeneration an die nächste weitergegeben würde.

Der Oberst sagte außerdem, bis zu jenem Erlebnis mit seinem Vater habe er wissentlich den leichteren Weg genommen. Er habe sich vor allem als Wächter über die Traditionen der Vergangenheit betrachtet und ein Leben der Mittelmäßigkeit gewählt. Doch das änderte sich schlagartig, als er neben seinem sterbenden Vater saß. Damals habe er sich klar dafür entschieden, ein Leben in Größe zu führen, ein Leben mit wertvollen Beiträgen, ein Leben mit Bedeutung – ein Leben, das wirklich etwas bewegen würde.

Ob zu Hause in der Familie, bei der Arbeit oder in der Gemeinde: Wir alle können uns bewusst dafür entscheiden, den Weg der Mittelmäßigkeit zu verlassen und ein Leben der wahren Größe zu führen. Jeder von uns kann diese Entscheidung treffen – ganz gleich, wie seine Lebensumstände auch aussehen mögen. Die Größe kann darin bestehen,

- dass man sich angesichts einer unheilbaren Krankheit dafür entscheidet, geistig gesund und aktiv zu sein;
- dass man im Leben eines Kindes etwas bewirkt, indem man ihm das Gefühl gibt, dass es Wert und Potenzial hat;
- dass man positive Veränderungen in einem Unternehmen vorantreibt;
- dass man der Initiator einer wichtigen Bewegung in der Gesellschaft wird.

Es steht immer in unserer Macht, uns für ein *großes* Leben zu entscheiden. Oder einfacher gesagt: Es liegt in unserer Hand, nicht nur einen guten, sondern einen *großen* Tag zu haben. Wie lange wir den Weg zur Mittelmäßigkeit auch beschritten haben, wir können uns jederzeit dafür entscheiden, den Weg zur Größe einzuschlagen. Immer. Es ist nie zu spät: Wir können unsere innere Stimme finden!

Nachdem Sie die *Entscheidung* getroffen haben, dem Weg zu wahrer Größe zu folgen, können Sie

1. **Ihre innere Stimme entdecken,** indem Sie Ihr wahres Wesen, Ihre *drei wundervollen Geburts-Geschenke* verstehen und zudem die mit den vier Dimensionen unseres Menschseins verbundenen *Intelligenzen* entwickeln und integer einsetzen. Mehr dazu werde ich Ihnen in Kapitel 4 erklären;
2. **Ihre innere Stimme zum Ausdruck bringen,** indem Sie die höchsten Ausdrucksformen dieser menschlichen Intelligenzen entwickeln: *Vision, Disziplin, Leidenschaft* und *Gewissen.* Mehr dazu erfahren Sie in Kapitel 5.

Inspirieren Sie andere dazu, ihre innere Stimme zu finden

Wenn Sie Ihre eigene innere Stimme gefunden haben, können Sie sich dafür *entscheiden,* Ihren Einfluss auszudehnen und Ihren Beitrag zu vergrößern. Der Schlüssel dazu ist, dass Sie andere dazu inspirieren, *ihre* innere Stimme zu finden. Das Wort *inspirieren* kommt aus dem Lateinischen. Es bedeutet, anderen Leben einzuhauchen.

Körper, Verstand, Herz und Geist: Wie können Sie andere inspirieren, *allen vier Dimensionen ihres Menschseins* eine Stimme zu verleihen? Ganz einfach: Indem Sie deren Möglichkeiten anerkennen und fördern. Dann werden der Einfallsreichtum, das Talent, die Kreativität, die Leidenschaft und die Motivation, die bis dahin in ihnen schlummerten, geweckt. Im Hinblick auf Produktivität, Innovation und Führung wird nur den Organisationen der Durchbruch zur nächsten Ebene gelingen, die ihre innere Stimme klar zum Ausdruck bringen und damit viele Menschen und Teams erreichen.

Der zweite Teil dieses Buchs beginnt mit Kapitel 6. In diesem Kapitel geht es darum, andere dazu zu inspirieren, ihre innere Stimme zu finden. Ob Wirtschaft, Bildung, Verwaltung, Militär, Gemeinde oder Familie: Hier lernen Sie Prinzipien kennen, mit denen man andere in allen möglichen Arten von Organisationen positiv beeinflussen kann.

Wenn Sie dieses Buch lesen, werden Ihnen wahrscheinlich viele praktische »Ja, aber ...«-Fragen durch den Kopf gehen. Deshalb *enden alle nachfolgenden Kapitel mit einem kurzen Abschnitt, in dem ich Fragen beantworte, die mir häufig gestellt werden*. Ich hoffe, dass Sie diese Abschnitte nützlich finden. Falls nicht, können Sie die Texte auch überspringen. Apropos Fragen: Ganz am Ende des Buches füge ich noch ein »Kapitel« an, in dem ich mich mit einigen allgemeineren, umfassenderen Fragen beschäftige.

Wie Ihnen dieses Buch am meisten nützt: Lernen durch Lehren und Tun

Wollen Sie dieses Buch wirklich gut nutzen? Möchten Sie in Ihrem Leben und Ihrer Organisation tief greifende, positive Veränderungen in Gang setzen? Dann habe ich zwei einfache Ratschläge für Sie. Wenn Sie sich daran halten, kann ich Ihnen erstaunliche Ergebnisse versprechen. Zum einen sollten Sie das, was Sie in diesem Buch lernen, anderen beibringen, es also *lehren*. Zum anderen sollten Sie das Gelernte systematisch anwenden, es also *tun*.

Geben Sie das Gelernte an andere weiter

Am besten lernen wir, wenn wir das Gelernte an andere weitergeben und es *in unserem Leben umsetzen*.

In meiner frühen Zeit als Dozent an der Universität hielt ein Gastprofessor, Dr. Walter Gong aus San Jose in Kalifornien, ein Semester lang ein Seminar für die Lehrkräfte. Es trug den Titel »Wie man besser lehrt«. Die Kernaussage lautete: *Wenn man die Leute zum Lernen bringen will, muss man Lehrer aus ihnen machen*. Mit anderen Worten: Am besten lernt man etwas, wenn man es selbst lehrt.

Ich begann sofort, dieses Prinzip bei meiner Arbeit und auch zu Hause in meiner Familie anzuwenden. Bis dahin hatten immer nur etwa 15 bis 30 Studenten meine Kurse an der Universität besucht. Doch als ich Dr. Gongs Prinzip anwendete, stellte ich fest, dass ich meine Inhalte viel mehr Studenten vermitteln konnte. Ab da wurden manche meiner Vorlesungen von nahezu 1000 Studenten besucht.

Dennoch waren die Leistungen und Klausurergebnisse besser als in den Kleingruppen, mit denen ich zuvor gearbeitet hatte. Wie war das möglich? Wenn jeder Schüler zum Lehrer und jeder Lehrer zum Schüler wird, lernt man einfach besser.

Das übliche, traditionelle Paradigma besagt: Je weniger Studenten, desto größer der Lernerfolg. Wenn Sie aber aus Ihren Studenten Lehrer machen, gewinnen Sie eine enorme Hebelwirkung. Damit verlagern Sie nämlich den Drehpunkt.

Aber es hat noch einen weiteren großen Vorteil, wenn wir das, was wir lernen, an andere weitergeben. Dann gehen wir die soziale Verpflichtung ein, das, was wir lehren, auch selbst vorzuleben. Wir sind dann viel stärker motiviert, das Gelernte in unserem Leben umzusetzen. Die soziale Verpflichtung wird zur Grundlage für eine Vertiefung des Lernstoffs, eine Steigerung der inneren Verpflichtung und eine Erhöhung der Motivation.

Haben Sie Kinder? Dann halten Sie Ihren Nachwuchs dazu an, das in der Schule Gelernte regelmäßig an Sie weiterzugeben. Meine Frau Sandra und ich haben die Erfahrung gemacht, dass es so überflüssig wird, unsere Kinder mit Druck von außen zu ihren Schularbeiten zu motivieren. Auch dieses Beispiel zeigt: Diejenigen, die andere an dem teilhaben lassen, was sie selbst lernen, sind mit Abstand die besten Schüler.

Wenden Sie das Gelernte an

Wer etwas lernt und es nicht praktisch umsetzt, lernt es nicht wirklich. Anders ausgedrückt: *Etwas zu wissen, es aber nicht tun, bedeutet, dass wir es nicht wirklich wissen*. Erst durch das *Tun*, durch die *Anwendung*, wird das Wissen verinnerlicht. Man kann sich beispielsweise mit Tennis beschäftigen, indem man Bücher liest und sich Vorträge anhört. Doch solange man nicht selbst Tennis gespielt hat, weiß man nicht, worum es wirklich geht.

Nicht durch innere Einkehr erkennen wir uns selbst, sondern durch Handeln. Wer sich bemüht, seine Pflicht zu tun, wird bald entdecken, aus welchem Holz er geschnitzt ist.

JOHANN WOLFGANG VON GOETHE

Wie können Sie das, was Sie in diesem Buch lesen, im Alltag anwenden? Für die Umsetzung gibt es mindestens vier Möglichkeiten:

1. Sie können das Buch von vorn bis hinten lesen. Danach entscheiden Sie, was Sie in Ihrem Privatleben und im Beruf anwenden wollen. So gehen die meisten Leute an Bücher heran. Sie versuchen, eine emotionale oder mentale Verbindung zum Ideenfluss eines Buches herzustellen und dann darin mitzuschwimmen.
2. Sie können das Buch komplett lesen. Anschließend nutzen Sie die gewonnenen Erkenntnisse und die neue Motivation, um es ein zweites Mal zu lesen. Jetzt lesen Sie das Buch allerdings mit der Absicht, das Gelernte anzuwenden. Für viele Leute dürfte das sehr gut funktionieren.
3. Die dritte Möglichkeit wird meiner Ansicht nach die besten Ergebnisse bringen: Betrachten Sie das Buch als Jahresprogramm für Ihr persönliches Wachstum und Ihre Weiterentwicklung. Nehmen Sie sich für jedes der folgenden 12 Kapitel einen Monat Zeit. Lesen Sie das jeweilige Kapitel, bringen Sie die Inhalte anderen bei und wenden Sie das Gelernte dann den restlichen Monat über an. Sie werden sehen: Wenn Sie das jeweils Gelernte einen Monat lang konsequent anwenden, werden Sie beim Lesen der nachfolgenden Kapitel viel tiefere Erkenntnisse gewinnen.
4. Sie können die dritte Möglichkeit auch einfach innerhalb eines von Ihnen selbst gewählten Zeitrahmens umsetzen. Manche Leser möchten vielleicht schneller vorgehen, andere langsamer. Sie können jede Woche ein neues Kapitel lesen und anwenden, alle zwei Wochen oder auch alle zwei Monate ... Entscheiden Sie sich einfach für einen Zeitrahmen, der Ihrem persönlichen Tempo entspricht. So bleibt die Wirkung der dritten Möglichkeit ungeschmälert. Dennoch haben Sie genügend Flexibilität, um sie an Ihre eigenen Bedürfnisse anzupassen.

Ganz gleich, für welche der vier Möglichkeiten Sie sich entscheiden: Um Ihnen bei der Anwendung der Prinzipien aus den einzelnen Kapiteln zu helfen, habe ich am Ende dieses Buches eine tabellarische Übersicht für Sie zusammengestellt. Sie wird es Ihnen erleichtern, die mit dem 8. Weg verbundenen Herausforderungen zu meistern. Generell empfehle ich Ihnen die folgenden vier Entwicklungs- und Handlungsschritte für jedes Kapitel:

1. Das Kapitel lesen.
2. Mindestens zwei Leuten – Arbeitskollegen, Familienmitgliedern, Freunden oder Bekannten – den Inhalt des Kapitels beibringen.
3. Sich aufrichtig und konsequent bemühen, die in dem Kapitel beschriebenen Prinzipien einen Monat lang in Ihrem Leben zu beherzigen.
4. Einem Kollegen, Angehörigen oder Freund, dem Sie vertrauen, erzählen, welche Ergebnisse Sie bei der Umsetzung der Ideen aus dem Kapitel erzielt und was Sie dabei gelernt haben.

Jetzt kommen wir gleich zum 1. Teil, »Finden Sie Ihre innere Stimme«. Dabei sollten Sie an einen Ausspruch von Abraham Lincoln denken: »Die Dogmen der ruhigen Vergangenheit eignen sich für die stürmische Gegenwart nicht mehr.« Wir müssen neu denken. Mehr noch: Wir müssen nicht nur neue Denkweisen entwickeln, sondern auch neue Fähigkeiten und Werkzeuge, die sich daraus ergeben. Das ist nicht leicht. Denn es wirft uns alle aus unserer Komfortzone. Tatsache ist aber, dass eine neue Realität entstanden ist, eine neue Wirtschaft und eine ganz neue Herausforderung. Diese Herausforderung lautet, in der neuen Realität nicht nur zu überleben, sondern wirklich darin zu wachsen und zu gedeihen. Das verlangt eine neue Reaktion, eine neue Gewohnheit. Denken Sie daran, dass Gewohnheiten im Schnittpunkt von Wissen, Einstellungen und Fähigkeiten liegen. Wenn Sie diese drei Dimensionen des 8. Wegs entwickeln, werden Sie der neuen Herausforderung immer besser gewachsen sein und Ihre grenzenlosen Möglichkeiten wirklich ausschöpfen können.

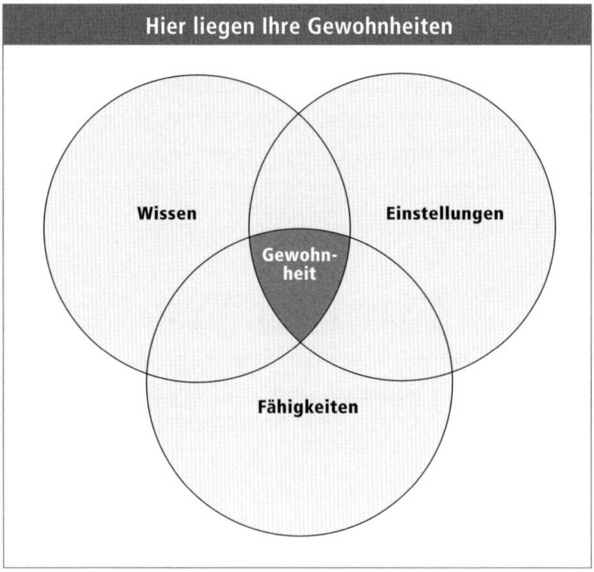
Hier liegen Ihre Gewohnheiten
Wissen
Einstellungen
Gewohn-
heit
Fähigkeiten

Abb. 3.2

TEIL 1

Finden Sie Ihre innere Stimme

KAPITEL 4

Entdecken Sie Ihre innere Stimme – unsere ungeöffneten Geburts-Geschenke

So viele Geburts-Geschenke,
die darauf warten, aufgemacht zu werden.
So viele handgefertigte Geschenke,
die Gott dir gesandt hat.
Der Geliebte sagt immer wieder:
»Alles, was mein ist, ist auch dein.«
So viele Geburts-Geschenke,
die darauf warten, aufgemacht zu werden.

HAFIZ[1]

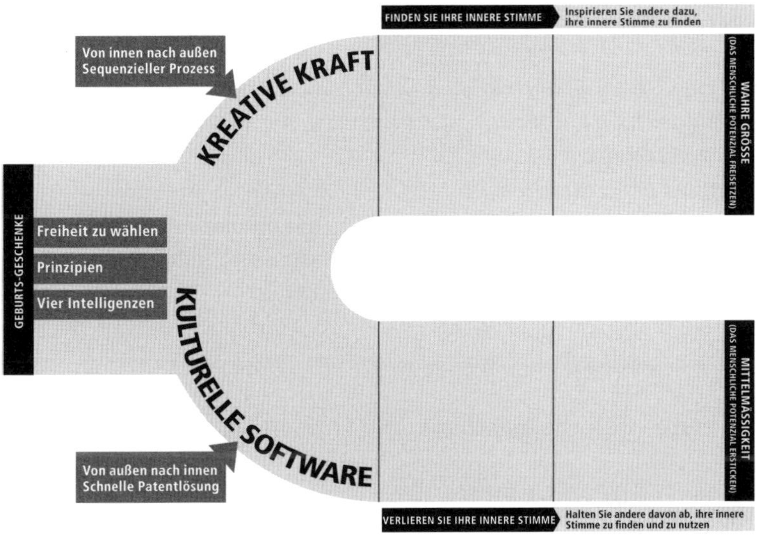

Abb. 4.1

Die Fähigkeit zur *Entdeckung* unserer inneren Stimme liegt in dem Potenzial, das uns von Geburt an mitgegeben wurde. Damals wurden – noch verborgen und unentwickelt – die Samen wahrer Größe in uns gelegt. Talente, Fähigkeiten, Vorzüge, Intelligenzen, Möglichkeiten: Wir haben unendlich wertvolle »Geburts-Geschenke« mit auf den Weg bekommen. Doch diese Geschenke bleiben so lange ungeöffnet, bis wir uns entscheiden, sie »auszupacken«. Das Potenzial, das in jedem von uns schlummert, ist enorm – ja, unendlich groß. Unser Vorstellungsvermögen reicht nicht aus, eine Idee davon zu entwickeln, wozu ein Mensch fähig ist. Babys mögen zu den abhängigsten Geschöpfen im Universum gehören. Aber innerhalb weniger Jahre werden sie die mächtigsten. Je mehr wir unsere Talente nutzen und weiterentwickeln, desto größer werden unsere Fähigkeiten und Möglichkeiten.

> *Alle Kinder werden als Genies geboren. 9999 von 10 000 aber werden schnell, wenn auch unabsichtlich, von Erwachsenen ihres Genies beraubt.*
>
> BUCKMINSTER FULLER

Werfen Sie nun bitte einen Blick auf die Abbildung 4.2 und lassen Sie uns dann die drei wichtigsten Geburts-Geschenke näher ansehen:

- Erstens: *Unsere Freiheit und Fähigkeit, zu wählen*
- Zweitens: Die *Naturgesetze oder Prinzipien*, die universell sind und sich nie ändern
- Drittens: *Unsere vier Intelligenzen oder Fähigkeiten* – die physische / ökonomische, die emotionale / soziale, die mentale und die spirituelle. Sie entsprechen den vier Dimensionen der menschlichen Natur: Körper, Herz, Verstand und Geist.

Unser erstes Geburts-Geschenk: Die Freiheit, zu wählen

Mit dem Thema dieses Buchs beschäftige ich mich nun schon seit einem halben Jahrhundert. Dabei habe ich mit den verschiedensten Menschen und Organisationen auf der ganzen Welt zusammengear-

Geburts-Geschenke

(größtenteils noch ungeöffnet)

- **Freiheit und Fähigkeit, zu wählen**

- **Prinzipien (Naturgesetze)**
  - **Universell**
  - **Zeitlos**
  - **Offensichtlich**

- **Die vier Intelligenzen/Fähigkeiten**

IQ	mental	EQ	emotional/sozial
PQ	physisch/ökonomisch	SQ	spirituell

Abb. 4.2

beitet. Wenn Sie mich nun fragen: »Welches Thema, welcher Punkt hat die größte Wirkung auf uns Menschen? Welche Idee findet den tiefsten Widerhall in unserer Seele? Welches Ideal ist das aktuellste, das wertvollste und wichtigste für unser Leben?« Dann müsste ich gar nicht lange überlegen. Ich würde ohne zu zögern und aus tiefstem Herzen antworten: Das ist die Erkenntnis, dass *wir die Freiheit haben, zu wählen.* Abgesehen vom Leben selbst ist die Freiheit, zu wählen, das größte Geschenk, das uns gemacht wurde. Diese Freiheit steht in krassem Gegensatz zu der *Opfermentalität* und den *Schuldzuweisungen,* die in unserer Gesellschaft so sehr verbreitet sind.

Im Grunde sind wir das Ergebnis unserer Entscheidungsfreiheit, nicht der Gene oder der Erziehung und des Umfelds. Natürlich haben diese Dinge oft einen großen Einfluss. Doch der bestimmende Faktor für unser Leben und unsere Weiterentwicklung sind sie nicht.

> *Die Geschichte des freien Menschen wird nie vom Zufall geschrieben, sondern durch Entscheidungen – seine eigenen Entscheidungen.*
>
> DWIGHT D. EISENHOWER[2]

Uns Menschen zeichnet etwas ganz Besonderes aus: Wir können unser Leben selbst lenken. Menschen agieren; Tiere und menschliche »Roboter« reagieren. Sie können die Richtung Ihres Lebens selbst wählen und Entscheidungen treffen, die auf Ihren Werten beruhen. Das ermöglicht es Ihnen, sich neu zu erfinden, Ihren Einflussbereich auszudehnen und Ihre Zukunft nach Ihren Vorstellungen zu gestalten. Die Freiheit, zu wählen – dieses eine Geburts-Geschenk versetzt uns in die Lage, alle anderen Geschenke zu nutzen und in unserem Leben immer höhere Ebenen zu erreichen.

In all den Jahren, in denen ich vor den verschiedensten Gruppen gesprochen habe, kamen immer wieder Leute zu mir und baten mich: »Erzählen Sie mir mehr über meine Freiheit, zu wählen. Und bitte sagen Sie noch mal, dass ich einen einzigartigen Wert und großes Potenzial habe und mich nicht mit anderen vergleichen muss!« Viele meinten auch, dass ein Punkt in meinem Vortrag ihre Seele wirklich angesprochen und ganz besonders zum Schwingen gebracht hat. Was das war? Die Erkenntnis, dass sie die Freiheit haben, zu wählen. Das war für sie so wunderbar, so inspirierend, dass sie gar nicht lange und intensiv genug darüber nachdenken konnten.

»Freiheit, zu wählen.« Was bedeutet das genau? Es heißt, dass wir *nicht* nur das Ergebnis unserer Vergangenheit oder unserer Gene sind. Wir sind auch *nicht das* Ergebnis davon, wie andere uns behandeln. Natürlich beeinflussen sie uns. Doch sie *lenken und leiten* uns nicht. Das tun wir ganz allein – durch unsere eigenen Entscheidungen. Auch wenn wir bislang unsere *Gegenwart* der *Vergangenheit* geopfert haben – unsere *Zukunft* können wir selbst gestalten!

Während eines Freisemesters auf Hawaii machte ich eine unglaubliche Erfahrung, die mein Leben komplett verändert hat und grundlegend für meine Arbeit an den 7 Wegen wurde. Eines Tages schlenderte ich gemächlich durch die Buchreihen einer Bibliothek. Ich war in einer sehr nachdenklichen, meditativen Stimmung und nahm ein Buch aus dem Regal. Darin las ich drei Sätze, die mich bis ins Mark erschütterten:

Zwischen Reiz und Reaktion gibt es einen Raum.
In diesem Raum hat der Mensch die Freiheit und die Fähigkeit,
seine Reaktion zu wählen.
In diesen Entscheidungen liegen unser Wachstum und unser Glück.

Abb. 4.3

Natürlich hatte ich schon oft gehört und gelesen, dass wir unsere Reaktion auf alles, was uns widerfährt, selbst wählen können. An jenem Tag aber, in dieser nachdenklichen Stimmung und der entspannten Atmosphäre, traf mich dieser Gedanke wie ein Blitz: Zwischen dem, was mit uns geschieht, und unserer Reaktion darauf gibt es einen Raum! Im Laufe der Jahre ist mir immer mehr bewusst geworden, dass die *Größe* dieses Raums vor allem von unserem genetischen Erbe, unserer Erziehung und unseren Lebensumständen abhängt.

Bei Menschen, die mit bedingungsloser Liebe und viel Unterstützung und Förderung aufwachsen, kann dieser Raum sehr groß sein. Bei anderen kann er, bedingt durch die Einflüsse der Gene oder der Umwelt, sehr klein sein. Der entscheidende Punkt aber ist: Selbst dann gibt es noch einen kleinen Raum. Und diesen Raum können wir nach und nach ausdehnen. Wie das geht? Indem wir ihn immer und immer wieder *nutzen*.

Manche Menschen haben ursprünglich einen sehr großen Raum zwischen Reiz und Reaktion. Doch wenn Schwierigkeiten auftauchen, unterwerfen sie sich den äußeren Umständen. Dadurch verkleinern sie den Raum zwischen Reiz und Reaktion. Andere, bei denen dieser Raum sehr klein ist, schwimmen gegen den Strom. Sie kämpfen gegen starke genetische, soziale und kulturelle Einflüsse an. Dabei stellen sie fest, dass ihre Freiheit zunimmt, ihr Wachstum sich beschleunigt und ihr Glück immer größer wird.

Menschen, deren Raum zwischen Reiz und Reaktion sich verkleinert, öffnen ihr wertvollstes Geburts-Geschenk nicht. Sie machen einfach keinen Gebrauch von der Freiheit, zu wählen. Dadurch hängt ihr Leben immer stärker von den Umständen und immer weniger von ihren eigenen Entscheidungen ab. Ganz anders sieht es bei denjenigen aus, die das Geschenk der Freiheit, zu wählen auspacken. Manchmal gelingt ihnen das vielleicht erst nach langem Bemühen. Doch sie entdecken jene Kraft, die ihnen den Zugang zu allen anderen Geburts-Geschenken eröffnet.

R. D. Laing, ein Außenseiter unter den Psychiatern, bringt in den Sätzen, die Sie in dem Kasten unten finden, etwas sehr Wichtiges zum Ausdruck: Unsere Fähigkeit zu positiven Veränderungen wird erstickt, wenn wir nicht merken, dass wir diesen Raum zwischen Reiz und Reaktion haben. Der Schlüssel dazu ist unsere Selbstwahrnehmung – eine Fähigkeit, die nur wir Menschen haben. Bitte lesen Sie jetzt das Zitat, denken Sie darüber nach und lesen Sie es dann noch einmal:

Die Spannbreite unseres Denkens und Handelns ist durch das begrenzt, was wir nicht bemerken. Und da wir nicht merken, dass wir es nicht bemerken, können wir nur wenig tun, um uns zu ändern. Das gelingt erst, wenn wir merken, wie stark die Tatsache, dass wir es nicht bemerken, unser Denken und Handeln formt.

Wir haben die Freiheit und die Fähigkeit, zu wählen. Sobald uns das bewusst ist, ändert sich alles. Dann erkennen wir, dass wir weitaus mehr Möglichkeiten und Potenziale haben als gedacht. Das kann allerdings auch bedrohlich und sogar beängstigend auf uns wirken. Denn plötzlich sind wir für unser Leben verantwortlich. Wenn wir uns selbst entscheiden und unsere Reaktion frei wählen können, können wir die Verantwortung nicht mehr abwälzen. Viele von uns machen vergangene oder gegenwärtige Umständen für ihre Situation und ihre Probleme verantwortlich. Für sie ist die Vorstellung, diese Denkweise zu ändern, wirklich erschreckend. Es gibt nämlich keine Ausreden mehr!

Was auch passiert ist, gerade passiert oder noch passieren wird: Zwischen all diesen Dingen und unserer Reaktion darauf gibt es einen Raum. Manchmal liegt zwischen Reiz und Reaktion nur der Bruchteil einer Sekunde. Dennoch eröffnet uns genau dieser Raum die Freiheit, unsere Reaktion selbst zu wählen.

Natürlich gibt es auch Dinge, die sich unserer Entscheidung entziehen – beispielsweise unsere Erbanlagen. Wir können unsere Gene nicht einfach aussuchen. Aber wir können selbst entscheiden, wie wir auf sie reagieren. Wenn jemand die genetische Veranlagung für eine bestimmte Krankheit hat, heißt das noch lange nicht, dass er sie auch bekommen muss. Er kann mit Sport und gesunder Ernährung vorbeugen oder sich die neusten Fortschritte in der Medizin zunutze machen, um dadurch vielleicht der Krankheit entgehen, an der seine Vorfahren gelitten haben.

Diejenigen, die immer mehr innere Stärke und Freiheit, zu wählen, entwickeln, können außerdem noch etwas sehr Wichtiges tun: Sie können verhindern, dass negative Verhaltensweisen von den früheren Generationen an die eigenen Kinder und Enkel weitergegeben werden.

Vor Kurzem habe ich den »Vaterschaftspreis« der National Fatherhood Initiative bekommen. Ich war tief beeindruckt von der Dankesrede eines anderen, ebenfalls ausgezeichneten Vaters. Er sagte, dieser Preis sei für ihn eine größere Ehre und wichtiger als alle anderen Auszeichnungen, die er je erhalten habe. Die anderen Preise zeugten von seinem Erfolg im Beruf. Aber den »Vaterschaftspreis« sehe er als einen viel größeren Indikator für »Erfolg«. Dann fügte er hinzu: »Ich selbst habe meinen Vater nicht gekannt; mein Vater hat seinen Vater nicht gekannt; doch mein Sohn kennt seinen Vater.« Das beweist wahre Größe und ist eine großartige Beschreibung für einen der wertvollsten Erfolge im Leben. Noch viel wichtiger aber ist, dass dieser Mann viele weitere Generationen in seiner Familie positiv beeinflussen wird!

Auch in Unternehmen und Organisationen kann man die Weitergabe negativer Tendenzen unterbrechen. Sie haben einen furchtbaren Chef? Die Arbeitsbedingungen sind nicht nur unerfreulich, sondern auch ungerecht? Setzen Sie Ihre Freiheit, zu wählen, mit Bedacht ein. Dann können Sie das ändern. Sie können Ihren Chef nachhaltig beeinflussen oder sich zumindest nicht emotional von seinen Schwächen vereinnahmen lassen. Denken Sie daran: Jedes Mal, wenn Ihre Emotionen von den Schwächen eines anderen bestimmt werden, demotivieren Sie sich selbst. Mehr noch: Sie geben den Schwächen eines anderen Menschen die Macht, Ihr Gefühlsleben weiterhin durcheinander zu bringen. Auch so kann die Vergangenheit die Zukunft als Geisel nehmen.

Die folgende wahre Geschichte zeigt, wie stark unsere Freiheit, zu wählen, sein kann. Ein mutiger, sehr inspirierender Mann erzählt, wie er lernte, einen »schlechten« Chef zu beeinflussen und zu führen:

Vor einigen Jahren kam ich als Personaldirektor in eine neue Firma. Ich hörte wahre Horrorgeschichten über meinen Chef. Schon bald erlebte ich selbst, wie er einen Angestellten so richtig niedermachte. Damals schwor ich mir, dass mir das nie passieren würde. Und ich hielt meinen Schwur. Wenn ich meinem Chef auf dem Flur begegnete, grüßte ich ihn höflich. Meine Berichte lagen immer pünktlich auf seinem Schreibtisch. Und mittags gehörte ich nie zu den Letzten, die zum Essen gingen, so dass er mich nicht auffordern konnte, ihn zu begleiten. Zudem spielte ich nie Golf mit ihm. Denn ich wollte nicht in die Verlegenheit kommen, ihn zu schlagen.

Nach ein paar Wochen wurde mir klar, dass ich einfach nur feig war. Berufliche Angelegenheiten, über die ich nicht die geringste Kontrolle hatte, fraßen mich auf. Ich verschwendete wertvolle Energie damit, über Lösungen für Probleme nachzugrübeln, die es noch gar nicht gab. Und: Weil ich Angst hatte, gab ich nicht mein Bestes für die Firma. Ich war niemand, der positive Veränderungen im Unternehmen vorantrieb. Es gab nur eine einzige Veränderung, die ich mir vorstellen konnte: Meine Sachen zu packen und das Unternehmen zu verlassen. Ich hatte sogar schon einen Termin für ein Vorstellungsgespräch bei einer anderen Firma!

Doch dann schämte ich mich. Ich sagte den Termin ab und beschloss, mich 90 Tage lang auf die Dinge zu konzentrieren, die ich wirklich beeinflussen konnte. Als Erstes musste ich eine bessere Beziehung zu meinem Chef aufbauen. Natürlich war es nicht nötig, dass wir dicke Freunde wurden. Aber wir mussten kollegial miteinander umgehen.

Als mein Chef wieder einmal in mein Büro kam, räusperte ich mich. Dann sprach ich ganz leise den Satz aus, den ich mir zuvor immer wieder vorgesagt hatte: »Wie kann ich Ihnen dabei helfen, effektiver zu werden?«

Er war total perplex. »Was meinen Sie damit?«, fragte er erstaunt. Ich nahm allen Mut zusammen und sagte: »Wie kann ich Sie entlasten? Welche Aufgaben kann ich Ihnen abnehmen? Schließlich bin ich da, um Ihnen die Arbeit zu erleichtern.« Ich lächelte ihn breit, aber ziemlich nervös an. Innerlich hoffte ich, er würde nicht denken, dass ich plötzlich verrückt geworden sei. Er sah mich mit einem Gesichtsausdruck an, den ich nie vergessen werde. Das war der wirkliche Beginn unserer Beziehung.

Zunächst übertrug er mir nur Kleinigkeiten, bei denen gar nichts schiefgehen konnte – ein Memo tippen, einen Anruf für ihn erledigen …

Nach sechs Wochen sagte er dann zu mir: »Sie kennen sich doch ziemlich gut mit Haftpflichtversicherungen aus. Wollen Sie diese Sache für mich übernehmen? Unsere Prämien sind einfach zu hoch!« Nun hatte er mich erstmals mit einer Aufgabe betraut, die für die Firma wichtig war. Es gelang mir, die jährlichen Prämien von 250 000 auf 198 000 Dollar zu drücken. Zudem verhandelte ich mit der Versicherung über einige Forderungen, die nicht ordnungsgemäß reguliert worden waren. So schaffte ich es, vorzeitig und ohne Strafgebühr aus unserem alten Vertrag auszusteigen. Das brachte eine weitere Einsparung von 13 000 Dollar.

Als es dennoch einmal zu einer Unstimmigkeit zwischen uns kam, konnte ich meinem Chef beweisen, dass er mir vertrauen konnte: Unser Streit verließ den Raum nicht; alles blieb unter uns. Ich merkte schnell, dass mein 90-Tage-Test sich auszahlte. Meine Beziehung zu meinem Chef verbesserte sich und mein Einfluss wuchs. Das alles lag nur daran, dass ich mich auf die Veränderungen in meinem beruflichen Umfeld konzentrierte, die ich selbst steuern konnte. Heute herrscht zwischen meinem Chef und mir tiefes Vertrauen. Jetzt habe ich das Gefühl, hier im Unternehmen wirklich einen Beitrag zu leisten.

Ich möchte Sie ermutigen, intensiv über dieses erste Geburts-Geschenk – den Raum zwischen Reiz und Reaktion – nachzudenken. Nutzen Sie es klug, um Ihre Freiheit zu vergrößern, weiter zu wachsen, zu lernen und Beiträge zu leisten. Vielleicht werden Ihre Reaktionen schließlich so große Kreise ziehen, dass es zu einer Art Rückkopplung kommt. Dann werden die Reize immer stärker von Ihren Reaktionen bestimmt. So können Sie die Welt, in der Sie leben, wirklich selbst erschaffen. Der große amerikanische Philosoph und Psychologe William James war überzeugt, dass Veränderungen in unserem Denken zu Veränderungen in unserem Leben führen.

Unser zweites Geburts-Geschenk: Naturgesetze oder Prinzipien

Ich habe ja schon gesagt, dass wir unsere Freiheit, zu wählen, den Raum zwischen Reiz und Reaktion, klug nutzen sollten. Aber was heißt das genau? Im Grunde bedeutet es, sich nicht dem heutigen Trend in unserer Gesellschaft anzuschließen und nach *schnellen Patent-*

lösungen zu suchen. Vielmehr sollten wir den Mut haben, gegen den Strom zu schwimmen und nach *Prinzipien* oder *Naturgesetzen* zu leben.

Als Albert Einstein im Alter von vier Jahren zum ersten Mal eine Kompassnadel sah, begriff er, dass es »etwas hinter den Dingen« geben musste – »etwas tief Verborgenes«. Das gilt auch für alle anderen Lebensbereiche. Gerechtigkeit, Güte, Respekt, Ehrlichkeit, Integrität oder Dienen und Beiträge leisten: Die Prinzipien sind *universell.* Sie überspannen Kulturen und überwinden geografische Grenzen. Darüber hinaus sind sie *zeitlos.* Sie ändern sich nicht. Unterschiedliche Kulturen können sie unterschiedlich auslegen. Ja, es ist sogar möglich, dass die Prinzipien im Lauf der Zeit durch den Missbrauch der Freiheit für negative Zwecke missbraucht werden. Trotzdem sind sie da. Wie das Gesetz der Schwerkraft wirken sie immer.

Ich habe außerdem entdeckt, dass diese Prinzipien *unbestreitbar,* offensichtlich und einleuchtend sind. Zum Beispiel gibt es ohne Vertrauenswürdigkeit kein dauerhaftes Vertrauen. Denken Sie einmal darüber nach – das ist ein Naturgesetz!

Vor vielen Jahren war ich Assistent bei einem Survival-Training mit einer Gruppe von ungefähr 30 Leuten. Nach etwa 24 Stunden ohne Nahrung, Wasser und Schlaf kletterten wir einen Berg hinunter. Dann standen wir vor einem reißenden Fluss. Am anderen Ufer hatten wir Wasser und Essen gelagert. Doch wie sollten wir dorthin kommen? Von einem Baum an unserem Ufer war ein Seil zu einem Baum am anderen Ufer gespannt. Dort wartete unser Frühstück. Ich meldete mich freiwillig, um den Fluss als Erster zu überqueren. Als ich die Mitte des Seils erreicht hatte, fing ich an, Faxen zu machen. Ich überschätzte meine Kräfte, anstatt mich ganz darauf zu konzentrieren, die andere Seite zu erreichen. Als ich spürte, dass meine Kräfte schwanden, versuchte ich, möglichst schnell ans andere Ufer zu gelangen. Aber es war zu spät. Ich wurde immer schwächer. Von der Visualisierung bis zur Willenskraft: Ich setzte alle Mentaltechniken ein, die ich kannte. Allerdings nützte es nichts – ich landete im reißenden Wasser. Über 20 Meter stromabwärts taumelte ich schließlich ans rettende Ufer und sank keuchend zu Boden. Den anderen fiel nichts Besseres ein, als mich auszulachen und zu verspotten … Was für eine wunderbare Illustration des Sprichworts »Hochmut kommt vor dem Fall«! Unser Körper unterliegt den Naturgesetzen. Keine noch so positive mentale Einstellung konnte die Grenzen meiner Muskelkraft überwinden.

Mir gefällt, was C. S. Lewis über diejenigen sagt, die die Existenz von universelle Prinzipien abstreiten:

> *Ein Mensch, der behauptet, er glaube nicht an die Gültigkeit von Recht und Unrecht, wird – bei Licht besehen – einen Augenblick später doch wieder darauf zurückgreifen. Er mag ein gegebenes Versprechen nicht einhalten. Doch sobald ein ihm gegebenes Versprechen nicht gehalten wird, wird er sich sofort beschweren, das sei nicht fair … Ein Staat mag erklären, Verträge seien wertlos. Im nächsten Augenblick jedoch verdirbt er sich sein Konzept mit der Behauptung, eben der Vertrag, den er für ungültig erklärt hat, sei ungerecht. Aber wenn Verträge wertlos sind, wenn es so etwas wie Recht und Unrecht nicht gibt, wenn kein natürliches Gesetz und Recht existiert, was ist dann der Unterschied zwischen einem gerechten und einem ungerechten Vertrag? Hat ein solcher Staat damit nicht die Katze aus dem Sack gelassen? Hat er nicht zugegeben, dass ihm, was immer er auch sagen mag, das Naturgesetzliche genauso bekannt ist wie allen anderen?*
>
> *Offensichtlich können wir nicht umhin, an ein gültiges Recht und Unrecht zu glauben. Vielleicht machen sich manche Menschen falsche Vorstellungen davon, so wie man beim Rechnen einen Fehler machen kann. Aber Recht und Unrecht sind genauso wenig bloße Fragen des Geschmacks oder der Auffassung wie das große Einmaleins … Dies also sind die beiden Feststellungen, die ich machen wollte: Erstens, in allen Menschen und überall auf der Welt ist die Vorstellung lebendig, dass sie ihr Verhalten auf bestimmte Weise einzurichten haben, und sie vermögen diese Vorstellung nicht recht zu verdrängen. Zweitens verhalten sich die Menschen in Wirklichkeit nicht entsprechend. Sie kennen das Naturgesetzliche. Aber sie halten sich nicht daran. Diese beiden Tatsachen bilden die Grundlage allen klaren Denkens über uns selbst und über die Welt, in der wir leben.*[3]

Natürliche und moralische Autorität

Die *natürliche Autorität* ist der Geltungsbereich der Naturgesetze. Diese Gesetze können wir nicht abstreiten. Wir haben keine Wahl und müssen uns ihnen unterwerfen. Alle Handlungen haben Konsequenzen. Wenn wir das eine Ende eines Stocks aufheben, heben wir automatisch auch das andere mit auf. Und wenn jemand von einem zehnstöckigen Gebäude springt, kann er es sich im freien Fall nicht plötzlich anders überlegen. Wir können uns dem Gesetz der Schwerkraft nicht entziehen. Die Schwerkraft hat die Kontrolle. Das ist naturgegeben.

Uns Menschen hat die Natur mit der Freiheit und der Fähigkeit, zu wählen, ausgezeichnet. Deshalb haben wir die natürliche Herrschaft über die gesamte übrige Schöpfung. Gefährdete Tier- und Pflanzenarten überleben nur mit unserer Unterstützung. Sie haben nicht die Freiheit und die Fähigkeit, zu wählen. Das macht sie vollkommen vom Menschen abhängig. Der Mensch allein besitzt die Fähigkeit und die Freiheit, zu wählen. Dank seiner Selbstwahrnehmung kann er sich immer wieder neu erfinden. Das ist die *natürliche Autorität.*

Die *moralische Autorität* hingegen ist die auf Prinzipien beruhende Ausübung unserer Fähigkeit und Freiheit, zu wählen. Mit anderen Worten: Wenn wir uns in unseren zwischenmenschlichen Beziehungen an Prinzipien halten, tun wir das im Einklang mit der Natur. Die Konsequenzen unserer Entscheidungen werden von zwei wesentlichen Dingen bestimmt: einerseits von den Naturgesetzen – beispielsweise dem Gesetz der Schwerkraft. Andererseits von Prinzipien wie Respekt, Ehrlichkeit, Güte, Integrität, Gerechtigkeit oder Dienen und Beiträgeleisten. Wenn wir unsere Umwelt rücksichtslos verschmutzen, bekommen wir am Ende schlechte Luft und vergiftetes Wasser. Und falls wir ständig herzlos und unehrlich zu anderen sind, wird das Vertrauen, das alle Beziehungen zusammenhält, zerstört. Die auf Prinzipien beruhende Ausübung unserer Freiheit und Fähigkeit, zu wählen, zieht weite Kreise. Dadurch erlangen wir moralische Autorität gegenüber anderen Menschen, Kulturen, Organisationen und ganzen Gesellschaften.

Im Gegensatz zu Prinzipien sind *Werte* soziale Normen. Sie sind persönlich, emotional, subjektiv und bestreitbar. Jeder von uns hat Werte – sogar Verbrecher. Die Frage, die Sie sich stellen müssen, lautet: *Beruhen meine Werte auf Prinzipien?* Letztendlich sind die Prinzipien Naturgesetze. Sie sind unpersönlich, sachlich, objektiv, unbestreitbar und offensichtlich. Die Konsequenzen unseres Handelns werden durch Prinzipien bestimmt, unser Verhalten dagegen durch Werte. Daher müssen wir die Prinzipien achten!

Menschen, die nach Ruhm gieren, sind ein gutes Beispiel dafür, dass Werte oft nicht auf Prinzipien beruhen. Ihr moralisches Zentrum wird von Äußerlichkeiten und der Sucht nach Macht und Anerkennung geprägt. Sie haben keine Ahnung, wer sie sind oder wo der »Norden« auf der Landkarte ihres Lebens ist. Ihr Leben beruht auf sozialen Werten. Für sie zählt nur, was die anderen über sie denken. Daher wissen sie nicht, an welchen Prinzipien sie sich orientieren sollen. Einerseits werden sie zwischen der Fremdwahrnehmung und der Selbstwahrnehmung hin- und hergerissen, andererseits zwischen ihren eigenen Werten und den universellen Prinzipien. Beim Fliegen nennt man das trudeln. Wer ins Trudeln kommt, verliert den Bezug zum Boden, zu den Prinzipien und damit die Orientierung. Viele Menschen gehen trudelnd oder mit moralischer Desorientierung durchs Leben. Wir alle kennen solche Leute. Sie haben nie den Preis dafür bezahlt, ihre Werte mit den universellen, zeitlosen Prinzipien in Einklang zu bringen.

Die entscheidende Aufgabe ist also, zu bestimmen, wo »Norden« ist, und dann alles darauf auszurichten. Wer das nicht tut, muss mit den unvermeidlichen negativen Konsequenzen leben. Um moralische Autorität zu bekommen, müssen wir kurzfristige Eigeninteressen aufgeben. Es gilt, den Prinzipien, die fest in unserem Gewissen verankert sind, den Vorrang zu geben. Dazu müssen wir den Mut aufbringen, diese Prinzipien über die sozialen Werte zu stellen.

Unser drittes Geburts-Geschenk: Die vier Intelligenzen/ Fähigkeiten der menschlichen Natur

Wie bereits gesagt, zeichnet sich der Mensch durch vier Dimensionen aus: Körper, Verstand, Herz und Geist. Ihnen entsprechen vier Fähigkeiten oder *Intelligenzen,* die jeder von uns besitzt: die physische (PQ), die mentale (IQ), die emotionale (EQ) und die spirituelle (SQ). Diese vier Intelligenzen sind unser drittes Geburts-Geschenk.

Die vier Intelligenzen/Fähigkeiten des Menschen

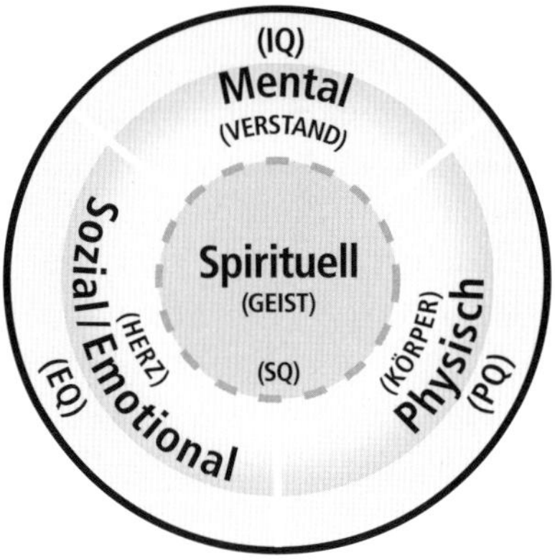

Abb. 4.4

Mentale Intelligenz (IQ)

Wenn wir von Intelligenz sprechen, denken wir gewöhnlich an die *mentale* Form (IQ): unsere Fähigkeit, zu analysieren, logisch und abstrakt zu denken, uns etwas vorzustellen und zu verstehen. Doch das ist eine viel zu enge Auslegung.

Physische Intelligenz (PQ)

Eine weitere Form ist die *physische Intelligenz* (PQ) unseres *Körpers.* Tief in unserem Inneren sind wir uns der physischen Intelligenz bewusst. Doch wir berücksichtigen sie meist nicht.

Ob Atmung, Kreislauf oder Nervenbahnen: Denken Sie nur daran, was Ihr Körper alles ohne bewusste Anstrengung vollbringt. Er hält alle wichtigen Systeme in Gang, vernichtet kranke Zellen und hält uns am Leben.

> *Der menschliche Körper ist ein unglaubliches System. Ob Sie auch nur eine Seite dieses Buches umblättern, husten oder Auto fahren: Ungefähr sieben Billionen Zellen werden mit einem unfassbaren Aufwand*

physikalisch und biochemisch koordiniert. Wenn Sie überlegen, wie wenig Sie darüber nachdenken müssen, wird das Ganze noch erstaunlicher. Wann haben Sie Ihr Herz zum letzten Mal daran erinnert, zu schlagen, Ihre Lungen daran, sich auszudehnen und zusammenzuziehen, oder Ihre Verdauungsorgane, die richtigen Stoffe zur richtigen Zeit abzusondern? Diese und unzählige andere Prozesse laufen jeden Moment unseres Lebens unbewusst ab. Das ganze System wird intelligent kontrolliert, vieles davon ist uns nicht bewusst.[4]

DOC CHILDRE UND BRUCE CRYER

Gerade Ärzte wissen, dass der Körper sich selbst heilt. Die Medizin erleichtert die Heilung lediglich. Sie kann Hindernisse beseitigen, aber auch welche aufbauen, wenn sie gegen die Körper-Intelligenz arbeitet.

Wie sorgt der Körper für eine Balance und Harmonie zwischen dem Funktionieren des Gehirns, das der Sitz unseres Verstandes ist, und der Arbeit des Herzens, das symbolisch die emotionale Intelligenz repräsentiert? Unser Körper ist eine brillante Maschinerie, deren Leistung selbst die fortschrittlichsten Computer übertrifft. Keine andere Spezies auf der Welt erreicht unsere Fähigkeit, Gedanken und Gefühle in Taten zu verwandeln und dafür zu sorgen, dass Dinge geschehen.

Kontrollierte Doppelblindstudien in Forschungslaboratorien zeigen immer deutlicher: Zwischen Körper (Physis), Verstand (Denken) und Herz (Gefühle) besteht eine enge Beziehung.

Schild in einem Dorfladen in North Carolina:
Das Gehirn meinte: »Ich bin das klügste Organ im ganzen Körper!« Das Herz entgegnete: »Wer hat dir das gesagt?«[5]

Emotionale Intelligenz (EQ)

Unsere *emotionale Intelligenz* ist unser Wissen über uns selbst, unsere Selbstwahrnehmung, soziale Empfindsamkeit, Einfühlsamkeit und Fähigkeit zur erfolgreichen Kommunikation mit anderen. Sie ist ein Gefühl für den richtigen Zeitpunkt und die soziale Angemessenheit. Zudem ist sie der Mut, Schwächen einzugestehen sowie Unterschiede zum Ausdruck zu bringen und zu respektieren. Seit den 1990er-Jahren ist die emotionale Intelligenz ein viel diskutiertes Thema. Sie wird der rechten Gehirnhälfte zugeschrieben. Diese Hemisphäre gilt als die kreativere, als Sitz der Intuition, der Empfindungen und des ganzheitlichen Denkens. Wohingegen die linke Gehirnhälfte für das analytische Denken, die Sprache, die Vernunft und die Logik zuständig ist. Es ist sehr wichtig, dass wir beide Hirnhälften gleichermaßen schätzen und nutzen. Denn die Verbindung von Denken und Fühlen führt zu einer ausgewogeneren Sicht der Dinge, besserer Urteilsfähigkeit und damit auch zu klügeren Entscheidungen.

> *Die Intuition sagt dem denkenden Verstand, wohin er als Nächstes blicken soll.*
>
> DR. JONAS SALK, ENTDECKER DES ERSTEN IMPFSTOFFES GEGEN DIE KINDERLÄHMUNG

Die Forschung hat immer wieder gezeigt: Langfristiger Erfolg bei der Kommunikation, bei Beziehungen und Führungsaufgaben hängt stärker von der emotionalen als von der mentalen Intelligenz ab. Daniel Goleman, Autor und Experte im Bereich EQ, schreibt dazu:

> *Für herausragende Leistungen in allen Berufen und Bereichen ist emotionale Kompetenz doppelt so wichtig wie rein kognitive Fähigkeiten.*
>
> *Erfolg auf den höchsten Ebenen, in Führungspositionen, lässt sich praktisch zu 100 Prozent mit emotionaler Kompetenz erklären …*
>
> *Da solche herausragenden Leistungen zu zwei Dritteln oder mehr auf emotionalen Kompetenzen beruhen, trägt es enorm zum Geschäftsergebnis eines Unternehmens bei, wenn es Leute mit diesen Fähigkeiten findet oder sie bei seinen eigenen Mitarbeitern fördert …*
>
> *Der wirtschaftliche Wert der Leute wächst mit der Komplexität der Aufgabe: Bei einfacheren Jobs wie Maschinisten oder Bürohilfskräften erzielten diejenigen, die im Hinblick auf die emotionale Kompetenz zum obersten einen Prozent gehören, dreimal mehr Ertrag als diejenigen, die zum untersten einen Prozent gehören. Das heißt: Die Mitarbeiter aus dem obersten einen Prozent waren dreimal mehr wert. Bei Jobs von mittlerer Komplexität wie Verkaufsangestellten oder Mechanikern war ein Leistungs-Ass sogar zwölfmal produktiver als diejenigen im untersten Bereich.*[6]

Viele Menschen bauen ihre Erfolgsstrategie allein auf mentaler Intelligenz auf. Deshalb verunsichert sie die Theorie der emotionalen Intelligenz sehr stark. So kann jemand auf einer IQ-Skala, die bis zehn geht, den Höchstwert erreichen, aber emotional nur bei zwei liegen. Er weiß gar nicht, wie man gute Beziehungen zu anderen aufbaut. Vielleicht kann er dieses Defizit ausgleichen, indem er sich übermäßig auf seinen Intellekt stützt oder Stärke aus seiner offiziellen Position bezieht. Dann läuft er jedoch Gefahr, dass er seine Schwächen immer weiter vergrößert. Mehr noch: In den Interaktionen mit anderen verstärkt er auch deren Schwächen. Meist versuchen solche Leute dann, ihr Verhalten komplett zu rationalisieren. Doch dadurch machen sie die Situation meist nur noch viel schlimmer.

- **Wer sich Stärke leiht, baut Schwäche auf – bei sich selbst, bei anderen und in seinen Beziehungen.**

All das zeigt: Die Weiterentwicklung der emotionalen Intelligenz ist eine der größten Herausforderungen für Eltern und für Führungskräfte auf allen Ebenen von Unternehmen und Organisationen.

Spirituelle Intelligenz (SQ)

Unsere vierte Intelligenz ist die *spirituelle Intelligenz* (SQ). Wie die emotionale wird auch die spirituelle Intelligenz zunehmend Gegenstand wissenschaftlicher Forschungen sowie philosophischer und psychologischer Diskussionen. Die spirituelle Intelligenz ist die zentrale, die fundamentalste. Denn sie ist die Quelle, aus der die drei anderen Intelligenzen *Orientierung* beziehen. Die spirituelle Intelligenz spiegelt unsere Sehnsucht nach Sinnhaftigkeit und einer Verbindung mit dem Unendlichen wider. Richard Wolman beschreibt das »Spirituelle« in seinem Buch *Thinking with Your Soul* so:

> *Mit dem Spirituellen meine ich die uralte, bis heute anhaltende Suche des Menschen nach der Verbundenheit mit etwas Größerem und Vertrauenswürdigerem als seinem Ego – mit seiner eigenen Seele, mit anderen, mit den Welten der Geschichte und der Natur, mit den unteilbaren Winden des Geistes, mit dem Mysterium des Lebens.*[7]

Die spirituelle Intelligenz hilft uns, die wahren Prinzipien zu erkennen, die ein fester Bestandteil unseres Gewissens sind. Diese Prinzipien werden durch den Kompass symbolisiert. Er ist eine wunderbare Metapher, weil er stets nach Norden weist. Oder anders gesagt: Wer eine hohe moralische Autorität erlangen will, muss seinen Kompass nach Norden ausrichten und sich konsequent an die universellen, zeitlosen Prinzipien halten.

> *Der Odem des Menschen ist eine Leuchte des Herrn.*
>
> BUCH DER SPRÜCHE 20,27.[8]

Danah Zohar und Ian Marshall schreiben in *SQ: Connecting with Our Spiritual Intelligence*:

> *Mentale Intelligenz (IQ) haben auch die Computer; emotionale Intelligenz (EQ) besitzen auch die höheren Säugetiere. Aber die spirituelle Intelligenz (SQ) ist nur dem Menschen zu Eigen. Die höchste der drei Intelligenzen ist mit der Sehnsucht nach Sinnhaftigkeit verbunden, die uns Menschen heute mehr bewegt denn je … Wenn wir nach einem Sinn, nach einer Vision und Werten suchen, nutzen wir unsere spirituelle Intelligenz. Sie erlaubt uns, zu träumen und nach Höherem zu streben. Die spirituelle Intelligenz liegt den Dingen zugrunde, an die wir glauben. Sie entscheidet darüber, welche Rolle unsere Überzeugungen und Werte bei unserem Tun spielen. Im Wesentlichen ist sie das, was uns menschlich macht.*[9]

Zur Semantik und Überlegenheit der spirituellen Intelligenz

Vor allem in den letzten beiden Jahrzehnten war die spirituelle Intelligenz Gegenstand unzähliger Studien und Forschungsprojekte. Es gibt eine Unmenge von Büchern dazu. Häufig werden unterschiedliche Begriffe benutzt, um ein und dasselbe zu beschreiben. So bezeichnen manche Autoren Teile von dem, was ich spirituelle Intelligenz nenne, als emotionale Intelligenz. Dieses semantische Problem ist mir durchaus bewusst. Ich möchte Sie, liebe Leserinnen und Leser, deshalb noch einmal daran erinnern, sich nicht an sprachlichen Definitionen festzuklammern. Stattdessen möchte ich Sie bitten, immer nach der Bedeutung zu suchen, die einem Begriff zugrunde liegt.

In diesem Zusammenhang finde ich das Buch *Abschied vom IQ: Die Rahmentheorie der vielfachen Intelligenzen* besonders erwähnenswert. Es stammt von dem bekannten Erziehungswissenschaftler und Harvard-Forscher Howard Gardner und beschäftigt sich mit der Theorie der multiplen Intelligenzen. Der Autor versteht es auf brillante Weise, einem das Konzept der getrennten, sich dennoch überschneidenden Intelligenzen näher zu bringen. Auch die Arbeiten von Robert Cooper und Daniel Goleman zur emotionalen Intelligenz halte ich für äußerst aufschlussreich. Ich habe mir mehrfach Vorträge von den beiden angehört. Sie arbeiten sehr gründlich und stützen sich auf fundierte Forschungen. Zum Teil beziehen sie Elemente ein, die ich im Rahmen der spirituellen Intelligenz behandelt habe.

Manche Bücher trennen unsere visuelle Intelligenz von der sprachlichen, analytischen, künstlerischen, logischen, kreativen, ökonomischen und von weiteren Formen. Ich schätze diese Überlegungen. Dennoch bin ich überzeugt, dass man alle diese Intelligenzformen sehr gut zusammenfassen kann. Meines Erachtens kann man sie unter den vier Dimensionen, die das Menschsein und unser Leben ausmachen, subsumieren – Körper, Verstand, Herz und Geist.

Auf Hawaii hatte ich einmal ein Erlebnis mit der Young Presidents Organization, das ich nie vergessen werde. Eine kleine Gruppe von Unternehmenschefs traf sich zum Frühstück mit einigen der wirklich großen Autoritäten im Bereich Management und Führung. Jeder Einzelne von ihnen hatte wichtige Bestseller geschrieben, war enorm anerkannt und wurde häufig zitiert. In einem Forum, wo sehr viel gegenseitiger Respekt herrschte, fragte einer der Unternehmensführer die Managementexperten ganz vorsichtig: »Sagen Sie im Grunde nicht alle dasselbe?« Sie gaben einmütig zu, dass das stimmte. Jeder von ihnen hatte seine eigene Semantik, seine eigenen Definitionen und oft auch einige einzigartige Erkenntnisse. Doch bei den Grundelementen unterschieden sie sich tatsächlich nicht. Allen ging es mehr um fundamentale Prinzipien und weniger um praktische Methoden.

Ich habe mich wirklich bemüht, das Semantikproblem zu umgehen, indem ich bei allen Begriffen nach den dahinterliegenden Bedeutungen gesucht habe. Ich bin jedoch überzeugt, dass es eine weitere Dimension von Intelligenz gibt, die bisher noch nicht umfassend betrachtet wurde. Welche Dimension von Intelligenz ich meine? Es geht um die Rolle der spirituellen Intelligenz bei der Führung und Lenkung aller anderen Intelligenzen. In diesem Sinn ist die spirituelle den anderen Intelligenzen überlegen.

Ich möchte Ihnen nun von einem Erlebnis erzählen, das man als Bestätigung dafür betrachten könnte, dass die spirituelle Intelligenz die höchste ist. Ich bin ungeheuer beeindruckt vom politischen Wirken von Anwar El-Sadat. Anwar El-Sadat war der ehemalige Staatschef von Ägypten. Gemeinsam mit dem damaligen US-Präsidenten Jimmy Carter und dem israelischen Ministerpräsidenten Menachem Begin hat er geradezu Unglaubliches geleistet, um das Friedensabkommen von Camp David zwischen Israel und Ägypten zu ermöglichen.

Vor einigen Jahren wurde ich in einem Golfwagen über das Gelände von Camp David gefahren. Der Präsident der Vereinigten Staaten zeigte mir persönlich die Stelle, wo das Abkommen unterzeichnet wurde. Das war ein sehr emotionales Erlebnis für mich. Heute sehe ich in Anwar El-Sadat einen Menschen, der wusste, dass es zwischen Reiz und Reaktion einen Raum gibt. Diesen Raum vergrößerte er als junger Mann, während seiner Einzelhaft in Zelle 54 des Kairoer Zentralgefängnisses, ganz enorm. Seine eigenen Worte zeigen, wie tief dieses Verstehen war:

> *Wer nicht in der Lage ist, seine Gedanken zu verändern, wird niemals fähig sein, die Realität zu verändern. Daher wird er auch niemals irgendeinen Fortschritt erzielen.*[10]

Bevor seine Haltung gegenüber Israel sich von Grund auf änderte, war Sadat ein enorm beliebter Präsident. Er hatte sich voll und ganz der Sache der Araber verschrieben. Überall in Ägypten hielt er politische Reden. Immer wieder versicherte er, dass er niemals einem Israeli die Hand geben würde, solange Israel auch nur einen Quadratzentimeter arabischen Bodens besetzt hielt. Er rief dann immer: »Nie! Nie! Nie!« Und die riesigen Menschenmengen griffen das auf und johlten: »Nie! Nie! Nie!«

Wir baten Sadats Frau Jehan, bei einem unserer internationalen Symposien eine Rede zu halten. Ich hatte die Ehre, mit ihr essen gehen zu dürfen. Dabei fragte ich sie, wie es gewesen sei, mit Anwar El-Sadat zu leben. Ganz besonders interessierte mich die Zeit, als er mit seiner kühnen Friedensinitiative begann und die Knesset in Jerusalem besuchte – ein Akt, der dann im Friedensabkommen von Camp David gipfelte.

Jehan Sadat antwortete, sie habe seinen Sinneswechsel kaum glauben können, besonders nach allem, was er zuvor getan und gesagt hatte. Lassen Sie mich kurz wiedergeben, was sie mir erzählt hat:

Sie war ihm im Wohnbereich des Palastes direkt gegenübergetreten und fragte ihn: »So wie ich das begriffen habe, willst du nach Israel fahren. Stimmt das?«

»Ja.«

»Wie kannst du das bloß machen, nach allem, was du gesagt hast?«

»Ich hatte Unrecht. Und ich weiß, dass das, was ich jetzt tue, richtig ist.«

»Du wirst die Führung in der arabischen Welt verlieren und ihre Unterstützung.«

»Ja, das ist möglich. Ich glaube aber nicht, dass es passieren wird.«

»Du wirst nicht mehr Präsident dieses Landes sein.«

»Auch das ist möglich.«

»Es wird dich das Leben kosten!« (Und wie wir wissen, kam es wirklich so. Denn Anwar El-Sadat starb durch die Kugel eines Attentäters.)

Er antwortete: »Mein Leben ist vorbestimmt. Es wird genau so lange dauern, wie es dauern soll.«

Da umarmte sie ihn und sagte, er sei der großartigste Mensch, den sie kenne.

Ich fragte sie dann, wie es gewesen sei, als er aus Israel zurückkam. Sie meinte, für die Fahrt vom Flughafen zum Palast brauche man normalerweise 30 Minuten. An jenem Tag aber habe es über drei Stunden gedauert. Die Straßen seien voller Menschen gewesen – Hunderttausende jubelten Sadat begeistert zu. Es waren dieselben Menschen, die nur eine Woche zuvor lautstark eine harte Haltung gegenüber Israel gefordert hatten. Sadat tat das Richtige – und sie wussten es. Das zeigt: Die spirituelle Intelligenz ist der emotionalen überlegen. Die Leute erkannten, dass man in einer *inter*dependenten Welt nicht unabhängig denken und leben kann.

Sadat ordnete sein Ego und seine EQ, seine soziale Empfindsamkeit, sein Einfühlungsvermögen und seine sozialen Fähigkeiten, seiner SQ, seinem Gewissen, unter. Und die ganze Welt hallte von den Ergebnissen wider. Die Führung seiner spirituellen Intelligenz hob seine anderen Intelligenzen auf ein völlig neues Level. Er wurde ein Mensch mit einer ungeheuren moralischen Autorität.

Der Weg zur moralischen Autorität, zur persönlichen Erfüllung und zu nachhaltigem Einfluss steht nicht nur den bedeutenden Führern der Welt offen: Jeder von uns hat das Potenzial, eine einfache, große, stille moralische Autorität zu werden.

Die vier Intelligenzen / Fähigkeiten entwickeln

Die vier Dimensionen des Lebens überschneiden sich. Deshalb ist es völlig unmöglich, an einer einzelnen Dimension zu arbeiten, ohne die anderen direkt oder indirekt zu beeinflussen. Die Entwicklung und Nutzung dieser Intelligenzen wird Ihnen gelassene Zuversicht, innere Stärke und tiefe Sicherheit verleihen. Sie werden mutig und rücksichtsvoll zugleich sein. Zudem werden Sie persönliche moralische Autorität erlangen. Wenn Sie die vier Intelligenzen entwickeln, wird das Ihre Fähigkeit, auf andere einzuwirken und sie dazu zu inspirieren, ihre innere Stimme zu finden, umfassend und tief greifend verbessern.

> *Hinter jedem edlen Leben stehen Prinzipien, die es geformt haben.*
>
> GEORGE H. LORIMER[11]

Ich habe die Erfahrung gemacht, dass wir sofort damit beginnen können, unsere Integrität, unser Selbstwertgefühl und unsere innere Stärke auszubauen. Dazu müssen wir von vier einfachen Annahmen ausgehen – eine für jede Dimension unseres Lebens. Diese vier Annahmen sind wirklich einfach. Und ich verspreche Ihnen, wenn Sie sich konsequent daran halten, werden Sie eine neue Quelle von Stärke und Integrität finden, aus der Sie schöpfen können, wenn Sie sie ganz besonders brauchen.

1. Für den *Körper*: Nehmen Sie an, Sie hätten einen Herzinfarkt gehabt. Leben Sie von nun an entsprechend.
2. Für den *Verstand*: Nehmen Sie an, dass die Halbwertszeit für das Wissen in Ihrem Beruf nur zwei Jahre beträgt. Bilden Sie sich von nun an entsprechend weiter.

3. Für das *Herz*: Nehmen Sie an, dass die anderen alles hören können, was Sie über sie sagen. Reden Sie von nun an entsprechend.
4. Für den *Geist*: Nehmen Sie an, dass Sie jedes Vierteljahr vor Ihren Schöpfer treten müssen. Leben Sie von nun an entsprechend.

Wann können wir anfangen, die moralische Autorität und die innere Stärke zu entwickeln, die aus den vier Intelligenzen erwachsen? Welche Phase in unserem Leben ist die beste, um die Software zu »installieren«, die es uns ermöglicht, unsere innere Stimme zu finden? Wann sollten wir völlige Harmonie zwischen der Software und der Hardware schaffen? Was ist der ideale Zeitpunkt, um unsere kulturelle Prägung und unsere Geburts-Geschenke in Einklang zu bringen?

Wahrscheinlich stimmen Sie mir zu, dass dieser Zeitpunkt die Kindheit ist. Vor allem die ersten Jahre in der Familie sind hier ganz entscheidend. Allerdings verläuft diese Lebensphase bei etlichen Menschen nicht besonders gut. Kritisieren, Klagen, Vergleichen, Wetteifern und Konkurrieren: Vielen wird die Software der fünf ungesunden Verhaltensweisen, der Opfermentalität und des Mangels mit auf den Weg gegeben. Könnte das frühe »Familienleben« also in die Schule verlagert werden? Könnten die Lehrer Ersatzmütter oder Ersatzväter werden? Könnten sie die Definite in der Familie ausgleichen, solange die Kinder noch sehr jung, leicht zu beeinflussen, unschuldig und unverdorben sind?

Noch besser wäre es natürlich, wenn Familie und Schule Hand in Hand zusammenarbeiten würden. So würden die Kinder von beiden Seiten ständig Stärkung und Unterstützung bekommen. Können Sie sich vorstellen, welche Ergebnisse möglich wären, wenn die Software und die Hardware schon in den ersten Kindheitsjahren in Einklang gebracht würden? Welche großartigen Menschen so entstehen und welche Leistungen aus ihren Charakterstärken und ihren Fähigkeiten erwachsen würden?

Es ist so wichtig, die prinzipienzentrierte Software und die Freiheit, zu wählen, mit unseren Geburts-Geschenken zu verbinden! Wäre es nicht wundervoll, wenn das auf der ganzen Welt in den Familien und in den Schulen – in denen ja die Zukunft liegt – geschehen könnte? Das wäre eine Lösung für das Dilemma, das der Gründer und ehemalige CEO von Visa International, der Autor Dee Hock, so formuliert:

»Das Problem ist nie, neue, innovative Gedanken in den Kopf zu bekommen, sondern die alten daraus zu vertreiben.«[12]

Fragen & Antworten

Sind wir primär ein Produkt der Natur, also unserer Gene, oder unserer Erziehung und unseres Umfelds?

Diese Frage beruht auf einem unzutreffenden Paradigma, einer falschen Landkarte von der Natur des Menschen. Dieses Paradigma ist der Determinismus. Doch wir sind kein Produkt unserer Gene oder unserer Erziehung. Wir sind das Produkt unserer Entscheidungen. Jeder Mensch hat die Freiheit und die Fähigkeit, zu wählen. Denn zwischen Reiz und Reaktion gibt es immer einen Raum. Wenn wir unsere Freiheit, zu wählen, klug einsetzen und uns dabei auf zeitlose, universelle Prinzipien stützen, wird der Raum zwischen Reiz und Reaktion immer größer. Babys, Kleinkinder und geistig Behinderte haben diesen Raum vielleicht nicht. Doch die überwältigende Mehrheit der Erwachsenen hat ihn. Doch der Determinismus ist tief in die Kultur unserer Zeit verwurzelt. Zudem wird er durch ein äußerst erschreckendes Gefühl noch weiter verstärkt. Dieses Gefühl beschleicht uns, sobald wir erkennen, dass wir frei wählen können. Denn dann wird uns plötzlich klar, dass wir selbst für unsere aktuelle Situation verantwortlich sind. Deshalb ist es wichtig, dass wir keine Ausflüchte suchen, sondern ehrlich zugeben: »Ich bin, was ich bin« und »Ich bin, wo ich bin, weil ich mich dafür entschieden habe«. Nur wenn wir das tun, können wir mit voller Überzeugung sagen: »Ich entscheide mich anders!«

Werden Führungspersönlichkeiten geboren oder durch ihr Umfeld und Training »gemacht«?

Auch diese Frage beruht auf einem unkorrekten Paradigma des Determinismus. Aufgrund des Raums zwischen Reiz und Reaktion haben wir Menschen die Freiheit, zu wählen. Daher werden Führungspersönlichkeiten weder geboren noch durch ihr Umfeld oder Training dazu »gemacht«. Sie »machen« sich vielmehr selbst – durch ihre Entscheidungen und das Verhalten, das daraus resultiert. Wenn ihre Entscheidungen auf Prinzipien beruhen, wächst ihre Freiheit, zu wählen. Auch Warren G. Bennis und Robert J. Thomas vertreten in ihrem Buch *Geeks and Geezers: How Era, Values, and Defining Moments Shape Leaders* die Ansicht, dass Führungspersönlichkeiten nicht geboren werden.[13] Ihr Grundkonzept sieht so aus: Aufgrund einer einzigen intensiven, alles verändernden Erfahrung treffen Menschen die Entscheidungen, die sie zu wahren Führungspersönlichkeiten machen. Auch Dr. Noel Tichy ist der Ansicht, dass Führung auf einer Entscheidung beruht. Er geht davon aus, dass die Leute sich dafür *entscheiden*, von anderen zu lernen und sich an das Gelernte zu halten. In beiden Fällen treffen die Autoren also im Grunde genommen dieselbe Aussage: Sie sind der Ansicht, dass Führungspersönlichkeiten nicht gemacht oder geboren werden, sondern sich selbst machen – dass Führung aus Entscheidungen erwächst.

Muss man alle vier Fähigkeiten oder Intelligenzen entwickeln?

Ja! Ohne an allen vier zu arbeiten, kann man keine wirklich bis zur Reife und Nachhaltigkeit entwickeln. Genau das meint Integrität: dass unser *ganzes* Leben auf Prinzipien basiert. Unsere Fähigkeit, einen Beitrag zu leisten und Freude zu empfinden, hängt letztendlich von unserem Charakter, unserer Integrität ab. Daher sollten wir unsere physischen, sozial-emotionalen, mentalen und spirituellen Muskeln permanent trainieren. Dazu müssen wir unsere Komfortzone verlassen und die Übungen machen, die Muskelkater und Schmerzen verursachen. Nach einer ausreichenden Ruhe- und Entspannungspause sind die Muskeln dann wieder heil und größer und stärker als je zuvor. Mehr dazu können Sie im Buch *Die Disziplin des Erfolgs* von Jim Loehr und Tony Schwartz nachlesen.[14]

Wann sollte man in den Ruhestand gehen?

Geben Sie ruhig Ihren Job auf. Aber beschäftigen Sie sich weiter mit wichtigen, bedeutungsvollen Dingen! Wer lange leben will, braucht *Eustress*. Das ist der positive Stress, der sich einstellt, wenn wir uns besonders wertvollen und lohnenswerten Aufgaben und Projekten widmen. Dann überkommt uns ein tiefes Gefühl von Sinnhaftigkeit. Das gilt übrigens ganz besonders für die Beiträge, die wir für die nachfolgenden Generationen unserer Familie leisten. Nur wenn Sie früh sterben wollen, sollten Sie Golf spielen, angeln gehen, Berge von Pillen einnehmen oder hin und wieder Ihre Enkel besuchen. Das glauben Sie nicht? Dann sollten Sie unbedingt Hans Selyes Buch *Stress: Bewältigung und Lebensgewinn* lesen.[15]

KAPITEL 5

Bringen Sie Ihre innere Stimme zum Ausdruck: Vision, Disziplin, Leidenschaft und Gewissen

Am stärksten ist, wer Herr über sich selbst ist.
LUCIUS ANNAEUS SENECA

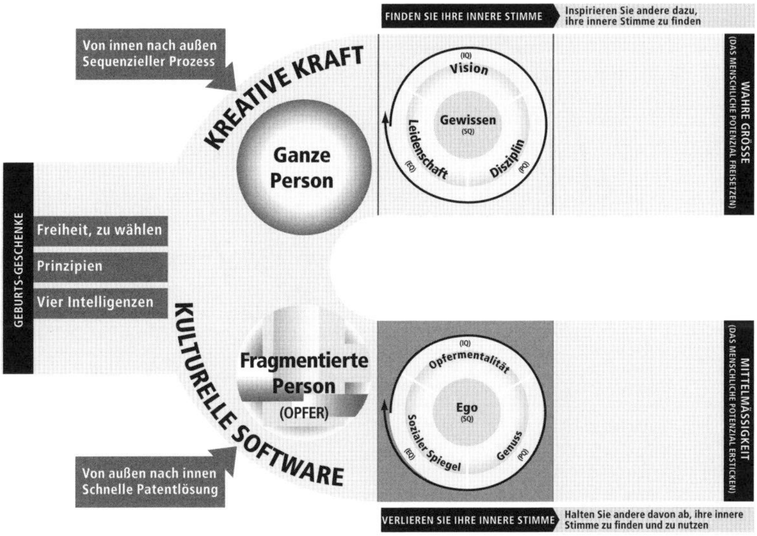

Abb. 5.1

Was haben die Menschen gemeinsam, die Großes im Leben erreicht, starken Einfluss auf andere genommen, positive Veränderungen angestoßen und bedeutsame Beiträge geleistet haben? Bei *allen* findet man das gleiche Muster: Durch ihre beharrlichen Anstrengungen und ihren inneren Kampf erweiterten sie ihre vier angeborenen menschlichen Intelligenzen oder Fähigkeiten enorm. Diese vier Intelligenzen zeichnen sich durch vier Attribute aus:

- Mentale Intelligenz: *Vision*
- Physische Intelligenz: *Disziplin*
- Emotionale Intelligenz: *Leidenschaft*
- Spirituelle Intelligenz: *Gewissen*

Vision, Disziplin, Leidenschaft und Gewissen helfen uns, *unsere innere Stimme wirkungsvoll zum Ausdruck zu bringen.*

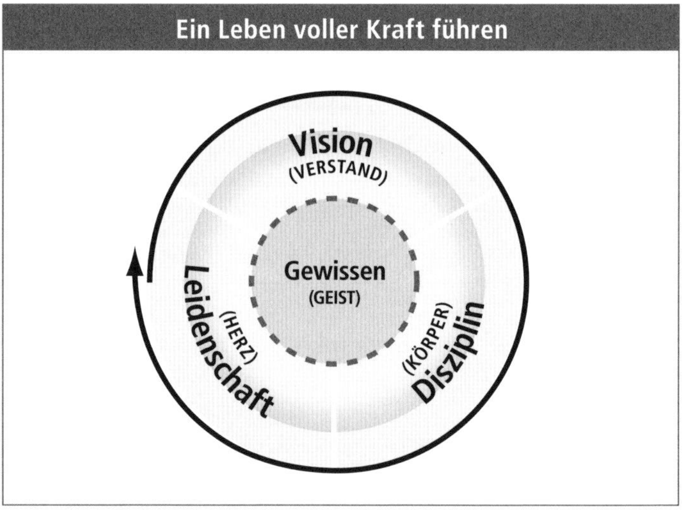

Abb. 5.2

Eine *Vision* zu haben bedeutet, vor seinem inneren Auge zu sehen, was bei Menschen, Plänen und Projekten alles möglich ist. Visionen entstehen, wenn unser Verstand Bedürfnisse mit Chancen verbindet. William Blake sagte einmal: »Was jetzt bewiesen ist, war einst nur eine Vorstellung.« Wer keine Vision hat, wer die Entwicklung der mentalen

Intelligenz mit ihrer Schöpfungskraft vernachlässigt, verfällt fast immer in eine *Opfermentalität.* Das können Sie sehr gut sehen, wenn Sie einen Blick auf den unteren Weg in Abbildung 5.1 werfen.

> *Wer über andere herrschen will, muss zunächst Herr über sich selbst sein.*[1]

Disziplin heißt, den Preis dafür zu zahlen, seine Vision tatsächlich wahr werden zu lassen. Es geht darum, sich den harten, unbequemen Fakten der Realität zu stellen und das zu tun, was nötig ist, damit die Dinge geschehen. Disziplin entsteht, wenn die Vision mit einer inneren Verpflichtung verbunden wird. Im krassen Gegensatz zur Disziplin und zur Bereitschaft, Opfer zu bringen, steht das *Streben nach Genuss.* Hier wird das, was im Leben am wichtigsten ist, dem Vergnügen oder dem kurzen »Kick« des Augenblicks geopfert.

Leidenschaft ist das innere Feuer und der feste Wille, alles zu tun, was für die Verwirklichung der Vision erforderlich ist. Wenn sich ein Bedürfnis mit einem einzigartigen Talent überschneidet, entsteht Leidenschaft. Sie erwächst daraus, dass man seine innere Stimme findet und dazu nutzt, um einem höheren Zweck zu dienen. Fehlt die Leidenschaft, erfüllt einen eine große Leere. Diese Leere wird durch Unsicherheit und das bedeutungslose Geplapper Tausender Stimmen gefüllt, die dem *sozialen Spiegel* entspringen. Ob in Beziehungen, Unternehmen oder anderen Organisationen: Wahre Leidenschaft schließt immer auch Mitgefühl ein.

Das *Gewissen* ist unser inneres moralisches Empfinden für Recht und Unrecht. Es ist der Drang zu Sinnhaftigkeit und eigenen Beiträgen. Zudem ist es die Kraft, die die Vision, Disziplin und Leidenschaft leitet. Wer sein Gewissen in den Mittelpunkt seines Lebens stellt, steht in krassem Gegensatz zu demjenigen, der vom *Ego* beherrscht wird.

Ob zu Hause, in der Gemeinde, im Unternehmen oder in der Politik: Die meisten Unterschiede bei den Wörtern, mit denen wir Menschen beschreiben, die wir bewundern, sind ein rein semantisches Phänomen.

In der Abbildung 5.3 habe ich Vision, Disziplin, Leidenschaft und Gewissen als »Eisberge« dargestellt. Unterhalb der Wasserlinie sehen

Sie, welche Eigenschaften den verschiedenen Begriffen häufig zugeschrieben werden.

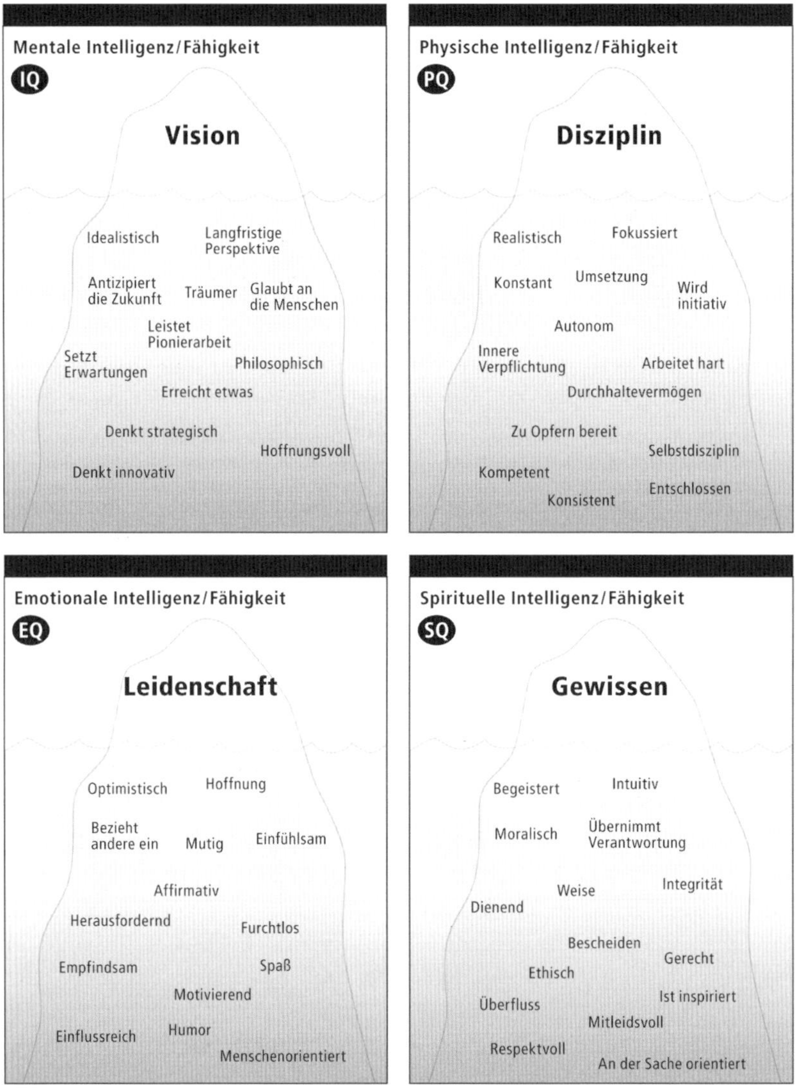

Abb. 5.3

Die besten Führungspersönlichkeiten agieren in vier Dimensionen: Vision, Realität, Ethik und Mut. Das sind die vier Intelligenzen, die vier Formen der Wahrnehmung, die vier Terminologien, ohne die man keine bedeutsamen, nachhaltigen Ergebnisse erzielen kann.

Visionäre Führungspersönlichkeiten denken groß, sie denken neu, sie denken voraus. Vor allem aber stehen sie mit der Tiefenstruktur des menschlichen Bewusstseins und des kreativen Potenzials in Verbindung.

Wir müssen die Kontrolle über jene Muster gewinnen, die unser Denken beherrschen: unsere Weltanschauung, unsere Überzeugungen im Hinblick auf das, was wir verdienen und was möglich ist. Das ist der Bereich der grundlegenden Veränderung, Stärke und Energie – und die wahre Bedeutung von Mut.

PETER KOESTENBAUM, MANAGEMENT-PHILOSOPH[2]

Visionen, Disziplin und Leidenschaft regieren die Welt

Jeder, der großen Einfluss auf andere, auf Institutionen oder die Gesellschaft hatte; alle Eltern, deren Einfluss sich auf mehrere Generationen erstreckte; alle, die in der Welt etwas Gutes oder Schlechtes bewirkt haben, zeichnen sich durch drei gemeinsame Attribute aus: Vision, Disziplin und Leidenschaft. Meiner Ansicht nach regieren diese drei Attribute die Welt schon seit Anbeginn. Sie sind die Kennzeichen einer funktionierenden Führung.

Sehen wir uns nur einmal einige wenige bemerkenswerte Führungspersönlichkeiten der Neuzeit an:

George Washington hatte eine große Vision. Er wollte eine neue, vereinte Nation aufbauen, die keiner Fremdeinmischung mehr unterlag. Er disziplinierte sich dazu, zu lernen, wie er Männer für die Revolutionstruppen anwerben, sie ausrüsten und verhindern konnte, dass sie desertierten. Seine Wut über die Diskriminierung durch die Offiziere der kolonialen Streitkräfte, die Grundbesitzpolitik der Briten und die Einschränkung der territorialen Ausdehnung der USA machte ihn zu einem leidenschaftlichen Kämpfer für die Sache der Freiheit.

Florence Nightingale ist die Begründerin der modernen Krankenpflege. Sie arbeitete ihr ganzes Leben daran, die Qualität der Pflege in den Militärkrankenhäusern zu verbessern. Ihre Vision und ihre Leidenschaft waren stärker als alle Hindernisse, die sich ihr in den Weg stellten.

Mahatma Gandhi wurde nie in ein Amt gewählt oder berufen. Dennoch trug er ganz wesentlich dazu bei, dass Indien ein unabhängiger Staat wurde. Er hatte keine offizielle Position, aus der heraus er die Leute hätte führen können. Seine moralische Autorität war jedoch so stark, dass sie letztendlich den politischen Willen formte. Gandhi führte sein Leben in dem Bewusstsein, dass in seinem Volk, den Briten und der internationalen Gemeinschaft ein universelles Gewissen existierte.

Margaret Thatcher war die erste Frau, die eine große Industrienation führte. Drei Wahlperioden hindurch war sie Premierministerin von Großbritannien. Damit war sie länger im Amt als jeder andere britische Premierminister des 20. Jahrhunderts. Auch wenn sie viele Kritiker hatte, setzte sie sich mit großer Leidenschaft für ihre politische Überzeugung ein. Sie rief die Menschen in Großbritannien dazu auf, Disziplin und Eigenverantwortung zu zeigen, anstatt immer nur der Gesellschaft und der Regierung die Schuld zu geben. Zudem stärkte sie das freie Unternehmertum in ihrem Land. Während ihrer Zeit als Regierungschefin trug sie maßgeblich dazu bei, Großbritannien aus einer schweren Wirtschaftskrise zu führen.

> *Mächtig zu sein ist, wie eine Dame zu sein: Wenn man den Leuten erst sagen muss, dass man es ist, ist man es nicht wirklich.*
>
> MARGARET THATCHER

Nelson Mandela, der ehemalige Präsident von Südafrika, saß wegen seines Kampfes gegen das Apartheid-Regime fast 27 Jahre im Gefängnis. Was ihn antrieb, war nicht seine Erinnerung, sondern seine Vorstellungskraft. Er entwickelte eine Vision von einer Welt, die weit jenseits der Grenzen seiner schlimmen Erfahrungen lag. Obwohl er Gefangenschaft, Ungerechtigkeit, Stammeskriege und Uneinigkeit erlebt hatte, glaubte er tief in seiner Seele an den Wert aller südafrikanischen Bürger.

Mutter Teresa widmete sich von ganzem Herzen, uneingeschränkt und bedingungslos dem Dienst an den Armen. Sie gab die enorm disziplinierte Einhaltung ihrer Armuts-, Keuschheits- und Gehorsamsgelübde als Vermächtnis an ihre Ordensgemeinschaft weiter. Auch nach dem Tod lebt ihr Werk weiter. Ihre Ordensgemeinschaft, die Missionarinnen der Nächstenliebe, ist sogar noch gewachsen und stärker geworden.

> *Die Frucht der Stille ist das GEBET. Die Frucht des Gebets ist der GLAUBE. Die Frucht des Glaubens ist die LIEBE. Die Frucht der Liebe ist das DIENEN. Die Frucht des Dienens ist der FRIEDE.*
>
> MUTTER TERESA[3]

Ich habe ja schon erwähnt, dass alle, die in der Welt etwas wirklich Gutes *oder Schlechtes* bewirkt haben, drei gemeinsame Attribute besaßen: Vision, Disziplin und Leidenschaft. Auch *Adolf Hitler*, der »Führer« genannt wurde, wies diese drei Attribute auf. Doch er erzielte damit ganz andere, grauenhafte Ergebnisse. Er verbreitete seine Vision von der tausendjährigen Herrschaft des Dritten Reiches und der arischen »Herrenrasse« mit enormer Leidenschaft. Zudem baute er eine der diszipliniertesten militärischen Streitmächte aller Zeiten auf. Und bei seinen leidenschaftlichen Reden bewies er eine geradezu brillante emotionale Intelligenz. Er brachte die Massen zu einer fanatischen Hingabe und ließ ihre Angst zu Hass und Zerstörung werden.

Führung, die funktioniert, ist aber noch lange nicht nachhaltig und dauerhaft. Alle Führungspersönlichkeiten, über die ich hier gesprochen habe, legten ein Fundament und leisteten einen bleibenden Beitrag für ihre Mitmenschen und die Gesellschaft. Es gibt nur eine Ausnahme: Hitler.

Nur wenn Vision, Disziplin und Leidenschaft vom Gewissen geleitet werden, hat Führung Bestand und verändert die Welt unwiderruflich zum Guten. Mit anderen Worten: *Moralische Autorität bewirkt, dass formale Autorität nachhaltig funktioniert.* Werden Vision, Disziplin und Leidenschaft aber nicht vom Gewissen gelenkt, haben weder die Führung noch die von ihr geschaffenen Institutionen Bestand. Kurzum: Ohne moralische Autorität scheitert die formale Autorität.

»Unwiderruflich zum Guten« bedeutet, dass Führung wahre Größe verleiht und überdauert. Hitler hatte eine Vision, Disziplin und Leidenschaft, doch er wurde von seinem Ego getrieben. Er hatte kein Gewissen – und das war sein Untergang. Gandhis Vision, Disziplin und Leidenschaft dagegen wurden von seinem Gewissen geleitet. Er wurde ein Diener der Sache und seines Volks. Ich sage es noch einmal: Gandhi hatte keine formale, sondern nur moralische Autorität. Dennoch war er der Vater und Gründer des einwohnermäßig zweitgrößten Landes auf der ganzen Welt.

Wenn Vision, Disziplin und Leidenschaft von formaler Autorität ohne Gewissen und Moral beherrscht werden, verändert auch diese Führung die Welt. Allerdings nicht zum Guten, sondern zum Schlechten. Sie kann nichts Gutes bewirken. Im Gegenteil: Sie zerstört. Am Ende wird ausgelöscht, statt zu überdauern.

Vision, Disziplin, Leidenschaft und Gewissen: Diese vier Attribute wollen wir uns nun genauer ansehen.

Vision

Eine Vision zu haben bedeutet, die Zukunft vor seinem geistigen Auge zu sehen. Vision ist angewandte Vorstellungskraft. Alles wird zweimal erschaffen: erst mental, dann physisch. Die erste Erschaffung, die Vision, ist der Anfang eines Prozesses. Im Laufe dieses Prozesses erfinden sich der Einzelne oder auch ganze Organisationen neu. Die Vision verkörpert Wünsche, Träume, Hoffnungen, Pläne und Ziele. Doch Visionen sind keine bloßen Fantasien. Sie sind eine Realität, die noch keine tatsächliche Gestalt angenommen hat, die also noch nicht physisch erschaffen wurde. Das kann man gut mit den Plänen eines Hauses vergleichen, das noch nicht gebaut wurde. Oder mit den Noten einer Partitur, die darauf warten, gespielt zu werden.

Nur die wenigsten von uns kennen ihr eigenes Potenzial. Der amerikanische Philosoph William James sagte einmal: »Die meisten Menschen leben in einem sehr beschränkten Ausschnitt ihres potenziellen Seins. Wir alle haben mehr Energie- und Begabungsreserven, als wir es uns jemals erträumen können. Und diese Reserven könnten wir alle ausschöpfen!«

Jeder von uns hat unermessliche Möglichkeiten und Fähigkeiten, sein Leben neu zu erfinden. Das zeigt auch die folgende Geschichte einer Frau, die großes Leid ertragen musste, dann aber eine neue Vision von ihrem Leben erschaffen konnte:

Als die Ärzte uns sagten, Gordon habe Krebs, war ich erst 46. Trotzdem ging ich ohne Zögern in den vorzeitigen Ruhestand, damit ich meinem Mann beistehen konnte. 18 Monate später starb er. Sein Tod kam zwar nicht unerwartet, doch ich verging vor Schmerz. Ich weinte um unsere gemeinsamen Träume, die nun auf ewig unerfüllt bleiben würden. Ich war erst 48. Doch es gab nichts mehr, wofür es sich lohnte zu leben.

In meinem Schmerz bewegte mich vor allem eine Frage: Warum hatte Gott nicht mich genommen? Ich hatte das Gefühl, dass Gordon der Welt viel mehr zu bieten gehabt hätte als ich. Ich war körperlich, mental und seelisch einfach nur am Ende. Doch irgendwann hatte ich die Kraft, in meinem Leben einen neuen Sinn zu suchen.

Ich klammerte mich an die Idee, dass alles zweimal geschaffen wird: erst mental, dann physisch. Ich musste also herausfinden, was für Talente ich hatte. Ein Kompetenztest zeigte mir meine stärksten Fähigkeiten. Um wieder eine Lebensbalance zu finden, konzentrierte ich mich auf die vier Dimensionen meiner menschlichen Natur. Auf der mentalen Ebene erkannte ich, dass ich gern lehrte. Spirituell und sozial wollte ich mich weiter für die Harmonie zwischen den Rassen einsetzen, die Gordon und ich in unserer Ehe vorgelebt hatten.

Emotional wusste ich, dass ich Liebe geben musste. Als meine Mutter noch lebte, hatte sie sich um todkranke Babys gekümmert. Ich wollte wie sie Trost spenden und ihr Vermächtnis der bedingungslosen Liebe weitergeben.

Ich hatte Angst davor, zu scheitern. Doch ich sagte mir, dass es in Ordnung ist, wenn ich Verschiedenes versuchen würde. Ich wollte es einfach so machen, wie man Hüte anprobiert. Sollte mir die Lehrtätigkeit nach einem Semester nicht gefallen, konnte ich ja wieder damit aufhören. Also begann ich mit einem Lehramtsstudium, damit ich am College unterrichten konnte.

So ein Studium ist für niemanden einfach. Aber ich war schon 48 und daran gewöhnt, dass alle Tipparbeiten von meiner Sekretärin erledigt wurden! Es dauerte ein ganzes Semester, bis ich meine Referate selbst auf dem Computer schreiben konnte.

Nach meinem Lehramtsstudium unterrichtete ich als Lehrerin an einem traditionell schwarzen College in Little Rock in Arkansas. Der Gouverneur berief mich in den Martin-Luther-King-Ausschuss für die Verbesserung der Beziehungen zwischen den Rassen. Nebenbei kümmere ich mich um die Babys rauschgiftsüchtiger Mütter und um Kleinkinder mit Aids, die den Rest ihres wahrscheinlich sehr kurzen Lebens im Krankenhaus verbringen müssen. Ich weiß, dass ich diesen kleinen Menschen Trost spende. Das gibt mir tiefen Seelenfrieden.

Jetzt ist alles gut. Ich spüre, dass Gordon mir zulächelt. Bevor er starb, sagte er immer wieder, er wünsche mir eine Zukunft voller Lachen, glücklicher Erinnerungen und guter Dinge. Wie könnte ich da mein Leben vergeuden, ohne ein schlechtes Gewissen zu haben? Ich glaube, das würde gar nicht gehen. Ich bin verpflichtet, mein Leben so gut wie möglich zu führen – für die Menschen, die ich am meisten liebe, auch wenn sie nicht mehr bei mir sind.

Albert Einstein sagte: »Die Vorstellungskraft ist wichtiger als das Wissen.« Das Gedächtnis ist der Vergangenheit zugewandt, und es ist endlich. Visionen aber sind die Zukunft. Sie sind unendlich. Visionen sind größer als die Erfahrungen, die Last und die emotionalen Narben der Vergangenheit.

Als Einstein einmal gefragt wurde, welche Frage er Gott gern stellen würde, antwortete er: »Wie hat die Welt angefangen? Alles, was danach kommt, ist nämlich reine Mathematik.« Nachdem er eine Zeit lang nachgedacht hatte, überlegte er es sich anders. Er sagte: »Nein, ich würde Gott fragen, weshalb die Welt erschaffen wurde. Dann würde ich nämlich den Sinn meines eigenen Lebens kennen.«

Vielleicht ist die wichtigste aller Visionen, ein Gefühl für unser Ich zu entwickeln, für unser Schicksal. Ein Gefühl für unsere einzigartige Berufung und Rolle, ein Gefühl für den Sinn und den Zweck unseres Lebens. Wenn Sie Ihre persönliche Vision überprüfen, sollten Sie sich als Erstes fragen: »Entspricht diese Vision meiner inneren Stimme und meinen einzigartigen Talenten? Gibt sie mir ein Gefühl von Berufung? Ist sie es wert, dass ich mich ihr verpflichte?« Einen derartigen Lebenssinn kann man nur durch eingehende, tiefe Selbstreflexion finden.

Der Autor, Filmemacher und berühmte Geschichtenerzähler Sir Laurens van der Post sagte: »Ohne eine Vision leiden wir alle unter einem Datendefizit. Wir betrachten das Leben kurzsichtig, durch unsere eigene Brille. Eine Vision aber ermöglicht es uns, unsere Autobiografie, unsere Vergangenheit, zu überwinden und uns über unsere Erinnerungen zu erheben. Das gilt vor allem für die zwischenmenschlichen Beziehungen. Denn es schafft Großherzigkeit gegenüber anderen.«

Wenn wir über Visionen sprechen, dann ist ein Punkt besonders wichtig: Wir dürfen uns nicht auf die Vision von dem, was »da draußen« möglich ist, beschränken. Vielmehr müssen wir uns auch mit den Visionen befassen, die sich auf andere Menschen richten, auf ihre unsichtbaren Potenziale. Natürlich geht es bei Visionen darum, dass Dinge getan werden, irgendeine Aufgabe erledigt und etwas erreicht wird. Aber das ist noch längst nicht alles. Es ist auch wichtig, unsere Sicht von anderen zu erforschen und zu erweitern. Andere zu bestätigen, an sie zu glauben und ihnen zu helfen, ihr inneres Potenzial zu entdecken und zu leben. Oder anders gesagt: Was zählt, ist, andere zu inspirieren, ihre innere Stimme zu finden.

In vielen östlichen Kulturen begrüßen die Menschen sich, indem sie die Hände in Form eines umgedrehten Vs an die Brust legen und sich vor dem anderen verbeugen. Dabei sagen sie: »Ich verneige mich vor der Größe in Ihnen!« oder: »Ich verneige mich vor dem Göttlichen in Ihnen!« Eine Frau aus meinem Bekanntenkreis sagt bei der Begegnung mit anderen hörbar oder in ihrem Herzen: »Ich liebe dich. Wie heißt du?« Wir sollten andere Menschen nicht durch die Brille ihres gegenwärtigen Verhaltens oder ihrer derzeitigen Schwächen betrachten. Vielmehr sollten wir sie durch die Brille ihrer Potenziale und guten Taten sehen. So entsteht positive Energie, die sich auf andere überträgt. Diese bejahende Haltung ist auch ein entscheidender Schlüssel für den Wiederaufbau zerbrochener Beziehungen – und für eine erfolgreiche Elternschaft.

Andere Menschen unabhängig von ihrem Verhalten zu betrachten, verleiht viel Kraft. Denn dadurch bestätigen wir ihren fundamentalen, unbedingten Wert. Wenn wir ihr Potenzial wahrnehmen und anerkennen, ist das so, als würden wir ihnen einen Spiegel vorhalten, der das Beste in ihnen zeigt. Das befreit nicht nur sie, sondern es befreit auch uns davon, auf unerwünschtes Verhalten zu reagieren. Wenn das Verhalten einer Person weit unterhalb ihres Potenzials liegt, werden unsere positive Einstellung und Worte nämlich zu »Das ist nicht deine Art«.

Du wirst mich erheben und ich dich – und wir werden zusammen emporsteigen.

QUÄKER-SPRUCH

Auf einer Auslandsreise, die schon lange zurückliegt, wurde ich einem etwa 18-jährigen jungen Mann vorgestellt. Er hatte bereits einiges hinter sich, auch Drogen- und Alkoholmissbrauch gehörten dazu. Obwohl er seinem Leben jetzt eine Wende gab, merkte ich bei einem Gespräch unter vier Augen, dass er Orientierung suchte und von Selbstzweifeln gequält wurde. Ich merkte schnell, dass er ein ganz besonderer Mensch war – voller Größe und Potenzial. Das strahlten sein Gesicht, seine Haltung und sein wacher Verstand aus. Bevor wir uns verabschiedeten, sah ich ihm direkt in die Augen. Dann sagte ich ihm, ich sei überzeugt, dass er in seinem Leben noch sehr viel Einfluss in der Welt haben und außergewöhnliche Gaben und großes Potenzial besitzen würde.

Heute, fast 20 Jahre später, ist er einer der fähigsten und erfolgreichsten jungen Männer, die ich kenne. Er hat eine wundervolle Familie und in seinem Beruf unglaublich viel erreicht. Vor Kurzem traf er einen meiner Freunde. Im Laufe des Gesprächs erzählte der junge Mann ihm von unserer ersten Begegnung. Dann fügte er hinzu: »Sie können sich gar nicht vorstellen, wie stark sich dieses Erlebnis auf mein Leben ausgewirkt hat! Jemand sagte zu mir, mein Potenzial sei unendlich viel größer als alles, was ich mir je vorgestellt hatte. Der Gedanke ließ mich nicht mehr los. Das hat alles für mich von Grund auf verändert.«

Anderen den Rücken zu stärken und ihnen oft und aufrichtig zu sagen, dass man an sie glaubt, ist enorm wichtig. Das gilt vor allem, aber nicht nur für Teenager, die gerade ihre zweite große Identitätskrise durchmachen. Diese verhältnismäßig kleine Investition bringt unermessliche, kaum fassbare Ergebnisse. Denken Sie immer daran, welch ungeheure Wirkung es auf uns hat, wenn uns jemand sagt, dass er an uns und unser Potenzial glaubt. Gerade wenn wir selbst nicht an uns glauben, ist das ein unendlich wertvolles Geschenk.

Disziplin

> *Wenn Morgenfrische der Mittagsmüdigkeit weicht, wenn die Beinmuskeln vor Anspannung zittern, wenn der Weg unendlich scheint und plötzlich nichts mehr geht, wie du es dir wünschst – gerade dann darfst du nicht aufgeben.*
>
> DAG HAMMARSKJÖLD [4]

Die Disziplin ist genauso wichtig wie die Vision, auch wenn sie hier an zweiter Stelle steht. Disziplin steht für die zweite, die physische Erschaffung. Sie ist die Umsetzung, das Opfer, das wir bringen müssen, um unsere Vision wahr machen zu können. Disziplin ist Fleisch gewordene Willenskraft. Peter F. Drucker sagte einmal, die erste Pflicht des Managers sei es, die Realität zu definieren. Disziplin definiert die Realität und akzeptiert sie. Mehr noch: Sie ist die Bereitschaft, ganz in die Realität einzutauchen. Wer diszipliniert ist, stellt sich den unbequemen, nackten Tatsachen anstatt sie zu leugnen.

> *Führung ist die Fähigkeit, Visionen in die Wirklichkeit zu übertragen.*
>
> WARREN BENNIS

Ohne eine Vision und ein Gefühl der Hoffnung kann es sehr deprimierend oder entmutigend sein, die Realität zu akzeptieren. Glück wird manchmal als die Fähigkeit definiert, den Moment dem zu unterwerfen, was man langfristig erreichen will. Genau um dieses persönliche Opfer, die Freuden von heute einem größeren, langfristigeren Ziel unterzuordnen, geht es bei der Disziplin.

Viele Leute setzen Disziplin mit fehlender Freiheit gleich. Deshalb hört man oft Aussagen wie: »Das Sollen tötet die Spontaneität!«, »Im Müssen liegt keine Freiheit!«, »Ich will machen, was ich will – das ist Freiheit, nicht die Pflicht!«. Das ist ein Irrtum. Mehr noch: Nur disziplinierte Menschen sind wirklich frei. Die undisziplinierten hingegen sind Sklaven ihrer Emotionen, Launen und Leidenschaften.

Können Sie Klavier spielen? Ich nicht. Ich habe nicht die Freiheit,

Klavier zu spielen. Ich habe mich nie dazu diszipliniert. Ich habe lieber etwas mit meinen Freunden unternommen. Ich habe nicht geübt, wie meine Eltern und mein Klavierlehrer es wollten. Ich glaube nicht, dass ich mich jemals als Klavierspieler gesehen habe. Daher hatte ich nie das Gefühl, was es wirklich bedeuten könnte: die Freiheit, wundervolle Kunst zu erschaffen, die mein ganzes Leben lang für mich selbst und für andere wertvoll sein könnte.

Was ist mit der Freiheit, zu verzeihen und selbst um Verzeihung zu bitten? Mit der Freiheit, bedingungslos zu lieben? Ein Leuchtturm zu sein, ein Vorbild und kein Richter, kein Kritiker? Denken Sie an die Disziplin, die dazu nötig ist. Disziplin kommt daher, dass man ein überzeugter Anhänger, ein »Jünger«[5] eines Menschen oder einer Sache wird.

Der große Pädagoge Horace Mann sagte einmal: »Jene, die nie im Gehorsam gegenüber einem Prinzip einen Impuls unterdrücken, sprechen vergeblich von Glück. Wer niemals ein gegenwärtiges Gut für ein zukünftiges oder ein persönliches Gut für ein allgemeines geopfert hat, kann vom Glück nur so reden wie der Blinde von den Farben.«

Ich erinnere mich noch gut daran, welchen inneren Kampf ich ausfechten musste, als ich beschloss, eine eigene Firma zu gründen. Als 50-jähriger Professor wollte ich noch einmal neu anfangen. Doch dazu musste ich den sicheren Hafen und die Komfortzone der Universität verlassen. Ohne die Vision von etwas Größerem, das wir durch diesen Schritt erreichen konnten, hätten wir nicht die nötige Disziplin aufgebracht, um all die Opfer zu bringen, die die Gründung einer neuen Firma verlangt. Niemals hätten wir es geschafft, einen Kredit aufzunehmen und uns hoch zu verschulden. Wir ließen uns sogar ein neues Motto einfallen, dessen Ironie bezeichnend war: »Glück ist ein positiver Cashflow!« Immer am Monatsende, wenn die Abrechnung fällig war, trat uns der Angstschweiß auf die Stirn. Das ging jahrelang so. Ohne unsere Vision von dem, was möglich war, und die Disziplin, durchzuhalten, hätten wir diese schwierige Phase nie überstanden.

Ich bin fest davon überzeugt, dass Disziplin das gemeinsame Attribut aller erfolgreichen Menschen ist. Deshalb bewundere ich die Arbeit des Versicherungsfachmanns Albert E. N. Gray. Er hat sein ganzes Leben damit verbracht, nach dem gemeinsamen Nenner des Erfolgs zu suchen. Schließlich kam er zu einer sehr einfachen, aber grundlegenden Erkenntnis: Harte Arbeit, Glück und gute zwischenmenschliche Beziehungen sind natürlich wichtig. Doch erfolgreiche Menschen haben es sich »zur Gewohnheit gemacht, Dinge zu tun, die Versager nicht tun«.[6] Die Erfolgreichen erledigen diese Dinge auch nicht unbedingt gern. Doch sie ordnen ihren Widerwillen ihren Zielen unter.

Menschen, denen es an Disziplin fehlt, sind zu solchen Opfern nicht fähig. Sie spielen sich selbst und anderen bei der Arbeit nur etwas vor. In gewissem Sinn wird jeder Arbeitstag zu einem endlos langen Maskenball. Ihre Zeit verbringen sie damit, Aktionismus vorzutäuschen. Sie verschicken unzählige E-Mails mit Einzelheiten von den Dingen, an denen sie gerade arbeiten, halten stundenlange Telefonkonferenzen zum Status von Projekten ab oder berufen lange Meetings ein, um zu besprechen, wie alles gemacht werden soll ... Den Großteil ihrer Zeit und Energie verwenden sie dazu, Ausflüchte vorzubringen, weshalb etwas nicht machbar ist. Leute, die sich so verhalten, sind im Allgemeinen diejenigen, denen es an Fokus und Disziplin mangelt. Rückschläge sind unvermeidlich. Aber wir können selbst entscheiden, ob wir uns dadurch entmutigen lassen oder nicht. Es gibt immer Gründe, aber nie Entschuldigungen.

Leidenschaft

Leidenschaft kommt aus dem Herzen. Sie zeigt sich als Optimismus, Begeisterung, Entschlossenheit und emotionale Verbundenheit. Leidenschaft ist der Treibstoff für einen nie erlahmenden inneren Antrieb. Sie ist tief in der Freiheit zu wählen verwurzelt – und nicht in den äußeren Umständen. Leidenschaftliche Menschen sind fest davon überzeugt, dass man die Zukunft am besten vorhersagen kann, indem man sie selbst erschafft. Mehr noch: Leidenschaft wird ein moralischer Imperativ. Wenn Hindernisse auftauchen, streichen leidenschaftliche Menschen nicht hilf- und hoffnungslos die Segel. Vielmehr betrachten sie sich als Teil der Lösung ihrer Probleme.

Aristoteles sagte: »Wo die Talente und die Bedürfnisse der Welt sich kreuzen, liegt unsere Berufung.« Wir können auch sagen: »An diesem Punkt liegt unsere Leidenschaft, unsere innere Stimme – das, was unserem Leben Kraft und Energie gibt und uns antreibt.« Leidenschaft ist das Feuer der Begeisterung, das im Herzen der Vision und der Disziplin lodert. Dieses Feuer sorgt dafür, dass wir dabeibleiben, wenn alles andere uns sagt, wir sollten aufhören. Ein Mann, der von seinem Arzt gefragt wurde, wie viele Stunden er pro Woche mit Arbeiten verbringt, antwortete: »Das weiß ich nicht. Wie viele Stunden pro Woche atmen Sie?« Wenn das Leben, die Arbeit, die Freude und die Liebe sich alle um die gleiche Sache drehen, dann ist das Leidenschaft!

Aber wie schafft man es, ein Leben voller Leidenschaft zu führen? Der Schlüssel dazu ist, unsere einzigartigen Talente, unsere besondere Rolle und unseren Sinn und Zweck in der Welt zu finden. Bevor Sie entscheiden, welchen Job Sie machen wollen, müssen Sie sich erst einmal selbst kennen.

Ein Grundgedanke der griechischen Philosophie lautet: »Sich selbst erkennen, sich selbst beherrschen, sich selbst geben.« Das ist unendlich weise und auch die Reihenfolge stimmt. Sir Laurens van der Post schreibt:

> *Um in uns selbst zu blicken, müssen wir nach innen schauen, in jenes Gefäß, das unsere Seele ist. Wir müssen sie uns ansehen und ihr zuhören. Solange wir nicht in das hineingehört haben, was durch uns träumt, solange wir nicht auf das Klopfen an der Tür in der Dunkelheit reagiert haben, werden wir nicht in der Lage sein, diesen Augenblick in der Zeit, in dem wir gefangen sind, wieder auf jene Stufe zurückzuheben, wo der große Schöpfungsakt abläuft.*

Die Menschen, die große Beiträge im Leben leisten, reagieren auf das Klopfen an der Tür – auch wenn sie Angst davor haben. Denn Mut ist die Quintessenz von Leidenschaft. Mut bedeutet, wie Harold B. Lee einmal sagte, »dass alle Tugenden an der Grenze ihrer Leistungskraft arbeiten«.[7]

Viele denken, dass die Fähigkeiten eines Menschen mit seinen Talenten gleichzusetzen sind. Aber das ist falsch. Fähigkeiten sind keine Talente! Talente setzen zwar Fähigkeiten voraus. Dennoch können wir Fähigkeiten und Wissen in Bereichen haben, die sich nicht mit unseren Talenten decken. Nehmen wir an, Sie haben einen Job, der ihre Fähigkeiten erfordert, nicht aber ihre Talente. In diesem Fall wird es Ihrem Unternehmen nie gelingen, Ihre Leidenschaft zu wecken oder Ihre innere Stimme zum Klingen zu bringen. Dann werden Sie zwar das tun, was von Ihnen verlangt wird. Doch es wird immer so aussehen, als ob Sie Kontrolle und Motivation von außen brauchen.

Und was ist, wenn Sie Mitarbeiter haben, deren Talent und Leidenschaft sich mit ihren Aufgaben überschneidet? Diese Leute werden keinerlei Kontrolle brauchen. Sie werden sich selbst besser managen, als das irgendjemand anders könnte. Die Begeisterung kommt von innen, nicht von außen. Ihre Motivation ist intrinsisch, nicht extrinsisch. Erinnern Sie sich nur einmal an ein Projekt, bei dem Sie selbst leidenschaftlich engagiert waren. Ein Projekt, das so großartig und so spannend war, dass Sie kaum noch an etwas anderes denken konnten. Musste man Sie damals managen oder kontrollieren? Natürlich nicht! Allein der Gedanke, jemand hätte Ihnen sagen müssen, wann und wie Sie Ihre Aufgaben erledigen sollen, ist eine Beleidigung!

Wenn wir eine Aufgabe haben, die ein Bedürfnis, unser Talent und unsere Leidenschaft miteinander verbindet, dann setzen wir uns mit all unseren Kräften dafür ein und können Unglaubliches leisten.

Das Gewissen

> *Bemühe dich, jenen kleinen Funken des himmlischen Feuers, dein Gewissen, am Leben zu halten.*
>
> GEORGE WASHINGTON[8]

In diesem Buch habe ich von Anfang an die einzigartige Bedeutung des Gewissens betont. Es gibt unzählige Beweise dafür, dass unser Gewissen – dieses moralische Empfinden, dieses innere Licht – ein universelles Phänomen ist. Was ich genau damit meine? Die spirituelle oder moralische Natur der Menschen ist unabhängig von ihrer Religion, Kultur, Nationalität oder Rasse. Dennoch haben alle großen religiösen Traditionen dieser Welt bestimmte grundlegende Prinzipien oder Werte, die ihnen gemeinsam sind.

Kant sagte, zwei Dinge würden ihn in ständiges Staunen versetzen: der Sternenhimmel über uns und das moralische Gesetz in uns. Das moralische Gesetz in uns ist unser Gewissen. Es ist die Überschneidung von moralischem Gesetz und unserem Verhalten. Viele glauben, dass das Gewissen das Wort Gottes sei. Ich persönlich denke das auch. Andere teilen diesen Glauben vielleicht nicht. Dennoch erkennen sie, dass es ein angeborenes Gerechtigkeitsgefühl gibt, ein naturgegebenes

Empfinden für richtig und falsch, gütig und herzlos, wahr und unwahr. Ein Empfinden dafür, was etwas beiträgt und was schmälert, was aufbaut und was zerstört. Die Kulturen übersetzen dieses fundamentale moralische Empfinden in unterschiedliche Begrifflichkeiten und praktische Methoden. Doch dadurch wird das grundlegende Gefühl für Recht und Unrecht nicht aufgehoben.

Gerade bei meiner Arbeit in Ländern mit unterschiedlichen Religionen und Kulturen bin ich diesem universellen Gewissen immer wieder begegnet. Das zeigt: Es gibt ein Gefühl für *Gerechtigkeit, Ehrlichkeit, Respekt* und *Beitrag*, das unabhängig von einer Kultur besteht. Die daraus resultierenden Werte sind zeitlos und offensichtlich. Sie sind genauso unumstößlich wie die Tatsache, dass es ohne Vertrauenswürdigkeit kein Vertrauen geben kann.

Gewissen und Ego

Unser Gewissen ist eine kleine, leise Stimme in uns. Es ist still und friedlich. Unser Ego hingegen ist tyrannisch, despotisch und diktatorisch. Es ist auf unser eigenes Überleben fokussiert, auf unser Vergnügen und ein »Mehr« für uns selbst – unter Ausschluss anderer. Das Ego ist selbstsüchtig und ehrgeizig. Es betrachtet unsere Beziehungen zu anderen unter dem Aspekt, ob sie eine Bedrohung darstellen oder nicht. Das kann man gut mit einem kleinen Kind vergleichen, das alle Menschen in zwei Kategorien einordnet: »nett« oder »gemein«. Unser Gewissen aber erhebt unser Ego zu einem umfassenderen Gefühl für die Gruppe, für das Ganze, die Gemeinde, das Allgemeinwohl. Es betrachtet das Leben unter dem Aspekt von Dienst und Beitrag, im Hinblick auf die Sicherheit und das Wohlergehen anderer.

Wenn wir in einer bedrohlichen Lage stecken, sichert das Ego unser Überleben. Aber es kann nicht abschätzen, wie ernst eine Bedrohung ist. Unser Gewissen hingegen kann zwischen verschiedenen Graden der Bedrohung unterscheiden. Es verfügt über eine hervorragende Urteilskraft und ein großes Repertoire von Reaktionsmöglichkeiten. Das Gewissen betrachtet das Leben als Kontinuum. Deshalb hat es die Geduld und die Weisheit, zu entscheiden, was wann zu tun ist.

Unser Ego schläft nie. Vielmehr ist es ständig damit beschäftigt, Mikromanagement zu betreiben. Es demotiviert uns und schwächt unsere Fähigkeiten. Und es will Kontrolle über andere ausüben. Ganz anders unser Gewissen. Es achtet andere zutiefst und sieht ihr Potenzial für Selbstkontrolle. Mehr noch: Das Gewissen erkennt den Wert aller Menschen und bestätigt ihre Fähigkeit und Freiheit, zu wählen. Es gibt uns die Kraft für eine natürliche Selbstkontrolle, die uns weder von oben noch von außen auferlegt wurde.

Unser Ego fühlt sich durch negatives Feedback massiv bedroht. Deshalb bestraft es denjenigen, der die schlechte Nachricht überbringt. Es interpretiert alles, was um uns herum passiert, im Hinblick auf unsere Selbsterhaltung. Ständig filtert und zensiert es die Informationen, die auf uns einströmen. Das Ego leugnet einen Großteil der Realität. Unser Gewissen aber schätzt Feedback und versucht, daraus zu lernen. Es hat keine Angst vor Informationen und kann folgerichtig interpretieren, was mit uns und um uns herum geschieht. Das Gewissen hat es nicht nötig, Informationen zu zensieren. Im Gegenteil: Es ist für die Wahrnehmung der Realität aus allen Richtungen offen.

Unser Ego hat einen stark eingeschränkten Blickwinkel. Deshalb interpretiert es das gesamte Leben nur anhand seiner eigenen Agenda. Unser Gewissen dagegen ist ein Human- und Sozialökologe, der seinen Blick nicht nur auf uns, sondern auch auf unsere Umgebung und vor allem auf unsere Mitmenschen richtet. Dadurch kann es unser Ego dabei unterstützen, die Welt um uns herum besser einzuordnen und zutreffender zu interpretieren.

Mehr über das Gewissen

Wer seinem Gewissen folgt, muss Opfer bringen. Wir müssen unser Ich oder unser Ego einem höheren Zweck, einer höheren Sache oder einem höheren Prinzip unterstellen. Oft geht es darum, etwas Gutes für etwas Besseres aufzugeben. Für Außenstehende mag das wie ein Opfer aussehen. Doch aus der Sicht der Person, die das Opfer bringt, ist das ganz und gar nicht so. Solche Opfer können viele Formen annehmen: Wir können physische und ökonomische Opfer bringen (Körper); einen offenen, wissbegierigen Verstand entwickeln und unsere Vorurteile ablegen (Verstand); wahren Respekt und tiefe Liebe für andere zeigen (Herz); und unseren eigenen Willen zugunsten des größeren Ganzen einem höheren Willen unterordnen (Geist).

> *Eine neue Philosophie, eine neue Lebensweise, bekommen wir nicht umsonst. Sie muss teuer bezahlt werden und kann nur durch viel Geduld und große Anstrengungen erlangt werden.*
>
> FJODOR DOSTOJEWSKI

Das Gewissen lehrt uns, dass der Zweck sich nicht von den Mitteln trennen lässt. Es geht sogar davon aus, dass der Zweck schon in den Mitteln angelegt ist. Für Kant waren die Mittel, die zum Erreichen eines bestimmten Zwecks eingesetzt werden, ebenso wichtig wie der Zweck selbst. Laut Machiavelli gilt genau das Gegenteil: Der Zweck heiligt die Mittel.

Gandhi zufolge gibt es sieben Dinge, die uns zerstören. Bitte sehen Sie sich diese Dinge einmal genauer an. Dann werden Sie erkennen, dass es bei jedem der sieben Punkte um einen *Zweck* geht, der durch ein nicht auf Prinzipien beruhendes oder unwürdiges *Mittel* erreicht wird:

- Reichtum ohne Arbeit
- Vergnügen ohne Gewissen
- Wissen ohne Charakter
- Geschäfte ohne Moral
- Wissenschaft ohne Humanität
- Frömmigkeit ohne Opferbereitschaft
- Politik ohne Prinzipien

Ist es nicht interessant, dass man jeden dieser wirklich bewundernswerten Zwecke auf äußerst fragwürdige Art und Weise erreichen kann? Doch wenn ein großartiger Zweck durch unlautere Mittel erreicht wird, zerfällt er letztendlich in unseren Händen zu Staub.

Wenn es um geschäftliche Angelegenheiten geht, wissen wir meist, wer ehrlich zu uns ist und seine Versprechen und Verpflichtungen einhält. In der Regel ist auch offensichtlich, wer mit gespaltener Zunge spricht, hinterlistig und unehrlich ist. Was aber nützt ein rechtsgültiger Vertrag mit Geschäftspartnern, die unehrlich sind? Vertrauen Sie wirklich darauf, dass diese Leute ihr Wort halten werden?

Die Leute sind oft unvernünftig, unlogisch und selbstzentriert: Vergib ihnen trotzdem.

Wenn du Gutes tust, werden manche dir Hintergedanken und selbstsüchtige Motive vorwerfen: Tue trotzdem Gutes.

Wenn du Erfolg hast, wirst du falsche und wahre Freunde gewinnen: Sei trotzdem erfolgreich.

Wenn du ehrlich und offen bist, könntest du betrogen werden: Sei trotzdem ehrlich und offen.

Was du in vielen Jahren aufgebaut hast, kann über Nacht zerstört werden: Baue trotzdem etwas auf.

Falls du Gelassenheit und Glück findest, könnten andere neidisch auf dich sein: Sei trotzdem glücklich.

Das Gute, das du heute tust, wird morgen oft vergessen sein: Tue trotzdem Gutes.

Gib der Welt trotz allem dein Bestes.

Letztendlich ist es nämlich eine Sache zwischen dir und Gott. Es ging ohnehin nie um dich und die anderen.

MUTTER TERESA

Unser Gewissen ist die Instanz, die uns ständig sagt, welchen Wert der Zweck und die Mittel haben. Es erinnert uns auch daran, dass beides untrennbar miteinander verbunden ist. Das Ego aber flüstert uns ein, dass der Zweck die Mittel heiligt. Es erkennt nicht, dass man einen guten Zweck nie durch schlechte Mittel erreichen kann. Vielleicht sieht es manchmal so aus, als ob das möglich wäre. Doch früher oder später folgen negative Konsequenzen. Zunächst sind sie nicht sichtbar oder offensichtlich. Aber am Ende werden sie den Zweck zerstören. Beispielsweise können Sie Ihre Kinder anbrüllen, dass sie gefälligst ihr Zimmer aufräumen sollen. Falls Ihr Zweck darin besteht, dass die Zimmer aufgeräumt sind, werden Sie ihn vermutlich erreichen. Ich versichere Ihnen aber, dass die Mittel nicht nur die Beziehung zu Ihren Kindern verschlechtern werden, sondern dass die Zimmer auch nicht allzu lange aufgeräumt bleiben werden.

> *Weisheit bedeutet, die besten Zwecke mit den besten Mitteln zu verfolgen.*
>
> FRANCIS HUTCHESON[9]

Das Gewissen ändert die Vision, Disziplin und Leidenschaft von Grund auf. Denn es bringt uns in die Welt der Beziehungen. Die leise innere Stimme in uns führt uns aus der Unabhängigkeit in die Interdependenz. Sobald das passiert, ändert sich alles. Wir erkennen, dass wir unsere Vision und unsere Werte mit anderen teilen müssen. Ansonsten werden die Leute nicht die nötige Disziplin aufbringen, um unsere gemeinsame Vision wahr zu machen und unsere Werte zu leben. Das Gewissen liefert uns das *Warum*; die Vision beschreibt, *was* wir erreichen wollen; die Disziplin steht dafür, *wie* wir es erreichen werden; die Leidenschaft schließlich drückt die Stärke der Gefühle aus, die hinter dem Warum, dem Was und dem Wie stehen.

Das Gewissen verwandelt Leidenschaft in Mitgefühl. Es lässt echte Sorge für andere entstehen – eine Kombination aus Sympathie und Empathie. Der Schmerz des anderen wird geteilt und angenommen. Mitgefühl ist der interdependente Ausdruck der Leidenschaft.

JoAnn C. Jones schreibt für *Guide Post.* Sie berichtet von einer Erfahrung, die sie für immer geprägt hat. Es geht darum, wie ihre Professorin an der Universität ihr beibrachte, sich im Leben und auch beim Lernen von ihrem Gewissen leiten zu lassen:

> *In meinem zweiten Monat an der Schule für Krankenpflege überraschte unsere Professorin uns mit einem unangekündigten Test. Ich war eine gewissenhafte Studentin und konnte die Fragen im Nu beantworten – bis auf die letzte: »Wie heißt die Frau, die die Schule putzt, mit Vornamen?«*
>
> *Das konnte doch nur ein Witz sein! Ich hatte die Putzfrau hin und wieder gesehen. Sie war groß, dunkelhaarig und über 50. Aber woher sollte ich ihren Namen wissen? Also ließ ich diese Frage unbeantwortet.*
>
> *Am Ende der Stunde fragte eine meiner Kommilitoninnen, ob die letzte Frage auch in unsere Note für den Test einfließen würde. »Aber sicher!«, antwortete die Professorin. »Sie werden bei Ihrer Arbeit vielen Menschen begegnen. Jeder von ihnen ist wichtig. Sie alle verdienen Ihre*

Aufmerksamkeit und Ihre Zuwendung – selbst wenn Sie sie nur anlächeln und grüßen.«

Diese Lektion habe ich nie vergessen. Ich erfuhr dann, dass die Putzfrau Dorothy hieß.[10]

Wenn wir uns bemühen, nach unserem Gewissen zu leben, gewinnen wir Integrität und inneren Frieden. Der deutschstämmige Presbyterianerpfarrer William J.H. Boetcker sagte zu Beginn des 20. Jahrhunderts: »Wenn wir uns unsere Selbstachtung bewahren wollen, ist es besser, den Leuten zu missfallen und das zu tun, was wir als richtig erkannt haben, anstatt ihnen vorübergehend zu gefallen und das zu tun, was wir als falsch erkannt haben.« Wer Selbstachtung und Integrität besitzt, kann anderen gegenüber freundlich *und* mutig sein: Er kann *freundlich* sein, indem er große Achtung und Ehrfurcht vor anderen, deren Ansichten, Gefühlen, Erfahrungen und Überzeugungen zeigt. Und er kann *mutig* sein, indem er seine eigene Überzeugung frei zum Ausdruck bringt. Durch die Wechselwirkung unterschiedlicher Meinungen können dritte Alternativen zustande kommen, die weitaus besser sind als die ursprünglichen Vorschläge beider Seiten. Das ist wahre Synergie – wenn das Ganze größer ist als die Summe seiner Teile.

Menschen, die sich nicht von ihrem Gewissen leiten lassen, werden diese persönliche Integrität und diesen inneren Frieden nicht erlangen. Ihr Ego wird die Kontrolle über ihre Beziehungen übernehmen. Vielleicht werden sie hin und wieder Einfühlsamkeit und Freundlichkeit vortäuschen. Doch in Wahrheit nutzen sie subtile Formen der Manipulation. Ja, sie werden sogar so weit gehen, sich auf freundliches, aber diktatorisches Verhalten zu verlegen.

Der private Erfolg ist die Grundlage für die öffentlichen Erfolge. Nur wer integer ist und sich von seinem Gewissen leiten lässt, kann eine gemeinsame Vision entwickeln und dafür sorgen, dass sie mit großer Disziplin und Leidenschaft wahr gemacht wird. Dann ist Führung kein unreifes Wechselspiel zwischen starken, unabhängigen, von ihrem Ego getriebenen Herrschern und willenlosen, abhängigen Beherrschten, sondern eine interdependente Arbeit.

Film: »Stone«

In Uganda gibt es einen Mann, der ein wunderbares Beispiel dafür ist, wie viel Kraft man erlangt, wenn man seinem Gewissen erlaubt, Vision, Disziplin und Leidenschaft klug zu lenken und zu leiten. Der Name des Mannes ist Stone.

Er war einmal ein berühmter Fußballspieler. Alle Kinder in Uganda träumen davon, beim Fußball so gut zu werden, dass ein europäischer Verein sie unter Vertrag nimmt. Für Stone war der Geldsegen aus Europa tatsächlich greifbar nah. Doch dann wurde er von einem Gegenspieler so schwer gefoult, dass er eine schlimme Knieverletzung erlitt. Das war das Ende seiner Karriere als Fußballspieler ...

Stone hätte nun leicht mit seinem Schicksal hadern oder sich Rachegedanken hingeben können. Er hätte sich in Selbstmitleid ergehen oder sich für den Rest seines Lebens in seinem Ruhm sonnen können. Doch all das tat er nicht. Stattdessen entwickelte er eine großartige Vision. Er setzte seine Vorstellungskraft und sein Gewissen ein, um ugandische »Problemkinder« zu inspirieren und positiv zu beeinflussen. Denn ohne fußballerische Fähigkeiten, ohne Rollenmodelle und ohne Hoffnung hätten sie ihren Weg im Leben niemals gefunden.

Ich möchte Sie nun einladen, Stone einmal in Aktion zu erleben. Wenn Sie sich seine Geschichte ansehen, werden Sie seinen Geist, sein Herz und seine Vision spüren. Ich bin sicher, dass der preisgekrönte Film über Stone auf der beiliegenden DVD Sie beeindrucken wird.

Achten Sie bitte darauf, wie Stone den in seiner Kultur stark verbreiteten Drang nach Rache überwand. Stattdessen nutzte er seine Geburts-Geschenke und zahlte durch Opfer und Disziplin den Preis. Stone setzte sich mit unerschütterlicher Leidenschaft für die jungen Fußballer in seinem Land ein. Er inspirierte sie dazu, sich in ihrem Leben von ihrem Gewissen leiten zu lassen. Dann half er ihnen, eine Vision davon zu entwickeln, gute Fußballspieler zu sein, dadurch ihre finanzielle Unabhängigkeit zu sichern und schließlich verantwortungsvolle Erwachsene, Väter und Bürger zu werden, die bedeutsame Beiträge leisteten. Mit der Zeit wurden die

jungen Fußballer immer unabhängiger von Stone. Mehr und mehr wurden sie von ihrem eigenen Gewissen und ihren eigenen Prinzipien eines guten Umgangs mit sich und anderen geleitet. Sie werden auch sehen, dass Stone den jungen Fußballspielern sehr eindringlich vermittelte, wie unendlich groß ihr Wert und ihr Potenzial waren. Dadurch wurden sie inspiriert, diese Dinge auch selbst in sich zu sehen.
Es gibt noch einen interessanten Nachtrag: Ein langjähriger Kollege von mir besuchte Stone mehrere Jahre nach den Dreharbeiten zum Film in Uganda. Er erzählte mir, wie die Geschichte weitergegangen war: »Stone hat eine unglaubliche *Balance* von Körper, Verstand, Herz und Geist. Das hat mich tief beeindruckt. Er ist physisch sehr aktiv und trainiert seine Jungs unermüdlich im Fußballspielen – sechs verschiedene Mannschaften am Tag! Sein Verstand arbeitet pausenlos auf Hochtouren. Stone sucht ständig nach neuen Möglichkeiten, sein persönliches Leitbild zu verwirklichen und die Jugendlichen zu neuen Perspektiven zu führen. Er ist Christ, lebt aber unter Moslems. Auch sein Vermieter ist Moslem. Durch sein tägliches Tun sorgt er in seiner Umgebung für Frieden und Harmonie. Auf der sozialen Ebene kümmert er sich um jedes Kind, jede Mutter und jeden Vater – überhaupt um jeden Menschen, dem er begegnet. Sein Charakter und seine tiefe Integrität haben mich noch viel stärker berührt als alles, was in dem Film gezeigt wird.«

1. Teil: Finden Sie Ihre innere Stimme – Zusammenfassung und eine letzte Herausforderung

Am Ende dieses ersten Teils, in dem es darum ging, die innere Stimme zu finden, wollen wir noch einmal eine Brücke zu unseren wichtigsten Zielen schlagen.

Wir wissen, dass eine schmerzhafte Lücke klafft zwischen unserem enormen Potenzial und der tatsächlichen Verwirklichung eines Lebens voller Größe und Beiträge. Eine Lücke zwischen der Erkenntnis, dass es in der Arbeitswelt enorme Probleme und Herausforderungen gibt, und der Entwicklung von innerer Stärke und moralischer Autorität, durch die wir aus diesen Problemen ausbrechen und Teil ihrer Lösung werden können.

Ich möchte Ihnen noch einmal meine ganz einfache Denkweise im Hinblick auf das Leben und uns Menschen nahe legen: nämlich das Paradigma der ganzen Person. Es besagt, dass jeder Mensch vier Dimensionen hat – Körper, Verstand, Herz und Geist. Zudem haben wir alle vier Grundbedürfnisse – leben, lernen, lieben und ein Lebenswerk schaffen. Dazu kommen vier Intelligenzen oder Fähigkeiten – physisch, mental, emotional und spirituell. Diese vier Intelligenzen finden ihren höchsten Ausdruck in vier Attributen – Disziplin, Vision, Leidenschaft und Gewissen. Sie alle repräsentieren die vier Dimensionen der inneren Stimme – Bedürfnis, Talent, Leidenschaft und Gewissen.

Ganze Person	Vier Bedürfnisse	Vier Intelligenzen/ Fähigkeiten	Vier Attribute	Innere Stimme
Körper	**Leben**	**Physische Intelligenz (PQ)**	**Disziplin**	**Bedürfnisse** (die Erfüllung von Bedürfnissen »sehen«)
Verstand	**Lernen**	**Mentale Intelligenz (IQ)**	**Vision**	**Talent** (disziplinierter Fokus)
Herz	**Lieben**	**Emotionale Intelligenz (EQ)**	**Leidenschaft**	**Leidenschaft** (etwas gerne tun)
Geist	**Ein Lebenswerk schaffen**	**Spirituelle Intelligenz (SQ)**	**Gewissen**	**Gewissen** (tun, was richtig ist)

Tab. 1

Wenn wir diese Intelligenzen und ihre vier höchsten Attribute respektieren, weiterentwickeln und ins Gleichgewicht bringen, entsteht eine unglaublich große Synergie. Sie entzündet *das innere Feuer in uns* – und wir finden unsere innere Stimme. Vielleicht interessiert es Sie ja, dass ich das Konzept und die Sprache des »inneren Feuers« erstmals in dem Buch *Der Weg zum Wesentlichen*, das ich zusammen mit Roger und Rebecca Merrill geschrieben habe, ausführlich erklärt habe. Jahre später bat mich das Organisationskomitee für die Olympischen Winterspiele 2002 in Salt Lake City um Erlaubnis, »Das innere Feuer entzünden«

als Hauptthema für die gesamte Veranstaltung zu verwenden. Ohne zu zögern sagte ich: »Natürlich – es wäre mir eine Ehre!« Es war inspirierend und spannend für mich, wie das Olympische Komitee dieses Thema dann nutzte, um das wundervolle Potenzial des menschlichen Geistes darzustellen. Ein paar Wochen nach den Spielen sprach ich mit Mitt Romney, dem Präsidenten des Organisationskomitees. Er meinte, soweit er wisse, sei es zum ersten Mal in der Geschichte der Olympischen Spiele gelungen, ein überdauerndes Thema zu schaffen. Ein Thema, mit dem sich alle identifizieren konnten und das in den Herzen und Köpfen der Sportler, der freiwilligen Helfer und der Zuschauer auf der ganzen Welt wirklich »Wurzeln schlug«.

In Kapitel 1 habe ich erläutert, wo unsere *innere Stimme* meiner Ansicht nach liegt. Das zeigt auch die Abbildung 5.4. Hier sehen Sie, dass die innere Stimme dort zu finden ist, wo sich unser *Talent* (unsere natürlichen Gaben und Stärken), unsere *Leidenschaft* (jene Dinge, die uns

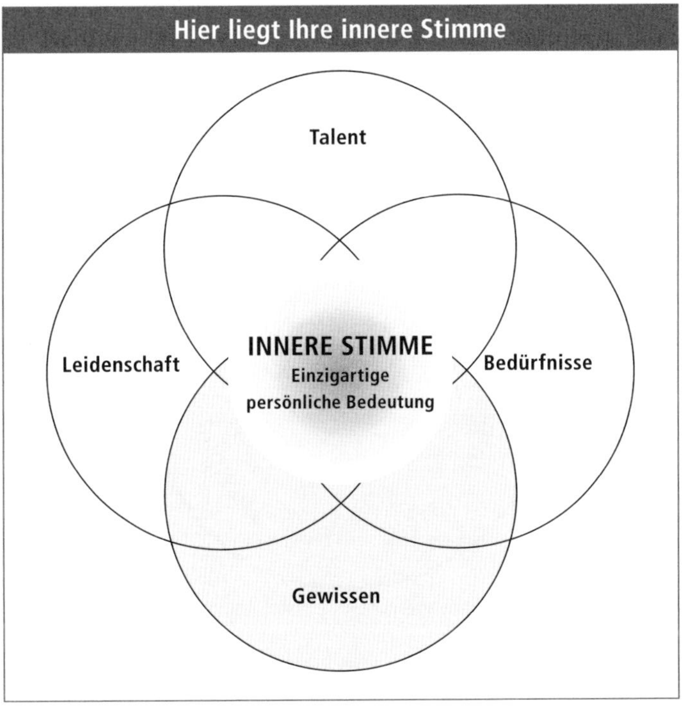

Abb. 5.4

von Natur aus Energie verleihen, die uns begeistern, motivieren und inspirieren), die *Bedürfnisse* (auch das, was andere so dringend brauchen, dass sie uns dafür bezahlen) und unser *Gewissen* (jene leise Stimme in uns, die uns sagt, was richtig ist, und uns dazu bewegt, es auch zu tun) überschneiden. Ich habe außerdem gesagt, dass unsere innere Stimme, unsere Berufung, der Code unserer Seele darin liegt, dass wir eine Arbeit (im Beruf, in der Gemeinde oder in der Familie) haben, die unserem *Talent* entspricht und unsere *Leidenschaft* weckt. Zudem habe ich erwähnt, dass diese Arbeit aus einem großen, wichtigen *Bedürfnis* in der Welt erwächst, zu dessen Erfüllung unser *Gewissen* uns treibt.

Bitte werfen Sie nun einen Blick auf die Abbildung 5.5. Ist Ihnen die Ähnlichkeit zwischen den vier Dimensionen der inneren Stimme und den vier Attributen der persönlichen Führung – Vision, Disziplin, Leidenschaft und Gewissen – aufgefallen? Zwei der Begriffe, Leidenschaft und Gewissen, sind sogar identisch. Die beiden anderen, *Talent* und *Bedürfnisse*, werden parallel zu *Disziplin* und *Vision* verwendet. Wenn wir nun in Abbildung 5.4 den grau hinterlegten Kreis für das Gewissen in die Mitte verschieben würden, hätten wir sogar im Wesentlichen das gleiche Modell.

Abb. 5.5

Die Geschichte von Muhammad Yunus, die Sie im ersten Kapitel gelesen haben, verdeutlicht die vier Dimensionen der *inneren Stimme* sehr anschaulich. Wie fand er seine innere Stimme? Zuerst spürte er ein *Bedürfnis*. Sein *Gewissen* inspirierte ihn dazu, aktiv zu werden. Da sein *Talent* zu dem Bedürfnis passte, machte er sich *diszipliniert* an die Arbeit, um eine Lösung zu finden. Die mit dieser Lösung verbundene Arbeit entsprach nicht nur seinem Talent, sondern sie weckte auch seine *Leidenschaft*. Aus dem *Bedürfnis*, das er erfüllte, entstand eine große *Vision:* Muhammad Yunus wollte Strukturen schaffen, um ähnliche Bedürfnisse auf der ganzen Welt zu erfüllen und dadurch noch mehr Menschen dazu zu inspirieren, *ihre* innere Stimme zu finden.

»Finden Sie Ihre innere Stimme« – am Ende dieses 1. Teils gebe ich Ihnen nun ein Versprechen. Gleichzeitig stelle ich Sie vor eine neue Herausforderung. Mein Versprechen lautet: Wenn Sie die vier Dimensionen Talent (Disziplin), Bedürfnisse (Vision), Leidenschaft und Gewissen auf irgendeine Rolle in Ihrem Leben anwenden, können Sie in dieser Rolle Ihre innere Stimme finden. Die Herausforderung ist einfach: Nehmen Sie zwei oder drei der wichtigsten Rollen, die Sie in Ihrem Leben ausfüllen. Stellen Sie sich dann zu jeder dieser Rollen die vier folgenden Fragen:

1. Welches *Bedürfnis* spüre ich in meiner Familie, meiner Gemeinde oder in der Organisation, für die ich arbeite?
2. Besitze ich ein echtes *Talent*, mit dem ich dieses Bedürfnis erfüllen kann, wenn ich die nötige Disziplin aufbringe, um es zu nutzen und weiterzuentwickeln?
3. Weckt der Gedanke daran, das Bedürfnis zu erfüllen, meine *Leidenschaft*?
4. Inspiriert mein *Gewissen* mich dazu, aktiv zu werden und mich dafür einzusetzen, das Bedürfnis zu erfüllen?

Können Sie alle vier Fragen bejahen? Dann verspreche ich Ihnen: Wenn Sie es sich zur *Gewohnheit* machen, einen Aktionsplan zu entwickeln und sich konsequent daran zu halten, werden Sie Ihre wahre innere Stimme im Leben finden. Dann werden Sie ein Leben führen, das von tiefem Sinn, Zufriedenheit und wahrer Größe erfüllt ist.

Fragen & Antworten

Könnte das Modell der persönlichen Führung mir helfen, eine meiner lebenslangen Herausforderungen zu meistern – nämlich abzunehmen und fit zu bleiben?

Falls es Ihnen wie den meisten Leuten geht, beschließen Sie immer mal wieder, sich in Form zu bringen. Dazu gehört üblicherweise auch, dass Sie Ihr Gewicht reduzieren wollen. Fit zu werden bedeutet aber oft nur, Fett durch Muskeln zu ersetzen. Dabei kann man sogar an Gewicht zunehmen, weil Muskeln ungefähr doppelt so schwer sind wie Fett. Generell besteht unsere grundlegende Aufgabe darin, uns in Form zu bringen und körperlich gesund, stark und fit zu werden. Das ist also die Vision. Was aber ist mit der Disziplin? Gewöhnlich ist ein strenges Fitnessprogramm erforderlich, das körperliche Bewegung, die richtige Ernährung und auch Ruhe und Stressmanagement umfasst. Die Leidenschaft steht für die Tiefe des Gefühls, die emotionale Verpflichtung und den Antrieb. Das Gewissen liefert das Warum, den Grund: dass es sich lohnt, gesünder zu werden, sodass Sie länger leben, gut für Ihre Familie sorgen, bei der Erziehung Ihrer Enkelkinder helfen oder sich einfach nur besser fühlen können. Sie werden außerdem feststellen: Wenn die Motivation nur rein äußerlich ist, werden Sie nicht weit kommen. Wenn besseres Aussehen, Eitelkeit, das kommende Frühjahr oder die üblichen guten Vorsätze für das neue Jahr Ihr einziger Antrieb sind, werden Sie schon bald die Segel streichen. Woran das liegt? Das Ganze ist es Ihnen einfach nicht wert, so große Opfer zu bringen und so eine umfassende Verpflichtung auf sich zu nehmen.

Bevor Sie etwas Ungesundes essen, sollten Sie sich angewöhnen, sich selbst zu sagen: »Meine Versuchung ist rein emotional. Wenn ich ihr jetzt widerstehe, wird das mein Gewicht verringern und zudem meinen Charakter stärken. Außerdem kann keine Leckerei der Welt das wunderbare Gefühl, einen schlanken Körper zu haben, ersetzen.«

Unzählige Menschen setzen sich ein Ziel fürs Abnehmen und geben es dann schon nach ein paar Tagen oder sogar Stunden wieder auf. Viele klagen, sie seien einfach nicht diszipliniert genug. Meiner Erfahrung nach ist das größte Problem aber gar nicht die Disziplin. Das Hauptproblem ist, dass wir noch nicht den Preis gezahlt haben: Wir haben keine entsprechende Vision. Zudem haben wir unsere tiefsten Werte und Motivationen, unsere Gewissen, außen vor gelassen. Wir haben also die Dinge, die uns wirklich wichtig sind, nicht berücksichtigt. Ich möchte Ihnen dazu die Geschichte eines Freundes erzählen:

Ich hatte sehr viel Arbeit in meine Karriere investiert. Mit 45 war ich auch durchaus erfolgreich. Allerdings hatte ich ungefähr 30 Kilo Übergewicht. Sobald ich unter Stress stand, musste ich zwanghaft essen. Zudem hatte ich wegen der großen beruflichen Belastung keine Zeit für regelmäßige körperliche Bewegung. Dann aber gab mir mein Sohn Logan an seinem fünften Geburtstag ein Buch zum Thema gesünderes Leben. Seine Mutter hatte ihm dabei geholfen, mir folgende Widmung in das Buch zu schreiben: Papa, dieses Jahr wünsche ich mir zum Geburtstag, dass du gesund wirst – damit du noch lange bei uns sein kannst!« Das war ein wirklich harter Schlag in den Magen.

Dank der Bitte meines Sohnes sah ich meinen Lebensstil plötzlich mit völlig anderen Augen. Dass ich zu viel Essen in mich hineinstopfte und mich nicht genug bewegte, war jetzt eine Entscheidung, die nicht nur mich betraf. Ich erkannte auf einmal, dass ich ein sehr ungesundes Vorbild für meine Kinder abgab. Ich lebte ihnen vor, dass unser Körper nicht wichtig ist, dass Selbstkontrolle nicht wichtig ist, dass es im Leben nur zwei Dinge gibt, für die sich harte Arbeit lohnt: Geld und Ansehen.

Mir wurde klar, dass meine Verantwortung für meine Kinder mehr umfasste, als nur ihre physischen, finanziellen und emotionalen Bedürfnisse zu erfüllen: Ich musste ihnen auch gesunde Rollenmodelle vorleben, an denen sie sich orientieren konnten. Und das hatte ich bis dahin nicht getan.

Daher ging ich mir selbst gegenüber die Verpflichtung ein, für meine Kinder gesund zu werden. Nicht abzunehmen, sondern wirklich gesund zu werden. Das war für mich der Schlüsselfaktor! Bei meiner inneren Verpflichtung musste es um etwas gehen, was mir wirklich sehr viel wert war. Schließlich hatte ich schon zahllose Diäten und Trainingsprogramme ausprobiert … Doch sobald es in meinem Leben Stress gab, war ich sofort wieder rückfällig geworden. Dass ich abnehmen musste, inspirierte und motivierte mich einfach nicht ausreichend. Meine Kinder aber sind mir wichtig genug. Sie bedeuten mir so viel, dass ich mich dafür entscheiden konnte, gesund zu werden.

Also setzte ich mir genau das zum Ziel. Für meine Kinder wollte ich gesund und fit werden. Ich wollte nach der Arbeit mit ihnen spielen und beim Fußballturnier in der Schule mitmachen, ohne schon beim ersten kurzen Spurt nach Luft zu schnappen. Mein Weg zu diesem Ziel sollte ein Ernährungs- und Fitnessprogramm sein. Der Schlüsselfaktor war, dass dieses Programm nicht das Ziel war – ich wollte ja für meine Kinder gesund werden. Zudem beschloss ich, dieses Ziel zusammen mit jemandem anzugehen, der auch gesund werden wollte. Jetzt absolvieren wir gemeinsam ein Fitnessprogramm. Ich habe dafür gesorgt, dass mir genug Zeit zur Verfügung steht, um mein Ziel zu erreichen. Außerdem habe ich gelernt, wann ich mit der Arbeit aufhören und mich um meine Gesundheit und meinen Körper und kümmern muss.

Seit ich meine Denkweise grundlegend verändert habe, sind zwei Jahre vergangen. Morgens ganz früh aufzustehen, um Sport zu machen, ist jetzt ganz selbstverständlich für mich geworden. Das Fitnessprogramm ist mir in Fleisch und Blut übergegangen. Ich versuche längst nicht mehr, mich davor zu drücken. Oh ja, es gibt immer noch Tage, an denen es schwer ist – an denen ich glaube, zu müde zu sein, mir einen Muskel gezerrt oder Kopfschmerzen zu haben oder dass zu heiß sei … An manchen Tagen rede ich es mir schlicht aus, joggen zu gehen. Dennoch fällt es mir heute viel leichter, mich dann wieder zu disziplinieren. Ich habe ja jetzt ein höheres Ziel – die innere Verpflichtung gegenüber jemandem, den ich viel mehr liebe als mich selbst!

Und wie steht es damit, einen Job zu bekommen?

Sich in Form zu bringen, ist in erster Linie ein unabhängiges Bemühen. Den Job zu bekommen, den man haben will, ist dagegen ein äußerst interdependentes Unterfangen. Es setzt voraus, dass man seinen Einfluss auf andere Menschen effektiv weiterentwickelt und ausdehnt.

Lassen Sie uns einmal durchspielen, wie man den Job bekommt, den man wirklich will. Dazu sehen wir uns die vier Attribute des persönlichen Einflusses an: Vision, Disziplin, Leidenschaft und Gewissen. Der entscheidende Punkt ist: Alle vier Attribute sind wichtig! Wenn Sie auch nur eins vernachlässigen, wird es wesentlich schwieriger für Sie, ihren Traumjob zu bekommen. Und falls es doch klappt, werden Sie es wahrscheinlich nicht schaffen, Ihren Verpflichtungen richtig nachzukommen und das zu leisten, was der Job von Ihnen verlangt.

Nehmen wir an, dass die Lage auf dem Arbeitsmarkt schlecht ist. Die meisten Unternehmen bauen Stellen ab. Das gilt vor allem in der Branche und der Stadt, in der Sie arbeiten und leben wollen. Wie bekommen Sie trotzdem genau den Job, den Sie sich wünschen?

Um eine Vision entwickeln zu können, müssen Sie zunächst wissen, wie dieser Job genau aussehen soll. Nutzen Sie Ihre Disziplin, um das herauszufinden und mehr über das Unternehmen zu erfahren, von dem Sie eingestellt werden wollen. Wenden Sie zudem ausreichend Disziplin auf, um die einzigartigen Anforderungen des Jobs und den Markt genau kennenzulernen. Ob Wettbewerb, Bedürfnisse der Kunden oder Charakteristika und Trends in der Branche: So wissen Sie, worauf es wirklich ankommt! Oder anders gesagt: Bezahlen Sie den Preis, die Herausforderungen und Probleme des Unternehmens zu verstehen, bei dem Sie arbeiten wollen.

Als Nächstes müssen Sie herausfinden, wo Ihre Leidenschaft liegt. Passt dieser Job zu Ihren Talenten, Ihren Gaben, Interessen, Kompetenzen und Fähigkeiten? Falls das zutrifft – sagt Ihr Gewissen Ihnen, dass der Job es wert ist, sich darauf zu verpflichten? Und wenn ja – können Sie sich vorstellen, dass Sie in Zukunft wirklich so arbeiten wollen?

Erst nachdem Sie das alles gemacht haben, sind Sie so weit, dass Sie zum Vorstellungsgespräch gehen können. Ihr Selbstverständnis sollte sein, kein weiteres Problem für das Unternehmen sein. Vielmehr sollten Sie eine Lösung für die Probleme sein, mit denen das Unternehmen konfrontiert ist.

Beweisen Sie, dass Sie die größten und bedeutendsten Probleme des Unternehmens genauer kennen als der Großteil der Leute, die dort bereits arbeiten. Zeigen Sie so viel Leidenschaft und Verpflichtung dafür, besser auf die Unternehmensproblematik einzugehen als die meisten anderen Mitarbeiter. Wenn es nötig ist, schlagen Sie eine – eventuell sogar unbezahlte – Probezeit vor. Überzeugen Sie die Entscheider.

Zeigen Sie ihnen, dass Sie eine bessere Lösung für ihre Probleme sind als jeder andere, mit dem sie bisher ein Vorstellungsgespräch geführt haben, und als viele, die schon in ihrem Unternehmen beschäftigt sind. Warum? Ganz einfach, weil Sie eine Führungspersönlichkeit sind. Sie übernehmen selbst die Initiative und sorgen dafür, dass Dinge geschehen, die gut für das Unternehmen sind. Sie warten nicht darauf, dass man Ihnen sagt, was Sie tun sollen. Sie reagieren nicht nur. Sie handeln. Sie sind dabei aber nicht unklug. Sie sind sehr aufmerksam, sehr einfühlsam und respektvoll.

Außerdem sollten Sie sich bei der Jobsuche an Prinzipien halten. Es gibt keine Übertreibung um des äußeren Anscheins willen, keine Täuschungen, keine Manipulation, keine Lügen, keinen Betrug, keine

Doppelzüngigkeit. Und Sie machen andere nicht schlecht. Sie konzentrieren sich ganz auf die Bedürfnisse des Unternehmens, auf seine Belange und Probleme. Zudem haben Sie die Bedürfnisse, Belange und Probleme der Kunden fest im Blick. Das ist die Sprache, die Sie sprechen.

Wer so vorgeht, wird die Aufmerksamkeit der Entscheider wecken. In den meisten Fällen wird er sie durch seine intensive Vorbereitung, seine Disziplin und seine Bereitschaft, den Preis zu zahlen und Opfer zu bringen, von sich überzeugen.

Im Laufe der Jahre habe ich diesen Rat vielen Leuten gegeben – immer und immer wieder. Ein kleiner Prozentsatz nahm ihn an. Die Betreffenden hatten fast alle Erfolg: Sie bekamen den Job, den sie wollten. Gewöhnlich empfehle ich auch, sich eingehend mit der neuesten Ausgabe von Richard Bolles' *Durchstarten zum Traumjob: Das Handbuch für Ein-, Um- und Aufsteiger* zu beschäftigen. So verstehen sie noch viel besser, was alles nötig ist, um den Job zu bekommen, den sie wirklich wollen.

Wie kann man eine Lebensbalance erreichen?

Umfragen zeigen immer wieder: Die Lebensbalance gehört für die meisten Menschen zu den größten Herausforderungen überhaupt. Die Leute neigen dazu, sich in erster Linie auf ihre Arbeit und andere dringende Angelegenheiten zu konzentrieren. Doch darunter leiden die Beziehungen und Aktivitäten, die ihnen in Wirklichkeit am wichtigsten sind. Mehr noch: Irgendwann werden diese Menschen süchtig nach Dringlichkeit.

Ich möchte Ihnen eine Lösung für dieses Problem zeigen. Dazu werde ich Ihnen die wahre Geschichte eines Mannes erzählen, der vom Strudel der Dringlichkeit erfasst und mitgerissen wurde. Gewissen, Vision und Leidenschaft: Bestimmt wird Ihnen auffallen, dass er sich die Zeit nahm, darüber nachzudenken, was ihm am wichtigsten war. Dann nutzte er Gewissen, Vision und Leidenschaft, um herauszufinden, wie er sein Leben so organisieren konnte, dass es in Einklang mit seinen Prioritäten kam. Er fragte sich auch, welche Opfer er bringen musste und wie viel Disziplin nötig war, um die gewünschte Lebensbalance herzustellen.

Die Lösung entstand schließlich durch das synergetische Miteinander mit seiner Frau. Ich gebe seine Geschichte hier einfach so wieder, wie er sie mir erzählt hat:

Meine Mutter und ich mussten gemeinsam mehrere Schicksalsschläge durchstehen. Dadurch hat sich zwischen uns eine wundervolle Beziehung entwickelt – eine ganz besondere Freundschaft. Ich liebe meine Mutter und bin wirklich gern mit ihr zusammen. Allmählich nahmen meine Verpflichtungen gegenüber meiner Firma und meiner eigenen Familie mich immer mehr in Anspruch. Manchmal kam ich wochenlang nicht dazu, bei ihr anzurufen, um zu hören, wie es ihr ging. Wenn ich es dann doch einmal schaffte, bei ihr vorbeizuschauen, musste ich gleich wieder weg. Wir konnten kaum miteinander reden. Ständig musste ich zu einem wichtigen Termin, eine dringende Deadline einhalten … Mein Kontakt zu dieser wundervollen Frau schlief immer mehr ein.

Meine Mutter drängte mich nie, sie öfter zu besuchen. Doch ich war mit dieser Situation selbst nicht glücklich. Ich wusste, dass ich mein Leben nicht unter Kontrolle hatte, wenn ich meine Mutter nicht regelmäßig sehen konnte. Daher suchte ich zusammen mit meiner Frau nach einer Lösung. Sie schlug vor, dass ich jede Woche ein paar Stunden fest für meine Mutter einplanen sollte. Dann konnte es für unsere Familie und für meine Mutter funktionieren. Da meine Frau jeden Mittwochabend im Chor singt, gehört dieser Abend jetzt meiner Mutter und mir.

Meine Mutter weiß nun, dass ich sie zumindest jeden zweiten Mittwoch besuche. Dann habe ich wirklich Zeit für sie und muss nicht schon nach ein paar Minuten wieder weg. Manchmal gehen wir zusammen spazieren, manchmal kocht sie für mich. Oder wir fahren zum Einkaufen in die Stadt. Denn das traut sie sich allein nicht mehr. Egal, was wir machen: Wir reden immer miteinander – über die Familie, die Geschehnisse in der Welt oder unsere Erinnerungen.

Die Abende mit meiner Mutter sind eine friedliche Oase in meinem geschäftigen Leben. Ich habe schon oft zu meiner Frau gesagt, dass sie da eine wundervolle Idee hatte.

Diese berührende kleine Geschichte ist nur ein Beispiel dafür, was möglich ist, wenn wir unser Herz und unseren Verstand auf das ausrichten, was wirklich wichtig ist, und es dann mit Disziplin und Integrität umsetzen. Nach dem Tod meines Vaters beschloss ich, meine

Beziehung zu meiner Mutter, die etwas ganz Besonderes war, zu intensivieren. Denn mein Vater hatte eine große Lücke in ihrem Leben hinterlassen. Ich musste damals oft verreisen. Dennoch nahm ich mir vor, sie von nun an jeden Tag anzurufen – egal, wo ich gerade war. Und trotz der Entfernung von ungefähr 80 Kilometern wollte ich sie unbedingt mindestens alle zwei Wochen besuchen. Meine Mutter überlebte meinen Vater um zehn Jahre. Und ich bin unendlich dankbar für ihr Leben und für unsere gemeinsame Zeit.

Ich habe gelernt, dass wir eine neue, fast mühelose Stufe des Verstehens erreichen, wenn wir uns regelmäßig mit einem anderen Menschen austauschen. Dabei unterschied der tägliche Anruf sich gar nicht groß von meinen Besuchen. Wir empfanden immer die gleiche Nähe und sprachen offen und authentisch miteinander. Es war wie ein einziges, nie endendes Gespräch, das teils am Telefon, teils persönlich ablief. Das fand ich erstaunlich. Denn ich hatte immer gedacht, der direkte Austausch von Angesicht zu Angesicht sei durch nichts zu ersetzen. Allerdings bin ich ganz sicher, dass der regelmäßige Kontakt den Unterschied macht: Wenn man häufig miteinander spricht, gibt es nicht viel Neues zu erzählen. Statt bloßer Erfahrungen und Erlebnisse kann man daher tiefe Erkenntnisse und Gefühle miteinander teilen und dem anderen Einblick in das eigene Innere gewähren.

Wie der Mann, dessen kleine Geschichte ich vorhin erzählt habe, hatte auch ich den unschätzbaren Vorteil, dass meine Frau mich stets unterstützte und immer verständnisvoll war. Sandra ist ein Mensch mit einer »Überfluss-Mentalität«. Für sie ist das Leben kein begrenzter »Kuchen«, kein beschränktes Zeitreservoir. Sie ging nie davon aus, dass mehr Zeit für meine Mutter automatisch weniger Zeit für sie selbst bedeutet hätte. Ihr war klar, dass die Zeit, die ich mit meiner Mutter verbrachte, unserer eigenen Beziehung sogar noch mehr Tiefe verleihen würde.

Nach dem Tod meiner Mutter ließen wir in ihren Grabstein einen Vers aus Shakespeares 29. Sonett meißeln: »For thy sweet love remembered, such wealth brings …«[12] Lesen Sie dieses Sonett bitte ganz langsam. Lassen Sie Ihrer Vorstellungskraft freien Lauf, um die Fülle und die Bedeutung jedes einzelnen Verses in sich aufzunehmen.

Vielleicht ist der höchste Weg, unser Leben in Balance zu bringen, die Familie. Dort findet ja auch unsere erste und schwierigste Form des persönlichen Wachstums statt, die den größten Beitrag zur Gesellschaft liefert.

Wenn ich, den niemand liebt, Fortuna hasst,
beklage dieses miserable Sein,
zum Himmel sinnlos schreie, was nicht passt,
verfluche meines Schicksals frommen Schein.

Wünsch der zu sein, der mehr zu hoffen hat
an Macht, wie der, der an Glück verrückt,
des einen Geist, des andern Ruhmesblatt;
das Höchste will, den Niederstes bedrückt.

Zerstört mich so die Selbstverachtung fast,
dann hemmt ein Blick auf dich des Schicksals Lauf,
und wie die Lerche aus dunkler Last
mein Herz lobsingend steigt in den Himmel auf.

Der Traum von Liebe wird mir so zum Rausch,
dass ich mit allen Königen nicht tausch.[12]

Die wichtigste Arbeit, die wir in der Welt leisten, wird innerhalb der eigenen vier Wände erbracht. Das sagte einmal eine sehr weise Führungspersönlichkeit – und ich bin der gleichen Ansicht. David O. McKay lehrte: »Einen Misserfolg zu Hause kann kein anderer Erfolg aufwiegen.«[13] Von der Bedeutung der Familie bin ich so fest überzeugt, dass ich vor einigen Jahren das Buch *Die 7 Wege zur Effektivität für Familien* geschrieben habe.

Vater oder Mutter zu sein ist die wichtigste Führungsverantwortung im Leben. Das bringt uns das höchste Glück und die größte Freude. Zeigt sich in der Elternschaft aber keine wahre Führung, fehlen Vision, Disziplin, Leidenschaft und Gewissen, dann wird sie zu einer großen Quelle von Sorgen und Enttäuschungen.

Ich finde es erstaunlich, dass kleine Anpassungen im Leben im Hinblick auf die Vision, Disziplin, Leidenschaft und das Gewissen so enorme Konsequenzen haben können. Meiner Ansicht nach werden wir alle irgendwann verwundert und traurig zugleich über die Erkenntnis sein, dass so kleine Veränderungen so große Ergebnisse hätten hervorbringen können.

Der höchste und beste Prüfstein für die Führung von Eltern ist meiner Meinung nach, dass sie ihre Familie mit einem Gefühl der Vision und der Möglichkeit erfüllen; die Disziplin aufbringen und kein Opfer scheuen, um diese Vision zu verwirklichen; schwierige Zeiten mit einem tiefen Empfinden von Leidenschaft, Motivation und Engagement durchstehen; und sich dabei stets von ihrem Gewissen leiten lassen. Falls es zur Vision der Familie gehört, dass ihre familiäre Kultur von einer Generation zur nächsten weitergegeben wird, kann unser Leben schon allein dadurch erfüllt und voller Freude sein, selbst wenn wir nichts anderes erreichen. Sollte uns das aber nicht gelingen, werden wir vielleicht feststellen, dass Erfolg bei anderen Dingen kein ausreichender Ausgleich ist. Ich denke oft an die prägnanten Zeilen von John Greenleaf Whittier: »Die traurigsten aller traurigen Worte sind: Es hätte sein können!«[14] Jemand anders aber hat gesagt: »Um das zu werden, was wir hätten sein können, ist es nie zu spät.«

TEIL 2

Inspirieren Sie andere dazu, ihre innere Stimme zu finden

KAPITEL 6

Inspirieren Sie andere dazu, ihre innere Stimme zu finden: Die Herausforderung der Führung

In jedem Leben kommt es irgendwann vor,
dass das innere Feuer erlischt.
Durch die Begegnung mit einem anderen Menschen
flammt es dann erneut auf.
Wir alle sollten dankbar sein für jene Menschen,
die den inneren Geist wieder entfachen.
ALBERT SCHWEITZER

Als junger Mann hatte ich ein Erlebnis mit einer Führungskraft, das mein ganzes weiteres Leben maßgeblich geprägt hat. Ich hatte beschlossen, mein Studium zu unterbrechen, um ein längeres Praktikum zu machen. Dieses Praktikum absolvierte ich in England. Nach nur viereinhalb Monaten kam der Präsident der Organisation zu mir und meinte: »Ich habe eine neue Aufgabe für Sie. Ich möchte, dass Sie durchs ganze Land reisen und unsere Führungskräfte trainieren.« Ich war schockiert. Ich sollte Führungskräfte trainieren, die doppelt oder sogar dreimal so alt waren wie ich? Er spürte meine Bedenken, sah mir direkt in die Augen und sagte: »Ich setze großes Vertrauen in Sie. Sie können das! Ich werde Ihnen Unterlagen geben, die Ihnen helfen, sich optimal vorzubereiten. Dann können Sie unsere Führungskräfte trainieren und sie dazu bringen, ihre Erfahrungen untereinander weiterzugeben.« Sein Vertrauen, seine Fähigkeit, mehr in mir zu sehen als ich selbst, seine Bereitschaft, mir eine Verantwortung zu übertragen, für die ich bis an die äußersten Grenzen meines Potenzials gehen musste – all das veränderte etwas in mir. Ich stimmte zu und gab mein

Bestes. Er forderte mich physisch, mental, emotional und spirituell. Ich wuchs und sah andere wachsen. Dabei erkannte ich einige Muster bei den fundamentalen Führungsprinzipien. Als ich wieder nach Hause zurückkehrte, war mir klar, welcher Aufgabe ich mein Leben widmen wollte: der Erschließung des menschlichen Potenzials. Ich hatte meine innere »Stimme« gefunden. Und derjenige, der mich dazu inspiriert hatte, war mein Vorgesetzter.

Im Laufe der Zeit erkannte ich, dass ich nicht der Einzige war, den er so gefordert und gefördert hatte. Seine Bestätigung anderer, seine Fähigkeit, uns in einer inspirierenden, motivierenden Vision für unsere Arbeit zu vereinen, seine Gewohnheit, uns mit hilfreichen Ressourcen zu versorgen und uns zu echten Führungskräften mit hoher Verantwortlichkeit zu machen, wurden in der ganzen Organisation zum Vorbild. Wir begannen damit, selbst auf diese Weise zu führen und anderen zu dienen. Die Ergebnisse waren wirklich bemerkenswert.

Heute weiß ich, dass die Prinzipien, von denen er sich bei seiner Führung leiten ließ, für alle Organisationen und Unternehmen gelten – und zwar unabhängig davon, welche offizielle Position der Betreffende innehat oder zu welcher Ebene er gehört. Ob Wirtschaft, Universität oder Ehrenamt: Durch meine eigenen Erfahrungen als Lehrer, Berater und Führungskraft in den verschiedensten Organisationen habe ich gelernt, dass der Einfluss von Führungskräften ganz bestimmten Prinzipien unterliegt. Wenn wir uns an diese Prinzipien halten, wachsen unser Einfluss und unsere moralische Autorität. Dann überträgt man uns häufig auch noch größere formale Autorität. Die biblischen Gleichnisse vom Geld und von den Talenten zeigen deutlich: Je mehr wir unsere Gaben und Talente nutzen, desto mehr neue Gaben und Talente bekommen wir. Wenn wir unsere Gaben und Talente aber ignorieren und sie ungenutzt lassen, sind sie für uns verloren. Häufig werden sie dann einem anderen gegeben. So verlieren wir letztendlich nicht nur unsere Talente, sondern auch Einfluss und Chancen.

Definition von Führung

Auf der elementarsten, ganz praktischen Ebene bedeutet *Führung, anderen so klar zu vermitteln, welchen Wert und welches Potenzial sie haben, dass sie das alles in sich selbst erkennen.* Denken Sie bitte über diese Definition nach! Ist das nicht das Wesen jener Art von Führung, die andere beeinflusst und wahrhaft überdauert? Anderen so klar, so stark und so nachhaltig zu vermitteln, welchen Wert und welches Potenzial sie haben, dass sie das alles tatsächlich in sich selbst erkennen, bedeutet, den Prozess des *Sehens, Tuns* und *Werdens* in Gang zu bringen.

- **Führung bedeutet, anderen so klar zu vermitteln, welchen Wert und welches Potenzial sie haben, dass sie das alles in sich selbst erkennen.**

Diese Denkweise lässt sich wunderbar auf die unersetzliche Rolle des *Großeltern-Seins* übertragen. Wissen Sie, was für mich die allerwichtigste Aufgabe der Großeltern ist? Sie besteht darin, ihren Kindern, Enkeln und Urenkeln auf möglichst vielfältige Weise zu vermitteln, welchen Wert und welches Potenzial sie haben, sodass sie wirklich daran glauben. Dann werden sie diesen Glauben auch zur Grundlage ihres Handelns machen. Stellen Sie sich nur einmal vor, was passieren würde, wenn diese Haltung unsere Kultur und unsere Gesellschaft von Grund auf durchdringen würde. Die Auswirkungen auf die gesamte Menschheit wären unvorstellbar groß und unendlich.

Aber wie können Sie anderen vermitteln, welchen Wert und welches Potenzial sie tatsächlich haben? Ein überaus wichtiges Mittel dazu sind unsere Beziehungen. Doch es gibt noch etwas, das wir unbedingt nutzen sollten – *unsere Organisationen.*

Definition von Organisationen

»Andere dazu inspirieren, ihre innere Stimme zu finden«: Mit dem zweiten Teil des 8. Weges kommen wir in den Bereich der Führung. Auch hier handelt es nicht um eine Form von Führung, die von der offiziellen Position abhängt. Vielmehr geht es um die Entscheidung, so mit anderen umzugehen, dass sie ihren Wert und ihr Potenzial selbst erkennen. Da wir uns hier auf die Führung in *Organisationen* konzentrieren, möchte ich vier einfache Punkte herausstreichen:

1. Im Grunde sind Organisationen nichts anderes als *Beziehungen mit einem Zweck.* Er besteht darin, die Bedürfnisse einer oder mehrerer Personen oder Gruppen zu erfüllen. Die einfachste

Form einer Organisation sind zwei Menschen, die sich einem gemeinsamen Zweck verschrieben haben. Dieser Zweck kann beispielsweise eine Geschäftspartnerschaft oder eine Ehe sein.
2. Fast *alle* Menschen gehören zu irgendeiner Organisation.
3. Die Arbeit auf der ganzen Welt wird *größtenteils* in und durch Organisationen erledigt.
4. Die größte Herausforderung in den Organisationen – auch in den Familien – besteht darin, alles so zu gestalten, dass jeder seinen angeborenen Wert und sein Potenzial erkennen kann. Zudem muss jeder seine einzigartigen Talente und seine Leidenschaft, also seine innere Stimme, einbringen können. Denn nur so können der Zweck der Organisation und ihre obersten Prioritäten auf prinzipienzentrierte Weise erreicht werden. Das könnte man auch als die grundlegende *Herausforderung der Führung* bezeichnen.

Kurz gesagt bestehen Organisationen also aus Individuen, die untereinander in *Beziehung* stehen und einem *gemeinsamen Zweck* dienen. Genau genommen gilt das für jeden von uns!

Management und Führung: Wo liegt der Unterschied?

In den letzten Jahren sind Hunderte von Büchern und Tausende von Artikeln und Aufsätzen über »Leadership« und »Führung« erschienen. Das zeigt, wie ungeheuer wichtig dieses Thema ist. Führung ist die Kunst des *Ermöglichens*. Der Zweck von Schulen sind die Bildung und die Erziehung der Kinder; doch bei schlechter Führung sind auch die Bildung und die Erziehung schlecht. Der Zweck von Medizin ist, den Menschen zu helfen, gesund zu werden; doch bei schlechter Führung ist auch die Medizin schlecht. Ich könnte noch unzählige andere Beispiele nennen, die zeigen, dass Führung die höchste aller Künste ist. Warum das so ist? Ganz einfach: Führung *befähigt* alle anderen Künste und Berufe, erfolgreich zu funktionieren. Das gilt ganz besonders für Familien.

Ich habe fast mein ganzes Leben damit verbracht, mich mit Führung und Management zu beschäftigen. Im Rahmen meiner Vorbereitungen für dieses Buch habe ich einen Überblick über die Literatur zu den

Führungstheorien des 20. Jahrhunderts erstellen lassen. Diesen Überblick finden Sie in Anhang 1 im hinteren Teil dieses Buches.

Für diesen Überblick haben wir Aussagen tonangebender Autoren über die Unterschiede zwischen Führung und Management zusammengetragen. Einige gebe ich hier in Tabelle 2 wieder. Sämtliche Aussagen finden Sie im hinteren Teil dieses Buches. Wollen Sie mehr lesen? Dann blättern Sie einfach zur Rubrik »Repräsentative Aussagen zu Führung und Management« auf den Seiten 412 bis 417.

Führung	Management
»Führer tun das Richtige.«	»Manager tun die Dinge richtig.«
WARREN BENNIS	
»Bei der Führung geht es darum, Veränderungen zu bewältigen.«	»Beim Management geht es darum, Komplexität zu bewältigen.«
JOHN KOTTER	
»Führung hat etwas Kinästhetisches, sie beinhaltet ein Gefühl von Bewegung.«	»Beim Management geht es um die Handhabung der Dinge, die Aufrechterhaltung der Ordnung, Organisation und Kontrolle.«
KOUZES UND POSNER	
»Führer befassen sich damit, was die Dinge für die Menschen bedeuten.«	»Manager befassen sich damit, wie die Dinge gemacht werden.«
ABRAHAM ZALEZNIK	
»Führer sind die Architekten.«	»Manager sind die Baumeister.«
JOHN MARIOTTI	
»Führung konzentriert sich auf die Erschaffung einer gemeinsamen Vision.«	»Management ist das Gestalten der Arbeit … Es geht dabei um Kontrolle.«
GEORGE WEATHERSBY	

Tab. 2

Dieser Überblick hat mir wieder einmal deutlich gemacht, wie wichtig *sowohl* Management *als auch* Führung sind. Mehr noch: Kein Thema kommt ohne das andere aus. Allerdings gab es Zeiten in meinem Leben, in denen ich mich dazu hinreißen ließ, die Bedeutung der Führung zu stark zu betonen und die des Managements zu vernachlässigen. Woran das lag? Wahrscheinlich daran, weil ich miterlebt habe, dass es in den meisten Organisationen – auch in den Familien – viel zu viel Management und viel zu wenig Führung gibt. Dieses Ungleichgewicht ist zu einem großen Antreiber für meine Arbeit geworden. Es hat mich dazu veranlasst, mich auf die Führungsprinzipien zu konzentrieren. Nichtsdestotrotz bin ich nachdrücklich daran erinnert worden, dass auch das Management eine tragende Rolle spielt.

Ich musste auf schmerzhafte Weise lernen, dass man Dinge nicht »führen« kann. Meine Firma wurde erst wirklich profitabel, nachdem ich das Management in die Hände meines Sohnes Stephen und eines Teams von Leuten gelegt habe, deren Stärken meine eigenen Schwächen ausglichen. Die Lagerbestände, den Cashflow und die Kosten kann man nun mal nicht führen. Man muss sie managen. Und dafür gibt es einen ganz einfachen Grund: Dinge haben nicht die Freiheit und die Fähigkeit, zu wählen. Beides haben nur wir Menschen. Das heißt: Menschen werden *geführt* und *befähigt;* Dinge hingegen werden *gemanagt* und *kontrolliert.* Bitte sehen Sie sich nun die Abbildung 6.1 an. Die Liste zeigt Ihnen, welche Dinge gemanagt werden müssen:

Welche Dinge müssen gemanagt (kontrolliert) werden?

Dinge, die nicht die Freiheit haben, zu wählen

Geld	Strukturen	Physische Ressourcen
Kosten	Systeme	Einrichtungen und Anlagen
Informationen	Prozesse	Werkzeug
Zeit	Lagerbestände	

Manchmal ...

... entscheiden »Leute« sich dafür, unter ihrer eigenen Führung gemanagt zu werden – beispielsweise Fachleute und andere Produzenten.

Abb. 6.1

Die Durchsicht der Literatur zum Thema Führung und Management hat mich auch daran erinnert, wie stark ich im Laufe der Jahre von vielen großen Denkern und Lehrern beeinflusst worden bin. Ihnen allen schulde ich großen Dank. Aufgrund meiner Erfahrungen und meiner eigenen Lehrtätigkeit bin ich außerdem zu folgender wichtigen Erkenntnis gelangt: Der Schlüssel zum Verstehen des Verhaltens von Organisationen liegt nicht darin, dieses per se zu analysieren. Vielmehr muss man sich intensiv mit der *menschlichen Natur* befassen. Es ist wichtig, dass man ihre grundlegenden Wesenszüge versteht. Dann hält man den Schlüssel in der Hand, mit dem man das Potenzial in den Menschen und Organisationen öffnen kann. Körper, Verstand, Herz und Geist: Darum ist das Paradigma der ganzen Person für das Verstehen von Organisationen und Individuen überaus wertvoll. Denn genau genommen gibt es gar kein Verhalten von Organisationen. Vielmehr geht es immer um in Organisationen kollektiviertes *individuelles* Verhalten.

Fragen Sie sich gerade, welche Rolle das spielt? Was die ganze Theorie mit den Herausforderungen zu tun hat, denen wir uns Tag für Tag gegenübersehen? Warum es nötig ist, Organisationen zu verstehen, wenn wir im Grunde nur unsere eigenen Probleme verstehen und lösen wollen?

Die Antwort ist einfach und offensichtlich: Weil das eine mit dem anderen zusammenhängt. Wir alle leben und arbeiten in verschiedenen Organisationen. Dazu zählt auch die Familie. Das heißt: Wenn wir uns selbst verstehen wollen, müssen wir auch verstehen, wie Organisationen funktionieren.

Wie schon erwähnt, haben alle Organisationen – auch die besten – mit Problemen zu kämpfen. Ich habe mit Tausenden von Organisationen gearbeitet – und selbst diejenigen, die ich zutiefst bewundere, sind nicht frei von Problemen. Das Interessante dabei? Die meisten Probleme sind sehr ähnlich. Natürlich sind einzigartige Persönlichkeiten und Umstände damit verbunden. Doch im Kern haben die meisten gemeinsame Wurzeln. Peter F. Drucker hat das so formuliert:

> *Zweifellos gibt es Unterschiede im Management unterschiedlicher Organisationen – das Ziel bestimmt die Strategie, die Strategie bestimmt die Struktur. Es liegt auf der Hand, dass das Management einer Einzelhandelskette sich vom Management einer katholischen Diözese unterscheidet. Obwohl der Unterschied gar nicht so groß ist, wie der Manager der Einzelhandelskette oder der katholische Bischof vielleicht glauben … Doch die größten Unterschiede finden sich … im Bereich der Umsetzung … und kaum bei den grundlegenden Prinzipien. … Die Führungskräfte aller dieser Organisationen verwenden zum Beispiel sehr viel Zeit, um sich mit den Problemen ihrer Mitarbeiter auseinanderzusetzen. Ungefähr neunzig Prozent dessen, was Gegenstand dieser Organisationen ist, ist allgemeingültig. Und was ist mit den verbleibenden zehn Prozent? Die Unterschiede zwischen Unternehmen und gemeinnützig arbeitenden Organisationen sind nicht größer als zwischen Firmen aus verschiedenen Branchen … In jeder Organisation … müssen nur die verbleibenden zehn Prozent der Managementaktivitäten der spezifischen Zielsetzung der Organisation angepasst werden – ihrer*

spezifischen Kultur, ihrer spezifischen Geschichte und ihrem spezifischen Wortschatz.[1]

Sei es Ihr Team, Ihre Abteilung, Ihr Geschäftsbereich oder Ihre gesamte Organisation – einschließlich Ihrer Familie: Mit dem 2. Teil dieses Buches möchte ich Ihnen zeigen, wie Sie Ihren eigenen Einfluss und den Einfluss Ihrer Organisation ganz beträchtlich steigern können. Wie das genau geht? Indem Sie an Ihren persönlichen Herausforderungen und Problemen arbeiten und sich ernsthaft bemühen, sie zu lösen.

Wir wollen uns zunächst die duale Natur der Probleme, vor denen wir stehen, ansehen. Zuvor sollten Sie sich allerdings mental darauf vorbereiten, dass Sie viel Energie brauchen werden, um die komplexen Herausforderungen in den Organisationen zu meistern. Dazu möchte ich zwei Zitate anführen. Das erste ist noch einmal Albert Einsteins Erkenntnis: »Probleme kann man niemals mit derselben Denkweise lösen, durch die sie entstanden sind!« Auf den Seiten, die Sie bisher gelesen haben, haben Sie die Grundlagen für ein völlig anderes Denken gelegt. Sie haben ein neues Paradigma der menschlichen Natur kennengelernt – nämlich das Paradigma der ganzen Person: Körper, Verstand, Herz und Geist. Sie haben erfahren, dass es sich stark vom typischen Paradigma des Industriezeitalters, dem auf Kontrolle ausgerichteten »Ding«-Paradigma, unterscheidet. Weshalb das so wichtig ist? Das Paradigma der ganzen Person werden Sie brauchen, um die Probleme, denen Sie sich in Ihrer Organisation gegenübersehen, zu verstehen und zu lösen.

Das zweite Zitat stammt von Oliver Wendell Holmes: »Für die Einfachheit, die *vor* der Komplexität kommt, würde ich gar nichts geben; für die Einfachheit aber, die *nach* der Komplexität kommt, würde ich meinen rechten Arm geben.« Das bedeutet: Unsere größten Herausforderungen lassen sich nicht durch einfach gestrickte Patentlösungen oder Slogans und Formeln zur seelischen Aufmunterung meistern. Wir müssen einiges *tun*, um das *Wesen* und die *Wurzel* der Probleme unserer Organisationen zu verstehen. Zudem müssen wir möglichst viel über die *Prinzipien* lernen, von denen die Lösungen dieser Probleme abhängen. Und schließlich müssen wir die neuen Einstellungen, Denkweisen und Fähigkeiten, die mit den Prinzipien einhergehen, fest in unserem Charakter verankern. Das wird große Anstrengungen erfordern. Sind Sie bereit, diese Mühen auf sich zu nehmen? Dann wird es zu einer enorm *einfachen* und sehr klaren Verbindung von WIS-

SEN, EINSTELLUNG und FÄHIGKEITEN – den drei Elementen einer GEWOHNHEIT – kommen. Dann haben Sie den 8. Weg, der das gesamte menschliche Potenzial freisetzt, erfolgreich beschritten. Und dann werden Sie den Herausforderungen der neuen Welt gewachsen sein.

Globale seismische Verschiebungen

Im Rahmen unserer Suche nach einem tieferen Verständnis für die Herausforderungen in den Organisationen möchte ich Sie einladen, über sieben seismische Verschiebungen nachzudenken, die das neue Zeitalter der Wissensarbeit mit sich gebracht hat. Diese Verschiebungen kennzeichnen die heutige Arbeitswelt und auch Ihre *persönlichen* Herausforderungen.

- *Globalisierung der Märkte und Technologien:* Neue Technologien machen die meisten lokalen, regionalen und nationalen Märkte zu globalen Märkten ohne Grenzen.
- *Universale Vernetzung:* In ihrem Buch *Web Att@ck* schreiben Philip Evans und Thomas S. Wurster: »Wenn jeder ausgiebig mit allen anderen kommunizieren kann, werden die engen, fest verdrahteten Kommunikationskanäle, die bisher die Menschen miteinander verbunden haben, überflüssig. Und damit auch alle Unternehmensstrukturen, die derartige Kanäle aufgebaut oder für ihren Wettbewerbsvorteil genutzt haben … Die gigantische Flutwelle universaler Vernetzungen löst den Kitt auf, der die wirtschaftlichen Aktivitäten zusammenhält. Und sie wird wie nichts zuvor den Informations*fluss* vom Güter*fluss* trennen und jeden seinen eigenen wirtschaftlichen Gesetzen folgen lassen.«[2]
- *Demokratisierung der Informationen:* Das Internet wird von niemandem gemanagt. Das ist ein Wandel von globalem Ausmaß. Zum ersten Mal in der Geschichte erklingt die reine Stimme des menschlichen Geists in Millionen völlig spontaner Gespräche, die durch keine Grenzen behindert werden. Die Informationen in Echtzeit bestimmen die Erwartungen und den gesellschaftlichen Willen. Darauf beruht letztendlich der politische Wille, der sich auf jeden von uns auswirkt.

- *Exponentielles Anwachsen des Wettbewerbs:* Das Internet macht jeden, der einen Anschluss hat, zu einem potenziellen Konkurrenten. Die Organisationen müssen ständig bessere Wege entwickeln, um sich gegen niedrigere Arbeits- und Materialkosten, schnellere Innovation, größere Effizienz und höhere Qualitätsstandards behaupten zu können. Die Kräfte des freien Unternehmertums und des freien Wettbewerbs treiben die Qualität nach oben und die Kosten nach unten. Sie verlangen mehr Schnelligkeit und Flexibilität bei der Ausführung der Aufgaben, für die der Kunde uns bezahlt. Niemand kann es sich leisten, sich lediglich die Konkurrenz oder sogar Spitzenleistungen zum Maßstab zu nehmen: Wir müssen uns permanent an der »Weltklasse« messen.
- *Verlagerung zum intellektuellen und sozialen Kapital:* Die Wertschöpfung hat sich von der Produktion hin zum Humankapital verlagert. Über zwei Drittel der Wertschöpfung bei den heutigen Produkten stammen aus Wissensarbeit, aus dem intellektuellen und dem sozialen Kapital. Vor 20 Jahren war es nicht einmal ein Drittel.
- *Selbstvermarktung:* Die Leute sind immer besser informiert. Sie kennen die Optionen und Alternativen besser als je zuvor. Auf dem Arbeitsmarkt kommt es zur Selbstvermarktung. Den Mitarbeitern wird zunehmend bewusst, welche Möglichkeiten ihnen offenstehen. Die Wissensarbeiter widersetzen sich den Bemühungen des Managements, sie in Schubladen zu stecken. Deshalb fassen immer mehr den Beschluss, sich selbst zu einer Marke zu machen.
- *Permanentes Wildwasser:* Wir leben in einer turbulenten, sich ständig verändernden Umgebung. In tosenden Wildwassern muss jeder Einzelne etwas in sich haben, von dem er sich bei seinen Entscheidungen leiten lässt. Jeder muss den Zweck und die Leitprinzipien des Teams und der Organisation von sich aus verstehen. Wenn man versucht, die Leute zu managen, werden sie einen gar nicht hören. Der Lärm, das Tosen, die Unmittelbarkeit und die Dringlichkeit all der wirbelnden Herausforderungen, denen sie sich gegenübersehen, sind schlicht und einfach zu groß.

Film: »Permanentes Wildwasser«

Wir haben ein kurzes Video gedreht, das die mit wirbelndem und tosendem Wildwasser vergleichbaren Bedingungen und die Komplexität des heutigen Lebens zeigt. Es stellt die Gegenwart der Vergangenheit gegenüber. Dabei verweist das Video auf drei Konstanten, auf die wir uns verlassen können, wenn wir die Herausforderungen bewältigen wollen, über die Sie in diesem Kapitel noch viel mehr lernen werden. Ich möchte Sie nun einladen, sich den Film anzusehen. Nehmen Sie die DVD zu diesem Buch. Legen Sie diese in Ihren DVD-Player und wählen Sie *Permanentes Wildwasser.*

Chronische und akute Probleme

Es gibt zwei Arten von Problemen, sowohl im Hinblick auf unseren Körper wie auch auf unsere Organisationen: chronische und akute. *Chronisch* bedeutet grundlegend, ursächlich und anhaltend. *Akut* bedeutet schmerzhaft, symptomatisch und plötzlich. Genau wie wir Menschen können auch Organisationen chronische Probleme haben, die noch nicht akut sind. Und was passiert, wenn wir akute Probleme behandeln? Das kann dazu führen, dass der ursächliche chronische Zustand überhaupt nicht erkannt wird.

Vor einigen Jahren hatte ich ein faszinierendes Erlebnis, das diesen Punkt veranschaulicht. Einer meiner Freunde, Spezialist für kardiovaskuläre Medizin, war Leiter der Chirurgie an einem Krankenhaus in Detroit. Ich fragte ihn, ob ich den Ärzten einen Tag lang beim Operieren zusehen durfte. Es war eine ungeheuer beeindruckende Erfahrung! Bei einem Patienten ersetzte mein Freund drei Gefäße. Die Operation war gut verlaufen. Wir standen noch am OP-Tisch, als ich meinen Freund fragte: »Warum musstest du die Gefäße *ersetzen*? Warum hast du sie nicht einfach gesäubert?« Er erklärte es mir in einer Sprache, die auch für mich als Laien verständlich war: »Im Frühstadium kann man das. Doch im Lauf der Zeit bauen die Ablagerungen sich so auf, dass sie schließlich Bestandteil der Gefäßwände werden.«

»Okay, aber jetzt hast du diese drei Gefäße ja ersetzt. Ist der Mann jetzt außer Gefahr?«, fragte ich. Mein Freund antwortete: »Stephen, es ist chronisch. Es ist überall in ihm!« Er nahm meine Hand so, dass ich die Gefäße fühlen konnte. Obwohl ich OP-Handschuhe trug, konnte ich tatsächlich spüren, wie brüchig die Gefäßwände waren! »Immerhin hat dieser Mann regelmäßig Sport getrieben!«, sagte mein Freund. »Dadurch hat sich *in begrenztem Maße* eine Art Ersatz-Kreislauf entwickelt, durch den die Muskeln Sauerstoff bekommen. Doch für diese drei verschlossenen Gefäße gibt es keinen hinreichenden Ersatz. Er kann immer noch einen Herzinfarkt oder einen Schlaganfall bekommen, falls sich ein Blutgerinnsel bildet. Er hat eine fortgeschrittene *chronische* Herzkrankheit.«

Nicht bei allen chronischen Krankheiten gibt es akute Symptome. Krankheiten wie Krebs können sich unbemerkt ausbreiten. Wenn sich die ersten akuten Symptome zeigen, ist es oft schon zu spät. Dass keine oberflächlichen Symptome zu sehen sind, heißt also nicht, dass die Grundprobleme nicht existieren. Manche Menschen bekommen einen Herzinfarkt, weil sie ihren Körper plötzlichem Stress ausgesetzt haben. Das passiert beispielsweise, wenn sie nach dem ersten Wintersturm schweren Schnee schippen. Bis dahin war ihnen nicht bewusst, dass sie krank sind. Ihr Herzproblem erkennen sie erst, wenn der Stresszustand akute Symptome auslöst.

Bei Organisationen ist das nicht anders. Auch wenn es keine akuten Anzeichen gibt, können sie ernste chronische Probleme haben. Diese Probleme zeigen sich vielleicht nicht, weil sie nicht dem harten, globalen Wettbewerb ausgesetzt sind, sondern in einem lokalen oder geschützten Markt aktiv sind. Organisationen mit chronischen Problemen können finanziell durchaus erfolgreich sein, manchmal sogar sehr erfolgreich. Wir wissen aber alle, dass Erfolg relativ ist. Dennoch herrscht in diesen Organisationen die Einstellung, dass die Konkurrenz ja noch viel schlimmere Probleme haben könnte. Warum sollte man sich da also ändern?

Vorhersage von vier chronischen Problemen und ihren akuten Symptomen

Die Kraft eines korrekten Paradigmas liegt darin, dass es uns Erklärungen gibt und Vorhersagen für die Zukunft ermöglicht. Nehmen wir beispielsweise das Paradigma der menschlichen Natur, das von der ganzen Person ausgeht. Wenn es zutrifft, sollte es Ihnen die seltene Fähigkeit verleihen, die größten Probleme in Ihrem Leben und in Ihrer Organisation zu diagnostizieren, zu erklären und sogar vorherzusagen. Es sollte Ihnen helfen, nicht nur die offensichtlicheren akuten Symptome der Probleme zu erkennen, sondern auch die chronischen Ursachen, die ihre Wurzel bilden. Dann werden Sie dieses Paradigma dazu nutzen können, um Ihre Probleme zu lösen. Wie das geht? Indem Sie Ihren Einfluss ausdehnen und eine Hochleistungsorganisation aufbauen, in der hohes Vertrauen herrscht. Eine Organisation, die in der Lage ist, sich konsequent auf ihre höchsten Prioritäten zu *konzentrieren* und sie *umzusetzen*.

Damit Sie immer den Überblick behalten, wird Ihnen in allen Teilen dieses Buchs das gleiche Diagramm begegnen. Dieses Diagramm sehen Sie in der Abbildung 6.2. Ich ergänze es immer nur durch neue Begriffe und Erkenntnisse. So kann ich Ihnen jeden neuen Gedanken zu den vier Entscheidungsbereichen – Körper, Verstand, Herz und Geist – veranschaulichen. Im konkreten Fall werden Sie sehen, dass das Paradigma der ganzen Person Ihnen hilft, sowohl die chronischen als auch die akuten Probleme zu erkennen. Denn Probleme entstehen immer dann, wenn Organisationen Verstand, Körper, Geist oder Herz ihrer Leute vernachlässigen.

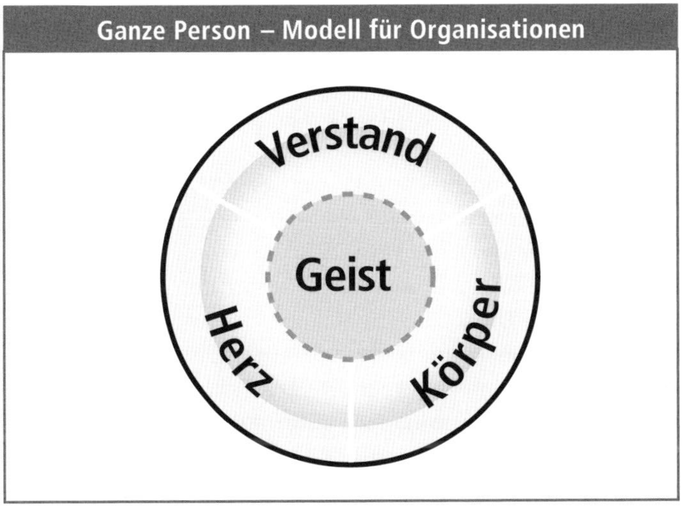

Abb. 6.2

Lassen Sie uns das doch einfach anhand eines Unternehmens *testen*. Das gleiche Vorgehen lässt sich natürlich auch auf Teams, die Familie, die Gemeinde und alle anderen Organisationen übertragen. Bitte versuchen Sie immer, das Problem genau zu erkennen und zu verstehen, bevor Sie weiterlesen.

Erstens: Beginnen wir mit dem Zentrum des Diagramms – mit dem *Geist*. Welches Problem entsteht, wenn der Geist, das Gewissen überall und ständig in einem Unternehmen vernachlässigt wird? Denken Sie darüber nach. Was passiert in den Beziehungen, wenn die Leute auf eine Art und Weise behandelt werden oder handeln, die im Widerspruch zu ihrem Gewissen steht? Wird das nicht zu einem offensichtlichen Vertrauensverlust führen?

Wenig Vertrauen ist das erste chronische Problem, dem sich alle Unternehmen gegenübersehen, in denen das Gewissen keine ausreichende Beachtung findet. Und was sind die akuten Anzeichen dafür? Wenn solche Unternehmen unter harten Marktbedingungen agieren, gibt es zahllose akute, sehr schmerzhafte Symptome: Verleumdungen, Grabenkämpfe, Opfermentalität, Abwehrverhalten, Horten von Informationen und eine defensive, abwehrende Kommunikation.

Zweitens: Welches chronische Problem entsteht, wenn in einem Unternehmen der *Verstand*, die Vision vernachlässigt wird? Dann gibt es *keine gemeinsame Vision, kein gemeinsames Wertesystem*. Welches symptomatische Verhalten ist unter diesen Bedingungen zu erwarten? Die Leute operieren dann mit verborgenen Absichten, sie vergeuden ihre Zeit mit politischen Spielchen und verwenden bei der Entscheidungsfindung unterschiedliche Kriterien. Die Kultur wäre unscharf und chaotisch.

Drittens: Zu welchem Problem kommt es in Unternehmen, in denen die Disziplin im Bereich des Körpers, die Grundstruktur, die Systeme und die Prozesse weitgehend vernachlässigt werden? Oder anders ausgedrückt: Was ist zu erwarten, wenn hinter den Prioritäten des Unternehmens keine Umsetzung und keine systemische Unterstützung stehen? Dann gibt es keine in die Strukturen, Systeme, Prozesse und Kultur des Unternehmens integrierte Disziplin, *keine Ausrichtung und Koordination*. Ob Kommunikation, Information, Personalbeschaffung und Stellenbesetzung, Verantwortlichkeit, Belohnung, Beförderung oder Ausbildung und Entwicklung: Wenn die Manager unzutreffende und unvollständige Paradigmen der menschlichen Natur haben, entwickeln sie Systeme, die nicht das volle Potenzial der Mitarbeiter erschließen. Weder der Einzelne noch Teams, Abteilungen und das Unternehmen insgesamt sind dann auf ein Kernleitbild ausgerichtet. Es gibt kein gemeinsames Wertesystem, keine einheitliche Strategie. So kommt es zu einem gravierenden Mangel an Ausrichtung im Hinblick auf den Markt, die Kunden und die Lieferanten.

> *Alle Organisationen sind perfekt darauf ausgerichtet, die Resultate zu erzielen, die sie erzielen.*
>
> ARTHUR W. JONES

Die mangelnde Ausrichtung wird sich auf sehr vielfältige Weise niederschlagen. Sie wird dazu führen, dass noch weniger Vertrauen herrscht und es zu politischem Verhalten und Rivalität zwischen den Abteilungen kommt. Weil die Dinge aus dem Ruder laufen, haben die Manager das Bedürfnis nach immer stärkerer Kontrolle. An die Stelle menschlicher Urteilsfähigkeit treten *Regeln*. Bürokratie, Hierarchien und Vorschriften werden gewissermaßen *Prothesen* für das Vertrauen. Personal- und Führungskräfteentwicklung werden als weich, gefühlsduselig, unrealistisch, unwirtschaftlich und viel zu teuer abgetan. Genau wie Dinge werden die Mitarbeiter als Kostenfaktor und nicht als Investition betrachtet. Es werden immer mehr Management und Kontrolle erforderlich.

Bei der großen Mehrheit der Leute kommt es zu der bereits besprochenen Ko-Dependenz. Sie warten nur noch darauf, dass man ihnen sagt, was sie tun sollen. Die sogenannten Führungskräfte werden das als weiteren Beweis dafür werten, dass sich nichts tut, bis von außen mit Zuckerbrot und Peitsche gearbeitet, motiviert, kontrolliert und nötigenfalls sogar mit eiserner Faust regiert wird. Passivität dient als Rechtfertigung für Motivation und Kontrolle von außen. Doch das führt zu noch größerer Passivität. Es handelt sich also um eine sich selbst erfüllende Prophezeiung. Wenn die Mitarbeiter gemanagt und kontrolliert werden, inspiriert sie das nie zu ihren besten Arbeitsleistungen und zu Beiträgen, die aus ihrer wahren inneren Stimme oder ihrer Leidenschaft erwachsen. All das kann immer nur auf freiwilliger Basis erfolgen.

Viertens: Was geschieht, wenn das *Herz* vernachlässigt wird? Wenn es im Unternehmen keine Leidenschaft gibt, keine emotionale Verbundenheit mit den Zielen oder der Arbeit? Keine innere, freiwillige Begeisterung oder Verpflichtung? Das Ergebnis ist eine tief greifende *Demotivation* der Leute. Die gesamte Kultur ist feige und zaghaft. Welche akuten Symptome würde man erwarten? Können Sie sie vorhersagen? Man findet dann viel Schwarzarbeit, Tagträumerei, Langeweile, Flucht vor der Wirklichkeit, Wut, Angst, Apathie und widerwilligen Gehorsam.

Können Sie die Erklärungs- und Vorhersagekraft dieses Modells oder Paradigmas nachvollziehen? Wenn in einem Unternehmen Körper, Verstand, Herz oder Geist vernachlässigt werden, entstehen vier chronische Probleme: *wenig Vertrauen, keine gemeinsame Vision und keine gemeinsamen Werte, mangelnde Ausrichtung* und *Demotivation.* Diese chronischen Probleme äußern sich in unzähligen akuten Symptomen. Eine Übersicht finden Sie in der Abbildung 6.3 auf Seite 139.

Das Gesamtergebnis dieser chronischen Probleme und ihrer Symptome sind akute Schmerzen. Diese Schmerzen entstehen durch Misserfolg auf dem Markt, einen negativen Cashflow, geringe Qualität, aufgeblähte Kosten, Inflexibilität, Langsamkeit und Schuldzuweisungen. Es handelt sich also um eine Kultur der gegenseitigen Beschuldigung, nicht der gegenseitigen Verantwortlichkeit.

Bitte denken Sie noch einmal an den Film *Max & Max* zurück. Haben Sie erkannt, dass dort alle vier chronischen Probleme sehr genau beschrieben wurden?

Das Paradigma der ganzen Person in der Praxis

Nun möchte ich Ihnen zeigen, wie groß die Erklärungskraft des Paradigmas der ganzen Person ist.

Ich erinnere mich noch sehr gut an ein Erstgespräch mit den Topmanagern eines großen Unternehmens. Als ich sie nach ihrem Leitbild fragte, legten sie es mir etwas zögerlich vor. Im Wesentlichen lautete es: »Unser Ziel ist es, die Vermögenswerte der Anteilseigner unseres Unternehmens zu vermehren.« Ich fragte sie, ob sie dieses Leitbild an die Wand hängten, um ihre Mitarbeiter und Kunden zu inspirieren. Sie grinsten und antworteten: »Nein, wir haben ein weiteres Leitbild. Das hängt an der Wand. Aber auf dieses hier zielen wir wirklich ab.«

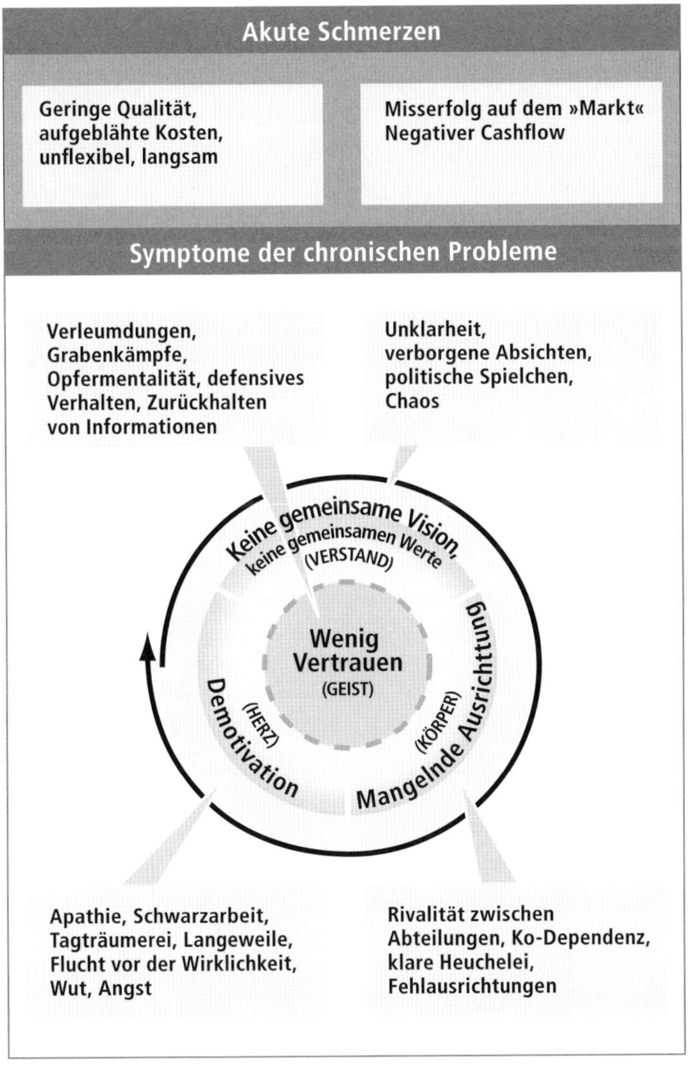

Abb. 6.3

Obwohl ich ihre Branche und ihre Firma noch nicht wirklich kannte, sagte ich: »Soll ich Ihnen erzählen, wie Ihre Unternehmenskultur aussieht? Durch Ihre Firma geht ein tiefer Riss. Falls es in Ihrer Branche eine starke Gewerkschaft gibt, haben Sie unter Arbeitskämpfen zu leiden. Sie sitzen Ihren Leuten ständig im Nacken, kontrollieren sie und setzen Zuckerbrot und Peitsche ein, damit sie ihre Arbeit machen. Es herrscht enorm viel negative Energie durch Konflikte zwischen den Mitarbeitern, Rivalität zwischen den Abteilungen, verborgene Absichten und politische Spielchen.«

Dass ich ein so guter Wahrsager war, verblüffte sie. »Woher wissen Sie das alles? Wie konnten Sie uns so treffsicher beschreiben?«

Ich erwiderte: »Ich brauche gar nicht viel über Ihre Branche oder über Sie zu wissen. Es reicht, dass ich mich mit der menschlichen Natur auskenne. Ihr wahres Ziel ist nur auf eine unserer vier Dimensionen – den Körper, die wirtschaftliche Seite – fokussiert. Zudem haben Sie hier auch nur eine der Interessengruppen im Blick: die Anteilseigner. Die anderen drei Dimensionen – Verstand, Herz und Geist – vernachlässigen Sie völlig. Und auch alle anderen Interessengruppen spielen keine Rolle für Sie. So etwas hat immer schlimme Konsequenzen.«

Dann machte ich noch eine Voraussage: »Wenn diese Besprechung zu Ende ist, wird die Hälfte von Ihnen über die andere Hälfte herziehen. Hier fehlt es an Vertrauen. Die Doppelzüngigkeit, die in diesem Unternehmen herrscht, ist offensichtlich.« Meine Beobachtungen trafen zu – und das fanden sie gar nicht gut. Schließlich galten sie als extrem erfolgreiches Unternehmen! Tatsächlich kann man bei den Aktionären jedoch keinen dauerhaften Erfolg haben, wenn man nicht zunächst Erfolg auf dem Markt hat. Dort kann man allerdings keinen Erfolg haben, wenn man nicht zunächst Erfolg im Unternehmen, am Arbeitsplatz hat.

»Was können wir denn tun, um uns zu ändern?«, fragten sie.

Ich antwortete: »Sie müssen ernsthaft an allen vier Dimensionen der menschlichen Natur arbeiten. Beziehen Sie alle Mitarbeiter ein, sodass sie am selben Strang ziehen. Leben Sie nach den universellen Prinzipien der Gerechtigkeit, Ehrlichkeit, Integrität und Wahrheit, damit Sie ein Vertrauensfundament errichten können. Lassen Sie sich bei allen strategischen, strukturellen und operativen Entscheidungen von den Kriterien und Werten leiten, die Ihrer Vision entsprechen. Um wirkliche Befähigung und eine Freisetzung des gesamten menschlichen Potenzials zu erreichen, müssen Sie die Voraussetzungen für Vertrauen im gesamten Unternehmen schaffen.« Ich empfahl ihnen dann, als Erstes ein Leitbild für ihr eigenes Führungsteam zu entwickeln.

Sie wollten wissen, wie lange all das dauern würde. Ich fragte: »Wie weh tut es denn?«

»Nicht allzu schlimm!«, erwiderten sie.

»Dann werden Sie es vermutlich nicht schaffen. Die Schmerzen sind nicht groß genug. Es gibt nicht genug Druck durch die Umstände und nicht genug Bescheidenheit.« Ich schlug ihnen vor, das ganze Projekt zu vergessen.

Sie sagten: »Wir haben aber viel Gutes darüber gehört, was in anderen Unternehmen passiert ist, mit denen Sie gearbeitet haben. Und wir haben das Gefühl, dass uns wirklich große Kämpfe bevorstehen könnten, da der Markt sich verändert und der Wettbewerb sehr hart werden wird. Wahrscheinlich brauchen wir Ihre Hilfe doch. Wir wollen Veränderungen in Gang bringen.«

Ich sagte, wenn es ihnen wirklich ernst sei und sie tatsächlich zusammenarbeiten würden, könnten sie es schaffen. Allerdings würde es wahrscheinlich mindestens zwei bis drei Jahre dauern.

Einer sagte: »Sie wissen ja gar nicht, wie schnell und effizient wir sind!« Dann griff er meinen Vorschlag auf, ein besseres Unternehmensleitbild zu entwickeln: »Das kriegen wir doch wohl an diesem Wochenende hin.« Er war der Ansicht, sie könnten sich irgendwohin zu einer Art Visions-Workshop zurückziehen und als Ergebnis ein Leitbild mit neuen, blumigen Formulierungen mitbringen, das die Leute mehr ansprechen würde.

Allmählich erkannten diese Topmanager, dass kurzfristiges Denken und Abkürzungstechniken niemals die von ihnen gewünschten langfristigen Ergebnisse bringen würden. Allmählich setzten sie sich mit den chronischen Grundproblemen auseinander. Sie fingen bei sich selbst an und entwickelten großen Respekt vor allen vier Dimensionen der menschlichen Natur. Schließlich erkannten sie, dass Führung von allen geleistet werden und dass jeder Einzelne von innen nach außen vorgehen muss.

Das Unternehmen gewann an Stärke – und zwar von seinen Wurzeln aus. Es dauerte drei oder vier Jahre. Schließlich war das Unternehmen extrem stark. Es besaß ungemein viel Kraft, andere zu befähigen. Zudem herrschte viel Vertrauen auf allen Ebenen. Dadurch konnte es mit dem harten Wettbewerb, der sich entwickelte, fertigwerden und gleichzeitig seine erfolgreiche Position im Markt verteidigen. Einige der obersten Führungskräfte wechselten als CEO zu anderen Firmen. Doch die Kultur des Unternehmens war so tief verankert und die Leistungsstärke so groß, dass es weiterhin profitabel wuchs.

Die Reaktion des Industriezeitalters

Wie würde nun die typische Reaktion auf die vier chronischen Probleme im Industriezeitalter aussehen?

Wenn das *Vertrauen* niedrig ist und es keine moralische Autorität gibt, steht der *Chef* im Mittelpunkt: Er weiß es am besten und trifft alle Entscheidungen. Das Motto lautet: »Alles tanzt nach meiner Pfeife!«

Gibt es keine gemeinsame Vision und keine gemeinsamen Werte, nehmen *Regeln* den Platz der Vision und des Leitbilds ein. »Kümmern Sie sich einfach nur um Ihren Job. Tun Sie, was man Ihnen sagt. Halten Sie sich an die Regeln und überlassen Sie das Denken mir!«

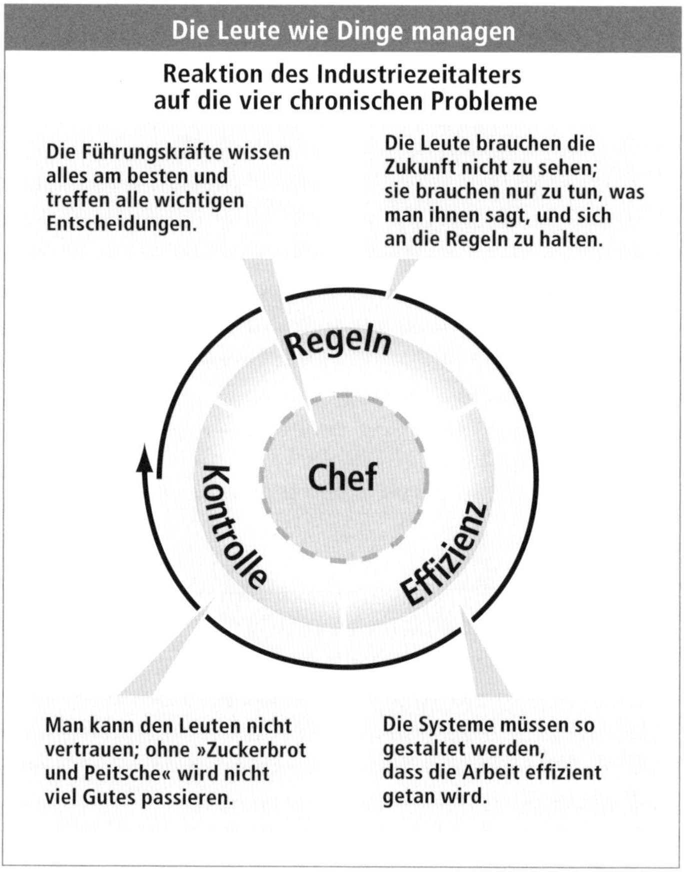

Abb. 6.4

Mangelnde Ausrichtung? Man muss die Dinge effizienter machen: die Maschinen, die Strategien, die Leute – einfach alles. *Effizienz* ist das Einzige, worauf es ankommt.

Demotivation? Man muss die *Kontrolle* behalten, denn man kann den Leuten nicht vertrauen. Es gibt nur eine Methode, möglichst viel aus ihnen herauszuholen: Zuckerbrot und Peitsche. Man hält ihnen das Zuckerbrot, die Belohnungen vor die Nase, um sie zu motivieren. Gleichzeitig sorgt man mit der Peitsche, mit Strafen oder Entlassungen dafür, dass sie Angst vor den Konsequenzen von schlechten Leistungen haben.

Die Führungslösung im Unternehmen

Der Entschluss, andere dazu zu inspirieren, ihre innere Stimme zu finden, hat umfassende Konsequenzen. Er bringt uns mitten in die vier chronischen Probleme, die das heute übliche Kontrollmodell des Industriezeitalters in den Unternehmen hervorruft.

Jeder, der seine innere Stimme gefunden hat, besitzt die Kraft, in seinem Unternehmen die schlechte Software des Industriezeitalters umzuschreiben. Die vier Hauptelemente dieser schädlichen Software, die vier chronischen Probleme in den Unternehmen sind: Chef, Regeln, Effizienz und Kontrolle. Aber es gibt ein wirksames Gegenmittel: die *4 Rollen effektiver Führung*. Diese vier Rollen sehen Sie in der Abbildung 6.6. Sie sind der Schlüssel, damit Körper, Herz, Verstand und Geist ihre positive Wirkung im Unternehmen entfalten können. Die vier chronischen Probleme dagegen treten auf, wenn Körper, Herz, Verstand und Geist vernachlässigt werden. Aber wie kann man die vier chronischen Probleme nachhaltig lösen? Wo zu wenig Vertrauen herrscht, konzentrieren wir uns darauf, Vertrauenswürdigkeit als *Vorbild* vorzuleben *(Modeling)*. Dadurch kann Vertrauen entstehen. Wo es keine gemeinsame Vision und keine gemeinsamen Werte gibt, fokussieren wir uns darauf, als *Visionär* den richtigen Weg zu finden *(Pathfinding)*. Das hilft uns, eine gemeinsame Vision und gemeinsame Werte zu entwickeln. Wo wir es mit einer mangelnden Ausrichtung zu tun haben, übernehmen wir die Rolle des *Koordinators*. Wir richten unseren Blick konsequent auf die Ausrichtung der Ziele, Strukturen, Systeme und Prozesse *(Aligning)*. Dadurch befähigen wir alle im Unter-

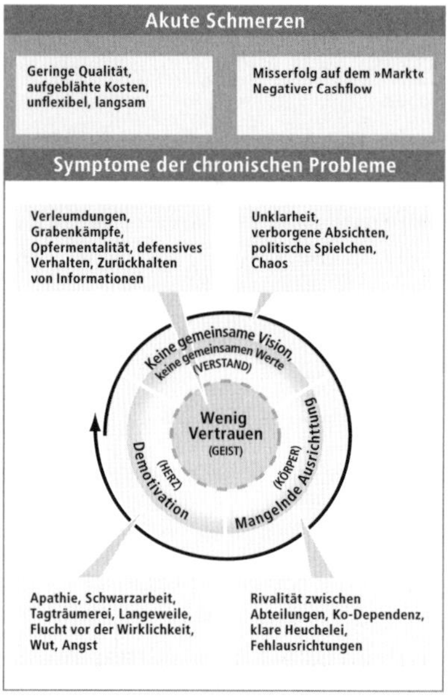

Abb. 6.5

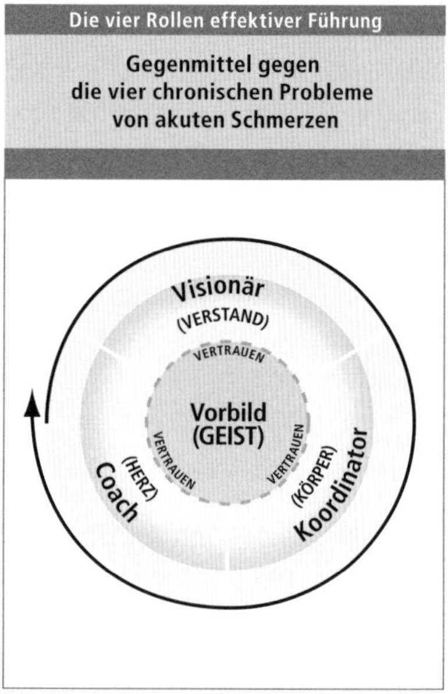

Abb. 6.6

nehmen, sich in den Dienst der Vision und der Werte zu stellen. Und wo Demotivation sich ausbreitet, legen wir unser Hauptaugenmerk darauf, als *Coach* den Einzelnen und die Teams auf der Projekt- oder Jobebene *zu* befähigen *(Empowering)*.

Das sind die *4 Rollen effektiver Führung*. Führung ist hier wiederum nicht als Frage der Position zu begreifen. Vielmehr ist sie die pro-aktive Absicht, den Wert und das Potenzial der Menschen in unserer Umgebung zu bestätigen und sie zu einem komplementären Team zu vereinen. In einem komplementären Team werden die individuellen Stärken, die inneren Stimmen produktiv. Wohingegen die individuellen Schwächen irrelevant sind, weil sie durch die Stärken anderer ausgeglichen werden. So können wir den Einfluss und die Wirkung der Organisationen, zu denen wir gehören, enorm vergrößern.

Wenn man sich die 4 Rollen effektiver Führung einmal näher ansieht, merkt man schnell: Sie sind die vier Manifestationen der persönlichen Führung – Vision, Disziplin, Leidenschaft und Gewissen. Das zeigt Ihnen auch die Abbildung 6.7.

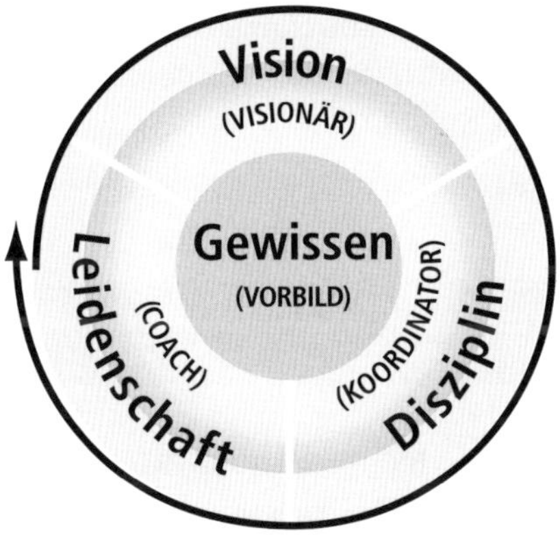

Abb. 6.7

- *Vorbild / Modeling*: Mit gutem Beispiel vorangehen (Gewissen).
- *Visionär / Pathfinding*: Eine gemeinsame Vision und gemeinsame Werte entwickeln (Vision).
- *Koordinator / Aligning*: Systeme etablieren und steuern, um auf Kurs zu bleiben (Disziplin).
- *Coach / Empowering*: Die Talente auf die Ergebnisse ausrichten und nicht auf die Methoden. Die Leute dann machen lassen und ihnen bei Bedarf Hilfestellung geben (Leidenschaft).

Mein Rat an alle, die in einem Unternehmen eine Position mit offizieller Autorität innehaben: Sehen Sie diese 4 Rollen als herausfordernde, aber natürliche Weise zur Erfüllung ihrer Verantwortung. Sie *ausschließlich* als Rollen für höhere Führungskräfte zu betrachten, wäre kontraproduktiv. Das würde die vorherrschende Mentalität der Ko-Dependenz fortschreiben, nach der alle wichtigen Denkprozesse und Entscheidungen reine Chefsache sind. Die 4 Rollen sind nicht von der Position abhängig, sondern sie stehen jedem offen. Sie sind der Weg, um den eigenen Einfluss und den Einfluss seines Teams und seiner Organisation stetig zu vergrößern.

Meine Kollegen bei FranklinCovey und ich selbst lehren das Modell der 4 Rollen effektiver Führung nun schon seit 1995. Unabhängig davon haben viele andere Führungsexperten Modelle entwickelt, die auf den gleichen Prinzipien beruhen. Eines findet sich im Buch *Ergebnisorientierte Unternehmensführung* von Dave Ulrich, Jack Zenger und Norm Smallwood. Nach jahrelanger Forschung, Beobachtung und Beratung ist ein viergliedriges Führungsmodell entstanden. Es ist mit meinem Modell der 4 Rollen nahezu identisch.[3] Der Hauptunterschied liegt in den verwendeten Begriffen, doch die Bedeutung ist im Wesentlichen die gleiche.

Abb. 6.8

Weitere Bestätigung hat dieses Führungsmodell durch eine Fünf-Jahres-Studie von Nitin Nohria, William Joyce und Bruce Robertson erfahren. Der Titel der Studie lautet »What Really Works«. Sie ist im Juli 2003 in der *Harvard Business Review* erschienen. Die Autoren untersuchten »die Anwendung von über 200 etablierten Managementpraktiken über einen Zeitraum von zehn Jahren bei 160 Unternehmen«. So konnten sie ermitteln, welche Methoden wirklich herausragende Ergebnisse liefern. Ihre überzeugende Schlussfolgerung lautet: Unternehmen, die ihre Mitbewerber übertreffen, zeichnen sich alle im Hinblick auf *vier primäre Managementpraktiken* aus:

1. **Strategie:** Eine klar festgelegte, zielgerichtete Strategie entwickeln und konsequent weiterverfolgen.

2. **Umsetzung:** Eine einwandfreie Umsetzung aller geplanter Maßnahmen und Projekte gewährleisten.
3. **Kultur:** Eine leistungsorientierte Unternehmenskultur etablieren und aufrechterhalten.
4. **Struktur:** Eine schnelle, flexible, flache Organisation aufbauen und immer weiter optimieren.

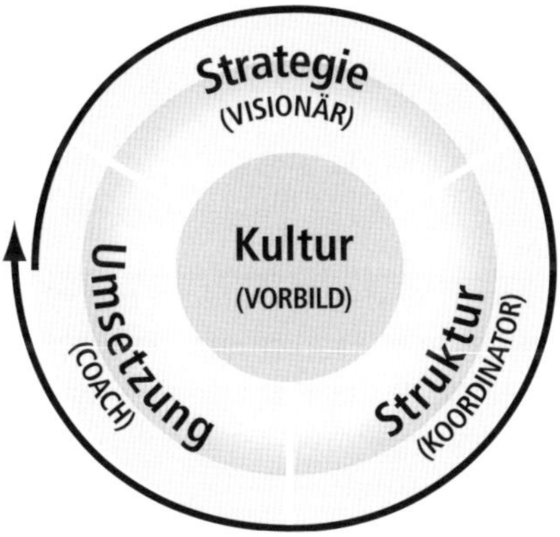

Abb. 6.9

Nohria, Joyce und Robertson kamen außerdem zu dem Schluss, dass diese Unternehmen *zwei von vier sekundären Managementpraktiken anwendeten*. Bevor ich weiter darauf eingehe, möchte ich Sie zunächst bitten, über die vier sekundären Managementpraktiken nachzudenken. Diese vier Praktiken sind: Talent, Innovation, Führung sowie Fusionen und Übernahmen. Sind diese Praktiken letztlich nicht eine Umschreibung der 4 Rollen effektiver Führung? Andere Begriffe für die gleichen Prinzipien?

Die Bedeutung der Sequenz: Eine Metapher aus dem Sport

Die 4 Rollen sind hochgradig interdependent. In einem gewissen Sinn sind sie sequenziell, in einem anderen jedoch gleichzeitig. Was ich Ihnen damit sagen will? *Sequenziell* sind sie, weil eine bestimmte Reihenfolge nötig ist, um sie erfolgreich auszufüllen. Konkret heißt das: Zunächst muss durch Vertrauenswürdigkeit erzeugtes Vertrauen herrschen. Erst danach kann man die anderen Rollen übernehmen und so das gesamte menschliche Potenzial in einer Organisation freisetzen. *Gleichzeitig* sind sie, weil man ständig auf alle 4 Rollen achten muss. Sobald man eine vernachlässigt, hat das negative Auswirkungen auf die gesamte Führungsarbeit.

Wie wichtig die Reihenfolge bei den 4 Rollen ist, möchte ich Ihnen anhand des Profisports verdeutlichen. Denn hier ist der Wettbewerb, genau wie in der Geschäftswelt, sehr hart. Wenn ein Spieler in ein Trainingslager geht und nicht in Form ist, hat er ein Problem. Dann fehlen ihm die nötige *Muskelkraft* und Kondition, um die erforderlichen *Fähigkeiten* für einen erfolgreichen Wettkampf zu entwickeln. So kann er kein nützliches Mitglied eines erfolgreichen *Teams* und eines siegreichen Systems werden.

Mit anderen Worten: Erst kommt die Entwicklung der Muskeln, dann die Entwicklung der Fähigkeiten und schließlich die Entwicklung von Team und System. Der Körper ist ein natürliches System, das Naturgesetzen unterliegt. Die Sport-Metapher ist ein passendes und starkes Bild, das die Steigerung der Kapazität und das Finden der inneren Stimme wunderbar veranschaulicht: Die persönliche Entwicklung muss dem Aufbau vertrauensvoller Beziehungen vorausgehen. Vertrauensvolle Beziehungen wiederum sind eine unerlässliche Voraussetzung, wenn man eine Organisation schaffen will, die sich durch Teamarbeit, Kooperation und wertvolle Synergien auszeichnet.

Manche Dinge müssen anderen einfach vorausgehen: Kinder können nicht rennen, bevor sie laufen können. Und sie können nicht laufen, ehe sie krabbeln können. Die Differenzialrechnung bleibt uns verschlossen, solange wir die Algebra nicht verstehen. Die Algebra können wir erst verstehen, wenn wir bestimmte Grundlagen der Mathematik begriffen haben.

Dass die Reihenfolge so wichtig ist, führt uns zu einer entscheidenden Erkenntnis: Es ist unabdingbar, dass wir uns zunächst bemühen, unsere innere Stimme auf der *persönlichen Ebene* zu finden. Erst danach können wir *versuchen*, die zum Aufbau von Beziehungen mit großem Vertrauen und zu kreativen Problemlösungen erforderlichen Fähigkeiten zu entwickeln. So wird die synergetische Zusammenarbeit in vertrauensvollen Beziehungen zur Grundlage für den Aufbau eines Teams oder einer Organisation mit kooperativen Leuten, die hinsichtlich der Ziele und Werte am gleichen Strang ziehen. Dann können die Individuen, die Teams und die Organisationen Einfluss ausüben. Der

Schlüssel dazu ist, dass sie die Bedürfnisse der Menschen, für die sie Verantwortung tragen, erfüllen. Und wenn man *das Dienen über das Ich stellt*, gelangen wir ins fünfte Zeitalter der Zivilisation: das *Zeitalter der Weisheit*.

Behalten Sie bitte diese Reihenfolge beim Lesen der nächsten Kapitel im Hinterkopf. Bislang haben wir uns mit der *Charakterentwicklung* beschäftigt, die nötig ist, damit Sie Ihre *eigene* innere Stimme finden können. Nun kommen wir zu der *Entwicklung von Fähigkeiten, Teams und Systemen*, ohne die Sie andere nicht dazu inspirieren können, ihre innere Stimme *in Organisationen* zu finden.

Fokus und Umsetzung: Überblick über die weiteren Kapitel

Bitte werfen Sie nun einen Blick auf die Abbildung 6.10. Hier sehen Sie, dass die 4 Rollen effektiver Führung den oberen Weg repräsentieren. Mit ihrer Hilfe können Sie andere dazu inspirieren, ihre innere Stimme zu finden und wahre Größe zu erreichen. Die vier chronischen Probleme von Organisationen hingegen zeigen den unteren Weg. Wer diesen Weg beschreitet, hält andere davon ab, ihre innere Stimme zu finden. Das führt zum Ersticken des menschlichen Potenzials und zu Mittelmäßigkeit.

»Inspirieren Sie andere dazu, ihre innere Stimme zu finden«: Diesen Prozess kann man mit zwei Wörtern zusammenfassen – FOKUS und UMSETZUNG. *Fokus* bedeutet, Vorbild und Visionär zu sein; *Umsetzung* bedeutet, Koordinator und Coach zu sein. In den weiteren Kapiteln werden Sie lernen, wie Sie es sich zur GEWOHNHEIT, zum 8. Weg machen, andere zu inspirieren, ihre innere Stimme zu finden. Die Grundlage dazu ist, dass Sie die EINSTELLUNGEN, die FÄHIGKEITEN und das WISSEN zu den folgenden Prinzipien entwickeln.

FOKUS: Vorbild und Visionär sein

- **Kapitel 7: Die Stimme des Einflusses**
  Vorbild sein bedeutet, dass Sie zunächst Ihre innere Stimme finden (Teil 1). Dann gilt es, die EINSTELLUNG der Initiative zu wählen. Es geht also darum, die Initiative zu ergreifen, um Ihren Einfluss

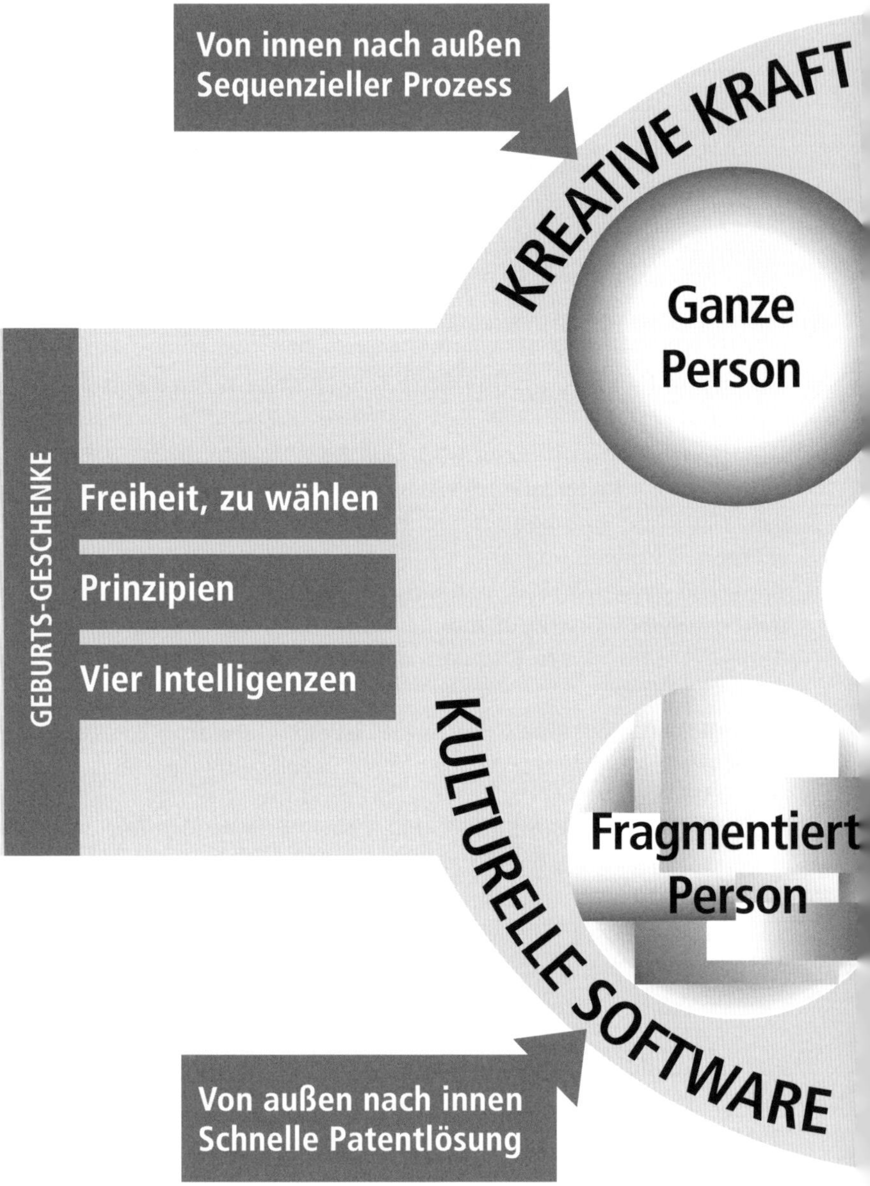
Von innen nach außen
Sequenzieller Prozess
KREATIVE KRAFT
Ganze
Person
GEBURTS-GESCHENKE
Freiheit, zu wählen
Prinzipien
Vier Intelligenzen
KULTURELLE SOFTWARE
Fragmentiert
Person
Von außen nach innen
Schnelle Patentlösung

Abb. 6.10

EN SIE IHRE INNERE STIMME

Inspirieren Sie andere dazu, ihre innere Stimme zu finden

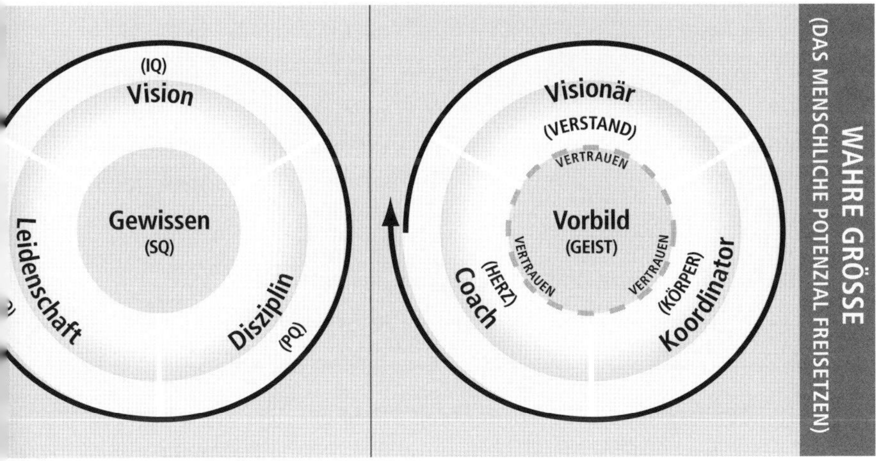

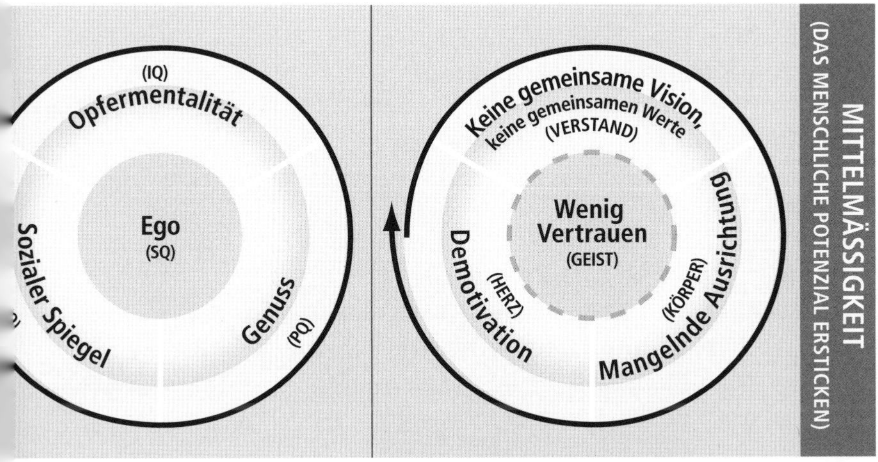

EREN SIE IHRE INNERE STIMME

Halten Sie andere davon ab, ihre innere Stimme zu finden und zu nutzen

bei jeder Möglichkeit zu vergrößern. So werden Sie das, was ich als *Trimmruder* bezeichne.

- **Kapitel 8: Die Stimme der Vertrauenswürdigkeit**
  Vorbild für Charakterstärke und Kompetenz zu sein, legt in allen Beziehungen das Fundament für Vertrauen. Das Tor zum Einfluss bildet das WISSEN über dieses Prinzip und über jene Prinzipien, die den drei anderen Führungsrollen, Visionär, Koordinator und Coach, zugrunde liegen.

- **Kapitel 9: Die Stimme und Schnelligkeit des Vertrauens**
  Vorbild sein heißt auch, starke BeziehungsFÄHIGKEITEN zu entwickeln, durch die Vertrauen aufgebaut wird.

- **Kapitel 10: Verschmelzung der inneren Stimmen**
  Vorbild ist, wer unterschiedliche innere Stimmen verschmelzen lässt und so »Dritte Alternativen« für Meinungsverschiedenheiten mit anderen ermöglichen kann.

- **Kapitel 11: Mit einer Stimme**
  Visionär sein erfordert, zusammen mit anderen eine gemeinsame Vision zu entwickeln. Dieses Vision umfasst die höchsten Prioritäten und Werte, auf deren Grundlage sie später Wirklichkeit werden soll.

UMSETZUNG: Koordinator und Coach sein

- **Kapitel 12: Die Stimme der Umsetzung:**
  Koordinator sein bedeutet, Ziele und Systeme konsequent auf Ergebnisse auszurichten.

- **Kapitel 13: Die Stimme der Befähigung:**
  Coach sein heißt, Leidenschaft und Talent freisetzen, den Weg für die Leute freiräumen und dann beiseite treten. Es geht darum, mit einem Team die PS auf die Straße zu bringen. Das ist die süßeste Frucht der 4 Rollen effektiver Führung.

Kapitel 14: Der 8. Weg und der ideale Punkt
Wird zeigen, dass es drei Formen *wahrer Größe* gibt, die wir fördern können. Das sind die persönliche Größe, die Größe bei der Führung und die Größe von Organisationen. Sie lernen, wie sich diese drei Dimensionen miteinander verbinden und in die *4 Disziplinen erfolgreicher Umsetzung* übersetzen lassen. So kann Ihre Organisation im Zeitalter der Wissensarbeit den Durchbruch schaffen.

Kapitel 15: Weise Benutzung unserer inneren Stimme, um anderen zu dienen
Dieses Kapitel ist die Verknüpfung aller Elemente. Hier erfahren Sie, wie der 8. Weg uns ins nächste Zeitalter – ins Zeitalter der Weisheit – führen wird.

Fragen & Antworten

Wie würden Sie »Führung« definieren?

Führung bedeutet, anderen so klar zu vermitteln, wie groß ihr Wert und ihr Potenzial sind, dass sie beides selbst in sich erkennen. Beachten Sie bitte die Wörter *Wert* und *Potenzial*. Die Leute müssen ein intrinsisches Gefühl ihres *Wertes* verspüren. Das heißt: Sie müssen erkennen, dass sie einen inneren Wert haben, der nicht vom Vergleich mit anderen abhängt. Zudem muss ihnen klar werden, dass sie ungeachtet ihres Verhaltens und ihrer Leistung bedingungslose Liebe verdienen. Wenn Sie ihnen dann auch noch vermitteln, wie groß ihr *Potenzial* ist, und Möglichkeiten für seine Entwicklung und Nutzung schaffen, bauen Sie auf einer soliden Grundlage auf. Den Leuten das Gefühl eines *extrinsischen* Werts zu geben ist dagegen eine schlechte Grundlage. Denn dann werden sie nie ihr wahres Potenzial entfalten.

Heute gibt es so viele Bücher zum Thema Führung. Was ist an diesem Buch einzigartig und bringt einen echten Mehrwert?

Ich würde sagen, das vor allem die folgenden fünf Punkte einen echten Mehrwert bieten:

Erstens die *sequenzielle Entwicklung*. Ich kenne kein Buch, bei dem der Fokus darauf liegt, dass die persönliche Entwicklung unerlässlich ist, bevor auf der Beziehungsebene Vertrauen aufgebaut werden kann. Auch die Erkenntnis, dass beide Schritte notwendig sind, wenn man effektive, überdauernde Organisationen aufbauen will, ist einzigartig.

Zweitens gehe ich von der *ganzen Person* aus. Ich kenne sonst niemanden, der sich mit allen vier Intelligenzen befasst. Zudem bin ich der Einzige, der der spirituellen Intelligenz, also dem Gewissen, das größte Gewicht zumisst und es als Leitinstanz für die drei anderen Intelligenzen sieht.

Drittens beruht meine gesamte Arbeit auf *Prinzipien*, die zeitlos, universell und offensichtlich sind. Diese Prinzipien unterscheiden sich maßgeblich von den Werten, die alle Menschen und Organisationen haben. Denn Werte müssen nicht zwingend auf Prinzipien basieren. Wie wir alle wissen, wird unser Verhalten von unseren Werten bestimmt. Ganz anders sieht es da bei den Konsequenzen unseres Verhaltens aus. Sie sind von Prinzipien abhängig. Oder um es bildlich auszudrücken: Wenn man einen Stock an einem Ende aufhebt, hebt man immer auch das andere mit auf.

Viertens lehre ich, dass Führung etwas ist, was wir *wählen* können. Führung beruht also auf moralischer Autorität und nicht bloß auf der Position, der formalen Autorität. Zudem erkläre ich, dass der Schlüssel zum neuen Zeitalter der Wissensarbeit darin liegt, Kontrolle durch Befähigung zu ersetzen und Transaktion durch Transformation. Anders ausgedrückt: Man managt Dinge, aber Leute führt man.

Fünftens wird das Modell der ganzen Person für alle Organisationen, einschließlich der Familien, groß geschrieben. Der Schlüssel dazu sind die *4 Rollen effektiver Führung* – Vorbild, Visionär, Koordinator und Coach. Mit diesem erstaunlich starken Erklärungsparadigma kann man fast alle Probleme und Herausforderungen in Organisationen diagnostizieren und die wirkungsvollsten Schritte zu ihrer Lösung ermitteln.

Kann man Führung lehren?

Nein, aber man kann sie lernen. Auch hier liegt der Schlüssel darin, den Raum zwischen Reiz und Reaktion, den Raum zwischen der Lehre und dem Lernen zu nutzen. Wenn die Leute ihre Freiheit, zu wählen, nutzen, um das mit der Führung verbundene Wissen, die entsprechenden Fähigkeiten und Charaktereigenschaften (Vision, Disziplin, Leidenschaft und Gewissen) zu erlernen, werden sie eine Führungskraft sein, der andere begeistert folgen wollen. Im Grunde genommen sind sowohl Führungskräfte als auch Geführte »Befolger« von Prinzipien. Ein gutes Führungsteam ergänzt sich untereinander. Die Stärken der Leute kommen optimal zur Geltung, während ihre Schwächen durch die Stärken der anderen ausgeglichen werden.

Fokus –
Vorbild und Visionär sein

KAPITEL 7

Die Stimme des Einflusses: Ein Trimmruder sein

Wir müssen selbst die Veränderung werden,
die wir in der Welt suchen.
GANDHI

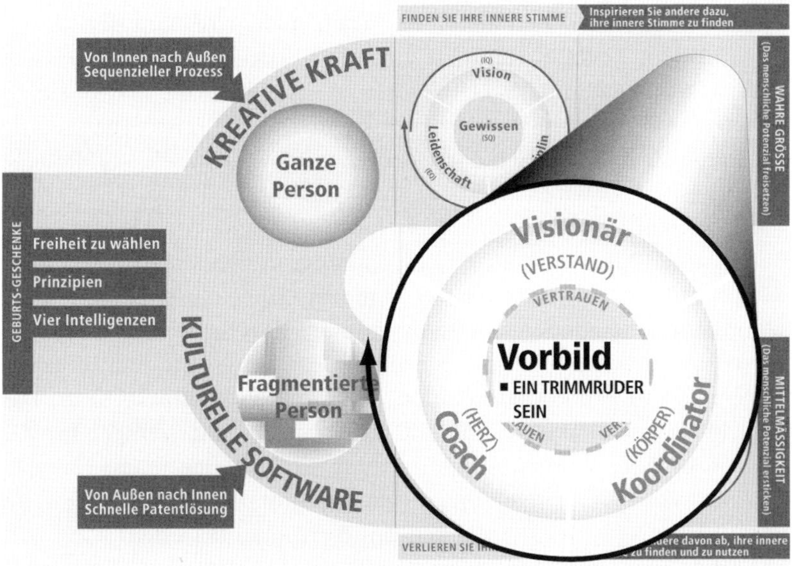

Abb. 7.1

Ein Vorbild zu sein, ist das zentrale Anliegen jedes Führungsbemühens. Es beginnt damit, dass wir unsere innere Stimme finden. Wir müssen also zunächst die vier Intelligenzen entwickeln. Dann gilt es, unserer inneren Stimme durch die vier Attribute der persönlichen Führung, durch eine Vision, Disziplin, Leidenschaft und unser Gewissen, zum Ausdruck zu bringen. Wenn wir hier ein Vorbild sind, verändern sich die drei anderen Rollen effektiver Führung in ihrem Kern.

Visionär, Koordinator und Coach: Vorbild ist man primär *in* diesen Rollen. Und man ist es *vorher*. Nur so entsteht ein Gefühl des Zutrauens zur Führungskraft und des Vertrauens in sie. Führung findet erst wirklich statt, wenn die Mitarbeiter erleben, wie ein von seinem Gewissen geleiteter Mensch als Visionär, Koordinator und Coach agiert. Dann erkennen sie, dass sie respektiert, gewürdigt und geschätzt werden. Sie merken, dass ihre Meinung gefragt ist, ihr Input willkommen und ihre einzigartige Erfahrung als wertvoll eingestuft wird. Die Mitarbeiter werden voll und ganz in die Bestimmung des zukünftigen Kurses und die Entwicklung der gemeinsamen Vision einbezogen. Sie sind keine Zuschauer, sondern Beteiligte. Sie hören nicht bloß von der Strategie und dem Leitbild. Denn sie helfen dabei, beides zu entwickeln. Falls die Strategie und das Leitbild bereits erstellt wurden, bevor sie ins Unternehmen kamen, identifizieren sie sich damit. Entweder, weil sie sich bewusst dafür entschieden haben, oder weil sie die vorbildliche Führungskraft bewundern.

Manchmal ist die *Identifikation* eine weitaus stärkere Kraft als die Beteiligung. Das sieht man bei den Anhängern von Mahatma Gandhi, Martin Luther King oder Nelson Mandela. Vielleicht haben Sie auch schon einmal jemanden so sehr bewundert, dass Sie sich seiner Vision verschrieben haben, obwohl Sie nicht an ihrer Entstehung beteiligt waren. Das ist echte Identifikation. Sie ist eine sehr starke Kraft. Das gilt vor allem für die Vision und die Strategie und weniger für die Werte. Brillante Visionäre und Strategen sind oft eine Klasse für sich: Das wird von ihrer Umgebung auch anerkannt – allerdings nur, wenn persönliche Vertrauenswürdigkeit und Vertrauen bestehen.

Vorbild zu sein ist jedoch nicht nur die Aufgabe eines Einzelnen, sondern eines *Teams*. Wer ein Team hat, das auf den Stärken jedes Einzelnen aufbaut und sich so organisiert, dass die individuellen Schwächen irrelevant werden, der hat wirklich Einfluss in einer Organisation. Wenn Sie also an Vorbilder denken, sollten Sie nicht nur Einzelne im Blick haben, sondern auch *ein Team, das sich untereinander ergänzt.*

Hier wird gegenseitiger Respekt zum moralischen Imperativ. Jedes Teammitglied ist dazu da, eine einzigartige Rolle einzunehmen, die die Schwächen der anderen ausgleicht. Niemand deckt die Schwachpunkte der anderen auf oder tritt sie breit. Keiner zieht hinter ihrem Rücken über andere her. Was zählt, ist, die Schwächen anderer auszugleichen. Niemand hat alle Stärken, die in einer Organisation gefragt sind. Und nur ganz wenige Menschen sind in allen Rollen erstklassig.

Die Einstellung des Einflusses

Wie können wir die Gewohnheit entwickeln, unserem inneren Drang zu folgen, etwas Wichtiges in der Welt zu bewirken? Wie können wir unseren Einfluss auf die Menschen und Dinge ausdehnen, die uns besonders am Herzen liegen? Am Beginn dieser Gewohnheit steht eine EINSTELLUNG, eine Wahl, eine Entscheidung. Es geht darum, die *Stimme des Einflusses* zu nutzen.

Wenn ich die Prinzipien lehre, über die ich in diesem Buch spreche, bin ich den ganzen Tag über für Fragen offen. Unweigerlich hebt dann jemand die Hand und sagt: »Dr. Covey, diese Prinzipien sind großartig. Ich glaube an sie. Und ich will auch danach leben! Aber Sie haben keine Vorstellung davon, wie es ist, in einem Unternehmen wie meinem zu arbeiten. Wenn Sie so einen Chef hätten, würden Sie verstehen, dass es völlig unmöglich ist, das umzusetzen, worüber Sie sprechen. Was kann ich bloß tun?« Es ist offensichtlich, was die Leute denken. Sie sehen nur zwei Alternativen. »Mein Chef ist ein Idiot. Er wird sich nie ändern. Mir bleibt nichts anderes übrig, als zu kündigen. Aber das kann ich mir nicht leisten. Also muss ich mich einfach mit der Situation abfinden.«

Wenn ich erläutere, wie die Prinzipien sich auf die Ehe und die Familie auswirken, dann ist es ganz ähnlich. Frauen und Männer kommen zu mir und sagen: »Wenn Sie wüssten, wie meine bessere Hälfte ist, würden Sie verstehen, was ich meine. Das kann nie und nimmer funktionieren!« Es gibt wieder nur zwei Alternativen: gehen oder es irgendwie aushalten.

Es ist so leicht, zu denken und zu fühlen: »Ich bin ein Opfer. Ich habe alles versucht. Es gibt nichts, was ich noch tun könnte. Ich komme einfach nicht weiter!« Sie sind frustriert und fühlen sich elend, doch sie sehen keinen Ausweg.

Wer sich als Opfer fühlt, verschenkt seine Zukunft.

Meine Antwort ist gewöhnlich ein kleiner Schock für sie. Manche sind zunächst sogar gekränkt. Das kann ich daran erkennen, dass ihre Augen sich weiten. Wollen Sie wissen, was ich ihnen sage? Meine Antwort lautet:

»Immer wenn wir denken, dass das Problem *da draußen* liegt, *ist* genau dieser Gedanke das Problem.«

»Sie wollen also sagen, es ist *mein* Problem?«, erwidern dann manche.

»Ich will Ihnen sagen: Immer wenn Sie Ihr Gefühlsleben von den Schwächen eines anderen abhängig machen, treten Sie Ihre emotionale Freiheit an diesen Menschen ab. Sie geben ihm die Erlaubnis, Ihnen Ihr Leben auch weiterhin zu verderben. Ihre Vergangenheit nimmt Ihre Zukunft als Geisel.«

Es handelt sich ganz offensichtlich um ein Beziehungsproblem. Doch solange die Leute ihre innere Stimme nicht gefunden haben, können sie keinesfalls die Reife, Sicherheit und Charakterstärke erlangen, um die prinzipienzentrierte Lösung bei ihrem »idiotischen« Chef anzuwenden.

Häufig macht sich während meiner Vorträge Ernüchterung bei den Zuhörern breit. Aber irgendwann kommen wir an den Punkt, an dem sie erkennen, dass sie keine Opfer sind. Ihnen wird klar, dass sie ihre Reaktion auf das Verhalten des anderen wählen können. Unsere Gesellschaft schafft und unterstützt eine Mentalität der Opferhaltung und der Schuldzuweisungen. Doch es steht in Ihrer und in meiner Macht, unsere Geburts-Geschenke zu nutzen. Wir haben es in der Hand, selbst die kreative Kraft in unserem Leben zu werden und uns für eine Vorgehensweise zu entscheiden, durch die unser Einfluss wächst. Wir können unseren eigenen Chef führen!

Die griechische Philosophie des Einflusses

Die griechische Philosophie fasst sehr gut zusammen, wie man seinen Einfluss vergrößern kann. Das können Sie sehr gut sehen, wenn Sie die Abbildung 7.2 zur Hand nehmen.

Abb. 7.2

Ethos steht für unsere Moral, für unsere persönliche Glaubwürdigkeit, das Vertrauen, das andere in unserer Integrität und Kompetenz haben. Wenn Menschen das, was sie versprochen haben und was von ihnen erwartet wird, konsequent und auf prinzipienzentrierte Weise erfüllen, haben sie Ethos: *SQ*.

Pathos ist Einfühlsamkeit, die Gefühlsseite. Es bedeutet, dass wir verstehen, was der andere fühlt, welche Bedürfnisse er hat, wie er die Dinge sieht und was er uns mitteilen will. Es heißt auch, dass der andere spüren kann, dass wir einfühlsam sind: *EQ*.

Logos steht im Wesentlichen für Logik. Es hat etwas mit der Stärke und Überzeugungskraft unserer Worte, Gedanken und Ideen zu tun: *IQ*.

Bitte beachten Sie, dass auch hier die Reihenfolge immens wichtig ist. Zum Logos überzugehen, bevor der andere sich verstanden fühlt, ist komplett sinnlos. Und Verstehen erreichen zu wollen, wenn der andere nicht an Ihren Charakter glaubt, macht ebenfalls keinen Sinn.

Ich habe längere Zeit mit 20 Generalvertretern einer Versicherung gearbeitet. Sie kamen alle drei Monate zu einem Lernforum zusammen, um Ideen auszutauschen. Zwei Jahre lang war ich ein wichtiger Impulsgeber für sie. Bei einem Treffen im Januar klagten und murrten sie alle über das miserable Trainings- und Personalentwicklungsprogramm ihrer Firma. Der Tropfen, der das Fass zum Überlaufen gebracht hatte, war direkt vor Weihnachten gefallen. Es passierte bei einer großen internationalen Preisverleihungsfeier auf Hawaii. Dort gab es auch Trainingsmaßnahmen für die Mitarbeiter. Das Training beinhaltete keinerlei Ideenaustausch, kein Lernen voneinander. Es war bestenfalls eine teure Laser-Show, die Eindruck machen sollte. Die Versicherungsleute beschwerten sich und meinten, das sei typisch für ihr Training. Im Grunde sei es kurzlebig und nutzlos.

Auf meine Frage, warum sie das nicht änderten, antworteten sie: »Das ist nicht unsere Aufgabe. Dafür sind wir nicht zuständig.« Ich sagte, dass sie sich herausredeten und dass sie das Trainingsprogramm sehr wohl ändern konnten, wenn sie es wollten. Sie gehörten zu den Spitzenvertretern in der Firma und hatten eine enorm hohe Glaubwürdigkeit *(Ethos)*. Sie konnten zu jedem in der Firma gehen, zu dem sie gehen wollten, und ihm ihr Anliegen vortragen. Ich ermutigte sie zu einer Präsentation vor den Entscheidungsträgern. Dabei sollten sie darauf achten, als Erstes deren Standpunkt zu beschreiben *(Pathos)*. Das sollten sie mindestens so gut machen, wie die Führungskräfte es selbst gekonnt hätten. Zudem sollten sie alle eventuellen Bedenken der Vorgesetzten im Hinblick auf Änderungen beim Trainingsprogramm und bei den großartig arrangierten Jahresfeiern vorbringen. Das Ziel würde sein, diese Bedenken zu beschreiben, bis die Führungskräfte sich so tief verstanden fühlten, dass sie für den *Logos*, für die Logik der Vorschläge der Vertreter offen sein würden.

Schließlich schickten die Vertreter zwei Abgesandte los. Diese sollten mit dem Präsidenten, dem CEO und der Person, die für Training und Personalentwicklung zuständig war, sprechen. Während der Präsentation nahmen sie sich so viel Zeit, wie sie brauchten, um die Vorgehensweise der Firma, die Gründe dafür und die finanziellen, politischen und kulturellen Kämpfe, die mit Veränderungen verbunden waren, zu beschreiben. Das machten sie, bis offensichtlich war, dass die Entscheidungsträger sich wirklich verstanden fühlten. Nun waren sie offen für die Ideen der Vertreter. Denn der Schlüssel, um Einfluss auf andere auszuüben, ist immer, sich zuerst selbst beeinflussen zu lassen, offen für den anderen zu sein und ihn wirklich verstehen zu wollen. Die Entscheider baten die beiden Generalvertreter ganz direkt um Verbesserungsvorschläge – und bekamen auch gleich einen durchdachten Aktionsplan. Der Aktionsplan berücksichtigte alle finanziellen, politischen und kulturellen Gegebenheiten, die die Generalvertreter zuvor beschrieben hatten. Die drei Führungskräfte waren überwältigt. Obwohl die Generalvertreter vorgeschlagen hatten, zunächst mit der Entwicklung eines Pilotprojekts zu beginnen, beschlossen sie auf der Stelle, daraus ein Programm für die gesamte Firma zu machen.

Beim nächsten Quartalstreffen erzählten die Generalvertreter, was passiert war. Daraufhin fragte ich sie: »Was wollen Sie jetzt angehen? Welche andere unsinnige Sache in Ihrer Firma soll sich ändern?« Die Gruppe war wirklich verblüfft, wie sie sich selbst befähigt hatte, wie ihre Initiative, ihr Mut und ihre Einfühlsamkeit sich ausgezahlt hatten. Kein Stöhnen, Jammern und Murren mehr. Stattdessen übernahmen sie immer mehr Verantwortung. Sie pflügten zwar weiterhin ihre eigenen kleinen Felder. Aber gleichzeitig gingen sie auch bedeutendere Themen an und sahen die Dinge in einem größeren Kontext. Sie betrachteten die höchsten Entscheidungsträger jetzt als Menschen, die sich genauso abmühten wie sie selbst, die keine Kritiker brauchten, sondern Vorbilder und Inspirationsquellen.

Diese Geschichte zeigt, wie viel wir erreichen können, wenn wir von innen nach außen vorgehen. Denken Sie daran: Immer wenn Sie glauben, dass das Problem *da draußen* liegt, ist *genau dieser Gedanke* das Problem.

Ich hoffe, Sie sehen, dass Sie in jeder Situation ein Wegbereiter des Wandels werden können. Dazu müssen Sie die Initiative ergreifen, Einfühlsamkeit zeigen, Ethos aufbauen und sich auf die Dinge konzentrieren, die in Ihrem Einflussbereich liegen. Dadurch können Sie zur Führungskraft Ihres Chefs werden. Oder um es anders auszudrücken: Auch wenn Ihr Chef die formale Autorität besitzt, haben Sie die moralische Autorität und damit auch die Macht des Einflusses.

Ein Trimmruder

Ich kann gut verstehen, dass der Visionär und große Veränderer Buckminster Fuller für seinen Grabstein die Inschrift »Nur ein Trimmruder« wählte. Ein Trimmruder ist ein kleines Ruder am großen Ruder eines Schiffes oder Flugzeugs. Es macht es leichter, das Schiff oder Flugzeug zu steuern. Wie das genau funktioniert, sehen Sie in der Abbildung 7.3.

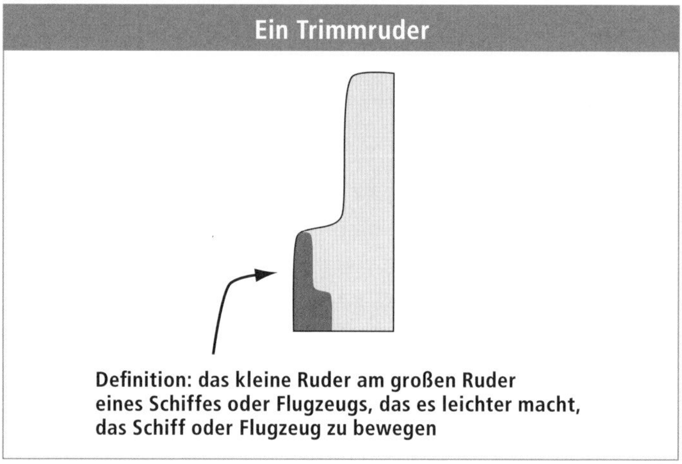

Abb. 7.3

Ob in den Unternehmen, Verwaltungen, Schulen, Familien, gemeinnützigen Vereinen oder Gemeindeorganisationen: Ich bin überzeugt, dass es in allen Organisationen eine große Anzahl potenzieller Trimmruder gibt. Überall finden wir Menschen, die unabhängig von ihrer Position führen und ihren Einfluss geltend machen können. Sie können sich selbst, ihr Team oder ihre Abteilung so steuern und bewegen, dass die ganze Organisation positiv beeinflusst wird. Abbildung 7.4 veranschaulicht: Diese Menschen ergreifen in ihrem Einflussbereich, mag er auch noch so klein sein, die *Initiative*.

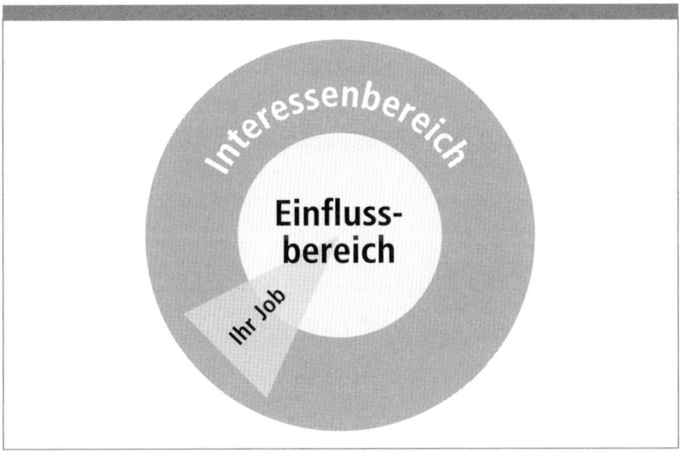

Abb. 7.4

Die Abbildung 7.4 zeigt ein Diagramm mit zwei Kreisen. Der größere Kreis ist Ihr Interessenbereich. Dort sind die Dinge, die Sie beschäftigen. Der kleinere Kreis ist Ihr Einflussbereich. Hier liegen die Dinge, über die Sie die Kontrolle haben, die Sie beeinflussen können. Die Abbildung zeigt auch, dass Ihr Job weitgehend außerhalb Ihres Einflussbereichs liegt.

Erinnern Sie sich noch an Kapitel 1? Hier habe ich Ihnen einige höchst erstaunliche Daten vorgestellt. Diese Daten wurden bei einer von Harris Interactive unter Verwendung unseres xQ-Fragebogens (xQ = *Execution Quotient* / Umsetzungsquotient) durchgeführten Studie ermittelt. Da diese Studie sehr viele aufschlussreiche Erkenntnisse gebracht hat, werde ich mich noch öfter darauf beziehen. Im Hinblick auf das Thema »Einfluss« dürfte Sie vor allem Folgendes interessieren: Nur 31 Prozent der Befragten haben angegeben, dass sie sich auf die Dinge konzentrieren, bei denen sie direkt etwas bewirken können, und nicht auf das, was außerhalb ihres Einflussbereichs liegt. Führungspersönlichkeiten, die zu den Trimmruder-Typen gehören, sind da ganz anders. Unabhängig von ihrer formalen Position wenden sie Vision, Disziplin, Leidenschaft und ihr Gewissen auf den äußeren Rand ihres Einflussbereichs an. Dadurch dehnt ihr Einfluss sich immer weiter aus. Oft haben diese Menschen keine offizielle Führungsposition inne und auch keine offizielle Entscheidungsbefugnis.

Wer die Initiative ergreifen will, kann sich selbst dazu befähigen.

Dazu sind keine formale Führungskraft, keine Organisationsstruktur und auch keine Jobbeschreibung nötig.

- **Die Schlüsselfrage lautet immer: Was ist das Beste, was ich unter diesen Umständen tun kann?**

Die sieben Ebenen der Initiative oder Selbstbefähigung

In Abbildung 7.5 sehen Sie sieben Ebenen der Initiative oder Selbstbefähigung. Sie bilden ein Kontinuum: Es beginnt ganz unten mit »Warten, bis es einem gesagt wird«, geht über »Fragen«, »Einen Vorschlag machen«, »Ich habe ... vor« bis zu »Es tun und sofort Bericht erstatten« oder »Es tun und regelmäßig Bericht erstatten«. Ganz oben steht schließlich »Es tun«.

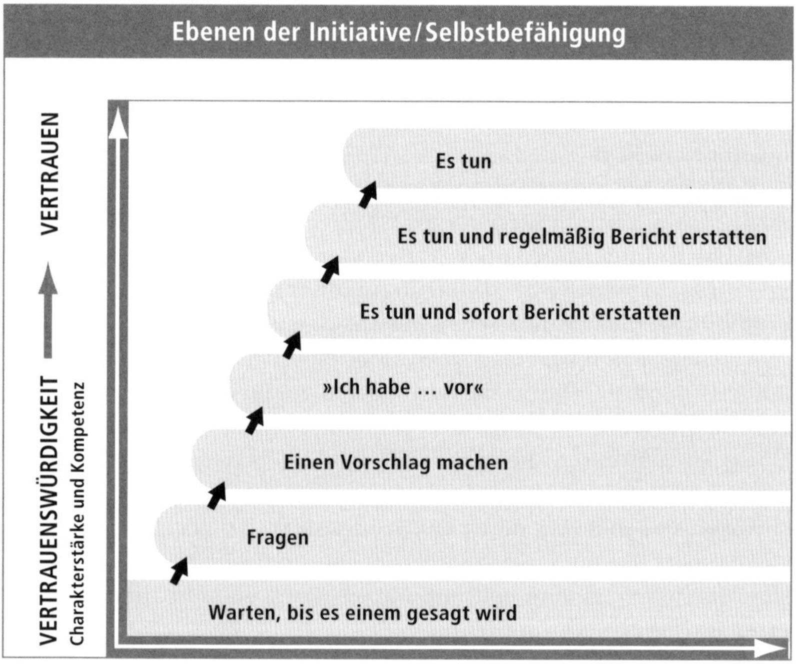

Abb. 7.5

Je öfter wir die Initiative ergreifen, desto größer wird unser Einflussbereich. Welche Ebene der Initiative wir nutzen, hängt davon ab, inwieweit eine Aufgabe innerhalb oder außerhalb unseres Einflussbereichs liegt. Um das zu entscheiden, brauchen wir eine gute Wahrnehmung und Einschätzung der Situation.

Dass wir uns für eine Ebene der Initiative entscheiden können, erweitert unsere Definition der »inneren Stimme«. Es ermöglicht uns, unsere innere Stimme auf jeden Fall zu finden – sogar in einem Job, den wir überhaupt nicht mögen. Indem wir eine angemessene Initiative ergreifen, können wir das Wesen dieses Jobs ändern. Zudem können wir Menschen beeinflussen, die sich in unserem Einflussbereich, aber außerhalb unseres Jobs befinden.

Wenn wir die Initiative ergreifen, können wir Spitzenleistungen in unserem Job anstreben. Mehr noch: Wir können uns an der Weltklasse messen statt an nationalen, regionalen oder lokalen Standards. Hier nur ein paar Beispiele: Ein Anwalt könnte zum Friedensstifter werden, ein Erzieher ein Coach und Mentor. Ein Arzt könnte sich mehr auf Aufklärung und Vorbeugung konzentrieren und sich mit der ganzen Person befassen statt nur mit einzelnen Körperteilen, Technologie und Chemie. Ein Vater oder eine Mutter könnte es sich zum Ziel setzen, dass 80 Prozent der Interaktionen mit den Kindern positiv sind und nur 20 Prozent Zurechtweisungen, Maßregelung und Disziplinierung beinhalten. Ein Verkäufer könnte mehr auf die Bedürfnisse der Kunden achten und mit Integrität darauf eingehen. Die Leute im Marketing könnten die Stichhaltigkeit der Werbung garantieren. Die Führungskräfte könnten darauf bedacht sein, nicht zu viel zu versprechen und ihre Versprechen stets zu halten.

Lassen Sie uns die verschiedenen Ebenen der Initiative einmal genauer ansehen.

1. Warten, bis es einem gesagt wird

Wenn Sie sich für diese Ebene entscheiden, geht es um eine Sache, die offensichtlich nicht nur *außerhalb* Ihres Einflussbereichs, sondern auch *außerhalb* Ihres Jobs liegt. Hier warten Sie ab. Denn Sie wollen nicht die Aufgaben von jemand anders übernehmen, Sie wollen keine Vorschläge zu Dingen vorbringen, die weit außerhalb Ihres Einflussbereichs liegen. Und das ist auch richtig. Denn die Leute würden gleich aus mehreren Gründen kein Vertrauen in Ihren Vorschlag haben. Sie würden ihn für völlig unangebracht halten. Vielleicht wären sie auch der Ansicht, dass Sie sich in Dinge einmischen, die Sie überhaupt nichts angehen. Zudem wird Ihr Einflussbereich kleiner, wenn Sie in Bereichen aktiv sind, die weit außerhalb davon liegen.

Was können Sie also tun? Ganz einfach: Halten Sie sich an das bekannte Gebet der Anonymen Alkoholiker. Bleiben Sie gelassen:

Herr, gib mir die Gelassenheit,
Dinge hinzunehmen, die ich nicht ändern kann,
den Mut, Dinge zu ändern, die ich ändern kann,
und die Weisheit, das eine vom anderen zu unterscheiden.

Verschwenden Sie Ihre Energie nicht länger mit Dingen, die Sie ohnehin nicht beeinflussen können. Falls Sie allerdings Einfluss auf jemanden haben, der in dieser Hinsicht etwas tun kann, ist das etwas anderes. Dann können Sie eine höhere Ebene der Initiative und Selbstbefähigung wählen.

Gelassen zu sein und erst einmal nichts zu unternehmen, ist nicht leicht. Viele Leute sind von ärgerlichen Dingen, die sie im Augenblick nicht ändern können, geradezu besessen. Sie tauschen Kriegsberichte mit Kollegen aus und lecken sich gegenseitig die Wunden. Ihre Gedanken drehen sich ständig um Dinge, gegen die sie nichts tun können. Dadurch schwächen sie ihre Fähigkeit, bei den Angelegenheiten, die in ihrem Einflussbereich liegen, etwas zu bewirken. Auch hier nimmt die Vergangenheit der Leute ihre Zukunft als Geisel.

Die Folge ist, dass sie in die Falle der Ko-Dependenz tappen. Diese Falle ruft fünf metastasierende emotionale Krebsformen hervor: Kritisieren, Klagen, Vergleichen, Konkurrieren und Streiten. Menschen, die tief in ihrem Inneren nicht ausgeglichen sind, versuchen, aus äußeren Quellen Sicherheit zu beziehen. Das führt zu einer Ko-Dependenz mit ihrer Umgebung, die sich in den fünf zerstörerischen, krebsartigen Verhaltensweisen, die ich eben genannt habe, äußert.

Die fünf emotionalen Krebsformen dringen mit ihren gefährlichen Zellen in Beziehungen und manchmal sogar in die gesamte Kultur einer Organisation ein. Dadurch wird ein Unternehmen so polarisiert, so gespalten, dass es fast unmöglich ist, den Kunden eine durchgängig hohe Qualität zu liefern.

Fünf krebsartige Verhaltensweisen

- **Kritisieren**
- **Klagen**
- **Vergleichen**
- **Konkurrieren**
- **Streiten**

Abb. 7.6

Noch ein Wort zum Konkurrieren: Wenn wir in Beziehungen, Familien, Arbeitsteams und Unternehmen nur miteinander konkurrieren, um unseren Selbstwert zu steigern, ist das schädlich. Dennoch kann Konkurrenz meiner Ansicht nach beispielsweise im Sport und im Markt sehr gesund sein. Konkurrenz kann das Beste aus Menschen und Organisationen herausholen. Im Markt kann man die Konkurrenten als seine Lehrer betrachten, an denen man sich messen kann. Auch wenn Sie versuchen, die Konkurrenz auszustechen, bemühen Sie sich in Wirklichkeit, Ihren Kunden etwas Neues und Besseres zu bieten als bisher. Das ist die Kraft des freien Unternehmertums: Konkurrenz im Markt – Kooperation in der Organisation. Denken Sie daran, dass wir »zweisprachig« sein und der Gefahr der Einseitigkeit, die Abraham Maslow erkannte, aus dem Weg gehen müssen: »Wer gut mit dem Hammer ist, hält leicht alles für einen Nagel.«

2. Fragen

Es wäre vernünftig und logisch, zu einer Sache, die *innerhalb* Ihrer Jobbeschreibung, aber *außerhalb* Ihres Einflussbereichs liegt, eine Frage zu stellen. Da das Ganze außerhalb Ihres Einflussbereichs liegt, können Sie nicht viel dagegen machen. Weil es sich aber auf Ihren Job auswirkt, würden die meisten Leute es trotzdem für legitim halten, zumindest zu fragen. Wenn die Frage intelligent und das Ergebnis einer gründlichen Analyse und sorgfältigen Nachdenkens ist, könnte sie Ihr Gegenüber beeindrucken und Ihren Einflussbereich vergrößern.

3. Einen Vorschlag machen

Wo würden Sie »Einen Vorschlag machen« ansiedeln? Ganz am äußeren Rand Ihres Einflussbereichs. Es gehört nicht einmal zu Ihrem Job. Sie machen einen Vorschlag, der außerhalb Ihres Jobs und am äußeren Rand Ihres Einflussbereichs liegt.

Die US-Militärdoktrin »Completed Staff Work« enthält eine wunderbare Beschreibung der dritten Ebene der Initiative und der Selbstbefähigung. Die fünf Grundschritte sind:

1. Das Problem analysieren.
2. Eine Alternative präsentieren und Lösungen vorschlagen.
3. Einen Aktionsplan zur Umsetzung der Lösung ausarbeiten.
4. Das Umfeld analysieren und politische, soziale oder ökonomische und andere wichtige Gegebenheiten einbeziehen.
5. Einen Vorschlag so unterbreiten, dass nur noch die Genehmigung durch eine einzige Unterschrift erforderlich ist.

Nach der Doktrin des »Completed Staff Work« bringt eine effektive Führungskraft keine eigenen Vorschläge ein. Sie wartet auf gute Ergebnisse. Dazu muss sie die Leute zunächst auffordern, intensiv über die Probleme und Aufgaben nachzudenken. Erst nachdem sie das getan haben, sollen sie einen einzigen, endgültigen Vorschlag abgeben. Die Führungskraft beschäftigt sich dann nur mit diesem einen Vorschlag.

Wenn eine Führungskraft auf »Completed Staff Work« setzt, rettet sie die Mitarbeiter nicht mit schnellen, einfachen Antworten. Auch wenn die Leute sie darum bitten, wartet sie ab, bis ein endgültiger Vorschlag abgegeben wurde. Tut sie das nicht, hat das gleich zwei große Nachteile. Einerseits bringt die Führungskraft die Mitarbeiter um ihre Weiterentwicklung und um ihr Wachstum. Andererseits stehlen die Mitarbeiter sowohl der Führungskraft wie auch dem Unternehmen kostbare Zeit. Obendrein kann man die Leute nicht für Ergebnisse verantwortlich machen, wenn man ihnen die Methoden vorgibt.

Auf Sizilien habe ich einmal zu einem General, der nicht gern angreifen wollte, gesagt, ich hätte volles Vertrauen in ihn. Um ihm das zu beweisen, fuhr ich nach Hause.

Sagen Sie den Leuten nie, was sie tun sollen – dann werden sie Sie durch ihre Findigkeit überraschen.

GENERAL GEORGE S. PATTON[1]

Durch »Completed Staff Work« sparen die Führungskräfte viel Zeit und Arbeit. Zudem wird viel mehr Initiative von den Mitarbeitern verlangt. Ich habe selbst schon sehr, sehr oft erlebt, dass das wunderbar funktioniert und noch dazu zu einer sofortigen Vergrößerung des Einflussbereichs führt.

4. »Ich habe … vor«

»Ich habe … vor« ist die nächsthöhere Stufe der Initiative und eigentlich eine Erweiterung von »einen Vorschlag machen«. Dieses Prinzip habe ich bei einer ganz besonderen Gelegenheit kennengelernt. Damals war ich Gast auf der US-amerikanischen *Santa Fe*, einem Milliarden von Dollar teuren Atom-U-Boot. Bei einem Manöver befuhren wir die Gewässer um Hawaii. Es war ein wundervoller Anblick, als ich mit dem kommandierenden Offizier, Captain David Marquet, auf der Brücke stand und wir aus dem Lahaina Sea Port fuhren. Die gewaltige schwarze Röhre, die sich über 90 Meter vor uns und etwa 30 Meter hinter uns erstreckte und durch das Wasser pflügte, hat mich tief beeindruckt.

Während ich mich mit dem Captain unterhielt, kam ein Offizier zu uns: »Captain, ich habe vor, das Boot auf eine Tiefe von 120 Metern zu bringen.« Der Captain sagte: »Wie sieht die Lotung aus? Wie tief liegt der Meeresboden?« Der Offizier meinte: »Etwa 240 Meter.« Der Captain fragte: »Und was sagt das Sonar?« Die Antwort lautete: »Nichts, nur Fische.« Der Captain meinte: »Geben Sie uns noch 20 Minuten und führen Sie Ihr Vorhaben dann aus.«

Den ganzen Tag über kamen immer wieder Leute zum Captain: »Ich habe dies vor« oder »Ich habe jenes vor«. Der Captain stellte oft Fragen und sagte schließlich: »In Ordnung!« Manchmal stimmte er auch sofort zu. Nur bei den Entscheidungen, die die Spitze des Eisbergs bildeten, mussten die Leute seine Zustimmung einholen. Die große Masse des Eisbergs – die restlichen 95 Prozent der Entscheidungen – wurde ohne jede Einbeziehung des Captains getroffen.

Ich sprach mit dem Captain über seinen Führungsstil. Er sagte, er wolle seinen Leuten so viel Entscheidungsbefugnis geben, wie dies im Kontext der Marine möglich war. Ihm war wichtig, dass seine Mannschaft sich nicht nur als Besitzer des Problems, sondern auch als Besitzer der Lösung sah. Er war der Ansicht, dass sie sich dann allmählich als lebenswichtige Glieder der Kommandokette betrachten würden. Diese Führungskultur ging so weit, dass seine Offiziere und Matrosen ihre eigenen Absichten erklärten, auch wenn der Captain die letzte Entscheidungsautorität behielt.

»Ich habe ... vor« liegt auf einer höheren Ebene als »Ich schlage ... vor«. Der Betreffende hat weit mehr analytische Arbeit geleistet. So viel Arbeit, dass er darauf vorbereitet ist, die Handlung durchzuführen, sobald sie gutgeheißen wurde. Er ist nicht nur Besitzer des Problems, sondern auch Besitzer der Lösung und bereit, sie umzusetzen.

Die Männer auf der *Santa Fe* hatten wirklich das Gefühl, einen Mehrwert zu schaffen. Zudem ließen sie mir gegenüber durchblicken, dass das unter ihren früheren Vorgesetzten nicht so gewesen war. Sie meinten, damals hätten sie sich nur auf der Ebene von »Warten, bis es einem gesagt wird« bewegt. Im Gegensatz dazu liegt »Ich habe ... vor« am äußeren Rand unseres eigenen Einflussbereichs und unseres Jobs. Eine Befähigung dieser Art reduziert die Personalfluktuation erheblich und man verliert weniger Spitzenleute an Arbeitgeber, die mehr bezahlen.

Monate nach meiner Fahrt auf der *Santa Fe* bekam ich einen Brief von Captain Marquet, über den ich mich sehr gefreut habe. Er schrieb mir, dass die *Santa Fe* mit der Arleigh Burke Trophy ausgezeichnet worden war. Dieser Preis wird dem U-Boot, Schiff oder Flugzeuggeschwader im Pazifik verliehen, das sich am stärksten verbessert hat. Das sind die Früchte einer Führung vom Trimmruder-Typ!

5. Es tun und sofort Bericht erstatten

»Es tun und sofort Bericht erstatten« liegt auch am äußeren Rand des eigenen Einflussbereichs. Allerdings ist es innerhalb des Jobs zu finden. Man erstattet sofort Bericht, weil andere Bescheid wissen müssen. So können sie sehen, ob alles korrekt erledigt wurde. Nötigenfalls bleibt noch Zeit für Verbesserungen. Außerdem erhalten andere dadurch Informationen, damit sie weitere Entscheidungen treffen und die nächsten Schritte in Angriff nehmen können.

6. Es tun und regelmäßig Bericht erstatten

Diese Ebene der Initiative betrifft Handlungen, die Bestandteil der Selbstevaluierung bei einer Leistungsbeurteilung oder in einem offiziellen Bericht sein könnten. Diese Informationen können weitergegeben und von anderen genutzt werden. Wenn man regelmäßig Bericht erstattet, befindet man sich eindeutig innerhalb seiner Jobbeschreibung und seines Einflussbereichs.

7. Es tun

Falls etwas mitten im Zentrum Ihres Einflussbereichs und im Kern Ihrer Jobbeschreibung liegt, dann tun Sie es einfach. Manchmal ist es leichter, Vergebung als eine Erlaubnis zu bekommen. Wenn Sie also überzeugt sind, dass Sie recht haben, und die betreffende Handlung nicht zu weit außerhalb Ihres Einflussbereichs liegt, kann es am besten sein, sie einfach durchzuführen.

Die Idee, die Verantwortung zu übernehmen und es einfach zu tun und dafür zu sorgen, dass es geschieht, gibt uns sehr viel Kraft. Diese höchste Ebene der Initiative erinnert mich an eine wahre Geschichte mit dem Titel »Eine Nachricht für Garcia«.

1898 brach der Krieg zwischen Spanien und den USA aus. Der damalige amerikanische Präsident, William McKinley, musste einem kubanischen Revolutionär namens Garcia dringend eine Nachricht zukommen lassen. Garcia versteckte sich irgendwo auf Kuba, man konnte ihn weder per Post noch telegrafisch erreichen. Niemand wusste, wie man sich mit ihm in Verbindung setzen konnte. Doch dann sagte jemand, wenn es überhaupt einer schaffen könne, sei es der Offizier Rowan.

Das Schreiben wurde Rowan in Washington persönlich von McKinley ausgehändigt. Rowan fragte nicht: »Wo ist Garcia denn?

Wie komme ich dorthin? Was soll ich machen, wenn ich da bin? Wie soll ich zurückkommen?« Er nahm den Brief einfach und überlegte sich, wie er zu Garcia gelangen konnte. Seine Reise dauerte neun Tage: mit dem Zug nach New York … per Schiff nach Jamaika … Durchbrechung der spanischen Blockade, um in einem Segelboot nach Kuba zu gelangen … Kutschfahrten über Stock und Stein … zu Fuß und auf dem Pferderücken durch den kubanischen Dschungel. Schließlich konnte er Garcia den Brief übergeben – morgens um neun. Um fünf am selben Nachmittag machte er sich wieder auf den Rückweg in die USA.

Der Autor Elbert Hubbard schreibt dazu:

Mein Herz gehört demjenigen, der seine Arbeit genauso gut macht, wenn sein Chef weg ist, wie wenn er da ist … Demjenigen, der, wenn man ihm eine Nachricht für Garcia übergibt, den Brief schweigend entgegennimmt. Ohne überflüssige Fragen zu stellen oder insgeheim zu beabsichtigen, ihn in den nächstbesten Mülleimer zu werfen oder irgendetwas anderes zu machen, als den Brief abzuliefern … Die Zivilisation ist eine einzige lange, fiebrige Suche nach genau solchen Menschen. Alles, was so jemand erbittet oder verlangt, wird ihm gewährt werden. Dieser Menschentyp ist derart selten, dass es sich kein Arbeitgeber leisten kann, ihn gehen zu lassen. Er wird in jeder Stadt und in jedem Dorf gesucht, in jedem Büro, in jedem Geschäft, in jeder Fabrik. Die Welt ruft nach solchen Menschen: Sie werden gebraucht, dringend gebraucht – Menschen, die Garcia eine Nachricht überbringen können.

Die Trimmruder-Mentalität

Ganz egal, welches Problem Sie haben: Sie können sich selbst befähigen. Dazu müssen Sie auf die eine oder andere Weise die Initiative übernehmen. Seien Sie einfühlsam, weise und sorgfältig im Hinblick auf das Timing, aber tun Sie *etwas*. Vermeiden Sie es, zu klagen, zu kritisieren oder negativ zu sein. Hüten Sie sich besonders davor, sich selbst von Verantwortung freizusprechen. Geben Sie nicht einfach »den anderen« die Schuld für Misserfolge. Wir leben in einer Kultur, in der das sehr häufig vorkommt: Immerhin 70 Prozent der Teilnehmer der xQ-Befragung sagten, die Leute in ihrer Organisation würden dazu neigen, anderen die Schuld zu geben, wenn etwas schiefgeht. Selbst die Verantwortung zu übernehmen bedeutet also, gegen den Strom zu schwimmen.

Die Initiative zu ergreifen setzt voraus, dass man eine *Vision* hat. Das kann ein Standard sein, der erfüllt, oder eine Verbesserung, die erreicht werden soll. Zudem erfordert es eine gewisse *Disziplin* beim Handeln. Wichtig ist auch, dass Sie ein Ziel haben, das es wert ist, sich ihm von Herzen und mit *Leidenschaft* zu widmen. Dabei sollten Sie sich von Ihrem *Gewissen* oder Ihren Prinzipien leiten lassen.

Tom Peters beschreibt die Trimmruder-Mentalität wie folgt:

> *Sieger sind – das ist kein Scherz – geradezu vernarrt in miese Jobs. Weshalb? Weil diese Jobs ihnen enorm viel Freiraum geben. Niemand interessiert sich dafür; niemand schaut ihnen über die Schulter; niemand redet ihnen drein. Sie sind ihr eigener Herr! Sie können sich die Hände schmutzig machen, Fehler begehen, Risiken wagen, Wunder vollbringen! Die häufigste Klage von Leuten ohne echte Motivation lautet, sie hätten nicht »den Freiraum«, um irgendetwas Tolles zu tun. Doch darauf sage ich immer: »Quatsch!«*
>
> *Ergo: Freuen Sie sich über die »kleinen« oder lästigen Aufgaben, die niemand anderer will! SUCHEN SIE NACH IHNEN! Diese Aufgaben sind eine Lizenz, um sich selbst mehr Entscheidungsbefugnis zu erarbeiten. Ob es nun das Re-Design eines Produktes ist oder die Planung eines Selbsterfahrungswochenendes für einen Klienten … Sie können daraus etwas Grandioses, Glorreiches und Tolles machen!*[2]

Vor Jahren war ich Verwaltungsassistent des Rektors einer Universität. Der Rektor war in vielerlei Hinsicht diktatorisch und kontrollierend. Er ging immer davon aus, dass er weiß, was am besten ist. Deshalb traf er alle wichtigen Entscheidungen selbst. Allerdings war er auch ein Visionär – ein brillanter, talentierter Mann. Aber er behandelte alle wie Laufburschen: »Besorgen Sie mir dies, bringen Sie mir jenes!« Er sprang mit den Leuten um, als hätten sie keinen eigenen Verstand. Das demotivierte seine hoch qualifizierten und sehr motivierten Mitarbeiter und ihre Befähigung nahm immer mehr ab. Sie standen auf den Korridoren der Verwaltung herum und beklagten sich über den Rektor.

»Es ist nicht zu fassen, was er sich jetzt wieder geleistet hat …«

»Ich muss Ihnen unbedingt das Neueste erzählen …«

»Das finden Sie schlimm? Warten Sie, bis Sie hören, was er in unserer Fakultät gemacht hat …«

»So etwas habe ich wirklich noch nie gehört.«

»Derart eingeengt habe ich mich noch bei keinem Job gefühlt. Die ganzen dämlichen Regeln, diese Bürokratie. Das alles zieht mich total runter.«

Sie verbrachten Stunden damit, sich gegenseitig ihr Leid zu klagen. Doch da gab es auch noch Ben. Er machte es einfach anders und begann gleich mit der dritten Ebene der Selbstbefähigung und der Initiative. Obwohl auch er wie ein Laufbursche behandelt wurde, entschied er sich, bei »Einen Vorschlag machen« anzufangen.

Er beschloss, der beste Laufbursche weit und breit zu werden. Das brachte ihm Glaubwürdigkeit ein – Ethos. Dann dachte er intensiv über die Bedürfnisse des Rektors und die Gründe für seine Laufburschen-Aufträge nach.

»Mal sehen, warum will er diese Informationen? Er bereitet sich auf eine Besprechung mit Leuten vom Ministerium vor. Deshalb möchte er, dass ich Daten zur Ausrüstung der Sicherheitsleute auf dem Campus zusammenstelle. Er steht wegen der Sicherheitslücken unter Beschuss. Ich glaube, ich werde ihm bei der Vorbereitung auf diese Besprechung helfen.«

- **Ergänzen Sie Ihren Chef, statt ihn zu kritisieren.**

Bei einer Vorbesprechung, bei der ich auch dabei war, präsentierte Ben zunächst die Daten, die er zusammengetragen hatte. Im zweiten Schritt lieferte er eine Analyse der Daten und darauf aufbauende Vorschläge. Der Rektor sah mich sprachlos an. Dann wendete er sich wieder Ben zu und sagte:

»Ich möchte, dass Sie auch zu der Besprechung mit den Leuten vom Ministerium kommen und ihnen Ihre Vorschläge unterbreiten. Ihre Analyse ist brillant! Sie haben genau verstanden, was wir brauchen.«

Alle anderen im Team hatten sich stillschweigend verschworen, darauf zu warten, dass man ihnen sagte, was sie tun sollten. Ben aber nicht. Er hatte Einfluss ausgeübt, indem er sich in die Lage des Rektors versetzt und herausgefunden hatte, was dieser wirklich wollte und brauchte. Er fing in einer vergleichsweise niedrigen Position an. Doch schon bald hielt er regelmäßig Präsentationen vor Leuten vom Ministerium.

Ich arbeitete vier Jahre als Assistent des Rektors. Am Ende des vierten Jahres war Ben die Person, die an der Universität den zweitgrößten Einfluss hatte, obwohl er die akademische Hierarchie nicht durchlaufen hatte. Der Rektor traf keine wichtigen Entscheidungen mehr, ohne das Ganze vorher mit Ben zu besprechen. Als Ben dann in den Ruhestand trat, wurde ein Preis gestiftet, der seinen Namen trug. Weshalb? Weil er Vertrauenswürdigkeit vorgelebt hatte, Loyalität gegenüber der Universität und die Bereitschaft, alles zu tun, was nötig war.

Ich glaube, Ben wusste, dass es völlig nutzlos ist, sich Veränderungen herbeizusehnen. Erkennen Sie jetzt, dass Führung eine Frage der freien Wahl sein kann? Sehen Sie, dass auch Sie die Führungskraft Ihres Chefs werden können, genau wie Ben?

- **Wenn wir sagen, dass Führung eine Frage der freien Wahl ist, bedeutet das im Wesentlichen: Wir können entscheiden, welche Ebene der Initiative wir als Antwort auf die Frage »Was ist das Beste, das ich unter diesen Umständen tun kann?« wählen wollen.**

Sie werden immer wieder Entscheidungen im Hinblick auf die sieben Ebenen der Initiative treffen müssen. Zu wissen, welche dieser Ebenen jeweils die richtige ist, verlangt gute Urteilskraft und Weisheit. Wir müssen abklären, *was* wir tun sollten, *wie* wir es tun sollten, *wann* wir es tun sollten und, was vielleicht am wichtigsten ist, *warum* wir es tun sollten. Das erfordert den Einsatz aller vier Intelligenzen. Die Frage nach dem Warum beschäftigt gewöhnlich unsere spirituelle Intelligenz. Denn dabei geht es um unser Wertesystem, die Quelle unserer Motivation. Die Frage, was wir tun sollten, spricht im Allgemeinen unsere mentale Intelligenz an. Um eine Antwort zu finden, müssen wir analytisch, strategisch und konzeptuell denken.

Die Fragen nach dem Wann und dem Wie richten sich an unsere emotionale Intelligenz. Bei der Beantwortung müssen wir das Umfeld lesen, die geltenden kulturellen und politischen Normen beachten und unsere eigenen Stärken und Schwächen erkennen. Und bei der taktischen Umsetzung unserer Pläne kommt dann auch die physische Intelligenz ins Spiel.

Was passiert, wenn Sie durch alle sieben Ebenen hindurch initiativ werden und dabei klug und umsichtig vorgehen? Dann wird Ihr Einflussbereich immer größer. Irgendwann wird er Ihren gesamten Job umfassen. Mit Ihrem Einflussbereich wird in der Regel auch Ihr Interessenbereich wachsen.

Führungspersönlichkeiten vom Trimmruder-Typ sind konstant. Sie sind wie Leuchttürme, nicht wie Wetterfahnen. Sie sind beständige, zuverlässige Lichtquellen. Sie hängen ihr Mäntelchen nicht nach jedem gesellschaftlichen Wind.

> *Wenn du der Welt dein Bestes gibst, könntest du verletzt werden. Gib der Welt trotzdem dein Bestes.*
>
> MUTTER TERESA

Es lohnt sich, wenn Sie auf die Art und Weise, die ich Ihnen gerade beschrieben habe, die Initiative ergreifen. Wichtig ist auch, dass Sie dabei von innen nach außen vorgehen. Dann werden die Leute in den offiziellen Positionen immer mehr Zutrauen zu Ihrem Charakter und Ihrer Kompetenz entwickeln. Auch das Vertrauen wird wachsen. So wird es kaum ausbleiben, dass sie immer höhere Ebenen der Initiative und der Befähigung in Ihren Job einbauen wollen. Dann werden Sie die Führungskraft Ihres Chefs. Gleichzeitig wird Ihr Chef ganz von selbst Teil eines Teams, das sich untereinander ergänzt. Er nimmt dann die Rolle eines dienenden Führers ein.

Fragen & Antworten

Das klingt zwar alles gut. Aber Sie kennen meinen Chef nicht. Er ist ein Kontrollfreak und fühlt sich durch kompetente Leute in seinem Umfeld bedroht. Meine Situation ist einfach ganz anders als das, was Sie hier beschreiben.

Ja, es stimmt! In gewisser Weise ist jede Situation einzigartig und anders. Doch unter dem Strich gleichen sich die Herausforderungen und Probleme in den Organisationen immer sehr. Der Schlüssel zur Lösung liegt nicht in den speziellen Umständen, sondern im Raum zwischen Reiz und Reaktion. Das heißt: Die Lösung hängt von unserer Reaktion auf die Umstände ab. Genau hierher gehört Ihre Freiheit, zu wählen.

Wenn Sie Ihre Entscheidungen auf Prinzipien gründen und Ihre Freiheit, zu wählen, klug nutzen, wird sie immer größer werden. Dann werden Sie außerdem eine innere Quelle persönlicher Sicherheit entwickeln. Und Sie werden nicht mehr zulassen, dass Ihr Leben von den Schwächen anderer bestimmt wird. Sie können eine Kosten-Nutzen-Analyse durchführen und dann beschließen, etwas anderes zu machen oder woanders hinzugehen. Vielleicht entscheiden Sie sich aber auch einfach dafür, sich auf die Gegebenheiten des Markts zu verlassen und als Trimmruder Ihren Einflussbereich zu vergrößern. Früher oder später sind Sie für Ihren Chef unentbehrlich. Schließlich werden Sie sogar seine Führungskraft. Sie müssen alle vier Intelligenzen nutzen, damit Sie kreativ und inspiriert zugleich sein können. Zudem müssen Sie innerhalb Ihres Einflussbereichs, aber außerhalb Ihres Jobs arbeiten. Darüber hinaus müssen Sie viel Initiative und Freiwilligkeit an den Tag legen, damit Sie unerfüllte Bedürfnisse und ungelöste Probleme verstehen. Nur so können Sie bei der Initiative die richtige Ebene wählen. Und Sie müssen Ihren eigenen Job ganz hervorragend erledigen. So können Sie sich das Vertrauen anderer verdienen und andere Felder überwachen, während Sie gleichzeitig Ihr eigenes Feld gut bestellen. Denken Sie daran: Erst kommt Ethos (Glaubwürdigkeit), dann Pathos (Einfühlsamkeit) und dann Logos (Logik).

Wie kann man seinen Chef führen?

Werden Sie ein Licht und kein Richter; ein Vorbild und kein Kritiker. Machen Sie sich innerhalb Ihres eigenen Einflussbereichs an die Arbeit, sodass sich Ihre moralische Autorität ausdehnt und Sie glaubwürdig sind. Ergreifen Sie mutig die Initiative, damit gute Dinge geschehen. Zeigen Sie Einfühlsamkeit für die Welt Ihres Chefs, seine Sorgen, Ziele und seinen Charakter. Fühlen Sie sich auch in die Unternehmenskultur und den Markt ein. Werden Sie dann auf der angemessenen Ebene initiativ. Achten Sie darauf, dass Sie niemanden schlecht machen. Wenn Sie geduldig und beharrlich sind, wird Ihr Einfluss wachsen. Die Qualität der Ergebnisse, die Sie erzielen, wird jeden Zweifler überzeugen. Das ist Führung – eine Frage der freien Wahl und nicht der Position.

Sie sagen oft, es sei leichter, Vergebung zu erlangen als eine Erlaubnis zu bekommen. Wenn man auf Grundlage dieser Idee initiativ wird, handelt man sich da nicht manchmal eine Abmahnung ein oder wird sogar gefeuert?

Investieren Sie immer weiter in Ihre persönliche und berufliche Weiterentwicklung und in Ihre Fähigkeit, Lösungen für Probleme zu finden. Dann werden Sie immer eine Quelle finanzieller Sicherheit haben. Ihre Sicherheit erwächst nicht aus Ihrem Job oder aus der Fürsprache anderer, sondern aus Ihrer Fähigkeit, Bedürfnisse zu erfüllen und Probleme zu lösen. Wenn Sie weiter in diese Fähigkeit investieren, werden sich Ihnen zahllose Möglichkeiten bieten. Allerdings sollten Sie Ihre Einsatzgebiete sehr vorsichtig und mit Bedacht wählen. Werden Sie nicht zu weit außerhalb Ihres Einflussbereichs aktiv! Arbeiten Sie lieber außerhalb Ihres Jobs, aber innerhalb Ihres Einflussbereichs. Wenn Sie dann mit einer ausführlichen Analyse und gut fundierten Vorschlägen die Initiative ergreifen, werden Sie mit Sicherheit feststellen, dass Ihr Einflussbereich immer größer wird.

KAPITEL 8

Die Stimme der Vertrauenswürdigkeit: Als Vorbild Charakterstärke und Kompetenz vorleben

Die höchste Führungseigenschaft ist zweifellos Integrität.
Ohne sie kann es keinen wirklichen Erfolg geben –
weder in einem Gleisarbeitertrupp noch auf dem Fußballplatz,
in der Armee oder in einem Büro.
DWIGHT D. EISENHOWER

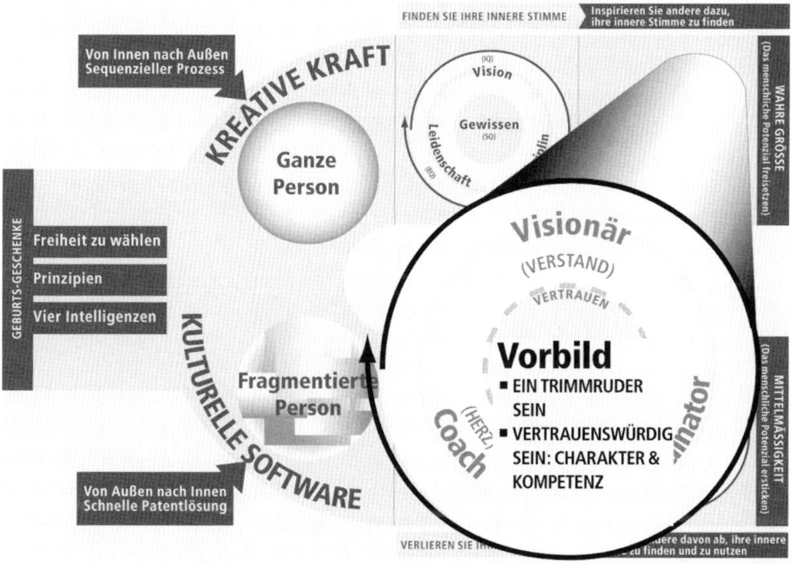

Abb. 8.1

Vor einiger Zeit wurde ich von einer Bank, die ein Problem mit der Moral ihrer Angestellten hatte, als Berater hinzugezogen. »Ich weiß nicht, was los ist!«, klagte der junge Direktor. Er war intelligent und charismatisch, hatte einen schnellen Aufstieg hinter sich – und musste jetzt zusehen, wie seine Institution strauchelte. Die Profitabilität und der Gewinn waren stark gesunken. Dafür machte er seine Leute verantwortlich: »Ich kann ihnen die tollsten Anreize bieten, aber sie blasen einfach weiter Trübsal.«

Er hatte recht. Das Klima schien durch Argwohn und fehlendes Vertrauen vergiftet zu sein. Ich führte zwei Monate lang Workshops durch. Doch es änderte sich nichts. Ich stand vor einem Rätsel.

»Wie kann man dem vertrauen, was hier vorgeht?«, war die typische Antwort der Leute. Doch niemand wollte mir sagen, wie es zu diesem Misstrauen gekommen war.

In informellen Gesprächen kam dann allmählich die Wahrheit ans Licht: Der Bankdirektor, der verheiratet war, hatte ein Verhältnis mit einer seiner Angestellten. Und alle wussten das!

Jetzt war es offensichtlich: Die Ursache für die schlechte Leistung der Bank war sein Verhalten. Der größte Schaden, den dieser Mann anrichtete, betraf jedoch ihn selbst. Er dachte nur an sein Vergnügen und ließ die langfristigen Konsequenzen außer Acht. Darüber hinaus hatte er ein Vertrauen verletzt, das ihm hätte heilig sein sollen: das seiner Frau.

Mit anderen Worten: Sein Misserfolg lag im Bereich des *Charakters.*

- **90 Prozent aller Misserfolge bei der Führung sind charakterbedingt.**

Vertrauen ist nicht nur der Schlüssel zu allen Beziehungen, sondern auch der Kitt, der Organisationen zusammenhält. Es ist der Mörtel, ohne den die Ziegelsteine auseinanderfallen. Außerdem habe ich gelernt, dass *Vertrauen das Ergebnis der Vertrauenswürdigkeit ist.* Das gilt sowohl für die Menschen als auch für die Organisationen. Vertrauen stammt aus drei Quellen: Es kann persönlich oder institutionell sein. Zudem kann jemand sich bewusst dafür entscheiden, einem anderen Vertrauen zu *schenken* – durch eine Handlung, die dem anderen das Gefühl gibt, dass man an ihn glaubt. Sie schenken mir Ihr Vertrauen, und ich gebe es zurück. *Vertrauen* ist ein Verb *und* ein Substantiv. Das bedeutet: Es ist etwas, was von den Menschen geteilt und erwidert wird. Gerade dadurch wird man zur Führungskraft seines Chefs.

Man verdient sich sein Vertrauen, indem man ihm Vertrauen schenkt. *Vertrauen* als Verb kommt von der potenziellen Vertrauenswürdigkeit der Person, die das Vertrauen erhält, und der unzweifelhaften Vertrauenswürdigkeit desjenigen, der das Vertrauen schenkt. Die Rolle des Coachs beinhaltet, *vertrauen* zu einem Verb zu machen.

Wir haben über 54 000 Leute befragt und sie gebeten, uns die Haupteigenschaften von Führungspersönlichkeiten zu nennen. Wissen Sie, welche Eigenschaft am häufigsten genannt wurde – und das mit weitem Abstand? Integrität! Weitere Ergebnisse der Befragung finden Sie in der Abbildung 8.2.

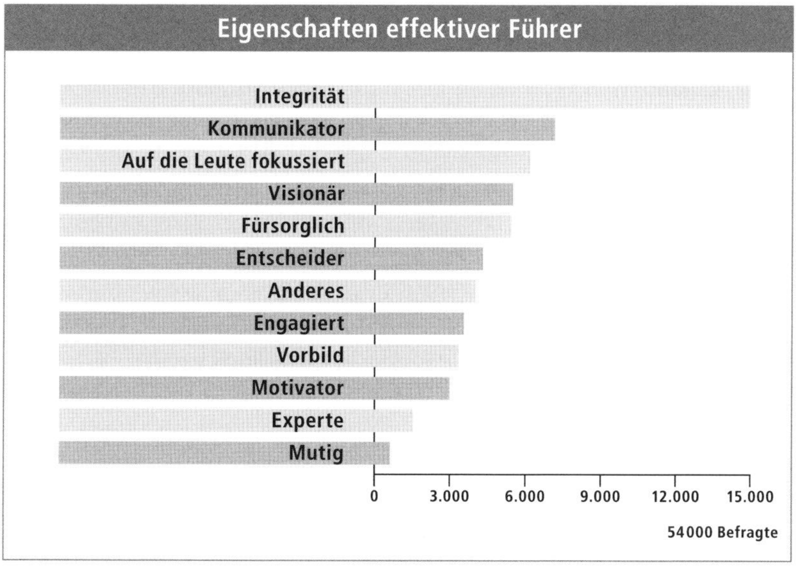

Abb. 8.2

Heute ist es nicht mehr modern, vom Charakter zu sprechen. Das gilt als unsachlich, verweichlicht oder es wird mit der Religion gleichgesetzt. Viele fragen sich, ob innere Werte überhaupt noch eine Rolle spielen. Schließlich hatte unser Bankdirektor doch trotz seines unmoralischen Verhaltens Erfolg! Diese Frage deckt ein Dilemma unseres heutigen Lebens auf: Viele glauben, für Erfolg brauche man lediglich Talent, Energie und Persönlichkeit. Die Geschichte hat uns jedoch etwas anderes gelehrt. Sie zeigt: Auf lange Sicht ist es wichtiger, wer wir *sind*, als wer wir zu sein scheinen.

Im Rahmen meiner Vorbereitungen für *Die 7 Wege zur Effektivität* habe ich die gesamte Literatur zum Thema Führung und Erfolg gesichtet, die seit der Gründung der USA erschienen ist. Dabei habe ich herausgefunden, dass der Fokus in den ersten 150 Jahren nahezu vollständig auf der Bedeutung des Charakters und der Prinzipien lag. Doch nach dem Beginn des Industriezeitalters und dem Ersten Weltkrieg verlagerte sich der Schwerpunkt allmählich auf die Persönlichkeit, die Techniken und die Technologien. Von nun an stand etwas im Mittelpunkt, was man Persönlichkeits-Ethik nennen könnte.

Dieser Trend setzt sich auch heute noch fort. Aber ich merke, dass sich ein Gegentrend entwickelt. Meines Erachtens liegt das daran, dass die Leute am eigenen Leib erfahren, wohin eine Organisationskultur ohne Werte führt. Immer mehr Organisationen bemerken, dass es ohne Vertrauenswürdigkeit und Charakter nicht geht. Sie erkennen, dass man in der Kultur der Organisation Vertrauen schaffen muss. Und immer mehr Menschen begreifen, dass sie tief in ihre Seele blicken müssen. Ihnen ist klar, dass sie herausfinden müssen, inwiefern sie selbst zu den Problemen beitragen und wie sie bei ihrer Lösung mitwirken und menschliche Bedürfnisse erfüllen können.

> *Der entscheidende Faktor im Leben des Einzelnen wie der Nationen ist auf lange Sicht der Charakter.*
>
> THEODORE ROOSEVELT[1]

Und was wurde aus dem Bankdirektor, der ein Verhältnis mit einer Angestellten hatte? Als ich ihm anvertraute, dass ich Bescheid wusste und welche Auswirkungen es auf die Leute in seiner Bank hatte, fuhr er sich mit den Fingern durchs Haar und sagte: »Ich weiß einfach nicht, wo ich anfangen soll!«

Ich fragte ihn, ob es vorbei sei.

Er sah mir offen in die Augen und meinte: »Ja. Absolut!«

»Dann sollten Sie damit anfangen, dass Sie mit Ihrer Frau sprechen!«

Er erzählte es seiner Frau – und sie verzieh ihm. Dann rief er alle Mitarbeiter zusammen und ging das Problem mit der Moral an. »Ich habe die Ursache des Problems unserer Bank gefunden«, sagte er. »Die Ursache bin ich. Ich möchte Sie bitten, mir noch eine Chance zu geben.« Es ging nicht von heute auf morgen, doch allmählich wurde die Moral der Leute besser. Langsam entwickelte sich ein Gefühl von Offenheit, Optimismus und Vertrauen. Den größten Gefallen aber tat der Bankdirektor sich letztendlich selbst: Er war dabei, den Weg zu seinem eigenen Charakter zu finden.

Persönliche Vertrauenswürdigkeit

Wo anhaltendes Vertrauen herrscht, wird man stets auch Vertrauenswürdigkeit finden. Das ist immer so. Es ist ein Prinzip. Vertrauen entsteht aus Vertrauenswürdigkeit. Vertrauenswürdigkeit wiederum erwächst aus *Charakter* und *Kompetenz*. Wenn man einen starken Charakter und hohe Kompetenz entwickelt, sind die Früchte Weisheit und ein gutes Urteilsvermögen. Das ist die Grundlage aller großen, überdauernden Leistungen und die Basis allen Vertrauens. Bitte werfen Sie jetzt einen Blick auf die Abbildung 8.3. Hier sehen Sie die Hauptfaktoren beim Aufbau von Vertrauen.

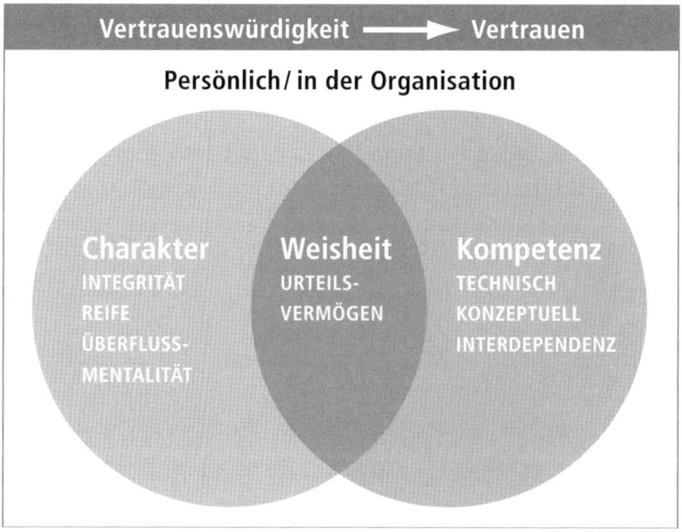

Abb. 8.3

Lassen Sie uns mit den drei Facetten des *persönlichen Charakters* beginnen: Integrität, Reife und Überfluss-Mentalität.

Integrität bedeutet, dass man nicht gegen die Prinzipien und Naturgesetze verstößt, die letztlich die Konsequenzen unseres Verhaltens bestimmen. Ehrlichkeit ist das Prinzip, die Wahrheit zu sagen. Integrität heißt, die Versprechen zu halten, die man sich selbst oder anderen gegeben hat.

> *Ein Mensch kann nicht in einem Bereich des Lebens recht handeln, während er in einem anderen Bereich gerade Schlechtes tut. Das Leben ist ein unteilbares Ganzes.*
>
> MAHATMA GANDHI[2]

Reife entwickelt man, wenn man den Preis der Integrität zahlt. Die Grundvoraussetzung dazu ist, dass man den privaten Erfolg über sich selbst erringt. Dann kann man mutig und rücksichtsvoll zugleich sein. Mit anderen Worten: Man kann auch beim Umgang mit schwierigen Problemen Mitgefühl zeigen. Die Verbindung von Mut und Rücksicht ist zugleich die Quelle und das Ergebnis von Integrität.

Überfluss-Mentalität bedeutet, dass man das Leben nicht als Wettkampf sieht, bei dem es nur einen Gewinner geben kann. Im Gegenteil: Man betrachtet es als Füllhorn, das uns immer mehr Chancen, Ressourcen und Wohlstand bietet. Man vergleicht sich nicht mit anderen, sondern freut sich aufrichtig mit ihnen über ihre Erfolge. Ganz anders sieht es dagegen bei Menschen aus, die eine Mangel-Mentalität haben. Ihre Identität und Ihr Selbstbewusstsein beruhen auf dem Vergleich. Sie fühlen sich durch die Erfolge anderer bedroht. Sie behaupten zwar, dass das nicht stimmt. Doch tief in ihrem Inneren wissen sie genau, dass sie von Neid zerfressen werden. Bei Menschen mit einer Überfluss-Mentalität ist das Gegenteil der Fall: Sie betrachten ihre Konkurrenten als wertvolle und wichtige Lehrer. Integrität, Reife und Überfluss-Mentalität: Diese drei Facetten des persönlichen Charakters sind zugleich die perfekte Beschreibung eines Teams, das sich untereinander ergänzt.

Nun wollen wir uns die zweite Seite der persönlichen Vertrauenswürdigkeit ansehen: die *Kompetenz*.

Technische Kompetenz umfasst die Fähigkeiten und das Wissen, die zur Erfüllung einer bestimmten Aufgabe erforderlich sind.

Konzeptuelles Wissen bedeutet, dass man das große Ganze sehen kann. Man erkennt den Zusammenhang zwischen den einzelnen Teilen. Es heißt auch, dass man strategisch und systematisch denken kann und nicht nur taktisch.

Interdependenz heißt, sich bewusst zu sein, dass alles im Leben miteinander verbunden ist. Das gilt vor allem in Unternehmen und in sich untereinander ergänzenden Teams, die versuchen, die Loyalität ihrer Kunden, Partner, Lieferanten und Anteilseigner zu gewinnen und dauerhaft zu erhalten. In einer interdependenten Realität wäre unabhängiges Denken so, als würde man mit einem Golfschläger Tennis spielen oder in einer digitalen Welt analoge Ideen haben.

Bei seinem Aufnahmegespräch zum Medizinstudium wurde mein Schwiegersohn Matt gefragt, wen er vorziehen würde: einen ehrlichen, aber inkompetenten oder einen kompetenten, aber unehrlichen Chirurgen. Nach einigem Überlegen gab er eine sehr gute Antwort: »Das hängt von den Umständen ab. Wenn die Operation überlebenswichtig für mich wäre, würde ich mich für den kompetenten Chirurgen entscheiden. Wenn es aber um die Frage gehen würde, ob ich mich der Operation unterziehen soll oder nicht, würde ich den ehrlichen wählen.«

Natürlich brauchen wir Charakter *und* Kompetenz. Allein reicht weder das eine noch das andere aus. US-General H. Norman Schwarzkopf formulierte das so:

> *In der Armee sind mir viele Befehlshaber begegnet, die ausgesprochen kompetent waren. Aber sie hatten keinen Charakter. Für jede Aufgabe in der Armee, die sie gut erfüllten, wollten sie eine Belohnung – eine Beförderung, einen Orden, eine Auszeichnung. Sie wollten auf Kosten anderer vorankommen und immer weiter aufsteigen … Sehen Sie, diese Leute waren kompetent, doch es fehlte ihnen an Charakter. Andererseits sind mir auch viele Befehlshaber begegnet, die einen hervorragenden Charakter hatten, denen es jedoch an Kompetenz fehlte. Sie waren nicht bereit, den Preis der Führung zu zahlen. Sie weigerten sich, die Extrameile zu gehen, die nötig gewesen wäre, um eine große Führungspersönlichkeit zu werden. Wer im 21. Jahrhundert führen will, braucht sowohl Charakter als auch Kompetenz.*[3]

Wir können bei unseren Beziehungen zu anderen keine nennenswerten Fortschritte erzielen, solange in unserem Leben Chaos herrscht oder wir grundsätzlich nicht vertrauenswürdig sind. Das heißt: Wenn wir unsere Beziehungen verbessern wollen, müssen wir letztendlich bei uns selbst anfangen. Wir müssen daran arbeiten, selbst besser zu werden.

Vorbild sein heißt, die 7 Wege zur Effektivität vorzuleben

Die 7 Wege zur Effektivität sind der Schlüssel, um eine ausgeglichene, ehrliche, starke Persönlichkeit zu werden und ein sich untereinander ergänzendes Team aufzubauen, in dem großer gegenseitiger Respekt herrscht. Oder anders gesagt: Die 7 Wege sind die Prinzipien des persönlichen *Charakters*. Ich kann die 7 Wege hier nicht ausführlich erläutern. Deshalb möchte ich mich auf eine kurze Zusammenfassung beschränken. Allen, die mehr erfahren wollen, möchte ich das Buch *Die 7 Wege zur Effektivität: Prinzipien für beruflichen und persönlichen Erfolg* ans Herz legen.

Die 7 Wege zur Effektivität

1. Weg: Pro-aktiv sein

Pro-Aktivität bedeutet nicht nur, die Initiative zu ergreifen. Es heißt auch, zu erkennen, dass wir für unsere Entscheidungen selbst verantwortlich sind, dass wir die Freiheit haben, zu wählen. Pro-aktive Menschen treffen ihre Entscheidungen auf der Grundlage von Prinzipien und machen sie nicht von ihren Emotionen, Stimmungen, Launen oder von den äußeren Umständen abhängig. Sie entscheiden sich ganz bewusst dazu, keine Opfer zu sein, nicht reaktiv zu sein und die Schuld nicht bei anderen zu suchen. Stattdessen treiben sie Veränderungen entschlossen voran.

2. Weg: Schon am Anfang das Ende im Sinn haben

Menschen, Familien, Teams und Organisationen gestalten ihre eigene Zukunft, indem sie für alle Projekte – große wie kleine, persönliche wie zwischenmenschliche – eine Vision entwickeln. Sie leben nicht einfach in den Tag hinein, ohne ein klares Ziel vor Augen zu haben. Sie klären sorgfältig ab, welche Prinzipien, Beziehungen und Ziele ihnen am wichtigsten sind, und verpflichten sich dann innerlich darauf.

3. Weg: Das Wichtigste zuerst tun

Wir dürfen uns nicht von äußeren Dringlichkeiten antreiben lassen. Es gilt, unsere Aktivitäten um unsere wichtigsten Prioritäten herum zu organisieren. Anders gesagt: »Das Wichtigste zuerst tun« bedeutet, ungeachtet der äußeren Umstände nach jenen Prinzipien zu leben, die wir am meisten schätzen, und ihnen konsequent den Vorrang zu geben.

4. Weg: Gewinn / Gewinn denken

Gewinn / Gewinn-Denken ist eine mentale und emotionale Einstellung. Sie sucht bei allen Interaktionen mit anderen den gegenseitigen Vorteil und Respekt. Es geht darum, sich nicht selbstsüchtig (Gewinn / Verlust) oder wie ein Opferlamm (Verlust / Gewinn) zu verhalten. Man denkt im Sinne von Überfluss und Chancen, nicht von Mangel, Gegnerschaft und Wettbewerb. Kurzum: Beim Gewinn / Gewinn-Denken steht das »Wir«, nicht das »Ich« im Mittelpunkt.

5. Weg: Erst verstehen, dann verstanden werden

Meist hören wir mit der Absicht zu, sofort zu antworten. Erst wenn wir wirklich zuhören und uns ernsthaft bemühen, den anderen zu verstehen, beginnen wir mit echter Kommunikation und dem wahren Aufbau von Beziehungen. Dann haben wir deutlich mehr Chancen, offen zu sprechen und selbst verstanden zu werden. Diese Chancen ergeben sich wie von selbst. Wer andere verstehen will, braucht Rücksicht. Und wer von anderen verstanden werden will, braucht Mut. Effektivität liegt darin, beides in Balance zu bringen oder miteinander zu verschmelzen.

6. Weg: Synergien schaffen

Synergie ist die dritte Alternative. Es ist weder meine Lösung noch Ihre, sondern eine dritte, die weitaus besser ist als unsere beiden ursprünglichen Vorschläge. Synergie ist die Frucht, die wir ernten können, wenn wir die Unterschiede zwischen uns respektieren und schätzen. Der Schlüssel dazu ist, gemeinsam Probleme zu lösen, Möglichkeiten zu ergreifen und Meinungsverschiedenheiten beizulegen. Synergie entsteht durch kreative Kooperation. Dann ergibt 1 + 1 nicht 2, sondern 3 oder auch 11, 111 oder sogar noch viel mehr. Außerdem ist Synergie die Basis für die Effektivität von Teams und Beziehungen. Ein synergetisches Team ist eines, das sich untereinander ergänzt. Es organisiert sich so, dass die Stärken des einen die Schwächen des anderen ausgleichen. Auf diese Weise kann man die Stärken optimal nutzen und die individuellen Schwächen irrelevant machen.

7. Weg: Die Säge schärfen
Beim 7. Weg geht es darum, dass wir uns in den vier Grunddimensionen unseres Seins – der physischen, sozialen / emotionalen, mentalen und spirituellen – ständig erneuern. Dieser Weg erhöht unsere Ressourcen, alle anderen Wege zur Effektivität in unserem Leben umzusetzen.

Die drei ersten Wege kann man mit vier Worten zusammenfassen: *Versprechen geben und halten*. Die Fähigkeit, ein Versprechen zu geben, ist der 1. Weg, die Pro-Aktivität. Der Inhalt des Versprechens ist der 2. Weg. Und das Einhalten des Versprechens ist der 3. Weg.

- **Nur 57 Prozent der befragten Mitarbeiter bejahten, dass ihre Organisationen das, was sie sagen, auch zuverlässig und beständig tun.**

Die drei nächsten Wege, bei denen es um Teams geht, die sich untereinander ergänzen, kann man wie folgt zusammenfassen: *Die Leute in das Problem einbeziehen und gemeinsam eine Lösung entwickeln*. Die Schlüssel dazu sind gegenseitiger Respekt (4. Weg), gegenseitiges Verstehen (5. Weg) und kreative Kooperation (6. Weg).

Der 7. Weg, »die Säge schärfen«, vergrößert unsere Kompetenz im Hinblick auf die vier Grunddimensionen der menschlichen Natur – Körper, Verstand, Herz und Geist. Einerseits führt er uns zur Erneuerung unserer persönlichen Integrität und Sicherheit (1. bis 3. Weg). Andererseits ermöglicht er die Erneuerung von Geist und Charakter eines sich untereinander ergänzenden Teams (4. bis 6. Weg).

Die folgende Übersicht gibt die Prinzipien und Paradigmen der einzelnen Wege wieder:

In den 7 Wegen verkörperte Prinzipien und Paradigmen		
Weg	*Prinzip*	*Paradigma*
❶ Pro-aktiv sein	Verantwortlichkeit / Initiative	Selbstbestimmtheit
❷ Schon am Anfang das Ende im Sinn haben	Vision / Werte	Zwei Schöpfungen / Fokus
❸ Das Wichtigste zuerst tun	Integrität / Umsetzung	Priorität / Handeln
❹ Gewinn / Gewinn denken	Gegenseitiger Respekt / Vorteil	Überfluss
❺ Erst verstehen, dann verstanden werden	Gegenseitiges Verstehen	Rücksicht, Mut
❻ Synergien schaffen	Kreative Kooperation	Die Unterschiede wertschätzen
❼ Die Säge schärfen	Erneuerung	Ganze Person

Tab. 3

Die in den 7 Wegen verkörperten Prinzipien

Wir wollen uns diese Prinzipien nun genau ansehen. Auf drei wichtige Aspekte habe ich schon hingewiesen.

Erstens: Die Prinzipien sind *universell.* Sie gelten in allen Kulturen und sind in sämtlichen großen Weltreligionen und überdauernden Philosophien zu finden.

Zweitens: Die Prinzipien sind *zeitlos.* Sie ändern sich nie.

Drittens: Die Prinzipien sind *offensichtlich.* Aber woher wissen wir, dass etwas offensichtlich ist? Indem wir versuchen, dagegen zu argumentieren. Bei den Prinzipien, auf denen die 7 Wege beruhen, ist das schlicht und ergreifend nicht möglich. Man kann nicht bestreiten, dass Verantwortlichkeit und Initiative, Ziele, Integrität, gegenseitiger Respekt, gegenseitiges Verstehen, kreative Kooperation und kontinuierliche Erneuerung enorm wichtig sind.

Die mit den 7 Wegen verbundenen Gewohnheiten sind Charakterprinzipien. Diese Charakterprinzipien bestimmen, *wer und was wir sind*. Ob in Unternehmen, in der Familie, der Gemeinde oder der Gesellschaft: Sie vermitteln uns die Glaubwürdigkeit, die moralische Autorität und die Fähigkeiten, um Einfluss in Organisationen auszuüben. Zudem bilden Charakterprinzipien den Kern der ersten der 4 Rollen effektiver Führung – des Vorbildseins. Genau genommen sind die 4 Rollen effektiver Führung das, *was man* als Führungspersönlichkeit *tut*, um andere dazu zu inspirieren, ihre innere Stimme zu finden. Was alles dazu gehört, sehen Sie in Abbildung 8.4.

Die 4 Rollen effektiver Führung

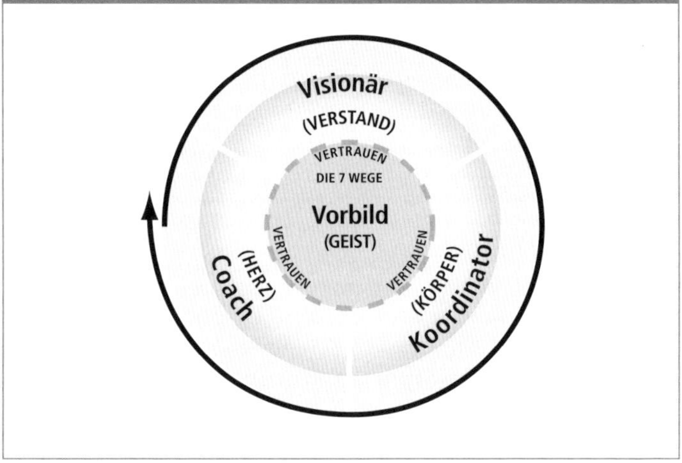

Abb. 8.4

Unzählige Organisationen und Unternehmen auf der ganzen Welt haben ihre Mitarbeiter in den 7 Wegen geschult. Viele haben festgestellt, dass die 7 Wege *im Beruf* sehr nützlich sind, wenn Strukturen, Systeme und Prozesse vorhanden sind, die sie unterstützen. Allerdings gibt es in vielen Unternehmen zu wenig Vertrauen, unzulängliche Strukturen oder Systeme und Prozesse mit fehlender beziehungsweise falscher Ausrichtung. Daher kamen viele andere zu dem Schluss, dass die 7 Wege *im Beruf* nicht funktionieren. Deshalb habe ich das Modell der 4 Rollen entwickelt. Es bildet einen angemessenen, unterstützenden Kontext für die 7 Wege. Jetzt kann man tatsächlich sowohl im

Beruf als auch zu Hause nach ihnen leben. Mehr noch: Wir haben festgestellt, dass die Leute die 7 Wege mithilfe der 4 Rollen effektiver Führung wirklich verstehen und verinnerlichen – nicht durch Lernen, sondern durch Erfahrung. Erst wenn sie die 7 Wege anwenden – wenn sie nach ihnen leben –, werden sie richtig damit vertraut. Oder anders ausgedrückt: Wenn man die 7 Wege nur intellektuell kennt, aber nicht nach ihnen lebt, kennt man sie nicht wirklich.

Das Modell der 4 Rollen gibt den 7 Wegen eine völlig neue Dynamik. Es sorgt dafür, dass die 7 Wege strategisch unverzichtbar für die Unternehmen sind und nicht nur als ganz nettes, aber nebensächliches Trainingsprogramm abgetan werden.

Ich erinnere mich noch gut daran, wie ich in Ägypten einmal eine sehr große Gruppe von Führungskräften aus dem öffentlichen Bereich und der Wirtschaft trainiert habe. Sie dachten, ich wolle ihnen die 7 Wege verkaufen. Meine Eröffnungsworte waren: »Sie glauben, ich sei gekommen, um Ihnen die 7 Wege zu verkaufen. Aber ich möchte Ihnen sagen, dass Sie die 7 Wege *nicht* kaufen sollen. Sie würden sie nur als Trainingsprogramm für andere sehen – für Leute in niedrigeren Positionen.

Aber Sie würden Ihren Führungsstil nicht grundlegend ändern. Und Sie würden die Strukturen, Systeme und Prozesse, die die Prinzipien hinter den 7 Wegen unterstützen, nicht neu erfinden. Aber wirkliche Veränderungen erfordern ein völlig neues Führungsparadigma. Deswegen bin ich hier. Ich möchte Ihnen *dieses Paradigma* vermitteln. Wenn Sie führend in der arabischen Welt sein und sich im neuen, globalen Wirtschaftsmarkt behaupten wollen, brauchen Sie für die 7 Wege einen größeren Kontext. Sie brauchen einen Kontext, der sie unterstützt. Dann werden Sie Ergebnisse erzielen, die Sie bisher nicht für möglich gehalten hätten.« Damit hatte ich offensichtlich ihr Interesse geweckt. In der Pause griffen sie zu ihren Handys, und danach hatte ich doppelt so viele Zuhörer.

Die Paradigmen der 7 Wege

Die 7 Wege repräsentieren nicht nur jeweils ein Prinzip, sondern auch ein Paradigma, eine Denkweise. Die verschiedenen Paradigmen habe ich in Tabelle 3 auf der Seite 193 für Sie zusammengestellt.

Wenn wir genauer darüber nachdenken, dass man die drei ersten Wege als »Versprechen geben und halten« zusammenfassen kann, verstehen wir allmählich die Paradigmen, die mit ihnen einhergehen.

Der 1. Weg, pro-aktiv sein, ist ein Paradigma der Selbstbestimmtheit. Er unterscheidet sich also grundlegend von einer genetischen, sozialen, psychischen oder umfeldbedingten Determiniertheit. Das Motto lautet: Ich kann und ich werde ein Versprechen geben. Das ist die Kraft der *Freiheit, zu wählen*.

Der 2. Weg, schon am Anfang das Ende im Sinn haben, ist das Paradigma, dass alles zweimal erschaffen wird. Zunächst erschaffen wir es mental, dann physisch: Der 2. Weg umfasst den Inhalt des Versprechens. Einerseits geht es um die Substanz des Versprechens, das man geben will. Andererseits um das, was man mit dem Versprechen erreichen möchte. Das ist die Kraft der *Fokussierung*.

Der 3. Weg ist das Paradigma der *Priorität*, des *Handelns* und der *Umsetzung*. Das Motto lautet: Ich habe die Fähigkeit und die Verantwortung, mein Versprechen in die Tat umzusetzen.

Gewinn / Gewinn denken; erst verstehen, dann verstanden werden und Synergien schaffen: Die nächsten drei Wege sind die Paradigmen des *Überflusses* beim Umgang mit anderen. Im Mittelpunkt stehen der Überfluss an Respekt und gegenseitigem Verstehen sowie die *Wertschätzung der Unterschiede*. Genau das bildet den Kern eines Teams, das sich untereinander ergänzt.

Der 7. Weg schließlich ist das Paradigma der kontinuierlichen Verbesserung der *ganzen Person*. Er steht für Bildung, Lernen und immer neue innere Verpflichtungen. Im Grunde geht es um das, was die Japaner *Kaizen* nennen. Das können Sie sehr gut an dem Kreisdiagramm erkennen, auf das ich in diesem Buch immer wieder verweise. Hier sehen Sie einen Pfeil, der den Kreis nicht schließt, sondern eine aufwärts gerichtete Spirale erzeugt. Diese Aufwärtsspirale steht für die ständige Verbesserung in den vier Bereichen, in denen wir die Freiheit haben, zu wählen.

Das Werkzeug für Vorbilder: Das persönliche Planungssystem

Das Vorbildsein kommt immer zuerst. Zudem schlägt es sich vor allem in den drei anderen Rollen effektiver Führung nieder. Deshalb besteht Ihre erste Aufgabe darin, einen FOKUS in Ihr Leben zu bringen. Sie müssen entscheiden, was Ihnen am wichtigsten ist. Was sind Ihre höchsten Werte? Welche Vision haben Sie für Ihr Leben? Was ist mit Ihren Rollen zu Hause, als Vater, Mutter, Großvater, Großmutter, Onkel, Tante, Bruder, Schwester, Vetter, Kusine, Sohn oder Tochter? Welche Art von Dienst möchten Sie der Gesellschaft, Ihrer Gemeinde, Ihrem Verein, Ihren Nachbarn oder anderen Bedürftigen erweisen? Wie wichtig ist Ihnen Ihre Gesundheit? Was wollen Sie für Ihre Gesundheit, Ihren Körper und Ihre Fitness tun? Wie wichtig sind Ihnen Ihr Verstand, Ihre Bildung, Ihr Wachstum und Ihre Weiterentwicklung? Und was ist mit Ihrer Arbeit? Wo liegen Ihrer wahren Talente? Was weckt Ihre Leidenschaft? Was sind die größten Bedürfnisse in Ihrer Organisation und im Markt? Bei welchen Projekten und Initiativen inspiriert Ihr Gewissen Sie zum Handeln? Wie können Sie in Ihrem Job wirklich etwas bewirken? Was soll Ihr Lebenswerk sein?

Fragen über Fragen. Aber wie können Sie es schaffen, sich auf das Wesentliche zu konzentrieren? Der Schlüssel zur Fokussierung ist ein *persönliches Planungssystem.* Ob auf Papier oder am Computer: Als Erstes halten Sie in Ihrem Zeitplanungssystem fest, was Ihnen am wichtigsten ist. Dann bauen Sie Ihre obersten Prioritäten in Ihre Zeitplanung ein. Achten Sie darauf, dass Sie ein Gleichgewicht zwischen Struktur und Disziplin einerseits und Spontaneität andererseits herstellen. Kurz gesagt: Denken Sie an Fokus und Ausführung.

Noch stärker als das Visualisieren verbindet das Schreiben das Bewusstsein mit dem Unterbewussten. Es ist eine psychoneuromuskuläre Aktivität, die sich in einem ganz wörtlichen Sinn ins Gehirn einprägt. Davon können Sie sich sehr leicht selbst überzeugen, und zwar noch heute. Unmittelbar bevor Sie ins Bett gehen, schreiben Sie drei Dinge auf, die Sie am nächsten Morgen als Erstes tun oder an die Sie als Erstes denken wollen. Gehen Sie schlafen und warten Sie ab, was passiert. Fast immer werden Sie beim Aufwachen an die drei Dinge denken, die Sie sich notiert haben.

- **Nur ein Drittel der Teilnehmer der xQ-Befragung hat ein persönliches Planungssystem.**

Ein persönliches Planungssystem kann man auf völlig unterschiedliche Art führen. Entscheidend ist: Das Ganze muss Ihnen helfen, sich auf Ihre obersten Prioritäten zu fokussieren. Manche Menschen – ich selbst gehöre übrigens auch dazu – sind überzeugt, dass ein Planungssystem ihnen mehr Freiheit verleiht. Andere dagegen empfinden es als einengend. In jedem Fall muss ein wirkungsvolles Planungs- und Organisationssystem drei Kriterien erfüllen: Es muss in Ihr Leben *integriert* sein und zu Ihrem Lebensstil passen; es muss *mobil* und immer und überall nutzbar sein; und es muss *personalisiert*, also auf Ihre speziellen Bedürfnisse zugeschnitten sein.

Ein gutes Planungssystem zu finden, ist der erste Schritt. Aber wie können Sie sicherstellen, dass die Dinge, auf die Sie sich konzentrieren, auch klar an dem ausgerichtet sind, was Ihnen am wichtigsten ist? Dafür gibt es einen einfachen Prozess. Die einzelnen Schritte zeigt Ihnen die Produktivitätspyramide in der Abbildung 8.5.

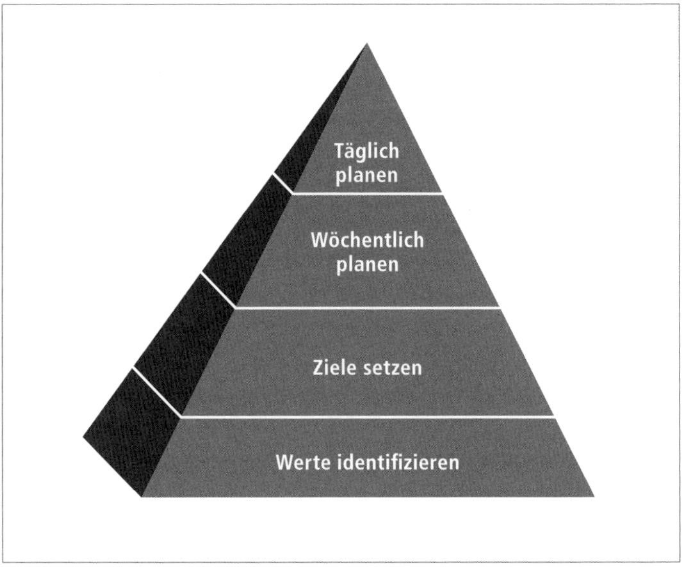

Abb. 8.5

Als Erstes müssen Sie Ihre *wichtigsten Werte ermitteln*. Elvis Presley sagte einmal: »Werte sind wie Fingerabdrücke. Jeder von uns hat andere. Doch wir hinterlassen sie an allem, was wir machen.« Ich habe ja schon darüber gesprochen, dass diese Werte in *Prinzipien* verankert sein müssen. Denn nur so bekommt Ihr Leben einen unveränderlichen Kern und eine innere Quelle von Sicherheit, Orientierung, Weisheit und Kraft. Der beste Schlüssel dazu dürfte sein, ein persönliches Leitbild zu verfassen. Das Leitbild beschreibt, was Ihnen am wichtigsten ist – einschließlich Ihrer Vision und Ihrer Werte. Mithilfe dieses Leitbilds können Sie dann Prioritäten in Ihrem Leben setzen. Einmal kam eine Frau zu mir und sagte: »Ich habe miterlebt, wie mein Vater gestorben ist. Wir standen uns sehr nahe. Es war eine sehr emotionale Erfahrung. Ich erinnere mich daran, was Sie in Ihrem Buch zu den 7 Wegen geschrieben haben. Es ging um den 2. Weg – schon am Anfang das Ende im Sinn haben. Sie haben erklärt, wie man diesen Weg besonders effektiv umsetzen kann. Dazu haben Sie empfohlen, dass man vier Reden schreibt, die man sich für seine eigene Beerdigung wünschen würde: eine von einem Menschen, den man liebt; eine von einem Freund; eine von einem Arbeitskollegen; und eine von jemandem, mit dem man in einer Organisation zusammengearbeitet hat – beispielsweise in einem Verein oder in der Gemeinde. Als mein Vater starb und wir dann die Beerdigung vorbereiteten, habe ich mich wieder daran erinnert. Doch diesmal nahm ich die Idee, ein persönliches Leitbild zu schreiben und dabei zu klären, was mir am wichtigsten ist, zum ersten Mal richtig ernst.«

Als Zweites müssen Sie Ihre wichtigsten *Rollen* identifizieren – beispielsweise Mutter oder Vater, Tochter oder Sohn, Freund, Mitarbeiter, Kollege, Teamleiter, Vereinsmitglied oder freiwilliger Helfer in einem Ehrenamt. Wenn Sie das gemacht haben, dann *setzen* Sie *sich Ziele* für die Woche. Achten Sie darauf, dass Ihre Ziele auf die Werte und die Rollen ausgerichtet sind, die Sie ermittelt haben. Ihr persönliches Planungssystem wird Ihnen helfen, sich Ziele zu setzen, die erreichbar sind, für deren Umsetzung Sie selbst verantwortlich sind und die Sie in kleinere Schritte aufgliedern können. Wie stark Sie diesen Zielen innerlich verpflichtet sind, hängt davon ab, wie eng diese mit Ihren Werten verbunden sind. Ein klares Bewusstsein Ihrer Rollen und Ziele ermöglicht es Ihnen, eine Balance in Ihrem Leben herzustellen.

Die dritte Ebene der Pyramide ist die *Wochenplanung*. Die Wochenplanung bietet Ihnen die Chance, über Ihre Rollen nachzudenken, die wichtigsten Prioritäten, die »großen Steine« auszusuchen und ausreichend Zeit dafür zu reservieren.

An der Spitze der Produktivitätspyramide steht schließlich die *Ta-*

gesplanung. Dazu legen Sie realistische To-do-Listen an, ordnen den Aufgaben klare Prioritäten zu und gehen die für den jeweiligen Tag angesetzten Termine noch einmal durch.

Im Buch *Der Weg zum Wesentlichen*, das ich zusammen mit Rebecca und Roger Merrill geschrieben habe, finden Sie ausführliche Informationen über persönliche Leitbilder und Planungssysteme. Einen wichtigen Hinweis möchte ich Ihnen aber hier noch geben: Wer sich auf die *Tages*planung beschränkt, steht ständig unter Stress und verschwendet sein Leben mit unwichtigen Dingen. Er wird seine Zeit vor allem mit Dringlichkeiten und Krisenmanagement verbringen. Die Dringlichkeit wird dann zur obersten Priorität. Ja, sie kann sogar zur Sucht werden. Deshalb sollten Sie unbedingt einen Wochenplan erstellen, der Ihren wichtigsten Werten und Zielen konsequent den Vorrang gibt.

Film: »Große Steine«

In dem Buch *Der Weg zum Wesentlichen* arbeiten wir mit einer wunderbaren Metapher. Sie steht für unsere Lebensbalance, unsere Werte und das Erreichen jener Ziele, die uns am wichtigsten sind. Bei einem meiner Seminare haben wir eine Demonstration dieser Metapher auf Video aufgenommen.
Das Video trägt den Titel *Große Steine*. Es zeigt sehr klar, wie wir unsere drei Geburts-Geschenke – die Freiheit, zu wählen, die Prinzipien und die vier Intelligenzen – nutzen können, um in unserem Leben positive Veränderungen herbeizuführen. Wenn Sie mögen, können Sie sich das Video jetzt auf der beiliegenden DVD anschauen.
Aus dem Video kann man sehr viel lernen. Die wichtigste Erkenntnis ist ganz einfach: *Wenn das Leben ein Gefäß ist, muss man die großen Steine zuerst hineinlegen*. Was passiert, wenn Sie Ihr Gefäß zunächst mit kleinen Steinen gefüllt haben und es dann zu einer großen Krise mit einem Ihrer Kinder, einem gesundheitlichen Problem, einem finanziellen Rückschlag oder einer wirklich einmaligen Chance kommt? Dann haben Sie in Ihrem Leben keinen Platz mehr für die großen Steine.
Deshalb: Denken Sie immer zuerst an die großen Steine!
Denn das sind die Dinge, die Ihnen am meisten bedeuten.

Hauptsache ist, dass die Hauptsache die Hauptsache bleibt. Bestimmen Sie, was in Ihrem Leben am wichtigsten ist. Treffen Sie Ihre Entscheidungen immer im Hinblick auf die großen Steine. Unsere drei Geburts-Geschenke helfen uns, solche Entscheidungen zu treffen und selbst die kreative Kraft in unserem Leben zu werden.
Wenn in Ihnen ein »Ja« für Ihre großen Prioritäten brennt, dann können Sie zu Dingen, die zwar dringend, aber nicht wichtig sind, leicht »Nein« sagen. Lächelnd, freundlich, und ohne Gewissensbisse: »Nein!«

Frage & Antwort

Dass man in seinem Unternehmen vertrauenswürdige Leute braucht, wenn Vertrauen herrschen soll, leuchtet ein. Was macht man aber, wenn man Kunden hat, die diese vertrauenswürdigen Leute beleidigen und schlecht behandeln?

Feuern Sie solche Kunden! Ich kenne ein sehr bekanntes Unternehmen, das den Kunden, die seine Mitarbeiter ganz offensichtlich immer wieder schlecht behandeln, einen Brief schreibt. Darin wird den Kunden mitgeteilt, dass man mit ihnen keine Geschäfte mehr machen will. Allerdings wäre es eine viel bessere und intelligentere Lösung, gemeinsam mit dem Kunden nach einer dritten Alternative zu suchen. Hier ist gute Kommunikation gefragt. Denn dazu muss man dem anderen immer zuerst zuhören.

KAPITEL 9

Die Stimme und Schnelligkeit des Vertrauens

Vertrauen zu genießen ist ein größeres Kompliment, als geliebt zu werden.
GEORGE MACDONALD

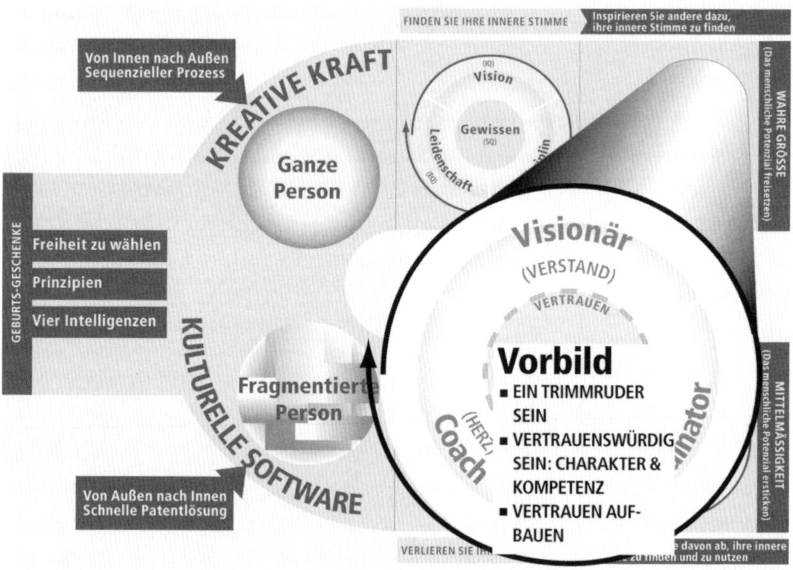

Abb. 9.1

Wenn wir unseren Einfluss ausdehnen und *andere dazu inspirieren* wollen, *ihre innere Stimme zu finden,* bewegen wir uns in die Welt der Beziehungen hinein. Denn wörtlich genommen bedeutet *inspirieren,* jemand anderem Leben einzuhauchen. Was aber braucht man, um starke Beziehungen aufzubauen? Einerseits erfordert das ein charakterliches Fundament aus innerer Sicherheit, Überfluss-Mentalität und moralischer Autorität. Über diese Dinge haben wir im ersten Teil dieses Buchs ja schon gesprochen. Andererseits müssen wir neue, unverzichtbare interpersonelle FÄHIGKEITEN entwickeln. Sie helfen uns, die vielfältigen Herausforderungen in unseren Beziehungen zu meistern. Deshalb geht es in den beiden nächsten Kapiteln zum Thema Vorbild um die Entwicklung dieser Fähigkeiten.

Auf der ganzen Welt wird Arbeit fast ausschließlich durch Beziehungen zwischen Menschen und in Organisationen gemacht. Doch wie sieht die Kommunikation aus, wenn hier kein Vertrauen herrscht? Dann ist gute Kommunikation gar nicht möglich! Sie ist wie ein Gang über ein Minenfeld. Und was ist, wenn Ihre Kommunikation zwar klar und präzise ist, es aber an Vertrauen mangelt? In diesem Fall werden Sie immer nach verborgenen Bedeutungen und versteckten Motiven Ausschau halten. Mann könnte auch sagen: Dass es an Vertrauen fehlt, ist die Definition einer schlechten Beziehung. Mein Sohn Stephen sagt völlig zu Recht: »Zu wenig Vertrauen ist die höchste indirekte Steuer.« Diese indirekte Steuer ist sogar höher als die Summe aller anderen direkten und indirekten Abgaben eines Unternehmens!

Die Schnelligkeit des Vertrauens

Was zeichnet die Kommunikation aus, wenn großes Vertrauen herrscht? Dann ist sie einfach, sie erfordert keine Mühe und läuft blitzschnell ab. Und wenn man bei großem Vertrauen Fehler macht? Dann spielen sie so gut wie keine Rolle. Die Leute kennen Sie ja und sagen: »Machen Sie sich deswegen keine Gedanken. Ich weiß schon, was Sie meinen. Schließlich kenne ich Sie ja.« So etwas kann keine Technologie der Welt! Vielleicht ist das auch ein Hauptgrund dafür, dass das Herz wichtiger ist als der Verstand. Wenn jemand hirntot ist, lebt er weiter, solange sein Herz noch schlägt. Ist aber das Herz tot, ist der Mensch tot.

Mein Sohn Stephen sagt: »Nichts ist so schnell wie das Vertrauen.« Es ist schneller als alles andere – sogar schneller als das Internet. Denn wenn Vertrauen herrscht, werden Fehler vergeben und vergessen. Vertrauen ist der Kitt des Lebens, es ist der Zement, der Organisationen, Kulturen und Beziehungen zusammenhält. Ironischerweise entsteht Vertrauen gerade durch die Schnelligkeit einer langsamen Bewegung. Menschen gegenüber ist schnell nämlich langsam und langsam schnell. Was ich damit genau meine? Die folgende, kleine Geschichte wird es Ihnen erklären:

Vor ein paar Jahren besuchte ich einen Freund, der gerade ein großes geschäftliches Projekt abgeschlossen hatte. Ich war mit seiner Arbeit gut vertraut und gratulierte ihm zu der ungeheuer positiven Wirkung, die sie auf das Leben von Tausenden von Menschen hatte. Dann fragte ich ihn, was er während des Projekts alles gelernt hatte. Er sagte: »Weißt du, Stephen, ich bin sicher, dass ich dieses zweijährige Projekt im Rückblick als einen der wichtigsten Beiträge meines Lebens betrachten werde.« Er hielt inne, lächelte kurz und fügte dann mit tiefer Überzeugung hinzu: »Willst du wissen, was ich wirklich gelernt habe? Dass mir dieses Projekt ohne eine enge, vertrauensvolle Beziehung zu meiner Frau gar nichts bedeutet!« Ich wurde neugierig und fragte: »Wirklich?« Er spürte mein Interesse und erzählte mir die ganze Geschichte:

> *Als man mich bat, die Leitung des Projekts zu übernehmen, war ich von dieser Chance begeistert. Meine Frau und meine Kinder unterstützten mich, sodass ich mich voll hineinknien konnte. Ich spürte das Gewicht großer Verantwortung. Das Ziel vor Augen spornte mich an und gab mir unglaublich viel Energie. Im zweiten Jahr arbeitete ich praktisch Tag und Nacht. Ich war bis zu den Haarspitzen von der Bedeutung meiner Arbeit erfüllt. Aber ich hatte auch das Gefühl, dass es mir gelang, gut ins Leben der Kinder einbezogen zu bleiben. Schließlich sah ich mir ja ihre Fußballspiele und Ballettvorführungen an. Und abends aß ich meistens zu Hause mit der ganzen Familie. Ich war der Ansicht, dass ich das alles ziemlich gut hinbekam. Die letzten sechs Monate waren am intensivsten. In dieser Zeit fiel mir auf, dass meine Frau mir gegenüber oft gereizt war – meistens wegen absoluter Kleinigkeiten. Das erschien mir zumindest so. Es ärgerte mich immer mehr, dass sie so wenig Verständnis für meine Arbeit aufbrachte. Ich*

konnte nicht verstehen, weshalb sie mich gerade in dieser entscheidenden Phase nicht besser unterstützte. Die Kommunikation zwischen uns wurde immer angespannter – selbst wenn es nur um belanglose Dinge ging. Als das Projekt endlich abgeschlossen war, wollte sie nicht einmal mit zur Abschlussfeier gehen. Sie kam dann zwar doch mit. Es machte ihr aber offensichtlich keinen Spaß. Ich wusste, dass wir miteinander sprechen – wirklich sprechen – mussten. Das machten wir dann auch, und die Schleusen öffneten sich.

Sie erzählte mir, wie es gewesen war, die ganze Zeit über »allein« zu sein. Selbst wenn ich zu Hause war, hatte sie das Gefühl, ich sei irgendwo anders. Da unsere traditionellen wöchentlichen Ausgeh-Abende viel seltener geworden waren und ich gewöhnlich noch aufblieb, wenn sie ins Bett ging, sprachen wir nicht mehr so miteinander wie früher. Sie fühlte sich immer isolierter, nicht geschätzt und abgekoppelt. Ich erzählte ihr kaum noch etwas. Meine Fokussierung auf meine Arbeit und meine anderen Verpflichtungen erinnerte sie ständig daran, worauf meine Gedanken und Gefühle nicht gerichtet waren. Ich hatte sogar ihren Geburtstag vergessen, bis er schon halb vorbei war! Das Schlimmste daran war, dass es ihr wie ein Symbol dafür erschien, wie das ganze Jahr für sie gewesen war.

Als ich sie fragte, warum sie nicht früher mit mir über ihre Sorgen gesprochen hatte, sagte sie, sie hätte mich nicht aufregen und von dem Projekt ablenken wollen. Ich blickte ihr in die Augen und sah tiefen Schmerz und große Einsamkeit. Jetzt fühlte ich mich wirklich schrecklich. Wie war es nur möglich, dass ich nicht gemerkt hatte, was in ihr vorging? Dass sie offen von ihrer Einsamkeit sprach, half mir zu erkennen, wie leer ich selbst die ganze Zeit über gewesen war. Wir waren beide weniger effektiv geworden – persönlich und als Paar. Ich entschuldigte mich bei ihr und versicherte ihr, dass für mich nichts und niemand auf der Welt wichtiger war als sie. Doch meine Worte drangen offenbar nicht zu ihr durch. Mir wurde klar, dass ich ihr viel zu lange etwas anderes vermittelt hatte. Meine Entschuldigung und meine Verpflichtung, in meinem Leben andere Prioritäten zu setzen, halfen zwar. Doch sie machten die Lage nicht einfach über Nacht besser. Ich musste immer wieder mit ihr sprechen, ihr Einblick in mein Inneres gewähren, da sein, ihr Versprechen geben und halten, am Ende des Tages die Arbeit zugunsten der Familie beiseiteschieben.

Ich tat wirklich alles, um diesen Weg zu gehen. Wenn ich auch nur ein kleines bisschen von ihm abgekommen war, entschuldigte ich mich sofort bei meiner Frau. Doch um das Gefühl des Vertrauens und der emotionalen Verbundenheit wieder vollständig herzustellen und noch stärker zu machen als vorher, waren Tage, Wochen und Monate beharrlichen Bemühens nötig.

Seit diesem Gespräch hat mein Freund zwei weitere mehrjährige Projekte abgeschlossen. Diese Projekte waren ebenso schwierig und wichtig wie das erste. Doch seine Beziehung zu seiner Frau ist dadurch stärker geworden. Er versteht seine Frau jetzt viel besser und hat sich innerlich ihr gegenüber verpflichtet. So hat seine schmerzhafte Erfahrung während des ersten Projekts zu dauerhaften positiven Veränderungen geführt. Vor Kurzem sprach er mit mir darüber, welche Erkenntnisse er inzwischen gewonnen hat:

Inzwischen habe ich gelernt: Selbst wenn man wirklich auf seine Ehe verpflichtet ist, seine Frau liebt, in gegenseitiger Treue und Loyalität lebt und die Erziehung seiner Kinder wichtig nimmt, kann es passieren, dass die Beziehung und das Vertrauen sich verschlechtern. Um jemanden zu verletzen, braucht man keine schroffen, unfreundlichen Worte auszusprechen oder sich respektlos zu verhalten. Bei jemandem, der einem sehr nahesteht, reicht es, das Herz, den Verstand und den Geist zu vernachlässigen.

Beziehungen und Vertrauen bleiben nicht konstant. Man kann sie nur aufrechterhalten und vertiefen, wenn man sie durch Freundlichkeit, Rücksicht, Wertschätzung und Dienen aktiv nährt und regelmäßig pflegt. Ich habe gelernt, dass sowohl die Qualität unserer Ehe als auch mein eigenes Glück kaum etwas mit dem zu tun haben, was sie für mich macht. Das alles hängt davon ab, was ich jeden Tag dafür tue, um ihr Glück zu vergrößern, ihre Lasten mitzutragen und bei den Dingen, die uns besonders am Herzen liegen, ihr Partner zu sein. Ich habe gelernt, dass die Harmonie und die Liebe in der Beziehung zu meiner Frau eine der größten und stärksten Kraftquellen in meinem Leben sind.

Das gilt nicht nur für unser gemeinsames Engagement in der Familie, sondern in jedem Bereich meines Lebens – auch im Beruf. Unsere Beziehung ist eine Quelle der Kraft, des Friedens, der Freude, der Zugehörigkeit und Energie. Sie spornt mich zu Bestleistungen und zu Kreativität an und auch dazu, mein Bestes zu geben und Beiträge zu leisten.

Letztendlich habe ich gelernt, dass für starke Beziehungen echte Anstrengungen und Opfer nötig sind. Sie erfordern, dass man das Wohlergehen, Wachstum und Glück eines anderen Menschen über das eigene stellt. Und das lohnt sich! Diese Anstrengungen sind nämlich das Tor zu unserem eigenen Glück. Was würden wir tun ohne die Sogwirkung solcher Beziehungen, die uns helfen, über uns selbst hinauszuwachsen und unser wahres Potenzial zu entwickeln?

Moralische Autorität und die Schnelligkeit des Vertrauens

Die Erfahrung meines Freundes verdeutlicht sehr eindrucksvoll, dass auch Beziehungen Naturgesetzen unterliegen. Dauerhaftes Vertrauen in einer Beziehung kann man nicht vortäuschen, und es entsteht nur selten durch eine beeindruckende, einmalige Aktion. Nein, es ist die Frucht regelmäßiger, vom Gewissen und vom Herzen inspirierter Bemühungen.

In den 7 *Wegen zur Effektivität* habe ich eine Metapher für das Vertrauen eingeführt, die ich das *emotionale Beziehungskonto* nenne. Es ist wie ein Bankkonto, bei dem man Einzahlungen und Abhebungen vornehmen kann. Allerdings handelt es sich hier nicht um Geld, sondern um emotionale Einzahlungen und Abhebungen. Sie können unsere Beziehungen aufbauen oder zerstören. Wie alle Metaphern hat auch diese ihre Grenzen, wenn man sie zu sehr strapaziert. Grundsätzlich ist sie jedoch eine starke und zugleich einfache Beschreibung für die Qualität einer Beziehung.

In Tabelle 4 sehen Sie zehn zentrale Einzahlungen und Abhebungen, die wir bei anderen vornehmen können. Sie haben meiner Erfahrung nach eine tief greifende Wirkung auf den Grad des Vertrauens in unseren Beziehungen. Die Tabelle zeigt Ihnen auch die *Opfer, die nötig sind, um Einzahlungen zu tätigen*. Zudem habe ich die *Prinzipien*, auf denen die verschiedenen Einzahlungen beruhen, für Sie aufgelistet.

Moralische Autorität und die Schnelligkeit des Vertrauens			
EINZAHLUNGEN	**ABHEBUNGEN**	**ERFORDERLICHES OPFER**	**VERKÖRPERTE PRINZIPIEN**
Erst verstehen wollen	*Erst verstanden werden wollen*	Ungeduld, Ego, die eigene Agenda	Gegenseitiges Verstehen
Versprechen halten	*Versprechen brechen*	Launen, Gefühle, Zeit	Integrität/Umsetzung
Ehrlichkeit, Offenheit	*Unterschwellige Manipulation*	Ego, Arroganz, Kontrolle	Vision/Werte, Integrität/Umsetzung, gegenseitiges Verstehen
Freundlichkeiten, Gefälligkeiten	*Unfreundlichkeiten, Ungefälligkeiten*	Ich, Zeit, Auffassungen, Stereotype, Vorurteile	Vision/Werte, Integrität/Umsetzung
»Gewinn/Gewinn oder kein Geschäft«-Denken	*Gewinn/Verlust- oder Verlust/Gewinn-Denken*	»Gewinnen heißt schlagen«, Konkurrenz-denken	Gegenseitiger Respekt/ Vorteil
Erwartungen klären	*Erwartungen verletzen*	Einschmeichelnde Kommunikation	Gegenseitiger Respekt/ Vorteil, gegenseitiges Verstehen, kreative Ko-operation, Erneuerung
Loyalität gegenüber Abwesenden	*Illoyalität, Doppel-züngigkeit*	Ein Teil der sozialen Akzeptanz, »Herzmassage«	Vision/Werte, Integrität/Umsetzung
Entschuldigungen	*Stolz, Eitelkeit, Arroganz*	Ego, Arroganz, Stolz, Zeit	Vision/Werte, Integrität/Umsetzung
Feedback annehmen, »Ich«-Botschaften senden	*Feedback nicht annehmen, »Du«-Botschaften senden*	Ego, Arroganz, Stolz, reaktive Kommunikation	Gegenseitiges Verstehen
Vergebung	*Unversöhnlichkeit*	Stolz, Ich-Zentriertheit	Vision/Werte, Integrität/Umsetzung

Tab. 4

Haben Sie erkannt, weshalb die zehn Einzahlungen Vertrauen aufbauen? Weil sie zentrale Prinzipien der menschlichen Beziehungen verkörpern. Und was sind Ihrer Meinung nach die gemeinsamen Elemente aller dieser Einzahlungen? Meiner Ansicht nach ist *einer* dieser gemeinsamen Nenner die *Initiative*, die sich aus unserer Willenskraft und unserer Entschlossenheit zusammensetzt. Sie sehen sicher, dass diese Einzahlungen alle in Ihren Einflussbereich fallen. Das heißt: Jede liegt innerhalb Ihrer Fähigkeit, andere zu beeinflussen. Da diese Einzahlungen auf Prinzipien beruhen, schaffen sie moralische Autorität oder Vertrauen. Man kann die Einzahlungen nicht vornehmen, den Mut, die Initiative und die Entschlossenheit nicht aufbringen, wenn man nicht in der Lage ist, die »20 emotionalen Liegestütze« auf der persönlichen Ebene zu machen.

Und was ist der zweite gemeinsame Nenner dieser Einzahlungen? Ich würde sagen: das Fehlen von Selbstsucht und das Vorhandensein von *Bescheidenheit.* Alle zehn Einzahlungen erfordern die Bereitschaft, sich einem anderen Menschen, einem Prinzip oder einer höheren Sache unterzuordnen. Sie verlangen die Erkenntnis, dass es im Leben nicht nur um mich und meine Belange geht. Der Philosoph Martin Buber nannte eines seiner Hauptwerke *Ich und Du.* Genau darauf kommt es an: dass wir tiefe Ehrfurcht vor dem Wert und dem Potenzial jedes Einzelnen empfinden.

Wenn wir keine regelmäßigen Einzahlungen in unsere Beziehungen machen, können sich moralische Autorität, Vertrauen und Verbundenheit im Laufe der Zeit verflüchtigen. Ob im Privatleben oder im Beruf: Das gilt besonders für die Beziehungen zu den Menschen, die uns besonders nahestehen. Ihre Erwartungen sind einfach viel höher. Bei Leuten, die wir seit Jahren nicht gesehen haben, können wir oft da wieder anfangen, wo wir aufgehört haben. Das Vertrauen, die Verbundenheit und die Liebe werden sofort wiederhergestellt, weil der andere keine ständigen Einzahlungen erwartet hat.

- **Moralische Autorität ist die prinzipienbasierte Ausübung der Freiheit, zu wählen, die fast immer irgendein Opfer beinhaltet.**

Ein drittes gemeinsames Element dieser zehn Einzahlungen ist, dass sie ein *Opfer* erfordern. Das trifft auf die meisten lohnenden Dinge im Leben zu. Deswegen lautet eine besonders treffende Definition von »Opfer«: Etwas – sogar etwas Gutes – für etwas Besseres aufzugeben! Sind Sie bereits mit dem emotionalen Beziehungskonto vertraut?

Dann sollten Sie es ab jetzt mit anderen Augen betrachten. Öffnen Sie sich neuen, tieferen Erkenntnissen, die es Ihnen ermöglichen, Ihre eigene innere Stimme zu finden und andere dazu zu inspirieren, ihre innere Stimme zu finden. Denken Sie daran: Jede Einzahlung bietet Ihnen die Chance, Ihre Geburts-Geschenke zu nutzen, um eine ineffektive persönliche Gewohnheit zu opfern und sie durch effektive Verhaltensweisen zu ersetzen, die in den Beziehungen zu anderen moralische Autorität aufbauen.

Kein System kann sich lange die Loyalität der Menschen sichern, wenn es von ihnen nicht eine gewisse Disziplin, insbesondere Selbstdisziplin, erwartet. Die Kosten der Bequemlichkeit können hoch sein, das Opfer kann real sein. Aber diese so anspruchsvolle Realität ist die Substanz, aus der Charakter, Stärke und Adel erwachsen. Toleranz hat noch nie Größe hervorgebracht. Integrität, Loyalität und Stärke sind Tugenden, deren Muskeln durch unsere inneren Kämpfe entwickelt werden, wenn wir gemäß den Anforderungen der göttlichen Wahrheit Selbstdisziplin üben.

GORDON B. HINCKLEY[1]

Erst verstehen wollen

Weshalb ist »Erst verstehen wollen« die erste Einzahlung? Aus einem ganz einfachen Grund: Solange man den anderen nicht wirklich versteht, weiß man gar nicht, was er als Einzahlung betrachten würde. Was für Sie selbst eine große Einzahlung ist, kann für den anderen eine ganz kleine Summe oder sogar eine Abhebung sein. Was für Sie selbst ein wichtiges Versprechen ist, kann dem anderen völlig unwichtig sein. Wie Sie Ihre Ehrlichkeit, Offenheit, Freundlichkeit und Höflichkeit zum Ausdruck bringen, kann völlig anders wahrgenommen werden, wenn andere es durch ihre einzigartige kulturelle oder persönliche Brille, durch einen völlig anderen Bezugsrahmen betrachten. Die den einzelnen Einzahlungen zugrunde liegenden Prinzipien gelten zwar in allen Situationen, doch um zu wissen, wie man konkret vorgehen sollte, muss man andere innerhalb *ihres* Bezugsrahmens verstehen.

Nachdem sie die Idee der Einzahlungen auf das emotionale Beziehungskonto kennengelernt hatte, beschloss eine Frau, es auszuprobieren. Sie machte folgende Erfahrung:

Ich beschloss, etwas Besonderes für meinen Mann zu tun, um unsere Beziehung zu verbessern. Ich glaubte, dass es ihn glücklicher machen würde, wenn die Kinder abends bei seiner Heimkehr saube-

re Sachen anhatten und wenn ich die Wäsche schneller erledigen würde.

Also war ich zwei Wochen lang Miss Superwaschfrau. Doch ich habe nicht das geringste Feedback von ihm bekommen. Überhaupt nichts! Ich glaube, er hat es nicht einmal bemerkt. Das machte mich richtig sauer.

»Das ganze Zeug ist doch überhaupt nichts wert!«, dachte ich. Eines Abends, als er sich einfach so in die frische Bettwäsche gekuschelt hatte, kam mir dann aber plötzlich die Erleuchtung.

»O Gott! Ihm ist es völlig egal, ob Zacs Gesicht sauber ist oder seine Jeans gewaschen sind! Diese Dinge machen mich glücklich. Ihm wäre es viel wichtiger, dass ich ihm den Rücken kraule oder für Freitagabend einen Tisch im Restaurant bestelle.« Ich hätte mich ohrfeigen können.

Da mühte ich mich mit der Wäsche ab – und ihm bedeuteten all diese Einzahlungen auf das Beziehungskonto rein gar nichts!

So lernte ich auf sehr mühsame Weise etwas ganz Wesentliches: Einzahlungen auf das Beziehungskonto müssen dem anderen etwas bedeuten.

Ich habe selbst immer wieder erfahren, was für eine positive Wirkung es hat, wenn man den anderen verstehen will. Als ich einmal von einer sehr angesehenen, einflussreichen Führungspersönlichkeit um eine Analyse und Vorschläge im Hinblick auf die Wahl eines neuen Universitätsrektors gebeten wurde, machte ich eine der tiefgründigsten Kommunikationserfahrungen in meinem ganzen Leben. Er war aus seinem Büro ins Vorzimmer gekommen, wo ich auf meinen Termin wartete. Nach der Begrüßung führte er mich freundlich in sein Büro. Er deutete auf einen Stuhl neben seinem. Beide Stühle waren direkt vor seinem Schreibtisch, sodass wir uns bei dem Gespräch in die Augen sehen konnten und nichts zwischen uns stand. Dann sagte er: »Stephen, vielen, vielen Dank, dass Sie gekommen sind! Ich möchte wirklich gern verstehen, was ich Ihrer Ansicht nach verstehen soll.«

Auf diesen Besuch hatte ich mich sehr lange vorbereitet. Ich hatte eine schriftliche Zusammenfassung meiner Präsentation ausgearbeitet. Ich gab ihm eine Kopie und ging die Zusammenfassung dann langsam durch. Punkt für Punkt. Abgesehen von einigen Fragen, die der Klärung dienten, unterbrach er mich kein einziges Mal. Er hörte mir so intensiv und vollständig zu, dass ich am Ende meiner 30-minütigen

Präsentation das Gefühl hatte, ganz verstanden worden zu sein. Er äußerte keinerlei Kommentare – keine Zustimmung, keinen Widerspruch, keine Verpflichtung. Am Ende stand er einfach auf, sah mir in die Augen und schüttelte mir die Hand. Dabei sagte er, dass er mich sehr bewundern und schätzen würde. Das war alles. Seine Offenheit, Freundlichkeit und Bescheidenheit sowie sein intensives Zuhören berührten mich sehr. Tiefe Dankbarkeit und Loyalität erfüllten mich. Ich fühlte mich vollkommen verstanden und wusste, dass er mir wirklich zugehört hatte und das Gesagte respektierte. Daher war ich uneingeschränkt bereit, seine Entscheidung zu unterstützen, wie auch immer sie ausfallen würde.

Ich war vorher schon oft mit jenem Mann zusammengetroffen. Doch diese Erfahrung echter Kommunikation – von Angesicht zu Angesicht, eins zu eins – verlieh ihm in meinen Augen so viel moralische Autorität, dass nie wieder eine persönliche Begegnung mit ihm nötig war, um sie zu erneuern oder wiederherzustellen. Selbst jetzt, in diesem Augenblick, spüre ich noch, welche Wirkung dieses wertvolle Gespräch auf mich hatte.

Versprechen geben und halten

Nichts zerstört das Vertrauen so schnell wie ein Versprechen, das gebrochen wird. Auch die Umkehrung gilt: Nichts baut größeres Vertrauen auf und stärkt es mehr, als ein gegebenes *Versprechen zu halten*.

Ein Versprechen zu geben ist leicht. Es stellt den anderen gewöhnlich schnell zufrieden. Das gilt besonders, wenn er sich wegen etwas Sorgen macht oder durch etwas unter Druck steht, wofür er Sie braucht. Wenn der andere mit dem Versprechen glücklich ist, mag er Sie. Und wir Menschen lieben es, gemocht zu werden.

Das, was wir uns am meisten wünschen, glauben wir besonders gern. Alle möglichen Leute fallen auf Abmachungen, Vereinbarungen und Versprechen herein, weil sie irgendetwas unbedingt wollen. Anzeichen dafür, dass ihr Wunsch doch nicht wahr werden könnte, ignorieren sie einfach.

Aber *Versprechen zu halten ist schwer*. Dafür muss man meist schmerzhafte Opfer bringen. Oft wird einem das erst richtig bewusst, wenn die angenehme Stimmung, in der man das Versprechen gegeben hat, verfliegt. Plötzlich sieht man sich mit der harten Wirklichkeit oder mit veränderten Umständen konfrontiert. Doch das Versprechen hat man schon gegeben.

Ich habe mir angewöhnt, das Wort *Versprechen* nie (»Okay, ich weiß, man soll niemals nie sagen!«) zu benutzen, wenn ich nicht uneingeschränkt dazu bereit bin, den Preis für seine Einhaltung zu zahlen. Das gilt ganz besonders gegenüber meinen Kindern. Sie haben mich häufig gebeten, zu sagen: »Ja, das verspreche ich dir.« Dann hätten sie nämlich die Gewissheit gehabt, dass ich keinen Rückzieher mache. Es wäre beinahe so, als *hätten* sie das, was sie wollten, bereits. »Ich verspreche es dir!« Oft war ich auch stark versucht, das nur deshalb zu sagen, um meine Kinder schnell zu beruhigen und den Frieden fürs Erste zu bewahren. Dazu reicht es nicht, wenn man sagt »Ich werde es versuchen«, »Das ist mein Ziel« oder »Das hoffe ich«. Hier wird nur ein »Ich verspreche es dir« akzeptiert.

Natürlich kam es hin und wieder vor, dass sich die Umstände änderten oder Dinge passierten, über die ich keine Kontrolle hatte. Dann habe ich meine Kinder darum gebeten, das zu verstehen und mich von meinem Versprechen zu entbinden. Meistens verstanden sie es tatsächlich und erfüllten mir meine Bitte. Die jüngeren Kinder aber verstanden es gewöhnlich nicht. Sie *sagten* zwar, sie würden es verstehen. Dadurch entbanden sie mich intellektuell von meinem Versprechen, doch die emotionale Verpflichtung blieb bestehen. Daher tat ich alles, um meine Versprechen doch zu halten. Wenn das absolut nicht möglich war, musste ich vorerst mit dem geringeren Vertrauen leben und mich bemühen, es langsam wieder aufzubauen.

Ehrlichkeit und Integrität

Der legendäre Basketball-Coach Rick Pitino fasste das Prinzip der Ehrlichkeit sehr treffend und sehr einfach zusammen: »Durch Lügen machen wir Probleme zu einem Bestandteil der Zukunft, durch die Wahrheit dagegen zu einem Bestandteil der Vergangenheit.«[2]

Ich habe einmal mit einem Bauunternehmer gearbeitet. Er war unglaublich offen und direkt im Hinblick auf die Herausforderungen, vor denen er stand, und sogar auf die Fehler, die er bei unserem gemeinsamen Projekt gemacht hatte. Ohne zu zögern übernahm er die

Verantwortung für seine Fehler. Er legte die finanzielle Entwicklung und alle Optionen, die wir in den verschiedenen Bauphasen hatten, vollständig transparent und nachvollziehbar dar. Deshalb vertraute ich ihm instinktiv und uneingeschränkt und verließ mich von da an auf sein Wort. Mir war klar, dass er unsere Interessen gegebenenfalls über seine eigenen stellen würde. Ich wusste, dass er bereit war, seinen Stolz und seinen natürlichen Drang, seine Fehler zu vertuschen und sich nicht selbst in peinliche Situationen zu bringen, seiner Integrität und unserer Beziehung unterordnen würde. Das ließ ein ungewöhnliches Band des Vertrauens zwischen uns entstehen. Dieses Vertrauen brachte ihm viele Aufträge ein.

> *Niemand kann über längere Zeit sich selbst gegenüber ein anderes Gesicht zeigen als gegenüber anderen. Früher oder später wird er sich fragen müssen, welches sein wahres Gesicht ist.*
>
> NATHANIEL HAWTHORNE[3]

Als ich an der Universität arbeitete, hatte ich einmal die Ehre, Gastgeber eines sehr bekannten Psychologen zu sein. Es handelte sich um den frühere Präsidenten eines US-amerikanischen Psychologenverbandes. Er galt als Vater der »Integritätstherapie«, einer psychologischen Behandlungsmethode, die davon ausgeht, dass wir nur dann inneren Frieden, wahres Glück und echte Ausgeglichenheit finden können, wenn wir in unserem Leben Integrität gegenüber unserem Gewissen zeigen. Dieser Mann war überzeugt, dass das Gewissen sich aus dem universellen Empfinden für Recht und Unrecht speist, das alle überdauernden Kulturen, Religionen und Gesellschaften gemeinsam haben.

Eines Nachmittags fuhr ich mit ihm in die Berge, um ihm die atemberaubende Aussicht zu zeigen. Ich ergriff die Gelegenheit und fragte ihn, wie es gekommen war, dass er an die Integritätstherapie glaubte.

Er sagte: »Das ist eine sehr persönliche Geschichte. Ich war manisch-depressiv. Der größte Teil meines Lebens war ein ständiges Auf und Ab. Wenn ich Menschen beriet, fühlte ich mich sehr gestresst und verwundbar. Ich versank immer wieder in Depressionen – manchmal so tief, dass ich mir fast das Leben nehmen wollte. Aufgrund meiner Berufsausbildung und meiner Arbeit war mir durchaus bewusst, was da passierte und dass ich extrem gefährdet war. Wenn es besonders schlimm wurde, ging ich in eine psychiatrische Klinik, um zu verhindern, dass ich mich tatsächlich umbrachte. Nach ein bis zwei Monaten kam ich wieder raus und kehrte zu meiner Arbeit zurück. Etwa ein Jahr später verfiel ich dann erneut in Depressionen, ging in die Klinik und machte irgendwann mit meiner Forschung und meinen Publikationen weiter.

Als ich Verbandspräsident war, wurde ich einmal so krank, so depressiv, dass ich nicht mehr zu den Versammlungen gehen und die mit meinem Amt verbundenen Verpflichtungen erfüllen konnte. An diesem Punkt fragte ich mich: ›Kann es sein, dass ich aus dem falschen Bezugsrahmen heraus arbeite und lebe?‹ Tief in meinem Inneren wusste ich, dass mein Leben seit vielen Jahren eine einzige Lüge war. Es gab einen dunklen Teil, zu dem ich mich nicht bekannt hatte.«

Als er mir all das erzählte, wurde ich sehr ernst und bescheiden. Außerdem hatte ich ein bisschen Angst vor dem, was er jetzt noch sagen könnte. Doch er fuhr fort: »Eines Tages beschloss ich, einen großen Schnitt zu machen. Ich beendete das Verhältnis mit meiner Geliebten und brachte die Dinge mit meiner Frau ins Reine. Und zum ersten Mal seit vielen Jahren verspürte ich inneren Frieden. Das war eine völlig andere Art von Frieden als der, den ich erfahren hatte, wenn ich aus meinen Depressionen auftauchte und wieder zurück an die Arbeit ging. Es war ein innerer Frieden, eine Ehrlichkeit mir selbst gegenüber, ein Einssein mit mir, Integrität. Damals fing ich an, mich mit der Theorie zu befassen, dass viele meiner Probleme darauf beruhen könnten, dass mein natürliches Gewissen ignoriert, verleugnet und verletzt wurde und ich dadurch meine persönliche Integrität verloren hatte. Also begann ich, dieses Konzept näher zu erforschen. Ich bezog andere Kliniker ein, die anfingen, aus diesem Paradigma heraus mit ihren Patienten zu arbeiten. Die Daten bestätigten mir, dass ich Recht hatte. So entstand schließlich die Integritätstherapie.«

Die Offenheit dieses Mannes und die Tiefe seiner Überzeugung beeindruckten mich sehr – und am folgenden Tag auch Hunderte von Studenten, denen er seine Geschichte zu meiner Überraschung freimütig in seiner Vorlesung erzählte. Bei seinem therapeutischen Ansatz waren das Vorleben und die Offenheit ganz wichtig. Außerdem bin ich davon beeindruckt, dass er so klar erkannte, dass persönliche Integrität nicht nur für alle unseren Beziehungen der zentrale Faktor ist, sondern auch für unsere psychische Gesundheit und unsere Fähigkeit, unsere Lebensziele effektiv zu verfolgen.

Freundlichkeiten und Gefälligkeiten

Menschen gegenüber zählen gerade die kleinen Dinge. Einmal kam am Ende des Semesters ein Student zu mir und lobte meinen Kurs. Dann aber sagte er: »Dr. Covey, Sie sind ein Fachmann für die zwischenmenschlichen Beziehungen, aber Sie kennen nicht einmal meinen Namen!« Er hatte recht! Ich war verärgert, verlegen und betroffen. Es wird Zeit, dass ich meine Neigung bekämpfe, ständig in intellektuelle Konzepte, Aufgabenorientiertheit und Effizienz abzutauchen. Wissen Sie, solange die Beziehungen nicht stark sind und es keine gemeinsamen Ziele gibt, ist diese Effizienz nämlich ineffektiv. Das gilt besonders gegenüber unsicheren Menschen. Bei ihnen erfordern Beziehungen viel Pflege. Bei Dingen ist das anders. Sie haben keine Gefühle. Wir Menschen aber schon, selbst die sogenannten großen Leute, die VIPs. Kleine Freundlichkeiten und Gefälligkeiten, die man anderen immer wieder erweist, bringen riesige Renditen. Das ist der Bereich der emotionalen Intelligenz.

Oberflächliche Techniken bewusster, gezielter Freundlichkeit durchschauen die Leute jedoch. Sie merken es, wenn sie manipuliert werden. Wahre Freundlichkeit, Gefälligkeit, Höflichkeit und Achtung stammen aus einem tiefen Charakter-Reservoir spiritueller Intelligenz. Sie machen einen großen Teil der sozialen FREUNDLICHKEITEN und der zeremoniellen Höflichkeit überflüssig.

Wenn ich daheim oder in der Schule mit Kindern spreche, sage ich oft zu ihnen, dass sie in den meisten Fällen bekommen können, was sie wollen. Dazu müssen sie nur vier Ausdrücke, die insgesamt aus lediglich neun Wörtern bestehen, aufrichtig und beständig nutzen:

Ein Wort: »Bitte.«
Ein Wort: »Danke.«
Drei Wörter: »Ich liebe dich.«
Vier Wörter: »Wie kann ich helfen?«

Erwachsene sind große Kinder.

»Gewinn / Gewinn oder kein Geschäft«-Denken

Gewinn / Verlust-Denken ist bei fast allen Verhandlungen und Problemlösungsprozessen *die* Grundannahme. Es erwächst aus der Mangel-Mentalität unserer Gesellschaft. Sie besagt: Je mehr der andere bekommt, desto weniger bleibt für mich. Das Ziel ist, selbst alles zu bekommen, was man will. Und das bedeutet, dass man versucht, den anderen zu manipulieren oder unterzubuttern, damit er einem möglichst viel zugesteht. Unzählige Menschen wollen Probleme mit anderen auf diese Weise lösen. Dabei machen sie nicht einmal vor Familienmitgliedern halt. Beide Parteien fechten die Sache aus, bis sich eine geschlagen gibt oder ein Kompromiss gefunden wird.

Bei einer Präsentation erklärte ich, worin der Schlüssel liegt, um aus dieser Gewinn/Verlust-Mentalität auszubrechen: Man muss vom Gefühl und vom Verstand her dazu kommen, den »Gewinn« der anderen Partei genauso gut zu finden wie den eigenen. Wenn man sich nicht auf etwas einlassen will, was für eine der Parteien ein Kompromiss ist, braucht man Mut, Überfluss-Denken und sehr viel Kreativität. Ich sagte außerdem, ein weiterer Schlüssel sei, von Anfang an die Option »kein Geschäft« im Hinterkopf zu haben. Es ist wichtig, dass Sie voll und ganz bereit sind, »kein Geschäft« zu machen. Sie müssen bereit sein, den Verhandlungstisch zu verlassen, sich im Guten zu trennen, falls nicht beide Parteien wirklich das Gefühl haben, dass das Ergebnis für sie ein Gewinn ist. Ansonsten werden Sie feststellen, dass Sie andere manipulieren, oft sogar einschüchtern oder bedrängen, Ihren Gewinn zu akzeptieren. Wenn »kein Geschäft« aber eine echte Option für Sie ist, können Sie ehrlich zum anderen sagen: »Falls dies für Sie kein wirklicher Gewinn ist und Sie das tief und ehrlich so empfinden, und falls es für mich kein wirklicher Gewinn ist und ich das tief und ehrlich so empfinde, lassen Sie uns übereinkommen, dass es jetzt kein Geschäft gibt.« Dieser Prozess ist so befreiend! Einerseits erfordert er unglaublich viel Bescheidenheit und Freundlichkeit. Andererseits extrem viel Stärke und Mut. Wenn man ihn erfolgreich durchführt, verändert das jede der Parteien grundlegend. Dabei kommt es zu einer intensiven Bindung zwischen den beiden Seiten. Von da an werden beide dem jeweils anderen gegenüber immer loyal sein, auch in seiner Abwesenheit.

Nach der Präsentation kam ein Mann zu mir, der in der ersten Reihe gesessen hatte. Er bedankte sich für diese Idee, von der er gerade zur rechten Zeit erfahren habe. Er vertrat Disney-Epcot und sagte, er wolle sie gleich am nächsten Tag in die Praxis umsetzen. Es ging um die Schaukästen eines bestimmten Landes im Epcot Center. Es gab Leute, die bereit waren, einen Großteil der finanziellen Mittel einzubringen. Doch dafür wollten sie eine eigene Landesdarstellung. Die war nach Ansicht von Disney allerdings für die Mehrheit der Besucher nicht interessant genug. Dennoch fühlte man sich massiv unter Druck gesetzt, einen Kompromiss einzugehen. Schließlich ging es um viel Geld. Nun aber sah der Vertreter von Disney-Epcot eine neue Option.

Später erzählte er mir, er habe respektvoll zu den Geldgebern gesagt: »Wir sind wirklich auf eine Gewinn / Gewinn-Vereinbarung und -Beziehung zu Ihnen aus. Und wir brauchen die Finanzierung, die Sie uns anbieten. Angesichts unserer unterschiedlichen Auffassungen sind wir jedoch zu folgendem Schluss gekommen: Wir denken, dass es besser wäre, sich auf ›kein Geschäft‹ zu einigen, falls unser gemeinsames Projekt nicht wirklich ein *großer* Gewinn für uns beide ist.« Als die potenziellen Geldgeber seine Aufrichtigkeit, die Offenheit und die Ehrlichkeit seiner Worte spürten, hörten sie mit ihren Manipulationsversuchen auf. Sie übten keinen Druck mehr aus, sondern baten um eine Auszeit, um sich zur Beratung zurückzuziehen. Schließlich dachten sie um und begannen dann mit einer echten Kommunikation, bis eine wahrhaft synergetische Gewinn / Gewinn-Vereinbarung erreicht war.

Sie haben sicher erkannt, worin die Stärke dieser »Gewinn / Gewinn oder kein Geschäft«-Einzahlung liegt: Eine der Parteien ist von vornherein bereit, Opfer zu bringen und ihre eigenen Interessen lange genug zurückzustellen, um zu verstehen, was die andere Seite am meisten will und weshalb. So kann man sich dann gemeinsam daranmachen, eine neue, kreative Lösung auszuarbeiten, die die Interessen *beider* Seiten umfasst.

Erwartungen klären

Die *Klärung der Erwartungen* ist im Grunde eine Kombination aller anderen bereits erwähnten Einzahlungen. Besonders wenn es um die Klärung der Erwartungen im Hinblick auf die *Rollen* und *Ziele* geht, wird beiden Seiten viel gegenseitiges Verstehen und Respekt abverlangt. Wenn man sich mit den tieferen Wurzeln von gestörter Kommunikation oder ungesunden, zerrütteten Unternehmenskulturen beschäftigt, wird man fast immer feststellen, dass sie in unklaren oder enttäuschten Erwartungen hinsichtlich der *Rollen* und *Ziele* liegen. Mit anderen Worten: Man hat nicht abgeklärt, wer welche Rolle übernehmen soll und wie die wichtigsten Ziele für diese Rollen aussehen.

Vor einiger Zeit arbeitete ich mit den Topmanagern eines großen Gaststättenverbands am Aufbau von Teams. Es zeigte sich deutlich, dass es gegensätzliche Prioritäten und Ziele gab. Das weiter zu ignorieren oder zu akzeptieren hätte für den ganzen Verband verheerende Konsequenzen gehabt. Ich nahm einfach zwei Flipcharts und schrieb auf beide: »Wie Sie MEINE Rollen und Ziele sehen« und: »Wie Sie IHRE Rollen und Ziele sehen«. Bevor nicht beide Flipcharts zur Zufriedenheit der Betreffenden ausgefüllt waren, durften keine Beurteilungen, keine Zustimmung oder Ablehnung geäußert werden. Nachdem das geschafft war, konnten alle mit eigenen Augen sehen, dass die scheinbar unvereinbaren Differenzen allein auf unterschiedlichen Erwartungen hinsichtlich der Rollen und Ziele beruhten. Sofort waren die Bescheidenheit und der Respekt wiederhergestellt. Nun konnten die Topmanager mit einer ehrlichen Kommunikation zur Klärung ihrer Erwartungen beginnen.

Auch Abwesenden gegenüber loyal sein

Den Abwesenden gegenüber loyal zu sein – das ist eine der schwierigsten Einzahlungen überhaupt. Es ist aber auch einer der besten Prüfsteine für den Charakter und die Tiefe der Bindung einer Beziehung. Das gilt besonders, wenn alle sich daran zu beteiligen scheinen, über eine abwesende Person herzufallen. Dann können Sie – ohne jede Selbstgerechtigkeit – den Mund aufmachen und einfach sagen: »Das sehe ich anders«, »Ich habe andere Erfahrungen gemacht« oder »Da könnten Sie Recht haben. Lassen Sie uns einfach mit ihm darüber sprechen«. Dadurch zeigen Sie, dass Integrität für Sie auf einer Stufe mit Loyalität steht – und zwar den Abwesenden wie auch den Anwesenden gegenüber. Vielleicht werden sie es nicht zugeben, aber insgeheim werden alle Anwesenden Sie bewundern und respektieren. Denn sie wissen, dass Sie auch ihnen gegenüber loyal sein werden, wenn sie nicht da sind. Aber was passiert, wenn Loyalität für Sie ein höherer

Wert als Integrität ist? Wenn Sie aus Loyalität gegenüber den Anwesenden schlecht über die Abwesenden reden? Wenn Sie einfach mitmachen und in die negativen Worte der anderen einfallen? Dann wird jeder der Anwesenden wissen, dass Sie unter Druck und Stress auch schlecht über ihn selbst reden würden.

Ich habe einmal ein Meeting in einem großen Unternehmen geleitet, bei dem die Führungskräfte über verschiedene Personalangelegenheiten sprachen. Sie schienen sich über die Schwächen eines bestimmten Mannes völlig einig zu sein. Ja, sie fingen sogar an, Witze über ihn zu machen. Das taten sie auf eine Weise, die in seiner Anwesenheit absolut undenkbar gewesen wäre.

Später kam einer der Topmanager zu mir. Er sagte, er könne der Wertschätzung und Zuneigung, die ich für ihn gezeigt habe, jetzt zum ersten Mal vertrauen. Ich fragte: »Wieso denn?« Und er antwortete: »Als wir bei unserem Meeting über unseren Kollegen hergezogen sind, haben Sie sich gegen den Strom gestemmt und sich mit echter Fürsorge und Rücksicht für ihn eingesetzt.« Ich wollte wissen, weshalb ihn das so stark beeindruckt hatte. Er sagte: »Weil ich ähnliche Schwächen habe wie er, nur noch viel schlimmer. Niemand weiß etwas davon, nicht einmal Sie. Daher habe ich, wenn Sie mir Ihre Wertschätzung und Ihren Respekt gezeigt haben, immer gedacht: ›Aber Sie verstehen das ja nicht!‹ Heute spüre ich, dass Sie es doch verstehen würden. Ich habe das Gefühl, dass Sie mir gegenüber auch loyal sein würden, wenn ich nicht da wäre, dass Sie sich für mich einsetzen würden und dass ich Ihnen vertrauen und Ihnen Ihre Freundlichkeit glauben kann.«

Der Schlüssel zu den Vielen ist oft der Eine. Wie man den Einen in seiner Abwesenheit und in seiner Gegenwart respektiert und über ihn spricht, zeigt den Vielen, wie man sie selbst in ihrer Abwesenheit und in ihrer Gegenwart respektieren und über sie reden würde.

Sich entschuldigen

»Ich hatte Unrecht, tut mir leid!« Oder: »Ich war auf einem Egotrip und habe überreagiert. Ich habe Sie ignoriert und Loyalität zeitweilig den Vorrang vor Integrität gegeben!« So etwas zu sagen und sich dann entsprechend zu verhalten, ist eine der stärksten Formen der *Entschuldigung*. Ich habe selbst gesehen, dass Beziehungen, die seit Jahren zerrüttet waren, durch die Tiefe und Aufrichtigkeit einer solchen Entschuldigung in relativ kurzer Zeit wiederhergestellt werden konnten. Falls Sie im Eifer des Gefechts etwas gesagt haben, was Sie nicht so gemeint haben, dann erklären Sie bei Ihrer Entschuldigung, dass Sie sich von Ihrem Stolz beherrschen ließen und was Sie tatsächlich sagen wollten. Und was ist, wenn Sie etwas gesagt haben, das Sie tatsächlich so gemeint haben? Dann gehört zu einer ehrlichen Entschuldigung auch eine echte Sinnesänderung. Sie müssen es innerlich bereuen, bis Sie aufrichtig sagen können: »Entschuldigen Sie bitte! Ich hatte in Wort und Tat unrecht und arbeite daran, beides zu korrigieren!«

Ich erinnere mich daran, dass ich einmal eine sehr unangenehme Auseinandersetzung mit einem Mann über eine äußerst wichtige Sache hatte. Von da an beeinträchtigten die damit verbundenen Gefühle unsere Kommunikation, obwohl sie oberflächlich betrachtet höflich und freundlich wirkte. Eines Tages kam er dann zu mir und sagte, dass die Spannungen in unserer Beziehung ihn sehr traurig stimmen würden. Deshalb würde er gern die frühere Einheit und Harmonie wiederherstellen. Es sei für ihn sehr schwer gewesen, in sein Inneres zu blicken, um zu sehen, wo er auf den falschen Weg geraten war. Er wollte sich wirklich entschuldigen. Seine Entschuldigung war so bescheiden und aufrichtig, so frei von Selbstgerechtigkeit, dass sie mich dazu veranlasste, ebenfalls in mein Inneres zu blicken und die Verantwortung für meinen Teil an unserer Auseinandersetzung zu übernehmen. Von da an waren wir wieder miteinander verbunden.

Eine frühere Kollegin erzählte mir von einem Erlebnis bei einem einwöchigen Workshop. Sie war in einem großen Unternehmen und sollte dort die oberste Führungsriege trainieren. Eines Morgens sagte der Präsident, jeder in der Gruppe solle sich bemühen, den anderen bei den Diskussionen wirklich zuzuhören und sie zu verstehen, bevor er seine eigenen Ansichten vorbrachte. Um das zu verdeutlichen, erzählte er von einer beeindruckenden persönlichen Erfahrung.

Ich gebe nun wieder, was meine frühere Kollegin mir über den weiteren Verlauf des Workshops erzählte. Wie bei vielen anderen Geschichten in diesem Buch auch, wurden die Namen der Beteiligten geändert:

Während unserer Diskussionen fing ein ziemlich unbeliebter Manager namens David plötzlich an, über ein Geschäft zu sprechen, mit dem er große Probleme hatte. Daraufhin stürzte sich die ganze Gruppe verbal auf ihn. Ehrlich gesagt: Ich hätte am liebsten selbst auf ihn eingedroschen. Doch ich wusste, dass das nicht der richtige Weg war. Auf einmal hörte ich Jack, den Präsidenten, laut lachen. Er lachte den Mann einfach aus, vor der ganzen Gruppe – und die anderen machten natürlich sofort mit.

Ich konnte es nicht fassen. Jack hatte uns doch erst vor ein paar Stunden von seiner bewegenden Erfahrung erzählt. Gerade erst hatte darauf hingewiesen, wie wichtig es ist, abzuwarten, zuzuhören und zu versuchen, den anderen wirklich zu verstehen! Hatte er das alles vergessen? Nun konnte ich ihn ja nicht vor der ganzen Gruppe anfahren. Also blinzelte ich ihm nur zu und sah in dabei streng an. Er verstand genau, was ich ihm damit sagen wollte: »Das war sehr hässlich von Ihnen! Wenn Sie nicht sofort etwas tun, um es wieder gutzumachen, gehe ich!« Ich war so wütend, dass ich das wirklich gemacht hätte. Die Manager waren einfach zu ihrer alten Streiterei und ihrer vergifteten Gruppendynamik zurückgekehrt!

Jack starrte wütend zurück. Ich richtete mich kerzengerade auf und hielt seinem Blick stand. Er sank fast unmerklich in sich zusammen. Unser Blickduell dauerte etwa fünf Minuten. Inzwischen machten die anderen den armen David weiter fertig. Dann griff der Präsident plötzlich ein: »Hören Sie auf – das hätte ich nicht tun sollen! David, ich möchte Sie um Verzeihung bitten.«

»Wofür denn?«, fragte David ganz verblüfft. Für ihn war das Verhalten der anderen völlig normal.

»Das war unangebracht. Ich hätte Sie nicht auslachen dürfen. Wir haben Ihnen gar nicht zugehört, sondern sind einfach über Sie hergefallen. Verzeihen Sie mir?«

Ich dachte, dass David, langjähriger Vize-Präsident, nun sagen würde: »Ist schon in Ordnung – kein Problem!« Doch er antwortete: »Ja, Jack, ich verzeihe Ihnen. Danke!« Das überraschte mich, denn aktiv zu verzeihen erfordert viel mehr Mut als lediglich zu versuchen, das Geschehene zu vergessen.

Ich saß einfach nur da. Jacks Verhalten hatte mich zutiefst berührt. Jack hätte sich nicht zu entschuldigen brauchen. Er hätte David nicht vor allen anderen um Verzeihung bitten müssen. Ihm unterstehen 80 000 Leute. Er braucht nichts zu tun, was er nicht tun will. Nach dem Meeting war ich ganz aufgewühlt. Ich ging zu Jack und sagte: »Danke, dass Sie das getan haben!« Er erwiderte: »Es war das Richtige. Danke, dass Sie mich so angeblinzelt haben.« Seitdem haben wir nie mehr darüber gesprochen. Aber wir wissen beide, dass wir uns damals sehr gut verhalten haben.

Feedback geben und empfangen

Wissen Sie, welchen Studenten ich seit meiner Zeit als Dozent besonders nahestehe? Jenen, denen ich ein offenes, bestärkendes Feedback gegeben habe: »Sie können mehr als das! Ich werde nicht lockerlassen. Es gibt keine Ausreden. Sie können den Preis zahlen!« Viele haben mir erzählt, dass es für ihr Leben enorm wichtig war, dass ich sie auf dem Kurs der Verantwortlichkeit hielt. Es war für beide Seiten schwer. Dennoch brachte ich sie dazu, mit den vollen Konsequenzen ihres Handelns zu leben.

Negatives Feedback zu geben gehört zu den schwierigsten Kommunikationsformen überhaupt. Andererseits ist es besonders wichtig. Sehr viele Menschen haben ernsthafte Schwachstellen. Doch sie bekommen sie nie in den Griff, weil niemand es wagt, ihnen Feedback zu geben. Die Leute haben zu viel Angst, dass sie die Beziehung zerstören oder ihre Zukunft ruinieren könnten, wenn sie sich mit ihrem Chef »anlegen«.

Denken Sie bitte noch einmal an die Geschichte von David und Jack zurück. Bei Jack ging es nicht mehr nur um einen Schwachpunkt, sondern um sein Ego. Der Mut und die Integrität der Frau, die ihm das Feedback gab, waren stärker als Status und Position. Deshalb funktionierte es. Manchmal aber funktioniert es nicht. In solchen Fällen muss man sich unter vier Augen mit den Betreffenden versöhnen. Am besten kann man Feedback geben, indem man *sich selbst* beschreibt – und nicht den anderen. Ihn zu beschuldigen, zu verurteilen und in eine »Schublade« zu stecken bringt gar nichts. Schildern Sie Ihre Gefühle und Ihre Bedenken. Erzählen Sie, wie Sie die Situation wahrgenommen haben. Achten Sie darauf, dass der andere sich nicht bedroht fühlt. Meistens wird er dann offener für konstruktive Hinweise über seine Schwachstellen sein.

Leute in Führungspositionen sollten dafür sorgen, dass es vollkommen legitim ist, *Feedback zu geben*. Wenn sie selbst Feedback bekommen, müssen sie ganz gezielt darauf eingehen. Zeigen Sie sich dankbar für das Feedback – auch wenn es schmerzlich für sie sein sollte. Es ist sehr, sehr wichtig, dass Sie das tun. Ansonsten werden die anderen negatives Feedback als eine Form der Illoyalität und der Auflehnung betrachten. Ist negatives Feedback aber legitim und wird sogar zu einer sozialen Norm, hat das auch für die Führungskräfte viele Vorteile. Sie können dann negatives Feedback geben, ohne befürchten zu müssen, Gefühle zu verletzen, eine Beziehung zu zerstören oder als »höchstes Strafgericht« betrachtet zu werden.

Wir alle brauchen Feedback – besonders im Hinblick auf unsere Schwachpunkte. Denn das sind unsere empfindlichsten Stellen, die wir eisern verteidigen. Persönliches Wachstum ist auch deshalb so wertvoll, weil unsere Schwachpunkte dann nicht mehr so empfindlich sind.

Ich erinnere mich, dass es einmal zu Spannungen zwischen mir und einem unserer Nachbarn kam. Für ihn war es sehr schwierig, direkt neben einer großen, lauten und manchmal respektlosen Familie zu leben – zu der auch noch ein bellender Hund gehörte und bei der früh am Morgen ebenso wie spät am Abend sehr helles Licht brannte. Ich ging zu ihm und sagte ihm, dass mir eine gute Nachbarschaft sehr wichtig war. Dann bat ich ihm, mir doch ein Feedback dazu zu geben, wie wir die Situation verbessern könnten. Zuerst wollte er nicht mit der Sprache rausrücken. Deshalb half ich ihm ein bisschen auf die Sprünge. Ich schilderte ihm, wie es wohl sein musste, unser unmittelbarer Nachbar zu sein. Da öffnete er sich – und eine wahre Flut von Gefühlen, Beschwerden und Bitten ergoss sich über mich. Je länger ich ihm aber zuhörte, desto mehr schien er davon überwältigt zu sein, dass ich dieses Feedback von ihm wollte, es respektierte und ernsthaft bemüht war, die Situation zu verbessern. Er gab auch zu, dass er überreagiert und die ganze Sache ziemlich aufgebauscht hatte. Zudem meinte er, dass vieles von dem, worüber wir sprachen, das Geschnatter, die Komplexität und das Durcheinander war, das nun einmal zum Leben einer großen Familie gehört. Als ich mich verabschiedete, sagte er, er sei mir für diesen Besuch sehr dankbar und fühle sich jetzt wesentlich besser.

Verzeihen

> *Wut ist eine Säure, die das Gefäß, in dem sie steht, stärker beschädigen kann als alles, über das sie geschüttet wird.*
>
> MAHATMA GANDHI

Zu echtem Verzeihen gehört, dass man vergisst, Abstand gewinnt und die Sache hinter sich lässt. Auf einer Geschäftsreise rief mich einmal einer meiner Manager an: Er wollte kündigen, weil er es nicht mehr aushielt, wie sein unmittelbarer Vorgesetzter ihn kritisierte. Ich bat ihn, keine überstürzte Entscheidung zu treffen und zu warten, bis wir persönlich darüber sprechen konnten. Er erwiderte: »Ich habe Sie nicht angerufen, um Sie um Rat zu bitten. Ich habe angerufen, um Sie zu informieren: Ich kündige!« Da wurde mir klar, dass ich ihm nicht richtig zugehört hatte. Das holte ich nun nach. Da öffnete er eine wahre Büchse der Pandora: Erfahrungen, Klagen und Gefühle, dazu kamen noch viel stärkere Emotionen von seiner Frau. Als ich ihm wirklich zuhörte, löste sich seine negative Energie langsam auf. Er bot mir von sich aus an, gleich nach meiner Rückkehr ein persönliches Gespräch zu führen.

Er kam dann mit seiner Frau in mein Büro. Beide wirkten sehr gelassen. Als wir aber anfingen, über die wirklichen Probleme zu sprechen, machten die tiefe Wut und der Zorn sich Luft. Ich hörte so lange zu, bis sich beide wirklich verstanden fühlten und offen für meine Sicht der Dinge wurden. Dann erklärte ich ihnen, was es mit dem Raum zwischen Reiz und Reaktion auf sich hat. Ich sagte, dass der größte Schaden nicht in dem liegt, was die Leute uns antun, sondern in unserer Reaktion darauf. Anfangs dachten sie, ich wolle sie manipulieren, damit er im Unternehmen blieb. Also hörte ich weiter zu, bis noch mehr Dinge zur Sprache gebracht und von mir verstanden worden waren. Schließlich schilderten mir die beiden auch die negativen Auswirkungen der beruflichen Probleme auf ihre Ehe und ihr Familienleben. Es war wie das Schälen einer Zwiebel, das Abstreifen der einzelnen Schichten, bis man zum weichen inneren Kern gelangt.

Nach und nach wurden sie offen und empfänglich für meine Worte. Daher betonte ich noch einmal, dass sie die Freiheit hatten, zu wählen. Ich erklärte ihnen, dass sie darüber nachdenken könnten, den Vorgesetzten um Verzeihung für die Wut und den Zorn, die der Manager ihm gegenüber empfand, zu bitten. Doch seine Antwort lautete: »Was meinen Sie denn damit? Sie haben die ganze Sache völlig verdreht. Es ist nicht *unsere* Sache, ihn um Verzeihung zu bitten. *Er* muss *uns* um Verzeihung bitten!«

Jetzt machten die beiden ihrer Wut und ihrem Zorn so richtig Luft! Ich ließ sie so lange reden, bis sie offen für die Idee waren, dass uns ohne unsere Zustimmung niemand Schaden zufügen kann. Zudem verdeutlichte ich ihnen, dass die Reaktion, für die wir uns entscheiden, die Schlüsseldeterminante unseres Lebens ist. Schließlich hob ich hervor, dass wir ein Produkt unserer Entscheidungen sind – und nicht der Umstände. Sie erklärten sich bereit, darüber nachzudenken. Ein paar Tage später rief der Manager mich an. Er sagte, er habe die Weisheit des Prinzips, über das wir gesprochen hatten, erkannt und akzeptiert. Deshalb sei er zu seinem Chef gegangen und habe ihn um Verzeihung gebeten. Sein Chef sei völlig überwältigt gewesen und habe ihn seinerseits um Verzeihung gebeten. Ihre Beziehung sei jetzt wiederhergestellt. Er sagte weiter, seine Frau und er würden uneingeschränkt akzeptieren, dass es zwischen Reiz und Reaktion einen Raum gibt und wir die Freiheit, zu wählen, haben. Aus diesem Grund sei er entschlossen gewesen, nicht zu kündigen. Selbst wenn seine aufrichtige Bitte um Verzeihung zurückgewiesen worden wäre, wäre er geblieben und hätte versucht, die Dinge so gut wie nur möglich zum Erfolg zu führen.

> *Die Vergebung zerbricht die Ursachenkette, weil der, der – aus Liebe – »vergibt«, die Verantwortung auf sich nimmt für die Folgen dessen, was du getan hast. Vergebung bedeutet daher immer Opfer.*
>
> DAG HAMMARSKJÖLD[4]

Den größten Schaden richtet nicht der giftige Biss der Schlange an, sondern die Jagd auf die Schlange. Erst die Jagd treibt uns das Gift ins Herz. Da wir alle Fehler machen, müssen wir alle verzeihen. Und wir alle sind darauf angewiesen, dass andere uns vergeben. Es ist besser, uns auf unsere eigenen Fehler zu konzentrieren und um Verzeihung zu bitten, als uns auf die Fehler der anderen zu konzentrieren und darauf zu warten, dass sie uns zuerst um Verzeihung bitten. Wir alle sollten die Gesinnung jenes Mannes haben, der betete: »Herr, hilf mir, denen zu vergeben, die anders sündigen als ich.«

Ein abschließendes Wort zum Vertrauen

Bisher lag der Fokus in diesem Kapitel auf den Dingen, die wir bewusst tun können, um vertrauensvolle Beziehungen zu anderen aufzubauen. Man könnte auch sagen: Bislang ging es um den Aufbau von *Vertrauen* als Substantiv.

Wir sollten aber nicht vergessen, dass *vertrauen* auch ein *Verb* ist. Können Sie sich noch an den Beginn des zweiten Teils dieses Buchs erinnern? Ich habe Ihnen erzählt, dass schon früh in meinem Erwachsenenleben jemand in mir ein Potenzial erkannte, das alles, was ich selbst in mir sah, bei Weitem übertraf. Er sah unter die Oberfläche, über das Offensichtliche hinaus. Er blickte tief in meine Augen, mein Herz und meine Seele. Er erkannte die junge, noch nicht entwickelte und bis dahin unsichtbare Saat der wahren Größe, die in jedem von uns liegt.

Also be*traute* er mich mit einer Aufgabe und Verantwortung, die weit über meine Erfahrung und meine bis dahin erkannten Fähigkeiten hinausgingen. Er *schenkte* mir sein Vertrauen – ohne jeden Beweis. Er glaubte einfach, dass ich der Herausforderung gewachsen sein würde. Das erwartete er und behandelte mich entsprechend. Es war ein Glaubensakt. Dieser Glaubensakt bestätigte meinen Wert und mein Potenzial so sehr, dass ich inspiriert wurde, sie selbst in mir zu sehen. Sein Glaube an mich steigerte meinen eigenen Glauben an mich und meine Vision von mir. Ich wollte mein Bestes geben. Natürlich war ich nicht perfekt. Aber ich wuchs enorm! Das wurde auch für mich zu einer Lebensphilosophie. Wir müssen andere bestätigen. Vor allem müssen wir unsere Kinder bestärken. Glauben Sie an sie – nicht an das, was Sie sehen. Glauben Sie an das, was Sie nicht sehen: an ihr Potenzial!

Sehr wahr und grundlegend sind Goethes Worte, der sinngemäß sagte: Wenn wir andere behandeln, wie sie sind, werden sie so bleiben, wie sie sind. Behandeln wir sie aber, wie sie sein könnten und sollten, werden sie so werden, wie sie sein können und sollen.

Vertrauen wird ein Verb, wenn wir anderen so klar vermitteln, welchen Wert und welches Potenzial sie haben, dass sie dazu inspiriert werden, das alles selbst in sich zu sehen.

Vertrauen ist nicht nur die Frucht von Vertrauenswürdigkeit, sondern auch die Grundlage von Motivation. Mehr noch: Es ist die höchste Form der Motivation. Auch *Liebe* kann zu einem Verb werden. Sie ist etwas, was wir tun: Wir lieben andere oder dienen ihnen. Wir vertrauen ihnen. Wir sehen ihren Wert und ihr Potenzial. Wir bieten ihnen Möglichkeiten und Ermutigung. Wenn sie unser Vertrauen enttäuschen, wird es immer weiter abnehmen. Sie werden dann nicht dazu inspiriert werden, ihren Wert und ihr Potenzial selbst zu erkennen. Zudem werden sie nicht die Fähigkeit haben, anderen zu vermitteln, welchen Wert und welches Potenzial sie haben. *Vertrauen* wird für sie kein Verb sein. Für Menschen, die nicht vertrauenswürdig sind, ist es ohnehin sehr schwer, anderen zu vertrauen oder auf Dauer an irgendjemand zu glauben.

Die folgende Geschichte erzähle ich immer wieder gerne. Sie zeigt, wie man auch *Liebe* zu einem Verb machen kann. Nach einem Seminar, bei dem ich einen Vortrag gehalten hatte, kam ein Mann zu mir und sagte: »Dr. Covey, was Sie sagen, gefällt mir. Aber jede Situation ist doch ganz anders. Sehen Sie sich meine Ehe an. Ich mache mir wirklich Sorgen! Meine Frau und ich haben nicht mehr die gleichen Gefühle füreinander wie früher. Ich würde sagen, dass ich sie einfach nicht mehr liebe und sie mich auch nicht. Was kann ich tun?«

»Das Gefühl ist nicht mehr da?«

»Genau! Und wir haben drei Kinder, die uns wirklich am Herzen liegen. Was schlagen Sie vor?«

»Lieben Sie Ihre Frau!«

»Ich habe Ihnen doch gesagt, dass das Gefühl nicht mehr da ist.«

»Lieben Sie sie!«

»Sie verstehen mich nicht – das Gefühl der Liebe ist einfach nicht mehr da.«

»Gerade dann sollten Sie sie lieben. Wenn das Gefühl nicht da ist, ist das ein guter Grund, sie zu lieben.«

»Wie liebt man denn, wenn man nicht liebt?«

»Mein Freund, *lieben* ist ein Verb. Das Gefühl der *Liebe* ist eine Frucht des Verbs *lieben*. Deshalb sage ich: ›Lieben Sie sie!‹ Bringen Sie

Opfer. Hören Sie ihr zu. Seien Sie einfühlsam. Schätzen Sie ihre Frau. Bestätigen Sie sie. Sind Sie bereit, das zu tun?«

In der großen Literatur aller fortschrittlichen Gesellschaften ist *lieben* ein Verb. Nur reaktive Menschen, die von ihren Emotionen angetrieben werden, machen Liebe zu einem Gefühl. Hollywood redet uns mit seinen Filmen ein, dass wir nicht verantwortlich sind und dass Liebe ein Gefühl ist. Das entspricht aber nicht der Realität. Wenn unsere Gefühle die Kontrolle über unser Handeln haben, liegt das daran, dass wir unsere Verantwortung aufgegeben haben.

Pro-aktive Menschen aber machen *lieben* zu einem Verb. Liebe ist etwas, was wir tun: die Opfer, die wir bringen, die Selbsthingabe – wie eine Mutter, die ein Kind zur Welt bringt. Wollen Sie den Kern der Liebe verstehen? Dann sollten Sie sich die Menschen ansehen, die für andere Opfer bringen, sogar für diejenigen, die sie verletzen oder ihre Liebe nicht erwidern. Falls Sie Vater oder Mutter sind, sollten Sie sich die Liebe anschauen, die Sie für Ihre Kinder empfinden, für die Sie Opfer gebracht haben. Liebe ist ein Wert, der durch liebende Handlungen verwirklicht wird. Pro-aktive Menschen ordnen ihre Gefühle ihren Werten unter. Und deshalb kann man Liebe wiedergewinnen.

Wo ist der beste Platz, um Vertrauen zu schenken und anderen zu vermitteln, welchen Wert und welches Potenzial sie haben? Zweifellos in der Familie. Aber was, wenn die Familie nicht richtig funktioniert? Dann ist die Schule die nächstbeste Institution. Die Lehrer werden zu Ersatzeltern, die dann den Vertrauensprozess in Gang setzen.

Denken Sie daran, dass es in Ihrer Macht steht, anderen Ihr Vertrauen zu schenken. Dabei müssen Sie allerdings klug vorgehen. Außerdem könnten Sie Gefahr laufen, enttäuscht zu werden. Wenn Sie aber jemandem Ihr Vertrauen schenken, wird das eine Gabe von unschätzbarem Wert sein. Diese Gabe eröffnet dem anderen enorme Chancen. Deshalb sollten Sie das Risiko wagen und immer daran denken: Das größte Risiko überhaupt ist ein Leben ohne Risiken!

Fragen & Antworten

Wie kann man die Einstellung der Leute verbessern? Nichts zerfrisst Organisationen ja so schnell wie negative Einstellungen. Wie soll man damit umgehen?

Bei der Antwort auf diese Frage möchte ich drei Ebenen unterscheiden:

Seien Sie *erstens* auf der persönlichen Ebene ein Vorbild für eine positive Einstellung. Vermeiden Sie die fünf emotionalen Krebsformen – Kritisieren, Klagen, Vergleichen, Konkurrieren und Streiten. Es gibt wirklich nichts Stärkeres als in der Nähe einer Person zu sein, die ein Leuchtturm ist und kein Richter; ein Vorbild und kein Kritiker.

Nehmen Sie sich *zweitens* Zeit, um eine Beziehung zu der Person, die eine negative Einstellung zu haben scheint, aufzubauen. Negative Einstellungen sind in Wirklichkeit ein Symptom für Dinge, die sich auf einer viel tieferen Ebene abspielen. Die Leute müssen sich verstanden fühlen. Wenn man versucht, sich gegenseitig zu verstehen, ist das unglaublich heilsam und bestärkend. Dann kann man oft an den Wurzeln arbeiten, anstatt sich nur über das Ausbleiben der Früchte zu beklagen.

Drittens können noch andere Kräfte im Spiel sein, die stärker sind als Ihre Vorbildfunktion oder Ihre Beziehung zu einem anderen. Manchmal muss man einfach gelassen bleiben und darf sich nicht wie besessen in eine Sache hineinsteigern. Nur so kann der Krebs der negativen Emotionen keine Metastasen bilden. Denken Sie daran: Wenn Sie Ihr Gefühlsleben von den Schwächen anderer und ihren negativen Einstellungen abhängig machen, berauben Sie sich Ihrer Kraft. Mehr noch: Sie erlauben es diesen negativen Einstellungen, ihre Krebszellen in der gesamten Kultur Ihrer Organisation zu verstreuen. Sie können nicht alle Dinge ändern. Sie können die Menschen nicht ändern. Sie können nur sich selbst ändern. Ich habe aber die Erfahrung gemacht, dass die Einstellung der Leute gegenüber sich selbst, anderen und dem Leben sich manchmal erheblich verbessert, wenn sie eine Fähigkeit oder Kompetenz entwickeln können, die im Einklang mit einer ihrer fundamentalen Gaben oder einem ihrer natürlichen Talente steht. Nehmen wir an, Sie wollen jemandem beibringen, Tennis zu spielen. Wäre es am besten, mit dem Betreffenden über seine Einstellung zu sprechen, sobald er ein bisschen niedergeschlagen, entmutigt und negativ wirkt? Oder sollten Sie ihm lieber mehr theoretisches Wissen über Grundschläge und Volleys vermitteln? Oder sollten Sie seine Fähigkeiten in den Mittelpunkt stellen, einfach mit ihm auf den Platz gehen und ihn spielen lassen, bis er von sich aus mehr wissen will? Wenn er anfängt, an dem Spiel Gefallen zu finden, wird seine Einstellung ganz von selbst positiver. Das sind drei Wege zur Verbesserung: Wissen, Fähigkeiten, Einstellung. Die meisten Leute konzentrieren sich auf das Wissen und die Einstellung. Meiner Ansicht nach ist der Schlüssel zu diesen beiden Elementen aber der Weg über die Fähigkeiten – die Leute fühlen sich einfach viel besser, wenn sie etwas richtig gut können.

Was ist der beste Ratschlag, den Sie im Hinblick auf die Motivation geben können?

Ich würde sagen, wir sollten zunächst ein Beispiel und Vorbild sein und den anderen dann ihren Wert und ihr Potenzial so klar bestätigen, dass sie das alles in sich selbst erkennen. Zudem sollten Sie bedenken, dass innere *und* äußere Motivation wichtig sind. Deshalb sollten Sie nicht nur mit Ihren Worten Motivation bei anderen aufbauen, sondern auch mit gut auf die Ziele und Werte Ihrer Organisation ausgerichteten Verstärkungssystemen und Anreizen arbeiten. Das Feuer in uns Menschen gleicht einem Streichholz: Die Flamme wird zunächst durch Reibung entzündet, dann entzünden sich andere Streichhölzer durch Hitze. Ich glaube zwar an Begeisterung, halte aber nicht viel von ständigen Motivationsreden. Mir gefällt die Idee von Ken Blanchard, dass man die Leute dabei »ertappen« soll, dass sie etwas richtig machen. Sie müssen sich geschätzt und gewürdigt fühlen. Und sie müssen überzeugt sein, dass ihre Arbeit ihre innere Verpflichtung, ihre Anstrengungen und ihre Opfer tatsächlich verdient.

In der Welt des Internet kann man der persönlichen Begegnung ja oft aus dem Weg gehen. Was kann man tun, um neue Technologien so zu optimieren, dass der Arbeitsplatz nicht entpersönlicht wird und man aber trotzdem die größere Effizienz bekommt, die der technische Fortschritt mit sich bringt?

Meiner Ansicht nach funktioniert High Tech langfristig nur mit High Touch. Erst wenn man eine Beziehung aufgebaut hat, kann man wirklich effizient denken und handeln. Dank der Technologie können wir effizient sein. Doch die persönliche Beziehung kann sie nicht ersetzen. Auch hier gilt: Menschen gegenüber ist schnell langsam, langsam jedoch schnell. Wie der Körper ist auch die Technologie ein guter Diener, aber ein schlechter Herr.

KAPITEL 10

Verschmelzung der inneren Stimmen: Die Suche nach der dritten Alternative

Führungspersönlichkeiten vermeiden, unterdrücken oder leugnen Konflikte nicht – sie betrachten sie als Chance.

WARREN BENNIS[1]

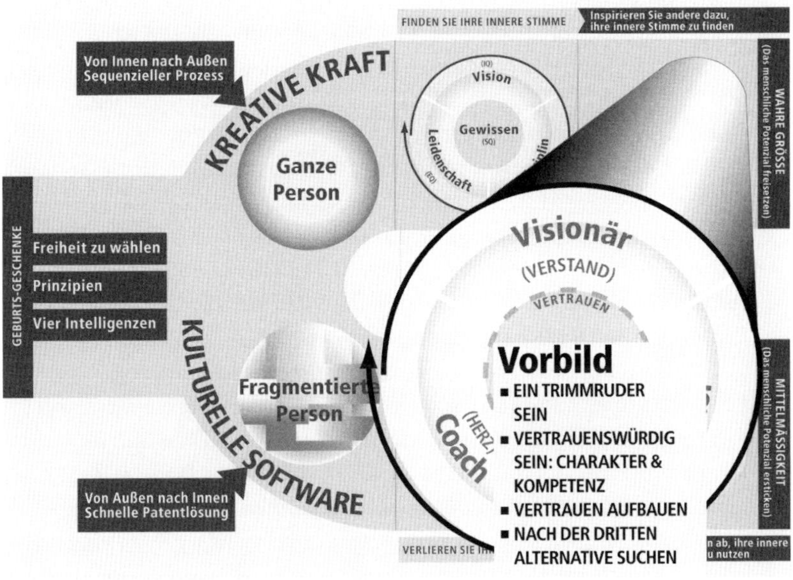

Abb. 10.1

Ob nun zu Hause, bei der Arbeit oder sonst irgendwo: Ich bin überzeugt, dass eines der schwierigsten Probleme die Bewältigung von Konflikten ist. Der Umgang mit den Unterschieden zwischen den Menschen ist eine der größten Herausforderungen im Leben. Denken Sie einmal an Ihre eigenen Herausforderungen – habe ich nicht recht? Und wäre es nicht wunderbar, wenn Sie den Charakter und die FÄHIGKEIT hätten, Meinungsverschiedenheiten synergetisch zu lösen? Wenn Sie also Lösungen finden könnten, die besser sind als alle bisherigen Vorschläge? Die Fähigkeit, synergetische Lösungen zu entwickeln und eine kreative Kooperation zu ermöglichen, basiert auf zwei wesentlichen Eckpfeilern. Einerseits auf *moralischer Autorität* auf der persönlichen Ebene. Andererseits auf *Vertrauen* in den Beziehungen.

Ich war mit dabei, als Gandhis Enkel Arun von einer tiefgründigen Erkenntnis über seinen Großvater erzählte. Alle, die seine Worte hörten, fühlten sowohl Demut als auch Begeisterung:

> *Ironischerweise hätte es ohne Rassismus und Vorurteile vielleicht gar keinen Gandhi gegeben. Dann wäre er möglicherweise nur einer jener erfolgreichen Anwälte gewesen, die viel Geld verdienen. Die Vorurteile in Südafrika führten aber dazu, dass er schon in der ersten Woche nach seiner Ankunft eine tiefe Demütigung erleiden musste. Wegen seiner Hautfarbe wurde er aus einem Zug geworfen. Das war für ihn eine so große Erniedrigung, dass er die ganze Nacht auf dem Bahnsteig saß und darüber nachdachte, was er tun konnte, um Gerechtigkeit zu erlangen.*
>
> *Seine erste Reaktion war Wut. Er war so wütend, dass er Gerechtigkeit vom Typ »Auge um Auge« wollte. Er wollte gewalttätig auf jene Leute reagieren, die ihn gedemütigt hatten. Doch er rief sich selbst zur Ordnung: »Das wäre nicht richtig!« Es hätte ihm nämlich keine Gerechtigkeit gebracht. Vielleicht hätte es dazu geführt, dass er sich im Augenblick gut gefühlt hätte, aber es hätte ihm keine Gerechtigkeit verschafft.*
>
> *Seine zweite Reaktion war, nach Indien zurückzugehen und in Würde unter seinen Landsleuten zu leben. Auch das schloss er aus. Er sagte: »Vor Problemen kann man nicht weglaufen. Man muss bleiben und sich ihnen stellen.« Und dann erkannte er, wie die dritte Reaktion aussah – die Reaktion des gewaltlosen Handelns. Von da an entwickelte er die Philosophie der Gewaltlosigkeit und praktizierte sie sowohl in seinem Leben als auch bei seiner Suche nach Gerechtigkeit in Südafrika. Er blieb schließlich 22 Jahre lang dort; dann ging er nach Indien zurück und wurde zum Führer der Unabhängigkeitsbewegung.*[2]

Die dritte Alternative ist weder mein Weg noch Ihrer, sondern *unser* Weg. Es handelt sich nicht um einen Kompromiss in der Mitte zwischen Ihrem und meinem Weg. Eine dritte Alternative ist besser als ein Kompromiss. Sie ist das, was die Buddhisten den »mittleren Weg« nennen. Dabei steht »mittlerer« für etwas, was besser ist als jeder der beiden anderen Wege. Sie können sich das so vorstellen wie die Spitze eines Dreiecks.

Die dritte Alternative ist besser als alle bisherigen Vorschläge. Denn sie ist das Produkt reinen kreativen Bemühens. Sie erwächst aus den sich überschneidenden Schmerzpunkten von zwei oder mehr Menschen – aus ihrer Offenheit, ihrer Bereitschaft, wirklich zuzuhören, und ihrem Wunsch, nach einer Lösung zu suchen, die für alle Beteiligten ein echter Gewinn ist. Man weiß einfach nicht, wo diese Suche einen hinführen wird. Aber man weiß, dass es besser sein wird als jetzt. Der Inhalt kann sich ändern oder die Vision oder das Motiv. Auch zwei dieser Faktoren oder sogar alle drei können sich ändern. Immer aber ändert sich mindestens einer.

Wie bei Gandhi *beginnt* die dritte Alternative meist bei uns selbst. Bevor sie in uns reift, ist jedoch oft ein Anstoß von außen nötig – zum Beispiel, dass sich uns jemand entgegenstellt. Ist Ihnen bei der Rede von Gandhis Enkel die Wechselwirkung zwischen seinem persönlichen inneren Kampf und seinen zwischenmenschlichen Beziehungen aufgefallen? Bevor Gandhi sich mit den Herausforderungen bei den *Beziehungen* befassen konnte, musste er erst *persönliche* Arbeit leisten.

Einer reicht: Die Grundhaltung der Suche nach der dritten Alternative

Wie die 20 Liegestütze eine Metapher für den *persönlichen* Erfolg sind, so nutze ich gerne die Metapher eines Wettstreits im Armdrücken, um die Denkweisen und Fähigkeiten zu verdeutlichen, die man für die erfolgreiche Suche nach einer dritten Alternative braucht. Wenn ich einen Vortrag halte, bitte ich die Zuhörer, mir einen »Freiwilligen« zu schicken. Er soll sehr kräftig, mindestens 1,90 Meter groß sein und im Armdrücken gegen mich antreten. Wenn der Betreffende gefunden, überredet wurde und auf dem Weg nach vorn zu mir auf die Bühne ist, lege ich los. Ich sage ihm voller Arroganz, dass er sich auf eine bittere Niederlage gefasst machen soll. Zudem prahle ich mit meinem Können und meiner Kraft, meiner Geschicklichkeit und meinem schwarzen Gürtel. Wenn der Mann schließlich vor mir steht, fordere ich ihn auf, mir nachzusprechen: »Ich bin ein Verlierer!« Die meisten tun das auch. Anschließend erzähle ich diesem Brocken von Mensch, es komme nicht auf die Größe an, sondern auf die Technik. Ich hätte diese Technik, er aber nicht. Dann werde ich beißend und schneidend. Und das Publikum wendet seine Sympathie – genau wie von mir beabsichtigt – meinem Gegner zu.

Jetzt ist es so weit: Wir nehmen die richtige Position ein. Rechter Fuß gegen rechten Fuß und packen die Hand des anderen in der Mitte. Ich frage die Leute, die meinen Gegner als »Freiwilligen« vorgeschickt haben, ob sie bereit sind, den Wettkampf zu sponsern: Wenn er es schafft, meinen Arm auf die Höhe unserer Ellbogen hinunterzudrücken, bekommt er einen Dollar. Im umgekehrten Fall bekomme ich einen Dollar. Die Leute erklären sich immer dazu bereit. Dann bitte ich jemanden aus dem Publikum, als Zeitnehmer zu fungieren. Er soll uns sagen, wann wir anfangen sollen, uns etwa eine Minute für den Kampf geben und zählen, wie oft der andere meinen Arm nach unten drückt oder ich seinen. Zu guter Letzt soll er dann an dem Tisch, von dem mein Gegner gekommen ist, das Geld einsammeln, das jeder von uns bekommt, wenn er den Arm des anderen nach unten drückt. Sie erinnern sich: einen Dollar für jedes Runterdrücken. Bevor wir starten, vergewissere ich mich, dass die Leute an dem Tisch auch genügend Geld in der Tasche haben. Sie sagen immer, das sei der Fall.

Der Zeitnehmer fordert uns auf, anzufangen. Ich mache meinen Arm sofort locker und der andere drückt ihn nach unten. Er ist überrascht und verwirrt, weil ich keinen Widerstand geleistet habe. Wir gehen in die Ausgangsposition zurück. Ich lasse wieder zu, dass er meinen Arm runterdrückt. Und vielleicht noch einmal. Und noch einmal. Die ganze Zeit über erwartet er Widerstand. Doch nichts passiert. Deshalb bekommt der meist ein schlechtes Gewissen. Es fühlt sich so an, als ob er unfair wäre.

Und dann sage ich einfach zu ihm: »Wissen Sie, was dazu führen würde, dass Sie sich wirklich gut fühlen? Wenn wir beide so viel Geld wie möglich gewinnen.« Der andere ist so gut wie immer interessiert. Allerdings weiß er nicht, ob er mir wirklich vertrauen kann. Denn ich habe ihn ja vorher massiv angegriffen. Vielleicht sind das bloß schöne Worte? Vielleicht will ich ihn ja in Wirklichkeit austricksen oder ihn irgendwie zu meinem eigenen Vorteil manipulieren? Da ich aber weiterhin keinen Widerstand leiste und ihn gewinnen lasse, wird sein Gewissen üblicherweise mein Fürsprecher. Er denkt über meinen Hinweis nach, dass wir beide mehr davon haben, wenn jeder von uns gewinnt. Meistens ist er – wenn auch ungern, zögernd und nach einem inneren Kampf – bereit, mich einmal gewinnen zu lassen.

Dann kehren wir wieder in die Ausgangsposition zurück. Und ich lasse ihn widerstandslos gewinnen. Ein paar Sekunden später fängt er an, meinen Arm hoch- und runterzupumpen, ohne auf Widerstand zu stoßen. Manche meiner »Gegner« sind immer noch verwirrt und fragen sich, was eigentlich los ist. Sie setzen mir weiter Widerstand entgegen. Doch irgendwann wird es leicht und mühelos für uns beide. Als Nächstes sage ich: »Warum werden wir jetzt nicht wirklich effizient?« Wir bewegen nur noch unsere Handgelenke auf und ab. Das geht ungefähr fünfmal so schnell wie die Bewegung des ganzen Arms. Dann setzen wir beide Arme ein und verdoppeln das Ergebnis. Schließlich schlage ich vor: »Lassen Sie uns zu Ihrem Tisch gehen. Dann können Ihre Tischnachbarn direkt mitzählen, wie viele Dollar sie uns schulden!« Inzwischen brüllen alle im Saal – sie haben die Botschaft verstanden.

- **Nur ein Drittel der Teilnehmer an der xQ-Befragung gab an, in einer Gewinn / Gewinn-Umgebung zu arbeiten.**

Anschließend erläutere ich dem Publikum das Gewinn / Gewinn-Denken. Ich erkläre den Zuhörern, was es mit der *Denkweise*, nach der dritten Alternative zu suchen, genau auf sich hat. Und ich sage ihnen, dass das die Idee oder das Prinzip des gegenseitigen Respekts und Vorteils ist. Beim Armdrücken habe ich *vorgegeben*, stärker, besser und aggressiver zu sein. Damit wollte ich meinen Gegner zum Gewinn / Verlust-Denken verleiten. Aber in Wirklichkeit brachte ich eine Gewinn / Gewinn-*Absicht* und die entsprechende Denkweise mit.

Ich hatte sofort begonnen, *seinen* Gewinn zu vergrößern – ohne jeden Widerstand. Als er dann schon leicht beschämt war und Schuldgefühle in ihm aufstiegen, änderte sich die Situation. Langsam wurde er für den Gedanken empfänglich, dass wir beide wesentlich mehr gewinnen konnten, wenn wir zusammenarbeiteten.

Und dann wurden wir kreativ: indem wir unsere Handgelenke sehr schnell auf- und abbewegten und dann auch noch unsere beiden anderen Hände einsetzten. Das Endergebnis war synergetisch. Wir beide haben sehr viel gewonnen. Und die Leute an seinem Tisch, die das versprochene Geld herausrücken mussten, haben auch sehr viel gewonnen – sehr viel Wissen! Natürlich wanderte kein echtes Geld in unsere Taschen. Doch es ist ein sehr eindrucksvolles, humorvolles und anschauliches Bild dafür, wie man nach einer dritten Alternative suchen und sie erfolgreich umsetzen kann.

Haben Sie erkannt, dass ich auf der persönlichen Ebene die innere Kraft und Sicherheit für »20 Liegestütze« mitbringen musste? Nur so konnte ich meine Bemühungen, Vertrauen aufzubauen und nach einer dritten Alternative zu suchen, aufrechterhalten. Die »20 Liegestütze« waren nötig, weil ich im Kopf des anderen zunächst ein tiefes Konkurrenzdenken aufgebaut hatte. Er war ganz auf Gewinn / Verlust ausgerichtet und dachte sich: »Von dem kleinen Glatzkopf lasse ich mich ganz bestimmt nicht unterkriegen!« Seine Reaktion auf meine vorgetäuschte Arroganz und meine persönlichen Angriffe fiel verständlicherweise heftig aus. Deshalb musste ich extrem geduldig und beharrlich sein, um ihn zum Umdenken zu bewegen.

Viele Menschen sind überzeugt, dass *beide* Seiten auf Gewinn / Gewinn aus sein müssen. Das stimmt nicht! Es reicht, wenn ein Partner so denkt. Die meisten glauben außerdem, dass der andere von Anfang an kooperieren muss. Doch die kreative Kooperation kommt erst später, wenn Synergien geschaffen werden. Man muss den anderen allerdings darauf vorbereiten, indem man Einfühlsamkeit zeigt, ihm wirklich zuhört, seinen Vorteil verfolgt und beharrlich dabei bleibt, bis er Vertrauen fasst.

Im Fernen Osten heißt es, ein Bild sei besser als tausend Worte. Ich denke, eine einzige Erfahrung ist besser als tausend Bilder. Das Bild, das das Publikum von diesem Armdrücken bekommt, ist sicher besser als 10 000 Worte. Die Erfahrung meines »Gegners« aber ist besser als 1000 Bilder. Vielleicht können Sie das Armdrücken beim Lesen ja vor sich sehen? Wenn Sie sich selbst davon überzeugen wollen, wie stark die Erfahrung mit dem Armdrücken ist, sollten Sie es einmal mit einem Ihrer Kinder, Ihrem Mann, Ihrer Frau oder einem Ihrer Geschäftspartner ausprobieren.

Leider sind die meisten Leute nicht bereit, die harte Arbeit des Gewinn / Gewinn-Denkens und des »Erst verstehens« auf sich zu nehmen, um zu einer dritten Alternative zu gelangen. Das erfordert tatsächlich einen privaten Sieg. Um an den Punkt zu kommen, wo Ihre

Sicherheit in Ihnen selbst liegt und nicht in der Meinung anderer Leute oder darin, dass Sie recht haben, ist ein beträchtlicher Erfolg auf der persönlichen Ebene nötig. Woher Sie die Kraft dazu bekommen? Sie liegt in Ihrer Fähigkeit, verwundbar zu sein. Denn tief in Ihrem Inneren gibt Ihnen Ihre Integrität gegenüber Ihrem Wertesystem, das ja auf Prinzipien beruht, Unverwundbarkeit und Sicherheit. Sie können es sich leisten, offen für den Einfluss anderer und flexibel zu sein. Sie können es sich leisten, zu suchen, ohne zu wissen, wo das Ganze enden wird. Denn tief in Ihrem Inneren wissen Sie, dass dieser Ort besser sein wird als der, von dem Sie und der andere aufgebrochen sind.

Die Fähigkeiten für die Suche nach der dritten Alternative

Kommunikation ist zweifellos die wichtigste Fähigkeit überhaupt im Leben. Insgesamt gibt es vier Grundformen: Lesen, Schreiben, Sprechen und Zuhören. Die meisten Leute verbringen zwei Drittel bis drei Viertel der Zeit, in der sie nicht schlafen, mit diesen vier Dingen. Knapp 50 Prozent unserer Kommunikationszeit verbringen wir mit nur einer dieser vier Grundformen. Welche das ist? Das *Zuhören*. Doch ausgerechnet darin haben wir am wenigsten Übung. Die meisten von uns haben etliche Jahre Training im Lesen, Schreiben und Sprechen hinter sich. Doch kaum jemand hat ein intensives Trainingsprogramm im Zuhören absolviert.

Die meisten glauben, sie wüssten, wie man zuhört. Schließlich tun sie es ja ständig. Tatsächlich hören sie aber nur aus ihrem eigenen Bezugsrahmen heraus zu. Was ich genau damit meine? Um das zu verstehen, hilft Ihnen ein Blick auf die Abbildung 10.2. Hier sehen Sie das »Kontiuum des Zuhörens«. Es besteht aus fünf Ebenen: ignorieren; so tun, als ob man zuhört; selektives Zuhören; aufmerksames Zuhören und einfühlendes Zuhören. Nur auf einer dieser Ebenen erfolgt das Zuhören innerhalb des Bezugsrahmens unseres Gesprächspartners. Dabei handelt es sich um die höchste Ebene – um das einfühlende Zuhören.

Einfühlendes Zuhören bedeutet, sich von seiner eigenen Autobiografie, seiner eigenen Geschichte zu lösen. Es geht darum, den eigenen Bezugsrahmen, den eigenen Standpunkt, das eigene Wertesystem hinter sich zu lassen und tief in die Welt des anderen einzutauchen.

Das einfühlende Zuhören ist eine sehr seltene Fähigkeit. Ja, es ist sogar mehr als eine bloße Fähigkeit. Viel mehr!

- **Nur 17 Prozent der befragten Mitarbeiter haben das Gefühl, dass die Kommunikation in ihrer Organisation wirklich offen, ehrlich und respektvoll ist.**

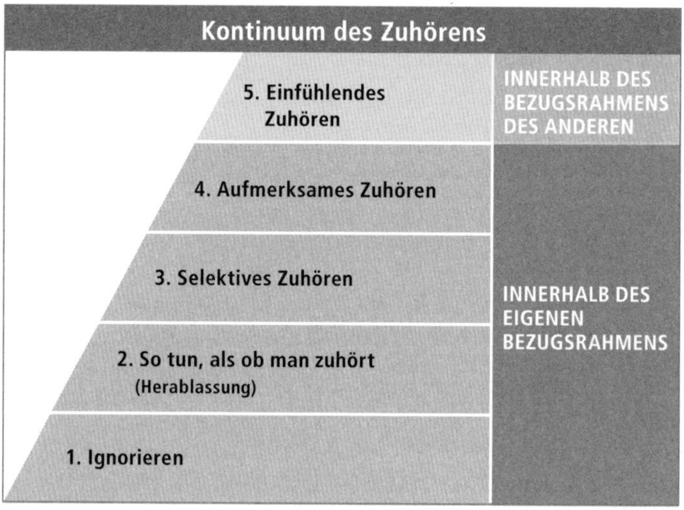

Abb. 10.2

Über das Zuhören

Wenn ich Sie bitte, mir zuzuhören, und Sie fangen an, mir Ratschläge zu geben, haben Sie nicht das gemacht, worum ich Sie gebeten habe. Wenn ich Sie bitte, mir zuzuhören, und Sie fangen an, mir zu sagen, weshalb ich mich nicht so fühlen sollte, trampeln Sie auf meinen Gefühlen herum. Wenn ich Sie bitte, mir zuzuhören, und Sie haben das Gefühl, Sie müssten etwas tun, um mein Problem zu lösen, haben Sie mich – so seltsam das auch klingen mag – im Stich gelassen.

Hören Sie mir zu! Nur darum habe ich Sie gebeten: mir zuzuhören. Nicht zu sprechen oder irgendetwas zu machen – mich einfach nur anzuhören. Etwas tun kann ich selbst. Ich bin nicht hilflos. Vielleicht entmutigt und zaghaft, aber nicht hilflos. Wenn Sie etwas für mich tun, was ich selbst für mich tun kann und muss, tragen Sie zu meiner Angst und meinem Gefühl der Unzulänglichkeit bei. Wenn Sie es aber als Tatsache akzeptieren, dass ich mich so fühle, wie ich mich fühle, so irrational es auch wirken mag, brauche ich nicht mehr zu versuchen, Sie zu überzeugen. Dann kann ich damit beginnen, zu verstehen, was hinter diesem irrationalen Gefühl steckt. Und wenn das klar ist, sind die Antworten offensichtlich und ich brauche keine Ratschläge.

DR. MED. RALPH ROUGHTON[3]

Der indianische Talking Stick

Vor einiger Zeit habe ich die Häuptlinge von Indianerstämmen aus den USA und Kanada trainiert. Sie machten mir ein wundervolles Geschenk: einen meisterhaft geschnitzten, anderthalb Meter langen Talking Stick, in den der Name *Bald Eagle*, Kahler Adler, eingraviert war. Der Talking Stick spielt bei den amerikanischen Ureinwohnern schon seit Jahrhunderten eine wichtige Rolle. Doch auch die Gründerväter der USA haben seinen großen Wert erkannt – allen voran Benjamin Franklin. Einige der Gründerväter wurden sogar von den Häuptlingen der Irokesen persönlich mit den Gedanken, die sich hinter dem Talking Stick verbergen, vertraut gemacht.

Der Talking Stick ist eines der stärksten Kommunikationswerkzeuge, das ich kenne. Denn einerseits ist er ein Gegenstand, den man anfassen kann. Andererseits verkörpert er ein ungemein synergetisches Konzept. Er führt uns plastisch vor Augen, wie es Menschen mit unterschiedlichen Ansichten gelingen kann, sich durch großen gegenseitigen Respekt zu verstehen. Er ist der Schlüssel, damit sie ihre Meinungsverschiedenheiten und Probleme synergetisch oder zumindest durch einen guten Kompromiss lösen können. Wie das genau funktioniert? Immer, wenn Leute zusammenkommen, ist der Talking Stick dabei. Nur die Person, die ihn gerade in den Händen hält, darf sprechen. Wenn Sie also den Talking Stick haben, dürfen auch nur Sie reden – und zwar so lange, bis Sie überzeugt sind, dass Sie verstanden wurden. Kein anderer darf seinen Standpunkt darlegen, Gegenargumente anführen, Zustimmung äußern oder Einwände vorbringen.

Die anderen dürfen nur versuchen, Sie zu verstehen und das, was Sie gesagt haben, dann mit ihren eigenen Worten wiedergeben. Um sicherzustellen, dass Sie wirklich verstanden werden, müssen Sie Ihren Standpunkt manchmal vielleicht neu formulieren. Doch oft werden Sie auch einfach nur spüren, dass die anderen Sie verstehen.

Sobald Sie sich verstanden fühlen, müssen Sie den Talking Stick an den Nächsten weitergeben. Dann ist es Ihre Aufgabe, ihm zuzuhören und dazu beizutragen, dass auch er sich verstanden fühlt. Wenn er seinen Standpunkt darlegt, müssen Sie einfühlend zuhören. Anschließend geben Sie seine Sicht der Dinge dann so lange mit Ihren eigenen Worten wieder, bis er sich wirklich verstanden fühlt. So übernehmen alle Beteiligten die Verantwortung für die gesamte Kommunikation – für das Sprechen und das Zuhören. Wenn sich dann alle Parteien verstanden fühlen, passiert meist etwas Erstaunliches: Die negative Energie löst sich auf, die Streitereien legen sich, der gegenseitige Respekt wächst und die Leute werden kreativ. Neue Ideen tauchen auf, dritte Alternativen werden sichtbar.

Jemanden zu verstehen heißt nicht, ihm uneingeschränkt zuzustimmen. Es bedeutet vielmehr, mit seinen Augen, seinem Herzen, seinem Verstand und seinem Geist sehen zu können. Verstanden zu werden ist eines der tiefsten Bedürfnisse unserer Seele. Wenn es erfüllt wurde, muss man nicht mehr stur auf seinem eigenen Standpunkt beharren. Dann kann sich der Fokus hin zu einer interdependenten Problemlösung verschieben. Was aber, wenn man sich nicht verstanden fühlt? Wenn dieses elementare menschliche Bedürfnis nicht erfüllt wird? Dann brechen Macht- und Revierkämpfe aus. Die Kommunikation wird defensiv und abwehrend. Manchmal kommt es zu Streit und sogar zu Gewalt.

Unser Bedürfnis, verstanden zu werden, ist mit dem Bedürfnis unserer Lungen nach Luft vergleichbar. Das kann man ganz leicht nachvollziehen. Stellen Sie sich bitte vor, aus dem Raum, in dem Sie sich gerade befinden, würde man plötzlich die ganze Luft absaugen. Wie hoch wäre dann Ihre Motivation, sich Luft zu verschaffen? Wären Sie daran interessiert, eine Diskussion zu führen oder eine Meinungsverschiedenheit zwischen Ihnen und den anderen beizulegen? Natürlich nicht. Sie würden nur *eines* wollen: Luft! Für andere Dinge wären Sie erst offen, nachdem Sie die Luft bekommen hätten. Deshalb kann man auch sagen: Sich verstanden zu fühlen bedeutet, psychisch Luft zu bekommen.

Natürlich kann der Prozess, über den wir gerade gesprochen haben, auch ohne Talking Stick ablaufen. Dann wird die Verantwortlichkeit, mutig zu sprechen und einfühlend zuzuhören, allerdings nicht mit so viel greifbarer Disziplin weitergereicht. Wenn man tatsächlich einen Stock benutzt, werden die Aufmerksamkeit und das persönliche Interesse enorm fokussiert. Dazu braucht man aber nicht unbedingt einen echten Talking Stick. Ein Stift, ein Löffel oder ein Stück Kreide tun es auch. Jeder Gegenstand ist geeignet, den man anfassen kann und der dem Sprecher physisch die Verantwortung auferlegt, ihn erst und nur dann weiterzugeben, wenn er sich verstanden fühlt.

Bestimmt haben Sie auch schon in Meetings gesessen, bei denen Sie deutlich spüren konnten, dass andere mit verborgenen Absichten arbeiteten? Warum nutzen Sie bei solchen Meetings nicht das Talking-Stick-Konzept? Damit können Sie ungeheuer viel bewirken. Falls es Ihnen unangebracht erscheint, tatsächlich einen Stock oder einen Bleistift zu benutzen, sollten Sie die Grundidee erläutern. Sprechen Sie gleich zu Beginn des Meetings darüber, bevor die Leute sich emotional in bestimmte Themen verbeißen. Auch wenn Sie das Meeting nicht selbst leiten, können Sie beispielsweis sagen: »Wir werden heute über eine Reihe wesentlicher Dinge sprechen, die vielen von uns sehr wichtig sind. Um uns die Kommunikation zu erleichtern, könnten wir doch Folgendes vereinbaren: Niemand darf seine Meinung vorbringen, solange er den Standpunkt seines Vorredners nicht so dargelegt hat, dass dieser sich verstanden fühlt.« Dadurch wird zwar nicht direkt mit dem Talking Stick gearbeitet, wohl aber mit der Idee, dass niemand seinen Standpunkt darlegen darf, solange der andere nicht klar gesagt hat, dass er sich verstanden fühlt.

Schrecken Sie noch vor dem Gedanken zurück, mit dem Talking-Stick-Konzept zu arbeiten? Kommt Ihnen das umständlich vor? Vielleicht sogar kindisch und ineffizient? Ich versichere Ihnen, dass Sie sich da gewaltig irren! Das Talking-Stick-Konzept erfordert so viel Selbstbeherrschung und verleiht der Kommunikation so große Reife, dass es sehr, sehr effektive Ergebnisse bringt. Mehr noch: Es ermöglicht Synergie nicht nur bei den Entscheidungen, sondern auch bei den Beziehungen, wo es die Bindung und das Vertrauen stärkt.

Ein Meeting mit Ihnen als Moderator des Talking-Stick-Konzepts könnte folgendermaßen ablaufen: Stellen Sie sich vor, Sie sitzen mit Sylvia und Roger in einem Meeting. Sylvia versucht gerade, ihren Standpunkt darzulegen. Doch plötzlich ergreift Roger das Wort und sagt: »Ich bin da ganz anderer Ansicht als Sylvia. Ich finde, wir sollten …«

Sie unterbrechen ihn: »Entschuldigen Sie bitte, Roger. Wissen Sie noch, was wir zur Unterstützung unserer Kommunikation vereinbart haben?«

Roger antwortet: »Ach ja, ich soll zuerst Sylvias Standpunkt wiedergeben, dann kann ich meinen darlegen.«

Sie erwidern: »Nicht ganz, Roger. Sie sollen nicht nur Sylvias Standpunkt wiedergeben; Sie sollen ihn so wiedergeben, dass *sie zufrieden ist.* Dann können Sie Ihren eigenen Standpunkt darlegen.«

»Ach ja, richtig.«

»Wie sieht Sylvias Standpunkt aus, Roger?« Er versucht, ihn wiederzugeben.

»Trifft das zu, Sylvia?«

»Nein, überhaupt nicht. Was ich zu sagen versuche ist, dass ...« Roger unterbricht sie erneut.

»Noch einmal, Roger: Wie lautet unsere Grundregel?«

»Ach ja, ich soll Sylvias Standpunkt so wiedergeben, dass sie zufrieden ist.«

Also bemüht er sich zum ersten Mal, Sylvia wirklich zuzuhören und ihren Standpunkt wiederzugeben. Dabei ahmt er ihre Worte im Wesentlichen nach.

»Wie war das, Sylvia?«, fragen Sie.

Sie antwortet: »Na ja, er hat mich nachgeahmt, aber den tieferen Sinn meines Standpunkts hat er überhaupt nicht erfasst.«

»Tut mir leid, Roger – bitte versuchen Sie's noch mal!«

»Wann bin ich denn endlich dran? Ich habe mir mit meinen Leuten zwei Nächte um die Ohren geschlagen, um mich auf dieses Meeting vorzubereiten!«

»Erinnern Sie sich an die Grundregel, Roger? Niemand darf dieses Stadion ohne Eintrittskarte betreten. Das bedeutet, dass der andere sich erst vollkommen verstanden fühlen muss, bevor Sie an die Reihe kommen.«

Also wird er hin- und hergerissen zwischen den Bedürfnissen seines Egos, verborgenen Absichten, seinem Wunsch zu sprechen und der Erkenntnis, dass er nicht mitmischen darf, solange er Sylvia nicht so verstanden hat, dass sie zufrieden ist. Und er hört zum ersten Mal wahrhaft einfühlend zu.

Sylvia sagt: »Danke, Roger! Jetzt fühle mich wirklich verstanden.«

»Okay, Roger – jetzt sind Sie dran!«

Roger sieht Sie an und sagt: »Ich stimme Sylvia zu.«

Meiner Erfahrung nach werden die Leute, wenn sie wirklich versuchen, sich gegenseitig zu verstehen, in den meisten Fällen letztendlich eine Übereinstimmung erreichen. Warum? Weil über 90 Prozent aller Kommunikationsprobleme durch Unterschiede im Hinblick auf die Semantik oder die Wahrnehmung verursacht werden. Anders ausgedrückt: Die Leute definieren Wörter und Begriffe unterschiedlich (Semantik) oder interpretieren die Informationen, Zahlen, Daten und Fakten (Wahrnehmung) anders. Aber wenn sie sich gegenseitig mit echter Einfühlsamkeit zuhören, verschwinden sowohl die semantischen als auch die Wahrnehmungsprobleme. Dann hören sie aus dem Bezugsrahmen des anderen heraus zu. Sie spüren, wie der andere Wörter und Begriffe definiert oder wie er Bedeutungen und Daten interpretiert. Jetzt benutzen sie die gleiche Sprache.

Und was ist mit den anderen 10 Prozent der Kommunikationsprobleme, denen echte Meinungsverschiedenheiten zugrunde liegen? Wenn wir dem anderen einfühlend zuhören, kommen wir auch hier bei der Problemlösung voran. Das gegenseitige Verstehen ist so bestärkend, so heilsam und verbindend, dass die Leute ihre Unstimmigkeiten dann freundlich besprechen. Dadurch sind sie meistens in der Lage, sie durch Synergie oder zumindest durch einen Kompromiss zu lösen.

Auch Schweigen ist ein Schlüssel zur Kommunikation nach dem Talking-Stick-Konzept. Wer anderen gegenüber tiefe Einfühlsamkeit zeigen will, der muss ruhig sein und auch schweigen können. Robert K. Greenleaf sagte zur Macht des Schweigens: »Man darf keine Angst vor einem kleinen Schweigen haben. Manche empfinden Schweigen als unangenehm oder bedrückend. Zu entspannten Gesprächen gehört aber auch, dass wir ein bisschen Schweigen begrüßen. Wird es wirklich besser sein als das Schweigen, wenn ich sage, was ich sagen möchte? Oft ist das eine verheerende Frage für uns. Doch manchmal ist es wichtig, dass wir sie uns stellen«

Die beiden Schritte bei der Suche nach einer dritten Alternative

Abbildung 10.3 zeigt: Die Suche nach einer dritten Alternative besteht im Wesentlichen aus zwei Schritten. Zudem führt der Suchprozess zu einer Rückkopplung. Er hilft, das Vertrauen, die moralische Autorität zu schaffen, das zu der Suche ermutigt.

Zwei Schritte zum Erreichen von Synergie

(DRITTE ALTERNATIVE)

Wären Sie bereit, nach einer Lösung zu suchen, die **besser ist** als Ihre oder unsere bisherigen Vorschläge?

Würden Sie einer einfachen Grundregel zustimmen? Sie lautet: Niemand darf seinen Standpunkt darlegen, bevor er nicht den Standpunkt der anderen Person zu deren Zufriedenheit wiedergegeben hat.

Abb. 10.3

Die beiden Schritte zum Erreichen von Synergie laufen nicht immer nacheinander ab. Manchmal fängt man mit dem ersten an, manchmal mit dem zweiten. Es kann vorkommen, dass wir wie von selbst mit der Interaktion beginnen und wirklich versuchen, jemandem zuzuhören, der eine völlig andere Meinung und eine ganz andere Lösung hat. Danach können wir den anderen bitten, uns so zuzuhören, wie wir ihm zugehört haben. Danach kann er sich entscheiden, ob er nach einer dritten Alternative suchen will. Manchmal wechseln wir auch zwischen diesen beiden Schritten hin und her. Jede Situation ist anders und jede Beziehung einzigartig. Doch eins ist jedes Mal gleich: Den Suchprozess in Gang zu setzen, erfordert immer gute Urteilskraft und Wahrnehmung, viel Selbstbeherrschung und Präsenz.

Erfahrungen bei der Suche nach dritten Alternativen

Im Laufe der Jahre habe ich viele Leute, die sich emotional in eine starke Gegnerschaft verbissen hatten, als neutraler Moderator durch die beiden Schritte bei der Suche nach einer synergetischen, dritten Alternative geführt. Diese Aufgabe war häufig eine besondere Herausforderung. Sie machte mir aber auch sehr viel Freude. Ich konnte hautnah miterleben, wie die Leute sich durch die in Abbildung 10.4 dargestellten Kommunikationsformen kämpfen:

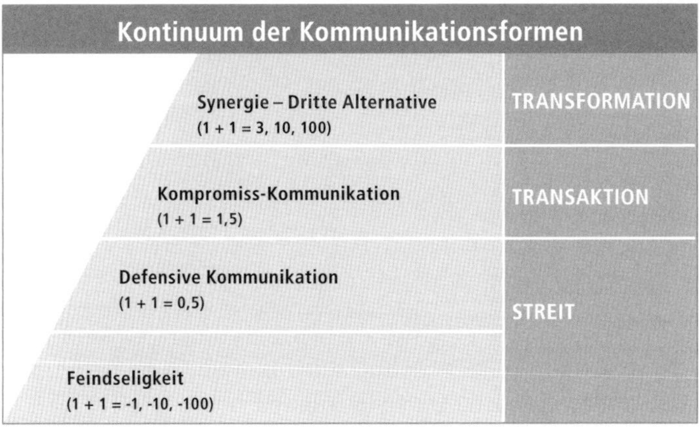

Abb. 10.4

Eines meiner ersten Erlebnisse als Moderator hatte ich, als unsere Firma eine authentische, spontane synergetische Erfahrung aus dem wirklichen Leben für ein Lehrvideo verfilmen wollte. Ich beschloss, die Filmaufnahmen in einem meiner Live-Seminare zu machen. Dazu wählte ich ein Thema, das starke Emotionen auslöst – den Umgang mit unserer Umwelt. Dann bat ich zwei der Teilnehmer zu mir aufs Podium: eine überzeugte, leidenschaftliche Kämpferin für den Umweltschutz, eine echte »Grüne«, und einen überzeugten, leidenschaftlichen Geschäftsmann, der sein Geld mit natürlichen Rohstoffen verdient. Die beiden reichten sich nicht einmal die Hand, dabei berühren selbst Boxprofis die Handschuhe des anderen. Sie griff ihn schon auf dem Weg nach vorn an: »Leute wie Sie haben unsere Luft und unser Wasser vergiftet und die Zukunft unserer Kinder zerstört!« Er blickte auf ihre Schuhe hinab und sagte: »Schöne Schuhe. Ist das Leder?« Sie sah erst ihre Schuhe an, dann ihn. »Was hat das denn damit zu tun?« Er antwortete: »Ich frage mich einfach, was für ein Tier Sie getötet haben!« Empört gab sie zurück: »Ich töte niemals Tiere!« Er konterte: »Ach, dann haben Sie das andere machen lassen?« So begann die Kommunikation.

45 Minuten später hatten sie die zwei Schritte zum Erreichen von

Synergie hinter sich. Danach traten die beiden – zum großen Erstaunen des Publikums – für eine Politik der Nachhaltigkeit auf der Unternehmens- wie auch auf der Regierungsebene ein.

Wären Sie bereit, nach einer Lösung zu suchen, die besser ist als das, was jeder von Ihnen mitgebracht hat? Wenn man den ersten Schritt erklärt, sagen die Leute unweigerlich: »Ich weiß nicht, wie sie aussehen könnte« oder »Ich setze mich seit Jahren für diese Sache ein und habe feste Überzeugungen«.

Als Moderator erkennen Sie das an und sagen: »Das ist richtig. Niemand weiß, wie die Lösung aussehen wird. Sie muss von Ihnen beiden gemeinsam entwickelt werden. Die Frage ist: Wären Sie bereit, nach so einer Lösung zu suchen?«

Meist lautet die Antwort: »Ich *werde keine* Kompromisse eingehen!«

Dann entgegnen Sie: »Natürlich nicht. Synergie ist kein Kompromiss. Es muss eine *bessere* Lösung sein. Das müssen Sie wissen. Das muss der andere wissen. Und Sie müssen beide wissen, dass Sie es beide wissen.«

»Oh, ich weiß nicht, wie es jetzt weitergehen soll.«

»Mit dem zweiten Schritt. Aber keiner darf seine Meinung darlegen, solange er den Standpunkt des anderen nicht so wiedergegeben hat, dass dieser zufrieden ist.« *Das* ist der Prüfstein. Für Leute, die schon sehr lange für eine bestimmte Position eingetreten sind, ist es eine enorme Herausforderung, jemand anderem wirklich zuzuhören. Es fällt ihnen extrem schwer, ihre eigene Meinung erst darlegen zu dürfen, wenn sie dem anderen zugehört und seinen Standpunkt so wiedergegeben haben, dass er zufrieden ist. Das ist ihre Eintrittskarte.

Ich habe diesen Prozess auch einmal an einer Universität zum Thema »Abtreibung« demonstriert. Dazu habe ich eine Abtreibungsgegnerin und eine Studentin, die für das Recht auf Selbstbestimmung der Frauen eintrat, zu mir nach vorn geholt. Beide fühlten sich ihrer Position moralisch verpflichtet. Ich führte sie vor über 400 Leuten – darunter ein ganzer Kurs von Betriebswirtschaftsstudenten, viele Fakultätsangehörige und zahlreiche geladene Gäste – langsam durch die beiden Schritte. Nach etwa 40 Minuten fingen sie an, über Verhütung, Adoption und Erziehung zu sprechen. Der Charakter der Diskussion hatte sich völlig geändert. Das Publikum war fasziniert und beide Frauen hatten Tränen in den Augen.

Ich fragte sie, warum sie so berührt waren. Es war nicht das Thema an sich. Vielmehr schämten sie sich, weil sie jeden, der anderer Meinung war, so kategorisch verurteilt, verdammt, ja sogar verteufelt hatten. Durch echtes, einfühlendes Zuhören hatten sie erkannt: »Das ist ein guter Mensch! Ich mag diese Person und ich achte sie. Ihren Ansichten stimme ich nicht zu. Aber ich bin bereit, ihr zuzuhören. Ich bin offen.« Mitzuerleben, wie Köpfe sich öffnen, Herzen weich werden und Positionen sich zu einer höheren, synergetischen dritten Alternative verbinden, ist eine hoch spannende Erfahrung.

Immer funktionieren diese beiden Schritte allerdings nicht. Denn die Leute sind nicht immer bereit, sie anzuwenden. Ich war einmal in Washington bei der Young Presidents Organization, um dieses Konzept zu lehren. Ich bat den Präsidenten der National Education Association (NEA) und den Kopf der kalifornischen Voucher-Bewegung, der das Motto »Gutscheine statt staatlicher Schulen: Weg von den öffentlichen Schulen!« propagierte, nach vorn zu kommen und die beiden Schritte zu durchlaufen. Widerstrebend vollzogen sie den ersten Schritt. Doch beide sagten, sie hätten keine Vorstellung davon, was sie bei der Suche finden würden, und wären nicht zu einem Kompromiss bereit. Als wir zum zweiten Schritt kamen und sie den Standpunkt des anderen zu dessen Zufriedenheit wiedergeben sollten, versuchten sie es. Zunächst waren sie sehr defensiv. Aber schon bald wurden sie ausfallend und richtig feindselig. Sie beschimpften sich gegenseitig und sogar die Eltern des anderen. Daraufhin schickten die Zuhörer sie nach Hause. Die beiden Männer waren zwar geladene Gäste. Doch sie hatten den Zweck der Tagung untergraben. Dann wurde das Publikum synergetisch. Es bestand aus Eltern, denen die Sache wirklich am Herzen lag. Sie hatten erkannt, dass sie sehr komplex war. Ihnen war klar geworden, dass man nicht grob verallgemeinern durfte und tieferes Verständnis brauchte. Sie entwickelten immer mehr Kreativität im Hinblick darauf, wie man das Bildungssystem stärken konnte. Zudem befassten sie sich auch mit der Frage, wie weit man den Markt unter bestimmten Umständen in die Bildung holen konnte und was man tun konnte, wenn das besonders schwierig und sogar kontraproduktiv war.

Diesen Prozess habe ich schon viele, viele Male auch im Hinblick auf unternehmensinterne Fragen durchgeführt. Ich frage meine Klienten: »Was spaltet Ihre Unternehmenskultur? Etwas, was fast nicht diskutierbar ist?« Gewöhnlich zögern sie, rücken aber schließlich doch mit der Sprache heraus. Dann hake ich nach: »Könnten wir das als Beispiel für die Schaffung von Synergie und die Entwicklung einer dritten Alternative nutzen?« Und sie antworten meistens: »Oh, das ist ein zu heikler Punkt. Es ist zu schwierig ... Ich weiß nicht, wie das gehen soll.« Daraufhin erkläre ich ihnen den Prozess und die beiden Schritte. Und ich versichere ihnen, dass es ihrer Organisation eine ungeheuer positive Erfahrung bringen wird. Ich sage ihnen, dass es die Aufrichtigkeit und die moralische Autorität in der Gruppe ungemein stärken wird. Einerseits natürlich durch die Lösung des Problems. Aber vor allem durch die Entwicklung eines Immunsystems innerhalb der Unternehmenskultur. Dieses Immunsystem wird es ihnen ermöglichen, bei allen künftigen Schwierigkeiten Synergie zu schaffen und eine dritte Alternative zu entwickeln.

Einmal habe ich mit einer Gruppe aus dem Gesundheitswesen gearbeitet, zu der Kuratoren, Führungskräfte, Leute aus der Verwaltung und zahlreiche Ärzte gehörten. Der Punkt, über den gesprochen werden sollte, war schon seit vielen Monaten Gegenstand heftiger Auseinandersetzungen: der Einsatz externer Ärzte. Der medizinische Leiter war der Sprecher der einen Seite und der CEO der Sprecher der anderen. Vor etwa 100 Leuten führte ich sie langsam durch die beiden Schritte. Sie entwickelten eine dritte Alternative, von der beide total begeistert waren. Das lag nicht nur daran, dass ihnen diese Alternative viel besser gefiel als die bisherige Regelung und ihre beiden ursprünglichen Vorschläge, sondern auch daran, dass sie eine starke heilsame und verbindende Wirkung auf ihre Beziehung hatte.

In Mexiko habe ich einmal mit Versicherungsleuten gearbeitet. Ich sollte auf einer internationalen Tagung eine Rede über die kulturelle Transformation durch prinzipienzentrierte Führung halten. Doch die Stimmung war sehr angespannt: Die Kommunikation im Unternehmen funktionierte nicht und zwischen der Führungsebene in der Zentrale, den Managern im Außendienst und den Agenten, die für die Akquise zuständig waren, herrschte geradezu Feindseligkeit. Deshalb beschloss ich, meine vorbereitete Rede wieder einzustecken. Ich wollte Ihnen lieber dabei helfen, zu erkennen, wie ernst die kulturelle Schwäche in ihrer Organisation war und wie negativ sich das Ganze auf ihr Geschäft und ihre Kunden auswirkte.

Also stellte ich ihnen die folgende Frage: Wem gehört der Kunde? Dann bat ich jeweils zwei Leute aus der Zentrale, dem Außendienst und dem Team der Agenten, zu mir nach vorn zu kommen. Sie legten nacheinander die Gründe dafür dar, warum der Kunde *ihnen* gehörte. Die Agenten führten an, dass sie den Kunden fanden und eine Beziehung zu ihm aufbauten. Die Außendienst-Manager hatten für diese Argumentation überhaupt nichts übrig. Sie sagten: »*Wir* sind diejenigen, die für die Kunden über einen langen Zeitraum Dienstleistungen erbringen müssen. Sie können einfach gehen – wir nicht. Wir müssen bleiben, für unsere Produkte geradestehen und beweisen, dass wir unsere Zusagen einhalten.« Dieser Sichtweise konnten nun wiederum die Führungskräfte aus der Zentrale nichts abgewinnen. Sie meinten: »Sie haben ja überhaupt keine Ahnung! Wer hat die Produkte denn entwickelt? Wer sorgt dafür, dass die Zusagen eingehalten werden? Wer hat die ganzen Strukturen, über das unser Geschäft läuft, aufgebaut?« Langsam wurde allen klar, wie krank ihre Unternehmenskultur war. Ob Zentrale, Außendienst oder Agenten: Der Kunde gehörte *keiner* dieser Gruppen, sondern nur sich selbst. Sie erkannten, dass sie intensiv daran arbeiten mussten, ihre Kultur zu verbessern, wenn sie neue Kunden gewinnen und halten wollten. Diese Erfahrung machte sie sehr nachdenklich und offen dafür, die beiden Schritte zu gehen, um gemeinsam eine synergetische dritte Alternative zu entwickeln.

Eines Tages rief mich der Chef eines Unternehmens an. Er bat mich, ihm dabei zu helfen, bei einem sehr kostspieligen, langwierigen Gerichtsprozess mit einem großen Kunden zu einer Lösung zu kommen. Der Kunde hatte das Unternehmen wegen mangelhafter Leistung verklagt. Seiner Ansicht nach hatte es die vereinbarten Leistungskriterien nicht erfüllt. Ich kannte den Anrufer gut. Er hatte einige unserer Trainings besucht. Allerdings traute er sich nicht zu, die Inhalte in seinem Unternehmen anzuwenden. Ich sagte ihm, dass er mich nicht brauchen würde – er könne das Problem selbst lösen. Dann ging ich einige Themen noch einmal am Telefon mit ihm durch. Zudem sollte er die Unterlagen lesen, die ich ihm bereits gegeben hatte. Er war sehr zögerlich und ängstlich. Doch ich bestätigte ihn so sehr, dass er schließlich zustimmte, die Sache selbst in die Hand zu nehmen.

Er telefonierte mit dem Chef des Unternehmens, das ihn verklagt hatte, und schlug ein gemeinsames Mittagessen vor. Doch der sagte: »Das ist nicht nötig. Wir wollen einfach abwarten, was der Prozess bringt.« Wahrscheinlich dachte er, mein Freund sei bereit, sich vor Gericht zu vergleichen, einen Kompromiss zu schließen oder zu Kreuze zu kriechen. Deshalb beschloss er, bei seinem harten Kurs zu bleiben, und lehnte die Einladung zum Essen ab. Doch mein Freund blieb beharrlich. Er erzählte ihm, was er vorhatte und weshalb. Dann berichtete er von den beiden Schritten. Schließlich erklärte er, dass er allein zu dem Essen kommen würde, bot dem anderen aber an, seinen Anwalt mitzubringen und selbst gar nichts sagen. So würde keine Gefahr bestehen, dass er seine Position vor Gericht verschlechterte. Dann sagte er: »Was haben Sie denn zu verlieren? Eine Stunde oder auch zwei? Die Sache hat unsere beiden Unternehmen bereits Zehntausende von Dollar gekostet – und dabei hat der Prozess gerade erst begonnen.« Unter diesen Voraussetzungen erklärte der andere sich bereit, sich mit ihm zu treffen und seinen Anwalt mitzubringen.

Die drei Männer trafen sich dann in einem Raum, in dem zwei Flipcharts standen. Mein Freund sagte: »Ich möchte zunächst sehen, ob ich Ihre Position bei dieser Klage richtig verstehe.« Er gab sie so ausführlich wieder, wie ihm das nur möglich war. Nach ein paar Minuten erkundigte er sich: »Haben Sie das Gefühl, dass ich Ihre Situation richtig verstehe? Ist das so zutreffend und gerecht?« Der andere erwiderte: »Ja, bis auf zwei Punkte.« Sein Anwalt fiel ihm ins Wort und riet ihm, nichts mehr zu sagen. Der Unternehmenschef aber spürte, dass sich hier wirklich etwas bewegte und dass mein Freund es ehrlich meinte. Daher sagte er sinngemäß zu seinem Anwalt, er solle den Mund halten, und äußerte sich zu den beiden Punkten. Mein Freund schrieb seine Argumente auf eines der Flipcharts. Dann fragte er erneut: »Haben Sie das Gefühl, dass ich Sie verstehe? Gibt es noch etwas, was ich verstehen sollte? Habe ich irgendetwas ausgelassen?« Der andere antwortete: »Nein, ich fühle mich von Ihnen verstanden.« Und mein Freund sagte: »Dürfte ich Sie jetzt bitten, mir so zuzuhören, wie ich versucht habe, Ihnen zuzuhören? Wäre das gerecht und in Ordnung für Sie?«

Und wie ging die Geschichte dann weiter? Durch den Versuch, sich gegenseitig zu verstehen, entstand die Motivation, das Problem zu lösen. Am Ende wurde eine dritte Alternative gefunden, mit der beide zutiefst zufrieden waren. Sie wollten ihre Geschäftsbeziehung sogar fortsetzen. Diesen Wunsch mussten sie dann noch in ihren beiden Unternehmen vermitteln. Denn hier hatte man sich inzwischen an die Auseinandersetzung und die Gegnerschaft gewöhnt.

Diese Geschichte zeigt: Sie können die beiden Schritte bei der Suche nach einer dritten Alternative erfolgreich umsetzen. Diesen Weg können Sie durchaus allein beschreiten. Dazu brauchen keinen neutralen Dritten als Moderator. Allerdings müssen Sie die Fähigkeit haben, Beteiligter und Beobachter oder Moderator zugleich zu sein. Das erfordert sehr viel mentale und emotionale Disziplin. Doch wenn sie an die Prinzipien glauben und genug innere Stärke, Mut und Integrität haben, können sie es schaffen!

Manchmal sieht die dritte Alternative für Außenstehende wie ein Kompromiss aus. Es scheint, als ob einer oder beide nachgegeben hätten. Das muss aber gar nicht stimmen. Vielleicht war die Sache, um die es ursprünglich ging, gar nicht das wirkliche Problem. Vielleicht war letztlich die Qualität der Beziehung oder die Tiefe des Verstehens viel wichtiger. Ein Kollege erzählte mir einmal von seinen Eltern. Diese Geschichte möchte ich Ihnen hier weitergeben, weil sie ein wunderbares Beispiel dafür ist:

Mein Vater war 30 Jahre lang ein hervorragender Zahnarzt gewesen. Dann stellte sich heraus, dass er Amyloidose hatte, eine sehr seltene, krebsähnliche Krankheit. Die Ärzte gaben ihm nur noch ein halbes Jahr. Er musste seine Praxis schließen und saß nun untätig herum. Sein ganzes Leben lang war er sehr aktiv gewesen. Doch jetzt blieb ihm nichts mehr zu tun, als über seine unheilbare Krankheit nachzudenken.

Wie konnte er sich ablenken? Er beschloss, im Garten ein Gewächshaus zu bauen und darin seine Lieblingspflanzen zu züchten. Dabei dachte er allerdings nicht an ein elegantes Glashaus, wie man es oft hinter großen Häusern aus der viktorianischen Zeit sieht, sondern an einen billigen Bausatz aus dem Baumarkt. Sein Gewächshaus würde ein Wellblechdach und schwarze Plastikwände haben … Meine Mutter wollte so etwas Hässliches aber nicht in ihrem Garten haben. Was sollten denn die Nachbarn denken? Schließlich konnten die beiden gar nicht mehr über das Gewächshaus sprechen, ohne sich zu streiten. Es war wohl einfach der Punkt, an dem sich ihr ganzer Zorn über die Krankheit entlud.

Eines Tages sagte meine Mutter zu mir, sie wolle von nun an wirklich versuchen, die Sichtweise meines Vaters zu verstehen. Denn wenn die Situation so blieb, würden sie ja beide nicht glücklich sein. Sie wollte dieses Gewächshaus definitiv nicht in ihrem Garten haben. Andererseits wollte sie, dass mein Vater glücklich war und etwas Sinnvolles tun konnte. Also beschloss sie, ihre eigenen Wünsche zurückzustellen und ihm seinen Wunsch zu erfüllen. Mit anderen Worten: Das Glück meines Vaters bedeutete ihr mehr als ihr Garten und die Nachbarn.

Dank des Gewächshauses lebte mein Vater dann noch viel länger, als die Ärzte vorhergesagt hatten: noch drei Jahre. Nachts, wenn die Chemotherapie ihn nicht schlafen ließ, ging er in sein Gewächshaus, um nach seinen Pflanzen zu sehen. Dass sie gegossen werden mussten, gab ihm morgens einen Grund, aufzustehen. Durch sein Gewächshaus hatte er etwas zu tun – etwas, auf das er sich konzentrieren konnte, während sein Körper allmählich verfiel. Meine Mutter sagte später oft, dass sie sich nicht mehr gegen seinen Wunsch nach diesem Gewächshaus gesperrt habe, sei eine der klügsten und besten Entscheidungen in ihrem ganzen Leben gewesen.

Zunächst war das Gewächshaus für die Mutter meines Kollegen ein »Verlust«. Doch dann stellte sie ihre eigenen *ursprünglichen* Wünsche zurück. Sie gab dem größeren Wunsch, ihren Mann glücklich und zufrieden zu sehen, den Vorzug. Wenn wir jemanden verstehen, definieren wir also neu, was für uns »Gewinn / Gewinn« ist. Hätte sie am Anfang aber nicht genug Respekt gehabt, um verstehen zu wollen, was ihrem Mann wichtig war, wäre es nicht zu dieser Neubewertung gekommen. Interessant ist auch, dass die so entstandene Synergie nicht zu einer dritten Alternative in Form einer *Lösung* führte, sondern in Form der *Einstellung*. Die erste Alternative wäre gewesen, kein Gewächshaus zu haben. Die zweite wäre gewesen, es widerstrebend hinzunehmen. Die dritte Alternative aber war, ihren Mann wirklich zu verstehen und das eigene Glück frohen Herzens und voller Liebe in seiner Freude über das Gewächshaus zu finden. So funktioniert Synergie sehr oft. Ein Außenstehender könnte das als Kompromiss betrachten. Die Mutter meines Kollegen aber sieht das ganz sicher anders. Sie fand im Glück und im Wohlergehen ihres Mannes selbst Erfüllung. Solche Synergie im Hinblick auf die eigene Einstellung ist ein wundervoller Ausdruck tiefer, reifer Liebe.

Die meisten zwischenmenschlichen Transaktionen enden mit einem Kompromiss, Gewinn / Verlust oder Verlust / Gewinn. Dagegen sind Lösungen, die eine dritte Alternative darstellen, Transformationen. Ob es sich nun um eine konkrete Vereinbarung, eine Veränderung der Einstellung oder einfach nur um das Erreichen von gegenseitigem

Respekt und Verstehen handelt: Die Beteiligten haben sich geändert. Sie sind im Herzen und im Kopf offener geworden, sie haben zugehört und etwas gelernt, sie sehen die Dinge auf eine völlig neue Art und Weise. Kurzum: Sie sind transformiert worden. Bitte werfen Sie jetzt einen Blick auf die Abbildung 10.5. Hier sehen Sie den Unterschied zwischen Lösungen, die bloße Transaktionen sind, und Lösungen, die Transformationen beinhalten.

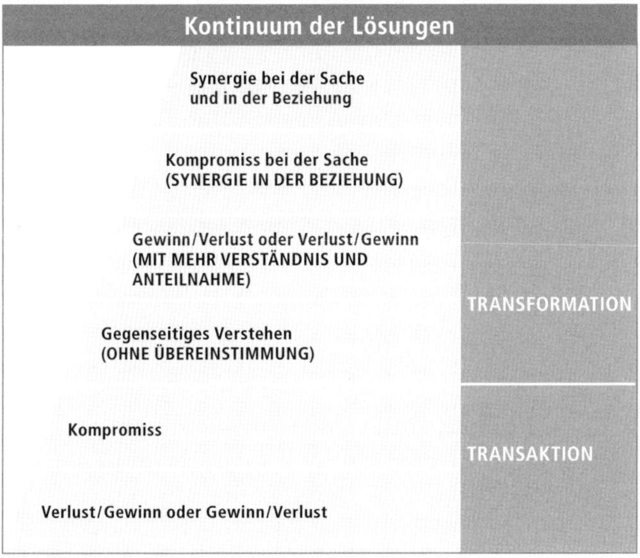

Abb. 10.5

Ich bin ganz sicher: Die meisten Gerichtsprozesse und Streitfälle könnten durch eine synergetische, auf die Suche nach einer dritten Alternative ausgerichtete Kommunikation verhindert oder gelöst werden. Klagen und die Justiz sollte man nur als letzte Instanz nutzen – und nicht als erste. Eine prozesssüchtige Kultur ist ungesund für die Gesellschaft und ein schreckliches Vorbild. Sie zerstört das Vertrauen und führt bestenfalls zu einem Kompromiss. Irgendwann möchte ich mit einem Anwalt für Wirtschaftsrecht und einem Bundesrichter, die das Konzept der dritten Alternative bereits mit erstaunlichen Ergebnissen umsetzen, ein Buch schreiben. Es soll für Anwälte sein und für diejenigen, die sie ausbilden und engagieren. Zudem soll es sich an Menschen richten, die scheinbar schwierige Probleme lösen wollen, ohne sich einen Anwalt zu nehmen. Der Titel würde lauten: *Selig sind die Friedensstifter*. Der Untertitel: *Synergie bei der Verhinderung und Beilegung von Streitfällen.*

Aufbau von sich untereinander ergänzenden Teams durch die Suche nach dritten Alternativen

Beim Aufbau von Teams, die sich untereinander ergänzen, ist eine offene, auf die Suche nach einer dritten Alternative ausgerichtete Kommunikation unerlässlich. Hier müssen die Führungskräfte mit gutem Vorbild vorangehen. Sie besitzen zwar *formale* Autorität. Doch ihre *moralische* Autorität müssen sie sich erst erarbeiten. Dabei leistet ihnen eine Kommunikation, die auf dritte Alternativen ausgerichtet ist, gute Dienste. Zudem sind Führungskräfte im gesamten Unternehmen präsent und müssen immer wieder quer über die Abteilungen hinweg Teams aufbauen, die sich untereinander ergänzen. Auch hier ist diese Art der Kommunikation wichtig und wertvoll.

Die auf die Suche nach dritten Alternativen ausgerichtete Form der Kommunikation ist jedoch nicht nur eine Sache der Führungskräfte. Sie kann auf jeder Ebene des Unternehmens beginnen. Wenn Mitarbeiter auf den niedrigeren Ebenen damit gute Ergebnisse erzielten, wird das die Zweifler auf den höheren Ebenen überzeugen. Auch das zeigt: Führung hängt nicht von der Position ab. Sie ist etwas, wofür wir uns entscheiden können.

Aber wo fängt man am besten an? Beginnen Sie mit einer offenen Kommunikation zwischen allen Mitarbeitern in Ihrem Team und in Ihrer Abteilung sowie zwischen interdependenten Teams und Abteilungen. Wenn Sie eine auf die Suche nach dritten Alternativen ausgerichtete Kommunikation fördern, lernen die Leute sich immer besser kennen. Sie mögen sich und werden offener und authentischer. Es entwickelt sich gegenseitiger Respekt. Die Teammitglieder erkennen die Stärken der anderen immer mehr an. Sie bemühen sich aktiv darum, ihre Schwächen mit diesen Stärken auszugleichen. Zudem werden sie ihre eigenen Stärken vermehrt für das ganze Team einsetzen. So entsteht Harmonie – wie in einem Orchester oder einer Sportmannschaft.

- **Wenn wir durch die Brille der Schwächen der anderen blicken, machen wir ihre Stärken bedeutungslos und ihre Schwächen offensichtlicher.**

Fragen & Antworten

Wie wichtig sind die Lebenszyklen von Unternehmen? Gibt es eine dritte Alternative zu ihrem Nieder- und Untergang?

Meiner Ansicht nach gibt es vier »Bermuda-Dreiecke«, die zum Niedergang und zum Sterben von Unternehmen führen. Zum *ersten* »Bermuda-Dreieck« kommt es in der Phase der Ideenfindung, wenn ein guter Einfall durch negative Energie, Selbstzweifel und Angst einfach abgewürgt wird. Das *zweite* ereignet sich in der Phase der Umsetzung, wenn eine großartige Idee nicht richtig verwirklicht wird. Hier scheitern die meisten neuen Unternehmen. Über 90 Prozent der Start-ups streichen die Segel innerhalb von zwei Jahren. Zwischen der Entstehung einer großartigen Idee und ihrer Verwirklichung kann einfach furchtbar viel schiefgehen. Das *dritte* schlägt in der Phase des Managements zu. Die Produktion wurde institutionalisiert, sodass man die Ideen nun vervielfältigen und Größenvorteile nutzen will. Nehmen wir als Beispiel ein Restaurant. Man expandiert und eröffnet eine Filiale. Doch der verantwortliche »Macher« versucht, alles auch weiterhin selbst zu erledigen oder sich zu klonen. Es werden keine formalen Systeme eingeführt, um die Dinge, insbesondere den Cashflow, unter Kontrolle zu halten. Zum *vierten* »Bermuda-Dreieck« kommt es in der Phase der Veränderung. Jetzt müsste sich das Unternehmen eigentlich neu erfinden, um sich den Veränderungen des Marktes oder neuen Chancen anzupassen. Doch es hat sich so in seiner Bürokratie, seinen eigenen Regeln und Vorschriften verfangen, dass es die Bedürfnisse der Zielkunden nicht mehr erkennen und erfüllen kann.

Zu guten Managementteams sollten Leute mit Fähigkeiten gehören, die den Erfordernissen in allen vier Phasen entsprechen. Vor allem aber muss im Team ein Geist des gegenseitigen Respekts herrschen. Nur so können die Stärken jedes Einzelnen anerkannt und genutzt und seine Schwächen durch die Stärken der anderen bedeutungslos gemacht werden. Man braucht einen *Unternehmer* als Visionär und

Ideeengeber, einen *Macher*, einen *Manager* und einen *Teambuilder mit Führungsqualitäten*. Letzterer hilft dabei, ein Klima gegenseitigen Respekts zu schaffen und ein sich untereinander ergänzendes Team aufzubauen, das in der Lage ist, sich immer wieder neu zu erfinden und neue Entwicklungsphasen des Unternehmens zu meistern.

Was kann man machen, wenn man im Rahmen von Fusionen und Akquisitionen versuchen muss, Leute aus unterschiedlichen Unternehmen und Kulturen zusammenzubringen? Gibt es einen Zauberspruch, durch den man in globalen Unternehmen dritte Alternativen finden und Interdependenz erreichen kann?

Dass die meisten Fusionen und Übernahmen nicht funktionieren, liegt daran, dass die Zusammenführung der Unternehmen erzwungen wird. Das ist so, als müssten unterschiedliche DNAs miteinander verschmolzen werden. Kennen Sie eine Patchworkfamilie? Dann wissen Sie, wie schwer es ist, alle unter einen Hut zu bekommen. Man braucht viel Zeit, Beharrlichkeit, Geduld und Kommunikation vom Typ des indianischen Talking Stick, um dritte Alternativen zu finden. Bis es so weit ist, greifen die fünf metastasierenden Krebsformen um sich und Kritisieren, Klagen, Vergleichen, Konkurrieren und Streiten gehören zur Tagesordnung. Sie wissen ja: Bei den Menschen und Organisationskulturen ist schnell langsam und langsam schnell. Bei den Dingen hingegen gilt das nicht. Dort ist schnell schnell. In zwischenmenschlichen Beziehungen aber sind Effizienz und Schnelligkeit ineffektiv. Das habe ich am eigenen Leib erfahren. Es hat das, was ich Ihnen jetzt sage, sehr klar bestätigt: Wenn man eine Kultur der Suche nach dritten Alternativen aufbauen will, muss eine offene, respektvolle Kommunikation über den Wert der unterschiedlichen Vorgehensweisen stattfinden. Oft erfordert das eine neue formale Führung. In Kanada habe ich einmal mit einem großen Unternehmen gearbeitet. Hier hatte sich eine sehr reife Kultur mit sehr großer Befähigung entwickelt. Jetzt wollten die Manager der US-amerikanischen Zentrale des Unternehmens in verschiedene andere Länder expandieren. Dazu sollten zentrale Verfahrensregeln eingeführt werden. Dabei wurden jedoch Organisationskulturen vorausgesetzt, die viel unreifer waren als die kanadische. Die kanadischen Topmanager baten mich, ihnen zu helfen, ihre Unabhängigkeit zu behalten. Sie wollten nicht in Rollen und in eine Politik hineingezogen werden, die für unreife Kulturen gedacht und auf die schwächsten Glieder der Wertschöpfungskette abgestimmt waren. Diese Bitte kam ich sehr gerne nach. Die amerikanischen Führungskräfte erkannten, dass zwischen ihnen und den Kanadiern keine Interdependenz herrschte. Ihnen wurde klar, dass die kanadische Organisationskultur wesentlich reifer, produktiver, »schlanker« und profitabler war und es dort mehr Befähigung, aber weniger Bürokratie gab. Das brachte sie auf die Idee, ihr kanadisches Tochterunternehmen als Vorbild zu nutzen, dem die nicht so weit entwickelten Kulturen nacheifern konnten.

Das zeigt: Interdependenz lässt sich nicht künstlich erzwingen. Sie muss ganz natürlich wachsen – indem die Mitarbeiter sich kennenlernen und allmählich beginnen, sich zu verstehen und zu vertrauen. Dann können sie kreativ werden. Bis dahin aber betrachten die Leute Interdependenz nur als reine Abhängigkeit.

KAPITEL 11

Mit einer Stimme: Als Visionär gemeinsame Vision, Werte und Strategie entwickeln

Eines Tages kam Alice an eine Weggabelung und sah die Grinsekatze auf einem Baum sitzen. »Welchen Weg muss ich nehmen?«, fragte sie. Als Antwort erhielt sie eine Gegenfrage: »Wohin willst du denn?« »Das weiß ich nicht«, antwortete Alice. »Dann kommt es nicht darauf an, welchen Weg du nimmst«, sagte die Katze.

LEWIS CARROLL, »ALICE IM WUNDERLAND«

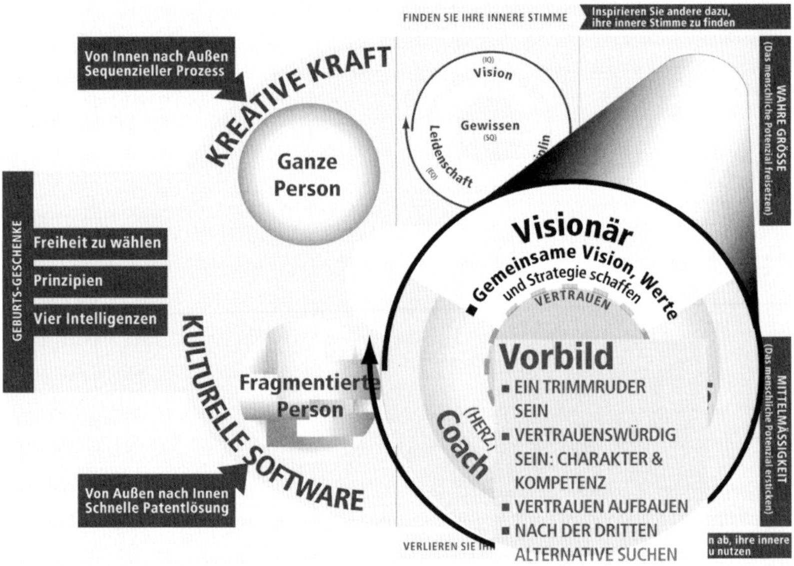

Abb. 11.1

Sie erinnern sich: Die Umsetzung des 8. Weges ist ein sequenzieller, von innen nach außen verlaufender Prozess. Wie bei den anderen 7 Wegen auch handelt es sich um die Verbindung von EINSTELLUNG, FÄHIGKEITEN und WISSEN. Über die EINSTELLUNG, *als »Trimmruder« die Initiative zu ergreifen*, und über die FÄHIGKEITEN, *Vertrauen aufzubauen* und *nach dritten Alternativen zu suchen*, haben wir schon gesprochen. Nun geht es um das WISSEN. Hier sind die 4 Rollen effektiver Führung ganz entscheidend. Sie ermöglichen uns nicht nur Führung und Einfluss über *dritte Alternativen*, sondern eröffnen uns den Zugang zu Wissen über die Prinzipien der transformativen Führung.

Der Einfluss beginnt damit, dass wir ein Vorbild für Vertrauenswürdigkeit sind. Nur so können andere uns vertrauen. Doch die Mitarbeiter brauchen mehr als unsere Vertrauenswürdigkeit. Gute Absichten können ein schlechtes Urteilsvermögen nicht wettmachen. Die Leute brauchen ein Vorbild, das ihnen zeigt, wie sie völlig anders arbeiten und führen können – anders, als sie es gewohnt sind, als die Kultur ihres Unternehmens es vorgibt und als die von Kontrolle bestimmten, transaktionalen Traditionen des Industriezeitalters es verlangen. Daher müssen wir ihnen vorleben, wie jemand, der seine innere Stimme gefunden hat, in den drei anderen primären Führungsrollen handelt.

Visionär, Koordinator, Coach: Damit Sie in diesen drei Führungsrollen ein gutes *Vorbild* sein können, werde ich die entsprechenden Kapitel alle auf die gleiche Weise beginnen: Am Kapitelanfang finden Sie immer eine kurze Darstellung zum Mythos und zur Wirklichkeit jeder Rolle. Zudem stelle ich Ihnen drei gegensätzliche Alternativen für das Vorgehen in dieser Rolle vor. Der Schlüssel zum Erfolg liegt darin, bei jeder Herausforderung die höhere dritte Alternative zu suchen.

In diesem Kapitel geht es um die Herausforderungen bei der Führung. Es geht darum, Menschen mit unterschiedlichen Stärken und Sichtweisen zu einer einzigen Stimme, einem großen Ziel zu vereinen. Das ist die Aufgabe des *Visionärs*. Es liegt an ihm, Einigkeit im Hinblick auf die Vision, die Werte und die Strategie zu schaffen. Lassen Sie uns als Erstes einen Blick auf den entsprechenden Mythos, die Wirklichkeit und die Alternativen werfen.

Die *erste Alternative* in der Rolle des Visionärs wäre, dem Team oder der Organisation einfach eine Vision, Werte und eine Strategie vorzugeben. Hier sind die Mitarbeiter nicht in die Ausarbeitung und Entwicklung einbezogen.

Die *zweite Alternative* lautet: Man sorgt für eine intensive Einbeziehung der Mitarbeiter und lässt sich durch immer neue Analysen und Ausschüsse lähmen. Zudem hält man zahllose Workshops und Diskussionen ab. Eigentlich geht man davon aus, dass man gar keine Strategie umsetzen und die Leute auch nicht befähigen muss.

MYTHOS	Leitbilder und strategische Prioritäten sollten von jenen entwickelt werden, die es am besten wissen: von den Leuten an der Spitze. *(Altes Paradigma)*
WIRKLICHKEIT	Leitbilder und strategische Prioritäten, die von den Leuten an der Spitze überstürzt entwickelt und dann verkündet werden, geraten schnell in Vergessenheit. Ohne Einbeziehung oder starke Identifikation wird es keine innere Verpflichtung geben. *(Neues Paradigma)*

Abb. 11.2

Die *dritte Alternative* würde darin bestehen, die Mitarbeiter auf vernünftige Weise in den Prozess der Entwicklung einer Vision, eines Leitbildes und einer Strategie einzubeziehen. Gleichzeitig würde man Folgendes bedenken: Die Stärke der Identifikation entspricht der Stärke der Einbeziehung. Voraussetzung dafür ist jedoch, dass man eine kraftvolle Kultur des Vertrauens aufbaut und selbst vertrauenswürdig ist.

Diese dritte Alternative möchte ich Ihnen nun an einem Beispiel verdeutlichen.

Bei meinen Aufenthalten in Ritz-Carlton-Hotels habe ich schon oft über den außergewöhnlichen Service gestaunt, den man mir dort bot. Im Laufe der Jahre habe ich Horst Schulze, den langjährigen Vorstandsvorsitzenden und COO der Hotelkette, näher kennengelernt. Jetzt verstehe ich, wie die bemerkenswerte Kultur dort entstanden ist. Unter der Leitung von Schulze gewann die Ritz-Carlton Hotel Company in der Kategorie »Service« gleich zweimal hintereinander den Malcolm Baldrige National Quality Award – das hatte es vorher noch nie gegeben! Bei einem Interview für eine internationale Kolumne fragte ich Schulze nach seiner Definition von Führung. Seine Antwort lautete:

> *Führung bedeutet, eine Umgebung zu schaffen, in der die Leute nicht nur für das Unternehmen arbeiten, sondern ein Teil von ihm sein wollen. Führung sorgt für eine Umgebung, in der die Mitarbeiter ihre Aufgabe erledigen wollen, statt das nur zu müssen. Der Aufbau einer solchen Umgebung ist einer der ganz großen Imperative für die Unternehmen. Die Mitarbeiter brauchen ein Ziel, nicht nur Arbeit und eine Funktion. Ich bin verpflichtet, für eine Umgebung zu sorgen, in der sie sich als Teil von etwas Wichtigem fühlen, erfüllt sind und eine Aufgabe haben. Nur eine Aufgabe, ein Zweck, ein Wert in ihrem Leben bringt die Leute dazu, ihren Verstand wirklich einzusetzen. Dann bekomme ich das Maximum von ihnen und gebe andererseits jedem Einzelnen das Maximum. Alles andere wäre dem Unternehmen gegenüber unverantwortlich und würde eine stärkere Kontrolle durch mich erfordern.*
>
> *Wenn man die Mitarbeiter lediglich als »Erfüller« einer Funktion betrachtet, behandelt man sie wie ein Ding – wie den Stuhl, auf dem man sitzt. Ich bin der Ansicht, dass wir Menschen uns nicht das Recht dazu anmaßen dürfen. Keiner von uns will bloß etwas sein, was in der Ecke steht. Wir haben festgestellt, dass es für die Mitarbeiter die größte Bereicherung ist, wenn sie merken, dass sie ein wichtiger Teil des Unternehmens sind und man ihnen genug Vertrauen entgegenbringt, um sie Entscheidungen fällen und Beiträge leisten zu lassen.*
>
> *In seinem speziellen Aufgabenbereich ist jeder ein Wissensarbeiter; der Tellerwäscher weiß zweifellos mehr über seine Aufgabe als ich. Daher kann er wesentlich zu einer Verbesserung der Arbeitsbedingungen und der Produktivität beitragen. Beispielsweise kann er mithelfen, dass weniger Geschirr zerbricht oder weniger Wasser verbraucht wird. Jeder kann sein Wissen in seinem Bereich einbringen.*
>
> *Vor ungefähr 16 Jahren kam ein junger Mann aus Nairobi als Tellerwäscher in eines meiner Hotels. Sein Englisch war schlecht, doch er arbeitete sehr hart. Nach einiger Zeit boten wir ihm eine Stelle im Zimmerservice an. Später wurde er Leiter des Zimmerservice. Dann wechselte er ins Foyer. Er wurde Barkellner, Assistent des Foyer-Managers … Heute leitet er den Bereich »Essen und Getränke«. Er ist der zweite Mann im Hotel – und hat dort als Tellerwäscher angefangen!*
>
> *Als ich selbst 16 war, brachte meine Mutter mich mit einem kleinen*

Koffer in das Hotel, in dem ich meine Lehre beginnen sollte. Ich sah all die prominenten, wohlhabenden Gäste und dachte, sie stünden himmelhoch über mir. Dann aber nahm sich ein bemerkenswerter 70-jähriger Oberkellner meiner an. Wenn er einen Raum betrat, spürte man seine Präsenz – er war hervorragend und wurde bewundert. Bei allem, was er sagte und tat und auch bei seinem Äußeren strebte er immer nach Perfektion. An diesem Maître d'hôtel sah ich: Wenn man die Dinge ungewöhnlich gut macht, ist man ebenso wichtig wie diese Leute. Egal, was es war: Ich erkannte, dass ich genauso wichtig sein konnte, wenn ich das, was ich machte, richtig machte. Diese Idee ist dann sogar der Wahlspruch von Ritz-Carlton geworden: »We are ladies and gentlemen serving ladies and gentlemen.«

In den letzten 22 Jahren haben wir etwa fünf Millionen Leute befragt, um die Eigenschaften und Kompetenzen effektiver Führungskräfte und Manager zu verstehen. Eines der auffälligsten Ergebnisse dieser umfangreichen Studie war: Die Arbeitsethik (Vorbild) der Manager wird typischerweise gut beurteilt. Doch ihre Fähigkeit, den Mitarbeitern einen Fokus und eine klare Richtung zu vermitteln (Visionär), wird bemängelt. Das heißt: Den meisten ist überhaupt nicht klar, wie die Schlüsselprioritäten ihres Unternehmens aussehen. Und sie sind auch nicht dafür verantwortlich. Das ist der Grund, weshalb ganze Organisationen bei der Umsetzung scheitern. Die Leute arbeiten härter als je zuvor. Dennoch kommen sie nicht richtig voran, weil es ihnen an Klarheit und an einer Vision fehlt.

Während ein Vorbild Vertrauen aufbaut, *sorgt der Visionär für eine klare Ausrichtung und Ordnung*. Der Schlüssel dazu ist eine offene, klärende Kommunikation. Sobald sich alle Beteiligten einig sind, was für ihre Organisation am wichtigsten ist, haben sie gemeinsame Kriterien. Darauf beruhen alle weiteren Entscheidungen. Das stellt sicher, dass es in der Organisation einen klaren *Fokus*, Ordnung und Stabilität gibt. Und es ermöglicht Beweglichkeit – mit diesem Thema werden wir uns im Zusammenhang mit der Rolle des Coaches noch ausführlicher befassen.

> *Das Wesen der Führung besteht darin, eine Vision zu haben. Auf einer ungestimmten Trompete kann man nicht spielen.*
>
> THEODORE M. HESBURGH, PRESIDENT, UNIVERSITY OF NOTRE DAME[1]

Auf der persönlichen Ebene haben wir eine *Vision*. Hier ermitteln wir individuell, was für uns *persönlich* oberste Priorität im Leben hat. Dahingegen geht es in der Organisation um die *gemeinsame Entwicklung einer Vision*. Die Herausforderung und die Rolle besteht nun darin, *gemeinsam* zu ergründen, was wichtig ist, was die größte Bedeutung hat. Denken Sie bitte einen Augenblick über die folgenden Fragen nach, die Sie sich im Hinblick auf Ihre Mitarbeiter stellen könnten:

1. Wissen die Leute wirklich, welche Ziele die Organisation hat?
2. Haben sie sich innerlich darauf verpflichtet?

Aber wie schafft man es, dass die Mitarbeiter die wichtigsten Ziele der Organisation wirklich verstehen und sich innerlich darauf verpflichten? Dazu muss man sie in die Entscheidungsfindung einbeziehen und die Vision und das Leitbild der Organisation gemeinsam festlegen. Ob Werte oder strategischer Plan: Dann wird jeder in der Organisation zum Mitbesitzer des Wegs, der zu ihrer wahren Bestimmung führt.

Um gemeinsam festzulegen, was für die Organisation oder das Team am wichtigsten ist, muss man sich mit den Realitäten, vor denen man steht, auseinandersetzen. Nur wenn man sie verstanden hat, kann man ein Leitbild und einen strategischen Plan mit einer gemeinsamen Vision und einem gemeinsamen Wertesystem entwickeln. Auch der Autor Clayton M. Christensen betont, dass man sich zunächst mit den grundlegenden Realitäten befassen muss:

> *Alle Unternehmen in allen Branchen sind gewissen Kräften – Gesetzen der Unternehmenskultur – ausgesetzt. Sie bestimmen in erheblichem Maße, was das jeweilige Unternehmen tun kann und was nicht. Manager, die sich mit Technologien konfrontiert sehen, die große Änderungen mit sich bringen, versagen gegenüber ihrem Unternehmen, wenn sie sich von diesen Kräften überwältigen lassen.*
>
> *Ich möchte Ihnen das an einem Beispiel verdeutlichen: In der Antike und im Mittelalter versuchten einige Männer, mit aus Federn gefertigten Flügeln an den Armen und unter Aufbietung ihrer ganzen Kraft von hohen Türmen, Gebäuden oder Bergen herabzufliegen. Doch sie scheiterten ausnahmslos. Sie mussten gegen extrem starke Naturkräfte ankämpfen. Diese konnten sie trotz ihrer Träume und ihrer harten Arbeit nicht überwinden.*
>
> *Damals war niemand stark genug, um diesen Kampf zu gewinnen.*

> *Das Fliegen wurde erst möglich, nachdem der Mensch die grundlegenden Naturgesetze und Prinzipien verstand, von denen das Funktionieren der Welt abhängt: das Gesetz der Schwerkraft, das Bernoulli-Prinzip und die Konzepte des Auftriebs, der Bewegung und des Widerstands. Erst als die Leute Flugsysteme entwarfen, die die Kraft dieser Gesetze und Prinzipien anerkannten und nutzten, statt gegen sie anzukämpfen, waren sie in der Lage, in vorher unvorstellbare Höhen zu fliegen und große Strecken in der Luft zurückzulegen.*[2]

Sie werden die Rolle des Visionärs erst dann wirklich verstehen und richtig auf ihre Umsetzung vorbereitet sein, wenn Sie sich mit den vier folgenden Realitäten befasst haben: den *Realitäten des Marktes*, den *Kernkompetenzen*, den *Wünschen und Bedürfnissen der Interessengruppen* (Stakeholder) und den *Werten*.

- **Realitäten des Marktes:** Wie nehmen die Leute in Ihrer Organisation oder Ihrem Team den Markt wahr? Wie sieht der größere politische, wirtschaftliche und technologische Kontext aus? Welche Kräfte prägen den Wettbewerb? Was sind die Trends in der Branche und ihre Charakteristika? Wie groß ist die Gefahr, dass revolutionäre Technologien oder Geschäftsmodelle die gesamte Branche veralten lassen könnten?
- **Kernkompetenzen:** Was sind Ihre einzigartigen Stärken? Ich bin sehr beeindruckt von Jim Collins' Ansatz für die gemeinsame Visionsentwicklung: In seinem Buch *Der Weg zu den Besten* nutzt er drei sich überschneidende Kreise, die für unsere großen Stärken stehen. Das nennt er das Igel-Prinzip.[3] Die Kreise repräsentieren drei Fragen: Was können Sie wirklich gut? (Vielleicht sogar: Wobei können Sie der oder die Beste auf der Welt werden?) Zweitens: Wofür empfinden Sie tiefe Leidenschaft? Und drittens: Wofür werden die Leute Sie bezahlen? Anders ausgedrückt: Was sind die menschlichen Bedürfnisse und Wünsche, deren Erfüllung Ihren wirtschaftlichen Motor antreiben könnte? Der Schnittpunkt dieser drei Kreise bildet die Grundlage Ihrer Idee zur Wertschöpfung. Ich würde gerne noch eine weitere Frage hinzufügen. Sie lautet: Was rät Ihnen Ihr Gewissen? Dann hätten wir einen von der ganzen Person ausgehenden Ansatz: *Körper*: wirtschaftlicher Motor; *Verstand*: am besten sein; *Herz*: Leidenschaft; und *Geist*: Gewissen. Dort, wo die vier Kreise sich überschneiden, liegt Ihre innere Stimme. Diesen Punkt sehen Sie in

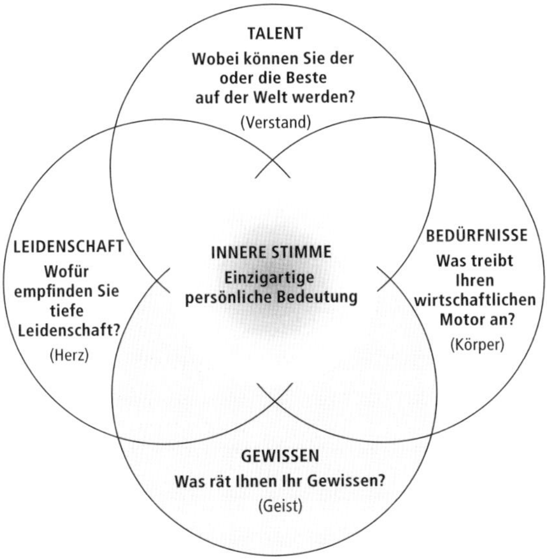

Abb. 11.3

der Abbildung 11.3. Und noch einmal der Hinweis: Dieser Ansatz hilft nicht nur dem Einzelnen, sondern auch den Organisationen, ihre innere Stimme zu finden.

- **Wünsche und Bedürfnisse der Interessengruppen:** Denken Sie an die verschiedenen Interessengruppen – zuerst an die wichtigste: Ihre Zielkunden. Was wollen und brauchen sie wirklich? Welche Anliegen, Probleme und Sorgen haben sie? Was wollen und brauchen *deren* Kunden? Wie sieht die Marktrealität der Branche aus, in der sie tätig sind? Welche revolutionären Technologien oder Geschäftsmodelle könnten sie veralten lassen oder sogar von Grund auf verändern? Was ist mit den Eigentümern, die das Kapital zur Verfügung gestellt oder die Steuern bezahlt haben: Wie sehen ihre Wünsche und Bedürfnisse aus? Und wie die der Partner, der Mitarbeiter und Ihrer Kollegen? Was ist mit den Zulieferern und den Händlern, mit der ganzen Lieferkette? Mit der Gemeinde und der Umwelt?
- **Werte:** Wie sehen die Werte dieser Leute aus? Und Ihre eigenen? Was ist der Hauptzweck der Organisation? Wie sieht ihre zentrale Strategie zum Erreichen dieses Zwecks aus? Für welche Aufgabe bezahlt man Sie? Welche Werte sollen als Richtlinien dienen? Welche Priorität haben diese Werte in Zeiten mit viel Stress und großem

Druck? Die meisten Leute haben noch gar nie entschieden, was ihnen am wichtigsten ist. Sie haben die Kriterien, die alle anderen Entscheidungen beeinflussen und bestimmen werden, also noch nicht entwickelt. Und jetzt versuchen wir das für eine ganze Gruppe, ein Team oder eine Organisation. Das ist ungeheuer komplex und interdependent – eine enorme Herausforderung!

Solange diese Fragen und Punkte nicht geklärt sind, ist keine Fokussierung möglich. Deshalb braucht man unglaublich viel Charakter, Kompetenz, Vision, Disziplin und Leidenschaft und muss sich dabei stets von seinem Gewissen leiten lassen. Die Entwicklung einer gemeinsamen Vision ist besonders schwierig, weil man es mit so vielen völlig unterschiedlichen Persönlichkeiten, Agenden, Wahrnehmungen der Realität, Vertrauensebenen und Egos zu tun hat. Deshalb ist das Vorbild-Sein die wichtigste, die zentrale Führungsrolle. Grundvoraussetzung für den Erfolg ist, dass die Mitarbeiter den Personen, die den Prozess der gemeinsamen Kursbestimmung beginnen, vertrauen. Ist das nicht der Fall, wird es keine Identifikation mit der Vision und den Werten geben und die Einbeziehung der Mitarbeiter wird nur schlecht funktionieren.

Um die Brillanz von Thomas Jefferson, John Adams, Benjamin Franklin, Alexander Hamilton und anderen Gründervätern der USA und die Unterschiede zwischen ihnen in Einklang zu bringen, bedurfte es der Charakterstärke und Kompetenz von George Washington *(Vorbild)*. So entstanden schließlich die Unabhängigkeitserklärung und die Verfassung der USA mit den ersten zehn *Amendments (Bill of Rights)*. Die gemeinsame Visionsentwicklung war die schwierigste Aufgabe überhaupt bei der Gründung der USA. Diese visionären, Orientierung gebenden Dokumente haben das Land dann aber in die Lage versetzt, große nationale Traumata zu überstehen – den Bürgerkrieg, die beiden Weltkriege, den Vietnamkrieg, Watergate und andere Skandale um die Präsidenten und die Wahlen. Und noch ein Wort zur Befähigung: Nur 4,5 Prozent der Weltbevölkerung produzieren fast ein Drittel aller Waren und Güter!

Zu einer gemeinsamen Vision und gemeinsamen Werten kommen

Um zu beschreiben, wie man eine *gemeinsame, von allen geteilte* Vision und *gemeinsame* Werte entwickeln kann, wird sehr oft eine Metapher benutzt: am selben Strang ziehen. Das ist ein ausgezeichnetes Bild. Denn es drückt aus, dass Übereinstimmung besteht, was der Organisation im Hinblick auf ihre Vision, ihre Werte und ihren strategischen Plan am wichtigsten ist. Man könnte auch sagen: Es herrscht Harmonie – wie in der Musik, wenn zusammen gespielt oder gesungen wird.

Teilen ist ein interessantes Wort. Wenn ich etwas mit Ihnen teile, gebe ich Ihnen das, was ich habe. Falls Sie sich mit mir identifizieren und an das glauben, wofür ich stehe, könnte ich einfach meine Vision mit Ihnen teilen. Dann würden Sie sich dieser Vision sogar noch stärker verschreiben, als wenn Sie sie selbst entwickelt hätten. Denn Sie trauen meiner Erfahrung mehr als Ihrer eigenen. Aber was ist, wenn Sie sich kompetent fühlen und gern einbezogen werden möchten und ich Ihnen einfach *meinen* Plan als *unseren* Plan vorstelle? In diesem Fall haben Sie keine emotionale Verpflichtung. Es ist dann nicht unser *geteilter* Plan. Sie hätten das Gefühl, dass Ihnen das Leitbild und die Werte aufgezwungen worden sind. Wir würden also nicht am selben Strang ziehen.

Kurz gesagt: Das Leitbild und der strategische Plan sind eine Sache. Der Prozess, alle an denselben Strang zu bekommen, ist jedoch etwas ganz anderes – aber *genauso* wichtig! Es ist eine große Aufgabe. Die Führungsarbeit des Vorbilds muss in der Rolle des Visionärs zum Ausdruck kommen. Sonst ziehen die Leute nicht an einem Strang. Sie richten sich emotional nicht auf die strategischen Aspekte aus, und auf den unteren Unternehmensebenen geht alles schief. Jetzt bleibt nur noch eine Rettung: der nackte Überlebensinstinkt der Mitarbeiter. Falls es bei der Konkurrenz auch nicht besser aussieht, könnte Ihre Organisation dem Tod tatsächlich von der Schippe springen. Sollten Ihre größten Wettbewerber aber Synergie und Einheit erreichen, bedeutet das – vor allem, wenn sie Weltklasse sind – den Untergang Ihrer eigenen Organisation.

Film: »Tor!«

Haben Sie schon mal einem Ihrer Kinder oder Enkelkinder an einem Samstag- oder Sonntagmorgen beim Fußballspielen zugesehen? Dann wird dieser kleine Film Sie zum Lachen bringen. Achten Sie einmal auf die Parallelen zu den Herausforderungen in Ihrem Beruf. Vielleicht geht es bei Ihnen ja ähnlich turbulent zu, wenn Sie erreichen wollen, dass alle sich auf dasselbe große Ziel konzentrieren? Nehmen Sie die DVD, legen Sie sie ein und wählen Sie *Tor!* Der Film wird Ihnen bestimmt Spaß machen.

Die Werkzeuge für Visionäre: Leitbild und strategischer Plan

Bei der gemeinsamen Visionsentwicklung geht es darum, zu entscheiden, worauf man sich als Organisation, Team oder Familie *fokussieren* will. Man stellt sich ähnliche Fragen zu den Werten und zum Zweck wie als Einzelner. Der Unterschied ist jedoch, dass die Gruppe gemeinsam aktiv wird. Durch einen interaktiven Prozess entwickelt man eine schriftliche Fassung des Leitbilds und einen strategischen Plan. Das Leitbild sollte beinhalten, was Sie als Ihren *Zweck*, Ihre *Vision* und Ihre *Werte* empfinden.

Im strategischen Plan beschreiben Sie kurz und bündig, *wie* Sie Ihren Kunden und den anderen Interessengruppen einen Wert bieten wollen. Der strategische Plan ist Ihr Vorschlag für eine Wertschöpfung, Ihr *Fokus* – die »Stimme« Ihrer Organisation. Bei der Entwicklung müssen Sie folgende Punkte berücksichtigen: Wer sind Ihre Kunden und die anderen Interessengruppen? Welche Kunden und Interessengruppen wünschen Sie sich noch? Welche Dienstleistung oder welches Produkt und welchen Mehrwert wollen Sie ihnen bieten? Welche Ziele haben Sie, wenn es um das Gewinnen und Halten von Kunden geht? Welche Ziele und Fristen wollen Sie sich hier setzen? In der Familie ist der strategische Plan einfach Ihr Aktionsplan zur Verwirklichung Ihrer Vision und Ihrer Werte im täglichen Leben.

Leitbilder, die befähigen

Ich habe die Erfahrung gemacht, dass unter vier Voraussetzungen so gut wie immer befähigende gemeinsame Leitbilder entstehen: (1.) wenn es genügend Leute gibt, die (2.) ausreichend informiert sind und (3.) frei und synergetisch miteinander interagieren, und zwar (4.) in einer Umgebung, in der viel Vertrauen herrscht. Die meisten Leitbilder, die unter diesen Bedingungen geschrieben werden, enthalten sogar ähnliche fundamentale Ideen und Werte. Die Worte können sich unterscheiden, doch fast alle diese Leitbilder befassen sich mit den vier Dimensionen und Bedürfnissen des Lebens – den physischen, mentalen, emotionalen und spirituellen.

Die Wurzel der herausragenden Service-Kultur der Ritz-Carlton-Kette liegt in ihrem grundlegenden Menschenbild – dem Bild, das die Mitarbeiter von sich selbst und von ihren Kunden haben: »We are ladies and gentlemen serving ladies and gentlemen.« Das Herzstück von Horst Schulzes Führungsphilosophie ist seine Auffassung von der Würde der ganzen Person und ihrem tiefen Bedürfnis nach einem Sinn. Denken Sie noch einmal daran: Es ist entscheidend, dass Sie Ihren Mitarbeitern ermöglichen, die Bedürfnisse aller vier Dimensionen ihres Menschseins zu erfüllen. Nur dann werden sie ihre innere Stimme finden und aus eigenem Antrieb ihre besten Beiträge einbringen. Das Bedürfnis für den Körper ist das *Überleben* – wirtschaftliches Gedeihen; für den Verstand ist es *Wachstum* und *Entwicklung*; für das Herz *Liebe* und *Beziehungen*; und für den Geist *Sinn, Integrität* und *Beitrag*.

Auch Organisationen haben diese vier Bedürfnisse:

1. *Überleben*: finanzielle Gesundheit (KÖRPER)
2. *Wachstum und Entwicklung*: ökonomisches Wachstum, Kundenwachstum, Innovation durch neue Produkte und Dienstleistungen, zunehmende fachliche und organisatorische Kompetenz (VERSTAND)
3. *Beziehungen*: hohe Synergie, starke externe Netzwerke und Partnerschaften, Teamarbeit, Vertrauen, Fürsorge, Wertschätzung der Unterschiede (HERZ)
4. *Sinn, Integrität und Beitrag*: allen Interessengruppen – den Kunden, Zulieferern, Mitarbeitern und ihren Familien, den Gemeinden und der Gesellschaft – dienen und sie voranbringen; etwas Positives in der Welt bewirken (GEIST)

Was ist der Schlüssel zur Freisetzung der Kräfte der Mitarbeiter? Es ist das, was ich *Erstellen einer Co-Mission* nenne. Dabei geht es darum, das Leitbild, die Vision und die Werte der Organisation so zu gestalten, dass die vier Bedürfnisse des Einzelnen sich mit den vier Bedürfnissen der Organisation überschneiden. Das heißt: Die Aufgaben jedes einzelnen Mitarbeiters in der Organisation sollten explizit die vier Bedürfnisse des Betreffenden *und* der Organisation erfüllen. Ein implizites universelles Leitbild könnte etwa so aussehen: »Das wirtschaftliche Wohlergehen *und* die Lebensqualität *aller* Interessengruppen verbessern.« Die Leitbilder *Ihrer* Organisation, *Ihrer* Abteilung, *Ihres* Teams und *Ihrer* Familie verkörpern dann nicht nur den Geist des universellen Leitbilds, sondern geben auch wieder, wie Sie auf *einzigartige* Weise zu seiner Verwirklichung beitragen: durch Ihre einzigartige Gabe oder Fähigkeit, Ihren Platz im Leben – Ihre innere Stimme.

Ohne Gewinne keine Mission

Ich bin schon immer von meiner Mission und meinem Lebenszweck angetrieben worden. Doch erst viele Jahre nach der Gründung meiner eigenen Firma erkannte ich, wie die Realität aussieht: Ohne Gewinne kann man seine Mission nicht verwirklichen. Wie heißt es so schön: No margin, no mission. Wenn man sein Unternehmen nicht so führt, dass es dauerhaft Profite einbringt, beraubt man sich der Chance, seine Vision in die Realität umzusetzen.

Die meisten Unternehmen sind jedoch nur auf den Gewinn und das Erreichen ihrer Quartalszahlen fokussiert. Die Vision, die den Anstoß zur Unternehmensgründung gegeben hat, rückt immer mehr in den Hintergrund. Allmählich verlieren sie ihre Mitarbeiter, deren Familien und die Gemeinden, in denen sie sich angesiedelt haben, aus den Augen. Sie vergessen, wie groß ihre Interdependenz mit *allen* Interessengruppen ist. Das Gefühl, eine Mission zu haben und einen Beitrag zu leisten, schwindet immer mehr. Doch das bringt viele Probleme mit sich. Diese Probleme lagen dem Großteil meiner beruflichen Arbeit mit Unternehmen zugrunde. Wenn man zwar eine Mission hat, aber nicht auf den Gewinn achtet, bringt das extrem negative Konsequenzen mit sich. Aber umgekehrt ist es auch nicht besser: Wenn man sich ausschließlich auf den Gewinn fokussiert, aber keine Mission hat, wirkt sich auch das sehr negativ aus. Das zeigt Ihnen auch die Abbildung 11.4. In der heutigen globalen Wirtschaft ist keine dieser Vorgehensweisen nachhaltig. Der Schlüssel ist, beides zu haben und eine Balance zwischen der Mission und den Gewinnen anzustreben.

Abb. 11.4

Umsetzung des strategischen Plans

Jeder strategische Plan beginnt mit dem Kunden. Im engeren Sinn *gibt es in Organisationen überhaupt nur zwei Rollen: Kunden und Zulieferer*. Jeder erfüllt beide Rollen zugleich, ob nun innerhalb der Organisation oder außerhalb. *Jeder* bedeutet alle in der Lieferkette, die das Endprodukt Ihrer Organisation möglich machen: die Kapitalgeber, die Ideenlieferanten, die Mitarbeiter, die Zulieferer, die Familien, die die Beschäftigten unterstützen, und die Gemeinden oder andere Institutionen, die die ganze Lieferkette zulassen und fördern.

Die unverzichtbare Grundlage guter Geschäfte ist also die *Qualität der Beziehung* zwischen Kunde und Lieferant. Sie, der Lieferant, verkaufen Ihren Kunden nicht nur Produkte und Dienstleistungen. In

Wirklichkeit verkaufen Sie ihnen Lösungen für ihre Probleme. Damit diese Lösung nicht nur wie ein oberflächliches Kopftätscheln ist, müssen Sie die unterschiedlichen Bedürfnisse der verschiedenen Interessengruppen wirklich gut verstehen. Sie müssen wissen, was diesen Leuten am wichtigsten ist. Nur so ist eine sinnvolle strategische Planung machbar.

Bei diesem Planungsprozess werden die Werte zu Prioritäten. Denn prinzipienbasierte Werte ändern sich nicht. Die Kunden dagegen werden sich ändern. Und dann muss die Strategie angepasst werden. Wenn Ihre Werte jedoch fest in zeitlosen Prinzipien verankert sind, gibt Ihnen das während all der unvermeidlichen Veränderungen sicheren Halt.

Aber woran können Sie erkennen, ob Ihr Leitbild und Ihr strategischer Plan gut sind? Der Prüfstein sind zwei einfache Fragen. Erstens: Können Sie mit Ihrem Leitbild und Ihrem strategischen Plan alle Personen auf allen Ebenen Ihrer Organisation erreichen? Zweitens: Können Sie damit alle Mitarbeiter in die Lage versetzen, zu beschreiben, wie ihre Arbeit zur Erfüllung des strategischen Plans beiträgt und wie sie in Übereinstimmung mit den Schlüsselwerten steht? Um die Kompass-Metapher zu benutzen: Jeder muss wissen, wo genau Norden liegt und wie sein Beitrag die Organisation in die richtige Richtung bewegt.

Ob durch Identifikation oder durch Einbeziehung: Wenn alle in der Organisation das Leitbild und den strategischen Plan aus tiefem Herzen teilen, ist die Schlacht schon halb gewonnen. Denn dann hat die mentale, emotionale und spirituelle Erschaffung bereits stattgefunden. Die physische Erschaffung erfolgt im nächsten Schritt. Dabei geht es dann um die *Umsetzung der Strategie*. Man muss »dafür sorgen, dass es passiert«, man muss machen, produzieren, ausrichten, befähigen. Das bedeutet: Sie müssen die nötigen Strukturen schaffen, den *richtigen* Leuten die *richtigen* Aufgaben übertragen, sie mit dem *richtigen* Werkzeug ausstatten, ihnen die *richtige* Unterstützung zukommen werden lassen. Und dann? Dann geben sie ihnen den Weg frei und lassen ihnen jede gewünschte Hilfe zukommen. Alle Teile der Organisation, jeder Ausschuss, jede Abteilung, jedes Team und jedes Projekt, müssen diesen zweifachen Schöpfungsprozess durchlaufen: erst den mentalen, dann den physischen; den Bauplan und den Bau; die Komposition der Musik und das Konzert. Alles wird zweimal erschaffen. Die gemeinsame Visionsentwicklung ist die erste Schaffensphase. Dabei wird der strategische Plan festgelegt, durch den die Dinge physisch, also wirklich und real, gemacht werden sollen.

Achten Sie darauf, dass dieser Prozess gut durchgeführt wird. Sorgen Sie dafür, dass die Mitarbeiter einbezogen werden und sich mit ihm identifizieren. Dann werden sie eine tiefe emotionale Verbindung dazu haben. So können Sie die Effektivität in Ihrer Organisation erheblich steigern. Wenn es nötig ist, können Sie auch enorme Kostensenkungen erreichen. Nicht nur der Einzelne wird von der Erledigung dringender, aber unwichtiger Dinge aufgezehrt, sondern auch die Organisationen. Die Kultur entwickelt ein Eigenleben. Deshalb müssen Sie den Gesamtzweck, die Werte und den Strategieplan immer fest im Blick haben. Nur so haben Sie einen Fokus und eine Grundlage für *alle anderen Entscheidungen,* die Sie treffen. Dadurch werden Sie Ihre Zeit und Energie nicht länger mit Dingen verschwenden, die für den Kernzweck Ihrer Organisation nicht zentral sind. Und Sie werden den Mut bekommen, »Hobbys« in Ihrer Organisation aufzugeben und nicht wieder in sie zu verfallen.

Wissen Sie, was zu den größten Herausforderungen für Führungskräfte in Organisationen zählt? Das Herunterbrechen und ÜBERSETZEN der Vision aus 10 000 Metern Höhe in konkretes, zielgerichtetes Verhalten der Mitarbeiter an der Basis. Selbst wenn diese in die Entwicklung des Leitbilds und den Prozess der strategischen Planung einbezogen waren, ist das nicht leicht. Es ist eine große Aufgabe, das Leitbild und den strategischen Plan dorthin zu bekommen, wo die PS auf die Straße gebracht werden. Wir könnten viel produktiver sein, wenn die richtigen Leute zur richtigen Zeit an den richtigen Dingen arbeiten würden. Wenn sie sich auf die wenigen Projekte und Ziele konzentrieren würden, die letztlich am wichtigsten für die Organisation sind.

Genau das aber ist gewöhnlich das Problem. Unsere strategischen Pläne sind oft zu groß und zu verschwommen. Doch die Führungskräfte versäumen es, die Strategie in einige wenige Schlüsselziele zu übersetzen, die kurzfristig erreicht werden müssen. Ebenso problematisch ist es, wenn Strategien in 8, 11 oder sogar 15 neue Kernziele übersetzt werden. Denn eine Fokussierung auf so viele Prioritäten ist nicht machbar. Wenn man zu viele Prioritäten hat, hat man in Wirklichkeit überhaupt keine. Für die strategischen Ziele gilt: Es dürfen nur wenige sein. Sie müssen nach ihrer Priorität geordnet werden, messbar sein und in einem *übersichtlichen Scoreboard, einer Ergebnistabelle,* dargestellt werden. So weiß jeder in der Organisation, wie die Schlüsselziele aussehen und wie sie erreicht werden.

Wie Sie Ihr Team und Ihre Organisation auf die wenigen »absolut wichtigen« Ziele fokussieren können? Und warum ein überzeugendes Mess-System und ein passendes Scoreboard unverzichtbar sind? Das werde ich Ihnen in den späteren Kapiteln noch ausführlich erklären.

Damit eine Umgebung mit klarer Fokussierung und Teamarbeit von oben nach unten geschaffen werden kann, müssen einige Voraussetzungen erfüllt sein: Die Mitarbeiter müssen wissen, was die höchsten Prioritäten sind, sich ihnen verschreiben, sie in spezifische Aktionen übersetzen, die Disziplin aufbringen, auf Kurs zu bleiben, sich gegenseitig vertrauen und effektiv zusammenarbeiten. Unglücklicherweise wissen die meisten Leute gar nicht, worauf sie ihre Zeit und Energie konzentrieren sollen. Ihre obersten Prioritäten werden nicht klar identifiziert und kommuniziert und nicht durch ein überzeugendes Scoreboard gemessen. Doch selbst wenn all das geschehen ist, können die Leute die Vision der Organisation meist nicht umsetzen. Woran das liegt? Die Mitarbeiter haben nicht das Gefühl, Mitbesitzer der Vision zu sein, sie stimmen der Strategie nicht zu, bekommen widerstreitende Prioritäten präsentiert oder können die Verbindung zwischen ihren eigenen Aufgaben und der Vision nicht sehen. Dann wird die Teamarbeit durch geringes Vertrauen, Verleumdungen, schlechte Systeme und Prozesse oder zu viele Hindernisse bei der Umsetzung gefährdet.

Es muss den Organisationen gelingen, das Gefühl einer gemeinsamen *Mission* zu schaffen, sodass jeder das große WARUM und WER kennt und sich mit Leidenschaft dafür einsetzt. Außerdem brauchen sie eine konsequent *an den übergeordneten Zielen ausgerichtete Strategie* – ein klares WIE und WANN. So wird sichergestellt, dass die Abteilungen, die Teams und jeder Einzelne permanent auf ihre Ziele fokussiert und die Mitarbeiter sich für die wenigen höchsten Prioritäten der Organisation verantwortlich fühlen. Solche Organisationen finden ihre innere Stimme und bauen eine starke, prinzipienzentrierte Kultur auf. Wie die Abbildung 11.5 zeigt, haben diese Organisationen dann einen prinzipienorientierten Kern. Um ein Bild aus dem Bergbau zu benutzen: Dieser Kern ist die Hauptader der gemeinsamen Kursbestimmung.

Abb. 11.5

Fragen & Antworten

Die Mitarbeiter in meinem Unternehmen gehören zu vier Generationen. Wie kann ich so unterschiedliche Leute auf eine gemeinsame Vision und gemeinsame Werte einschwören?

Hier ist *nur* ein prinzipienzentriertes Modell anwendbar. Ob Sie es nun mit alten Hasen, Babyboomern, Generation X oder Generation Y zu tun haben: Alle stammen aus unterschiedlichen Wertesystemen und sehen das Leben durch verschiedene Brillen. Dennoch gibt es immer etwas, was sie alle vereint: zeitlose, universelle Prinzipien, die die Grundlage für die Entwicklung einer gemeinsamen Vision und eines gemeinsamen Wertesystems bilden können.

Ich weiß, dass das viel einfacher klingt, als es in Wirklichkeit ist. Doch ich bin überzeugt: Man kann eine dritte Alternative finden, wenn man für alle Generationen Respekt zeigt und sie an einer synergetischen Kommunikation beteiligt. Denken Sie an das Prinzip, die Leute in das Problem einzubeziehen und gemeinsam Lösungen auszuarbeiten. Geht man so vor, entsteht bei den Mitarbeitern meist eine emotionale Verbindung zu der Lösung. Wenn sie das Problem wirklich verstehen und aufhören, es nur durch die Brille ihrer eigenen Generation zu betrachten, werden sie alle an einem Strang ziehen.

Sie versuchen ständig, zwischen Prinzipien und Werten zu unterscheiden. Das verwirrt mich, denn ich kann da keinen Unterschied sehen.

Dass Sie so denken, liegt vor allem daran, dass die meisten sorgfältig entwickelten Wertesysteme tatsächlich Prinzipien oder Naturgesetze sind. Sie werden feststellen: Wenn Sie genügend Leute an der Ausarbeitung der Werte beteiligen, wenn sie gut informiert sind, in einem Klima großen Vertrauens arbeiten und offen und synergetisch miteinander kommunizieren, werden die gemeinsamen Werte, die sich so herauskristallisieren, im Wesentlichen auf Prinzipien beruhen. Sie werden außerdem merken, dass die so entwickelten Wertesysteme gemeinsame Charakteristika aufweisen, auch wenn die Worte sich vielleicht unterscheiden. Natürlich hängt das Wertesystem einer Organisation auch davon ab, wo auf der Welt man sich befindet. Doch ich habe die Erfahrung gemacht, dass alle Aussagen über Werte, die auf die eben beschriebene Weise entwickelt werden, sich im Grunde mit den vier Dimensionen unserer Natur (Körper, Verstand, Herz und Geist) und den vier Grundbedürfnissen (leben, lieben, lernen und ein Lebenswerk schaffen) befassen – und zwar unabhängig von der Art der Organisation oder der Ebene. Das gilt für den Einzelnen genauso wie für die Unternehmen. Werden die Werte jedoch im Alleingang entwickelt und dann einfach verkündet, beruhen sie nicht immer auf Prinzipien. Schließlich haben auch Verbrecher Werte.

Ist es nötig, für die Entwicklung von Leitbildern oder Sitzungen zur strategischen Planung auf neutrales Terrain zu gehen?

Wenn das Ergebnis danach unter Einbeziehung aller Mitarbeiter im Unternehmen publik gemacht wird, kann diese Methode sehr erfolgreich sein. Kommen dabei aber ein Leitbild und ein strategischer Plan heraus, die einfach nur verkündet werden, wird das nicht funktionieren. Es *muss* eine emotionale Verbindung geben, sonst werden die entwickelten Kriterien nicht zur Ausrichtung der Strukturen, Systeme, Prozesse und Kulturen genutzt. Leitbilder, die überstürzt erstellt und dann verkündet werden, geraten schnell in Vergessenheit. Letztendlich sind sie bloße PR-Statements. Das ist gerade bei außerhalb des Unternehmens entwickelten Leitbildern und strategischen Plänen oft der Fall.

Sie wissen ja: Für den Aufbau einer emotionalen Verbindung ist der Prozess ebenso wichtig und stark wie das Produkt selbst. Auch hier ist eine Kombination von Einbeziehung und Identifikation erforderlich. Mit anderen Worten: Das Vertrauen zur Vision anderer muss größer sein als das zur eigenen, wenn die Leute sich damit identifizieren sollen.

Damit es zu dieser emotionalen Verbindung kommt, ist immer noch ein Prozess mit viel Kommunikation, Feedback, Offenheit und Beteiligung erforderlich. Ich habe häufig gesehen, wie ein aus zwei oder drei Leuten bestehender Ausschuss für den ursprünglichen Wortlaut sorgte – sozusagen als »Strohmann«, als erste Diskussionsgrundlage. Im Laufe der Zeit wurde die Formulierung dann durch Feedback, durch Mitteilen und Zuhören immer besser. Schließlich spiegelte es die zahlreichen unterschiedlichen Interessen so gut wider, dass eine wirkliche kulturelle Verbindung entstand.

Umsetzung – Koordinator und Coach sein

KAPITEL 12

Die Stimme und Disziplin der Umsetzung: Als Koordinator Ziele und Systeme auf Ergebnisse ausrichten

Kein Pferd gelangt irgendwohin, wenn es nicht angeschirrt wird. Kein Dampf treibt irgendetwas an, wenn er nicht eingeschlossen wird. Kein Niagara wird jemals in Licht und Strom verwandelt, wenn er nicht untertunnelt wird. Kein Leben wird groß, wenn es nicht fokussiert, hingebungsvoll und diszipliniert ist.

HENRY EMERSON FOSDICK[1]

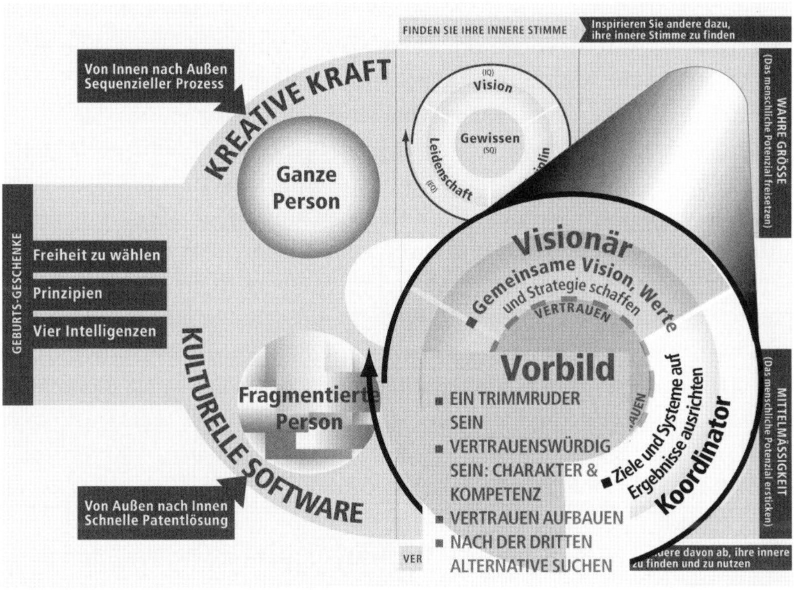

Abb. 12.1

MYTHOS	Man kann Unabhängigkeit trainieren und belohnen und von den Leuten erwarten, dass sie kooperativ und interdependent handeln. *(Altes Paradigma)*
WIRKLICHKEIT	Das ist so, als würde man versuchen, mit einem Golfschläger Tennis zu spielen oder in einer digitalen Welt analog zu denken. Organisationsstrukturen und -systeme, die zu Unabhängigkeit und Wettbewerb ermutigen und sie belohnen, lassen eine unabhängige Kultur entstehen. Gießen Sie das, was wachsen soll; wenn Sie Kooperation und Interdependenz trainieren und belohnen, bekommen Sie interdependentes Verhalten. *(Neues Paradigma)*

Abb. 12.2

Die *erste Alternative* in der Führungsrolle des Koordinators wäre die folgende Meinung: Das persönliche Vorbild eines Einzelnen genügt, um die Organisation auf einem Weg des gesunden Wachstums zu halten.

Die *zweite Alternative* wäre die Überzeugung, dass man die Ziele der Organisation durch kontinuierliche Kommunikation der Vision und der Strategie, die man sorgfältig und bewusst entwickelt hat, erreichen kann. Die Struktur und die Systeme sind dann nur zweitrangig.

Die *dritte Alternative* wäre: *Erstens,* sowohl die persönliche moralische Autorität als auch die formale Autorität einzusetzen, um Systeme zu entwickeln. Diese Systeme nutzen Sie dann, um Ihre Strategie und die in Ihrer gemeinsamen Vision und Ihren gemeinsamen Werten verkörperten Prinzipien zu *formalisieren* oder zu *institutionalisieren. Zweitens,* in der ganzen Organisation Ziele zu entwickeln, die von oben nach unten heruntergebrochen und an Ihrer gemeinsamen Vision, den Werten und den strategischen Prioritäten ausgerichtet sind. Und *drittens,* dass Sie sich an dem regelmäßigen Feedback ausrichten, das Sie vom Markt und von der Organisation dazu erhalten, wie gut Sie die Bedürfnisse erfüllen und einen Wert bieten, der Ihrem System entspricht. Wer sagt, dass er Kooperation schätzt, muss Kooperation belohnen, nicht Konkurrenzkampf. Wer sagt, ihm sind *alle* Interessengruppen wichtig, muss sich regelmäßig Informationen über *alle* beschaffen und sie zu einer Neuausrichtung nutzen. Wir müssen das, was wachsen soll, auch gießen.

Wer als Vorbild eine prinzipienzentrierte Führung vorlebt, schafft Vertrauen. Der Visionär entwickelt dann eine Vision und Ordnung, ohne sie zu fordern. Die entscheidende Frage lautet dann aber: Wie setzen wir die Werte und die Strategie konsequent um? Wie schaffen wir das, ohne dass die formale Führungskraft ständig anwesend sein und darauf achten muss, dass alle auf dem festgelegten Kurs bleiben? Die Antwort lautet: In der Rolle als Koordinator – durch *das Entwerfen und die Umsetzung von Systemen und Strukturen*, die die Kernwerte und die höchsten strategischen Prioritäten der Organisation, die beim Prozess der gemeinsamen Visionsentwicklung festgelegt wurden, *verstärken*.

Wie sehen die Strukturen, Systeme und Prozesse in Ihrer Organisation momentan aus? Ermöglichen sie es den Leuten, die obersten Prioritäten umzusetzen? Oder bauen sie Hindernisse auf? Stehen sie im Einklang mit den Werten, denen Ihre Organisation sich verschrieben hat? Die Aufgabe der Führungskräfte besteht darin, Hindernisse zu beseitigen – nicht darin, neue aufzubauen. Der Prozess der Koordination und Ausrichtung erfordert allerdings eine intensive Auseinandersetzung mit sich selbst und vielen »heiligen Kühen«, althergebrachten Systemen und Strukturen, in der Organisation.

Vertrauenswürdigkeit einer Organisation

Ich habe schon erwähnt, dass die Organisationen die zweite große Quelle von Vertrauen sind. Wenn vertrauenswürdige Leute in Strukturen und Systemen arbeiten, die nicht an den Werten der Organisation ausgerichtet sind, werden nicht vertrauenswürdige Systeme stets dominieren. Es wird einfach kein Vertrauen geben. Durch Tradition und kulturelle Erwartungen graben diese Systeme und Prozesse sich allmählich so tief in die Organisation ein, dass sie viel schwerer zu ändern sind als individuelles Verhalten.

- **Die xQ-Daten bestätigen, dass es in Organisationen eine gravierende »Vertrauenslücke« gibt. Nur 48 Prozent der Befragten sagten, ihre Organisationen würden den Werten, denen sie sich verschrieben haben, im Großen und Ganzen gerecht.**

Fast alle Organisationen verschreiben sich den Werten Teamarbeit und Kooperation. Dennoch haben sie tief verankerte Systeme, die den internen Konkurrenzkampf belohnen. Ich erzähle oft, wie ich einmal für ein Unternehmen gearbeitet habe, in dem kein Geist der Kooperation herrschte. Der CEO konnte es einfach nicht verstehen, dass seine Leute nicht kooperieren wollten. Er hatte es gepredigt, er hatte für entsprechende Trainingsmaßnahmen gesorgt und er hatte seine Leute unermüdlich dazu ermuntert. Doch es gab einfach keine Kooperation.

Während unseres Gesprächs sah ich zufällig, dass an einer Wand seines Büros hinter einem Vorhang ein großes Bild hing. Darauf waren einige Rennpferde zu sehen, die in der Startbox standen. Das Bild war eine Fotomontage: Jeder Pferdekopf war mit dem Foto eines seiner Mitarbeiter versehen. Am Ende der Rennstrecke lockte ein Reiseplakat von den Bermudas, auf dem ein verliebtes Paar Hand in Hand über einen weißen Sandstrand spazierte.

Bitte stellen Sie sich die Widersprüchlichkeit in dieser Ausrichtung vor. Auf der einen Seite: »Na los, lassen Sie uns zusammenarbeiten. Wir wollen kooperieren. Dann werden Sie besser sein und mehr verdienen. Sie werden glücklicher sein, und es wird Ihnen mehr Spaß machen.« Auf der anderen Seite das Bild hinter dem Vorhang: »Wer von Ihnen gewinnt die Reise auf die Bermudas?«

Der CEO fragte mich noch einmal: »Warum wollen meine Mitarbeiter nicht kooperieren?«

Weil Systeme immer stärker sind als Rhetorik.

Eine der großen Erkenntnisse von William Edwards Deming, dem »Vater« der Qualitätsbewegung, lautet: Über 90 Prozent der Probleme in den Organisationen sind systemisch. Sie entstehen aufgrund der Strukturen und werden nicht, wie Deming es ausdrückte, »speziell« oder durch die Mitarbeiter verursacht. Doch wir sollten daran denken, dass Menschen die Programmierer sind und die Systeme die Programme. Das heißt: Letztendlich sind die Menschen für jene Systeme verantwortlich. Die Systeme und Strukturen sind Dinge. Sie haben nicht die Freiheit, zu wählen. Die Führung kommt also immer noch von den Menschen. Sie entwickeln die Systeme – und alle Organisationen bekommen die Ergebnisse, für die diese Systeme geschaffen wurden und auf die sie ausgerichtet sind.

Viele ehrliche, aufrichtige Leute sind inkompetent, wenn es um die Entwicklung von Systemen für ihre Organisationen geht. Umgekehrt sind einige kompetente Leute unehrlich und reden mit gespaltener

Zunge. Organisationen können aber nur vertrauenswürdig sein, wenn sie Charakter *und* Kompetenz haben. Einfach ausgedrückt: *Koordination ist institutionalisierte Vertrauenswürdigkeit.* Was das genau bedeutet? Die Prinzipien, die die Leute in ihrem Wertesystem verankert haben, müssen die Grundlage für die Gestaltung aller Strukturen, Systeme und Prozesse bilden. Auch wenn die Umgebung, die Marktbedingungen und die Leute sich ändern – die Prinzipien ändern sich nie. In der Sprache der Architektur gibt es eine gute Formulierung dafür: *Die Form folgt der Funktion.* Übertragen auf die Organisation heißt das: Die Struktur folgt dem Zweck und die Koordination folgt der gemeinsamen Vision. Disziplin zeigt sich sowohl in der Person als auch in der Organisation. Wenn es um Organisationen geht, spricht man nicht von Disziplin, sondern von »Koordination«. Denn hier geht es darum, dass man seine Strukturen, Systeme, Prozesse und die Kultur so gestaltet, koordiniert und ausrichtet, dass die Vision verwirklicht werden kann.

Ist das Wertesystem auf langfristige und kurzfristige Ziele ausgerichtet, sollte auch das Informationssystem so fokussiert sein. Stehen im Wertesystem Kooperation und Synergie ganz oben, sollte auch das Bonussystem diese beiden Punkte angemessen berücksichtigen. Ich empfehle Bonussysteme, die auch individuelle Bemühungen und Leistungen anerkennen und belohnen. So basiert die Größe des »Kuchens«, der für die Belohnungen zur Verfügung steht, auf Kooperation und Synergie. Doch das Kuchenstück, das ein bestimmter Mitarbeiter bekommt, hängt von seinen individuellen Leistungen in einem sich untereinander ergänzenden Team ab. So werden sowohl Interdependenz als auch Unabhängigkeit gefördert.

Viele Organisationen machen den Fehler, nur die individuellen Leistungen zu belohnen, die kooperativen aber zu vernachlässigen. Der Wert »Kooperation« ist dann nicht im Anerkennungs- und Bonussystem verankert. So ist Kooperation kaum mehr als ein Lippenbekenntnis. Dann verfolgt jeder nur seine eigenen Ziele. Denn Belohnungssysteme, die den individuellen Leistungen einen hohen Stellenwert einräumen, werden von den Mitarbeitern sehr gerne angenommen. Doch selbst wenn Teamarbeit dringend erforderlich ist, um dem Kunden die optimale Leistung zu bieten, wird sie ausbleiben. Letztlich wird das Ergebnis das Scheitern im Markt sein. Es ist nicht so, dass die Leute nicht zusammenarbeiten wollen. Aber das System belohnt die individuellen Leistungen oder den internen Wettbewerb – und genau danach richten sich die Mitarbeiter. Wie bereits gesagt: Systeme werden letztlich immer stärker sein als Rhetorik oder gute Absichten.

»Haben Sie all diese Leute denn nicht eingestellt, damit sie Gewinner werden?«

Als ich einmal bei einer Jahresversammlung vor etwa 800 Leuten sprach, stieß ich auf ein anderes System, das schlecht ausgerichtet ist. Nach dem System dieses Unternehmens erhielten nur 30 der 800 Beschäftigten Belohnungen – 30 von 800! Ich fragte den Chef: »Haben Sie all diese Leute denn nicht eingestellt, damit sie Gewinner werden?«

»Ja.«

»Haben Sie auch Verlierer eingestellt?«

»Nein.«

»Heute Abend gibt es aber 770 Verlierer.«

»Nun ja, sie haben den Wettbewerb nicht gewonnen.«

»Sie sind auch ein Verlierer!«

»Wieso?«

»Wegen Ihrer Denkweise: Sie denken Gewinn / Verlust.«

»Was könnte ich denn sonst tun?«

»Sie alle zu Gewinnern machen. Woher haben Sie das Konzept, dass es in Ihrem Unternehmen Wettbewerb geben muss? Gibt es nicht schon genug Wettbewerb in Ihrem Markt?«

»So ist das Leben nun mal …«

»Wirklich? Wie sieht Ihre Beziehung zu Ihrer Frau aus? Wer gewinnt da?«

»Manchmal sie, manchmal ich.«

Ich sagte: »Ist das wirklich das, was Sie Ihren Kindern für ihre Zukunft vorleben wollen? Seien Sie ehrlich!«

Er fragte: »Wie soll ich es denn mit den Belohnungen machen?«

Ich sagte: »Schließen Sie mit jedem Einzelnen und jedem Team eine individualisierte Gewinn/Gewinn-Leistungsvereinbarung ab. Wer die angestrebten Ergebnisse erreicht, gewinnt.«

Zur nächsten Jahresversammlung dieses Unternehmens wurde ich erneut eingeladen. Inzwischen hatte man sehr viel Zeit in die gemeinsame Visionsentwicklung und die Koordination investiert. Über 1000 Leute waren anwesend. Und raten Sie mal, wie viele davon Gewinner waren? 800! Die 200, die nicht dazu gehörten, hatten sich bewusst dafür entschieden, keine Gewinner zu sein. Es war ihre freie Wahl. Es gab keinerlei Wettbewerb. Und welche Ergebnisse hatten die 800 erreicht? Ebenso viel Umsatz wie die 30 im Vorjahr – *und das pro Person*! Die ganze Kultur hatte sich geändert. Statt einer Mangel-Mentalität herrschte jetzt eine Überfluss-Mentalität. Dort, wo im Vorjahr 30 Leute gestanden hatten, standen jetzt 800!

Wie war das möglich?

Um diese Frage zu beantworten, möchte ich noch einmal auf die Geschichte mit der Reise auf die Bermudas zurückkommen. Damals dachten die Mitarbeiter: »*Wer* von uns wird auf die Bermudas fliegen?« Jetzt aber dachten sie: »Ich will, dass Sie mit Ihrer Frau auf die Bermudas reisen. Ich will, dass wir alle hinfliegen! Ich lege mich für Sie ins Zeug.« Stellen Sie sich vor, wie ein solches Denken ein Unternehmen, in dem interner Wettbewerb herrscht, revolutionieren kann!

In beiden Fällen waren die Firmenchefs durchaus vertrauenswürdige Männer. Sie hatten Charakter und sogar eine Überfluss-Mentalität. Es fehlte ihnen jedoch an der richtigen Denkweise oder den Fähigkeiten, die für den Aufbau adäquater Bonussysteme erforderlich sind. Man könnte auch sagen, dass sie keine vollständigen Informationssysteme hatten. Sie waren wie Piloten, die ein Flugzeug fliegen sollen, in dem nur eine einzige Anzeige funktioniert. Was für eine Katastrophe! Doch sie verstanden das Konzept sofort. Ihr Problem war eben nicht der Charakter, sondern die Kompetenz. Beide Unternehmer hatten die erforderlichen Fähigkeiten einfach nie erlernt. Sie waren in traditionellen Systemen gefangen, die von einem umfassenden Mangel-Denken geprägt wurden. Hier herrschte ein tiefer Widerspruch zwischen Kooperation und Konkurrenz. Dieser Widerspruch blieb so lange bestehen, bis sie sich die nötigen Fähigkeiten angeeignet hatten, um die Systeme zu verändern.

Ein Koordinator muss immer alles im Blick haben

Die Arbeit eines Koordinators ist nie zu Ende. Sie erfordert ständige Anstrengungen und Anpassung, weil man es mit so vielen ständig sich verändernden Realitäten zu tun hat. Die Systeme, Strukturen und Prozesse müssen flexibel bleiben, sodass sie auf diese Veränderungen abgestimmt werden können. Andererseits müssen sie aber auf unveränderlichen *Prinzipien* beruhen. Hier ist also eine Kombination von *flexibler Unveränderlichkeit* gefragt. Dadurch baut man Unternehmen auf, die stabil und beweglich zugleich sind.

- **Die Prinzipien sind die tiefe Quelle, die alle flachen Gewässer und Wurzelstrukturen speist: Befähigung, Qualität, mehr für weniger produzieren, Nachhaltigkeit, Größenvorteile und Flexibilität.**

Aber wie können Sie als Koordinator die Fähigkeit Ihrer Organisation verbessern, die ständig nötigen Veränderungen zu vollziehen? Wie schaffen Sie flexible Unveränderlichkeit in Sachen Koordination und Ausrichtung? Nehmen Sie sich Leute, die Spitzenleistungen erzielen, zum Vorbild! Das können Mitarbeiter aus Ihrer eigenen Organisation mit einer vergleichbaren *Funktion* sein. Es können aber auch Leute aus herausragenden Unternehmen in allen Branchen und Berufszweigen auf der ganzen Welt sein. Dadurch werden Ihre Mitarbeiter in die Entwicklung eines Weltklasse-Bewusstseins und die Definition entsprechender Maßnahmen und Ziele einbezogen. Zudem verhindern Sie so, dass Ihre Organisation den Blick nur nach der Vergangenheit richtet oder aktuelle Trends in der eigenen Branche und bei den Wettbewerbern in die Zukunft projiziert werden. Orientieren Sie sich an Organisationen, die als absolut herausragend gelten. Natürlich sind sie auch nicht perfekt. Vielleicht behalten sie ihren Spitzenstatus auch nicht dauerhaft ... Dennoch sollten Sie ständig nach den Besten von heute suchen und von ihnen lernen!

Beobachtungen, der gesunde Menschenverstand und fundierte Forschungen haben gezeigt: Der Erfolg von Organisationen beruht nicht auf Einzelaktionen der Mitarbeiter oder auf den individuellen Eigenschaften der formalen Führungskräfte. Er beruht auf den Eigenschaften der gesamten Organisation. Erfolg hängt also nicht von Einzelpersönlichkeiten ab, sondern von den Systemen und der Organisationskultur. Mehr zur Organisationskultur werden Sie später im Zusammenhang mit Ihrer Rolle als Coach erfahren.

General Electric gehört zu den Unternehmen, die den Übergang vom Industriezeitalter ins Zeitalter der Wissensarbeit überaus erfolgreich gemeistert haben. Der langjährige CEO Jack Welch und Dr. Noel Tichy, der bei GE für die Management-Ausbildung zuständig war, legten den Hauptfokus darauf, dass die Führungsentwicklung sozusagen genetisch im Unternehmen verankert wurde:

> *Mr. Welchs Erkenntnis, mit der er damals in der Wirtschaft recht allein stand, lautete: Führung ist nicht nur die Aufgabe des CEO gegenüber dem Topmanagement, sondern sie muss im ganzen Unternehmen institutionalisiert werden. Eine immer globaler werdende Wirtschaft bedeutet, dass eine seit Langem von Stabilität, Autokratie und unflexiblen Prozessen geprägte Geschäftswelt mehr zu Veränderungen bereit sein muss. Das erfordert die Entwicklung agiler, anpassungsfähiger Führungskräfte auf allen Ebenen der Unternehmenshierarchie. Dazu muss man die Fähigkeit entwickeln, die Leute nicht nur zu lehren, wie man Veränderungen managt, sondern auch, wie man sie selbst initiiert.*[2]

Institutionalisierte moralische Autorität

Organisationen und Institutionen, die gut ausgerichtet und wirklich prinzipienzentriert sind, haben eine *institutionalisierte moralische Autorität.* Das heißt: Sie besitzen die institutionelle Fähigkeit, durchgängig Qualität, vertrauensvolle Beziehungen zu den verschiedenen Interessengruppen und einen kontinuierlichen Fokus auf Effizienz, Schnelligkeit, Flexibilität und Marktfreundlichkeit zu gewährleisten. Hin und wieder mag das durch einen Einzelnen gestört werden. Doch dann geht die Organisation angemessen mit ihm um und bewegt sich weiter.

In Ländern mit kulturell nachhaltigen Verfassungen – ob nun in schriftlicher oder mündlicher Form – sehen wir ständig institutionalisierte moralische Autorität. Ihre Regierungschefs handeln vielleicht nicht immer im Einklang mit der jeweiligen Verfassung. Doch diese Länder sind in der Lage, institutionell auf den individuellen Stärken ihrer Regierungschefs aufzubauen. Denn sie können sich darauf verlassen, dass die übrigen Regierungsmitglieder die Schwächen dieser Regierungschefs im Wesentlichen irrelevant machen. Bei Diktaturen und nicht gefestigten, sich gerade erst entwickelnden Demokratien hingegen ist das ganz anders. Hier herrscht noch ko-dependente, kulturell gebilligte Korruption.

Natürlich können korrupte, diktatorische oder ichbezogene Regierungschefs selbst bei sehr großer institutionalisierter moralischer Autorität für eine gewisse Zeit enormen Schaden anrichten. Gewöhnlich erholt die Institution oder Organisation sich jedoch davon. Die Macht liegt letztlich beim System – und nicht bei den gewählten Volksvertretern oder den ernannten Bürokraten. Das System ist stärker als die individuellen Schwächen seiner Glieder. Deshalb lehrt die Marriott Corporation, dass der Teufel zwar im Detail steckt, der *Erfolg* aber in den *Systemen*.

Vor Kurzem habe ich J. W. »Bill« Marriott besucht, den Vorsitzenden von Marriott International, der weltweit größten Hotelkette. Bill und vor ihm sein Vater schufen eines der besten Unternehmen auf der Welt – nicht zuletzt durch den Aufbau eines *Kommunikationssystems*, das das Wissen seiner Mitarbeiter gezielt nutzt.

»Die größte Lektion, die ich im Laufe der Jahre gelernt habe, ist: Man muss seinen Mitarbeitern zuhören«, sagte er. »Ich habe festgestellt, dass man Senior Manager braucht, die ihre Leute um sich versammeln, ihre Ideen erforschen und sich anhören, was sie zu sagen haben. Wenn man sich dann mit diesen Managern an einen Tisch setzt und ihnen zuhört, trifft man viel bessere Entscheidungen.«

Bill Marriott erzählte mir, dass er das schon früh gelernt habe, und zwar durch die Begegnung mit einer der berühmtesten Führungspersönlichkeiten der Welt: dem amerikanischen Präsidenten Dwight D. Eisenhower.

»Das College lag gerade erst hinter mir. Nach sechs Monaten in der Navy war ich über Weihnachten von der Supply Corps School nach Hause gekommen. Landwirtschaftsminister Ezra Taft Benson kam mit General Eisenhower auf unsere Farm. Eisenhower war unser Präsident, und ich war Leutnant zur See.

Draußen herrschte tiefster Frost. Mein Vater hatte aber Zielscheiben zum Schießen aufstellen lassen. Also fragte er Eisenhower: ›Möchten Sie nach draußen gehen und schießen oder lieber am Kamin sitzen bleiben?‹

Da richtete Eisenhower sich an mich: ›Was denken Sie, Leutnant?‹« Selbst so viele Jahre später, als Marriott mir die Geschichte erzählte, war seine Verwunderung noch spürbar.

»Ich dachte: ›So hat er es also geschafft, bei seinen Verhandlungen und Gesprächen mit de Gaulle, Churchill, Marshall, Roosevelt, Stalin, Montgomery, Bradley und Patton. Er hat die goldene Frage gestellt: Was denken Sie?‹

Also sagte ich: ›Herr Präsident, draußen ist es einfach zu kalt – bleiben Sie lieber hier drinnen am Kamin!‹«

Marriott fügte hinzu, diese Lektion habe er nie vergessen.

»Das war ein wirklich prägender Augenblick für mich! Ich erinnere mich, dass ich danach dachte: ›Falls ich jemals Geschäftsmann werden sollte, werde ich diese Frage stellen. Und ich wette, dass ich dann ein paar sehr gute Informationen bekommen werde!‹«

Deshalb gestaltete Bill Marriott seine Hotelkette so, wie sie heute ist: Er schuf eine Unternehmenskultur, die zur Kommunikation nach oben und nach unten einlädt. Er hat erkannt, dass man durch die schlichte Frage »Was denken Sie?« sogar aus Leuten, die als »Hand«-Arbeiter gelten, »Wissens«-Arbeiter machen kann. Ganz einfach, indem man ihnen zuhört und ihre Erfahrung und ihr Wissen respektiert.

Abschließend sagte Marriott noch: »Mein Sohn John hatte in New York einmal mit einem Hotel zu tun, das wir kürzlich übernommen hatten. Als er in der Küche war, ging er zu einem der Mitarbeiter dort und sagte: ›Wir haben da dieses Problem. Was sollen wir Ihrer Ansicht nach tun?‹

Dem Mann stiegen die Tränen in die Augen. Er sagte: ›Ich war 20 Jahre lang bei der alten Firma. Aber bisher hat mich noch nie jemand nach meiner Meinung zu irgendetwas gefragt.‹«

Das Werkzeug für Koordinatoren: Die Feedback-Systeme

Bei 3 der 4 Führungsrollen geht es um ein- und dieselbe Grundfrage: Was ist am wichtigsten? Bei der dritten Rolle aber, der des Koordinators, lautet die Frage: Sind wir auf das Ziel ausgerichtet? Sind wir im Hinblick auf das, was am wichtigsten ist, auf dem richtigen Weg?

Wie die Wahrheit aussieht, habe ich Ihnen ja bereits gesagt: Wir *alle* sind die meiste Zeit über nicht auf dem richtigen Weg – jeder Einzelne, jede Familie, jedes Unternehmen. Das zu erkennen ist schon ein sehr wichtiger Schritt. Doch viele finden das Gefühl, nicht genau auf dem richtigen Kurs zu sein, entmutigend und verzweifeln. Es muss und sollte jedoch gar nicht so deprimierend sein. Zu wissen, dass wir vom richtigen Kurs abgekommen sind, ist nämlich in Wirklichkeit eine Einladung. Eine Einladung dazu, uns wieder nach Norden, auf die Prinzipien hin, auszurichten und uns innerlich erneut auf unser Ziel zu verpflichten. Unsere Reise als Individuum, Team oder Organisation ist wie der Flug eines Flugzeugs ist. Vor dem Start reichen die Piloten einen Flugplan ein. Sie wissen genau, wohin sie wollen. Wind, Regen, Turbulenzen, Luftverkehr, Fehler und Versehen von Menschen: Während des Flugs wirken dann aber viele Faktoren auf die Maschine ein und bewegen sie leicht in verschiedene Richtungen. Deshalb ist sie die meiste Zeit über gar nicht auf der vorgeschriebenen Flugroute. Solange jedoch nichts wirklich Schlimmes passiert, wird sie ihren Zielflughafen dennoch sicher erreichen.

Das ist nur möglich, weil die Piloten während des Fluges ständig Feedback erhalten. Sie bekommen Informationen von ihren Instrumenten, von den Kontrolltürmen, von anderen Flugzeugen und manchmal sogar von den Sternen. Dieses Feedback nutzen sie, um Anpassungen und Kurskorrekturen vorzunehmen. So kehren sie immer wieder auf ihren ursprünglichen Weg zurück.

Meiner Ansicht nach ist ein Flug die ideale Metapher für die 4 Rollen effektiver Führung. Vorbild, Visionär und Coach ermöglichen es uns, zu bestimmen, was für unsere Familien, unsere Unternehmen, unsere Jobs und uns selbst am wichtigsten ist. Das ergibt unsere Flugpläne. Das Feedback, das wir – genau wie die Piloten – ständig erhalten, ermöglicht es uns, unsere Fortschritte zu überprüfen, uns *wieder* an den ursprünglichen Leitkriterien *auszurichten* und *koordinierend* tätig zu sein. Im Verbund helfen uns diese Rollen und Werkzeuge, unser angestrebtes Ziel zu erreichen.

Ergebnisse erzielen und Leistungsvermögen aufbauen: Balance schaffen

Der Schlüssel zum Prinzip der Koordination liegt darin, immer mit den Ergebnissen zu beginnen. Welche Ergebnisse erreichen Sie im Markt? Sind Ihre Aktionäre mit der Rendite für ihr Kapital zufrieden? Was ist mit Ihren Mitarbeitern? Sind sie mit der Rendite für ihre mentale, physische, spirituelle und emotionale Investition zufrieden? Wie sieht es bei den Lieferanten aus? Und bei der Gemeinde? Fühlen Sie sich sozial verantwortlich für die Kinder, die Schulen, die Straßen, für Luft und Wasser, für das Umfeld, in dem Ihre Leute arbeiten und ihre Kinder großziehen? Wie sehen die Ergebnisse für all diese Interessengruppen aus? Und was ist mit den Kunden? Wie läuft es? Wie schneiden Sie gegenüber Weltklasse-Standards ab?

Analysieren Sie die Ergebnisse für alle diese Interessengruppen. Befassen Sie sich dann mit der Lücke zwischen den Ergebnissen und Ihrer Strategie. Effektivität beruht auf dem Gleichgewicht zwischen der *Produktion der gewünschten Ergebnisse* (P) und der *Produktionskapazität* (PK).*

Mit anderen Worten: dem Gleichgewicht zwischen den goldenen Eiern, die die Leute haben wollen, und der Gans, die sie legt. Das Wesen der Effektivität liegt darin, die angestrebten Ergebnisse so zu erreichen, dass man P und PK ins Gleichgewicht bringt.

Im Laufe der letzten zehn Jahre sind viele Methoden zur Messung des Gleichgewichts zwischen P und PK entwickelt worden. Ich habe häufig darauf hingewiesen, wie wichtig das 360-Grad-Feedback ist. Die ersten 90 Grad sollten die finanzielle Seite repräsentieren. Die restlichen 270 Grad bestehen aus systematisch gesammelten Informationen darüber, wie die wichtigsten Interessengruppen die Organisation wahrnehmen und wie hoch die Stärke der Gefühle ist, die mit diesem Feedback verbunden sind.

Für das 360-Grad-Feedback gibt es viele Bezeichnungen. Einer der populärsten Ansätze der vergangenen Jahre ist die *Balanced Scorecard*. Ich selbst habe manchmal von doppelter Buchführung gesprochen. Die traditionelle Buchführung hat sich immer nur auf die goldenen Eier konzentriert. Dahingegen achtet die doppelte Buchführung auch auf die »Gans«. Sie unterzieht die Gans einem umfassenden Gesundheitscheck. Dazu erstellt sie eine ausführliche Zusammenfassung der Qualität der Beziehungen des Unternehmens zu allen wichtigen Interessengruppen – den Kunden, Lieferanten, Partnern und ihren Familien oder auch dem Staat und der Gemeinde. Sicher können Sie sich vorstellen, welche Wirkkraft ein zwei Seiten langer Überblick der gegenwärtigen und zukünftigen Gesundheit und Stärke Ihres Unternehmens entwickeln kann! Eine Seite beschreibt die finanzielle Situation. Hier sehen Sie die aktuellen Früchte Ihrer früheren Anstrengungen. Die andere Seite liefert Ihnen einen Zukunftsindikator für Ihre Beziehungen zu den Interessengruppen, die die Grundlage für alle Ihre zukünftigen Ergebnisse sind.

---

* Weitere Informationen, wie Sie ein Gleichgewicht zwischen P und PK herstellen, finden Sie in Anhang 5.

Der entscheidende Punkt ist: Sie brauchen ein *Scoreboard* für die Leistungen Ihrer Mitarbeiter – und zwar ein überzeugendes. Die Leute, die beurteilt werden sollen, müssen an der Entwicklung dieser Ergebnistabelle für ihre Leistungen beteiligt werden. Das Scoreboard muss die Kriterien reflektieren, die in das Leitbild, die Werte und die Strategie Ihres Unternehmens integriert wurden. So stellen Sie sicher, dass Ihre Mitarbeiter dauerhaft auf die wichtigsten Ziele des Unternehmens ausgerichtet bleiben. Zudem sind sie für ihre Leistungen verantwortlich und können auch dafür zur Rechenschaft gezogen werden. Natürlich gilt das nicht nur für Mitarbeiter, sondern auch für Teams, Abteilungen und überhaupt für jeden, der dafür verantwortlich ist, eine Aufgabe erfolgreich zum Abschluss zu bringen oder ein Projekt durchzuführen. Jeder sollte in die Entwicklung des Scoreboards einbezogen werden und dann für die Leistungen mitverantwortlich sein. Wie man ein überzeugendes Scoreboard entwirft, werde ich in Kapitel 14 ausführlich besprechen.

- **Kaum jemand misst den Fortschritt bei seinen wichtigsten Zielen. Nur zehn Prozent der Teilnehmer an der xQ-Befragung gaben an, sie hätten ein klares, zutreffendes, sichtbares Scoreboard, das ihnen aussagekräftiges Feedback liefert. *Für die Entscheidungsfindung an der Basis praktisch verwertbare Informationen* sind ein ganz entscheidender Faktor für den Erfolg eines Unternehmens.**

Ich will Ihnen gerne zeigen, wie wichtig ein solches Feedbacksystem mit Scoreboard ist. Dazu möchte ich Ihnen von meinen Erfahrungen mit einer Organisation erzählen, die mit Fragen zum Thema Leistungsmessung konfrontiert wurde.

Ich sollte bei einer großen Tagung eines Verbands der amerikanischen Zeitungsverleger und Redakteure einen Vortrag halten. Um mich vorzubereiten, trug ich Daten aus verschiedenen Studien zur Unternehmenskultur zusammen, die bei mehreren Presse-Organisationen durchgeführt worden waren. Diese Daten gaben Aufschluss über die Vertrauensebene, die Übereinstimmung zwischen dem Unternehmenszweck und den Werten, Fehlausrichtungen der Systeme und die sich daraus ergebende Demotivation bei den Mitarbeitern in der Branche. Ich beschloss dann aber, die Daten nicht gleich zu Beginn meines Vortrags zu präsentieren, sondern zunächst etwas anderes auszuprobieren: Ich ging mit einem Mikrofon durch den riesigen Saal und stellte die folgenden beiden Fragen: »Was ist die wesentliche Rolle der Zeitungen in der Gesellschaft? Was ist ihr zentraler Zweck?«

Die Leute, denen ich das Mikrofon gab, sprachen ohne zu zögern von der absolut lebenswichtigen Rolle der Presse in unserer Gesellschaft. Sie waren überzeugt, dass die eingehende Berichterstattung in den Medien dafür sorgt, dass die Regierung ehrlich ist, ihre Mitglieder verantwortungsbewusst handeln und für die Öffentlichkeit sichtbar bleiben. Freiheit, Rechenschaftspflicht der Regierung gegenüber dem Volk, Erhaltung der in der Verfassung angeführten Kontrollmechanismen und Information der Bürger: Sehr viele legten den Fokus auf den Dienst an der Nation durch das Bewahren unserer fundamentalsten Werte, sodass die Ideale unserer demokratischen Republik und des freien Unternehmertums weiter hochgehalten werden können.

Dann fragte ich: »Glauben Sie wirklich an diese Zwecke? Spüren Sie sie in Ihrem Herzen?« Ich ging durch den Saal und bat die Leute, diese Fragen zu beantworten. Die Antwort lautete einmütig: »Ja!« Die nächste Frage war schwieriger: »Woher weiß man, dass jemand wirklich an bestimmte Werte glaubt?« Die Antworten fielen unterschiedlich aus. Ich sagte, einer der Prüfsteine bestünde darin, dass die betreffende Person versucht, ihre Werte in ihrem Leben zu verwirklichen. Integrität gegenüber den Werten beweise, dass jemand wirklich an sie glaubt. Die Leute stimmten mir zu.

Nun kam ich zur Schlüsselfrage: »Bei wie vielen Ihrer Presse-Organisationen gibt es eine Funktion, die mit der vergleichbar ist, die Sie selbst gegenüber der Gesellschaft und der Nation erfüllen?« Mit dieser Frage konnten sie nichts anfangen. Also formulierte ich sie anders: »Bei wie vielen von Ihnen gibt es innerhalb der eigenen Organisation irgendetwas, was dafür sorgt, dass die Leute ehrlich, verantwortlich und auf Ihre fundamentalsten Ideale und Werte ausgerichtet bleiben?« Nur etwa fünf Prozent hoben die Hand. Dann zeigte ich ihnen die Daten aus den Studien zur Unternehmenskultur. Ich zeigte ihnen, dass es enorm viel Misstrauen, Konflikte, Konkurrenzkampf zwischen den Abteilungen, fehlende oder falsche Ausrichtung und Demotivation der Mitarbeiter gab.

Und dann begann ich, über das Konzept der 4 Rollen effektiver Führung zu sprechen. Ich erklärte, dass man bei sich selbst anfangen muss, dass man andere in die Klärung der Ziele einbeziehen und dass man Informations-, Verstärkungs- und Bonussysteme einrichten muss, um eine optimale Umgebung für die Befähigung der Mitarbeiter zu schaffen. Viele der Verleger und Redakteure verließen die Tagung mit einem völlig anderen Führungsparadigma. Es war für uns alle eine sehr interessante und aufschlussreiche Erfahrung.

Wie wertvoll Feedback, nicht nur für die Organisationen, sondern auch für die Mitarbeiter ist, zeigt Ihnen die folgende Geschichte.

Ich habe einmal ein Trainingsprogramm für die kommandierenden Generäle der Luftstreitkräfte eines Landes durchgeführt, in dessen Geschichte es viele Herausforderungen und Konflikte gegeben hatte. Als ich darüber sprach, dass es unerlässlich ist, sich Feedback von seinen wichtigsten Interessengruppen zu holen, nickten die Generäle zustimmend. Also fragte ich den General, der mich engagiert hatte: »Heißt das, dass Sie ein derartiges Feedback-System nutzen?«

Er antwortete: »Genau so trainieren wir diese Leute. Sie sind Spitzenpiloten, keine ausgebildeten Manager. Jeder bekommt einmal im Jahr eine Zusammenstellung des Feedbacks aller Personen, mit denen er regelmäßig zu tun hat. Die Piloten verwenden diese Zusammenstellung als Grundlage für ihre persönliche und berufliche Weiterentwicklung. Niemand wird befördert, wenn er keine guten ›Noten‹ bekommt – und zwar von seinen Vorgesetzten und seinen Untergebenen.«

Ich sagte: »Sie können sich gar nicht vorstellen, wie schwer dieses Konzept vielen Organisationen in meinem Heimatland zu vermitteln ist. Wie verhindern Sie, dass das Ganze in einen Wettstreit um die Beliebtheit ausartet?«

Er sah mich ganz irritiert an. »Das Überleben unseres Landes hängt von diesen Leuten ab, und sie wissen das. Glauben Sie wirklich, wir würden es uns erlauben, um Beliebtheit zu konkurrieren? Manchmal bekommen sogar die Unbeliebtesten von uns die besten Noten – ganz einfach weil sie Spitzenleistungen bringen.«

Die Ausrichtung der Strukturen und Systeme an den Werten und der Strategie ist eine der schwierigsten Herausforderungen bei der Führung und beim Management. Das hat einen ganz simplen Grund: Die Strukturen und Systeme repräsentieren die Vergangenheit – die Tradition, Erwartungen und Annahmen. Viele Leute ziehen ihre Sicherheit aus der Vorhersagbarkeit solcher Strukturen und Systeme. Deswegen sind sie so etwas wie »heilige Kühe«: Man darf sie nicht ignorieren oder verändern. Das gelingt nur, wenn es eine tiefe emotionale Verbindung zu den Konzepten für die gemeinsame strategische Kursbestimmung gibt.

Aspekt	Altes Kontrollmodell (Industriezeitalter)	Neues Modell mit Freisetzung und Befähigung (Zeitalter der Wissensarbeit)
Führung	Eine Frage der Position (formale Autorität)	Freie Wahl (moralische Autorität)
Management	Kontrolle der Dinge und der Leute	Kontrolle der Dinge, Befähigung der Leute
Struktur	Hierarchisch, bürokratisch	Flacher, ohne Grenzen, flexibel
Motivation	Von außen, durch Zuckerbrot und Peitsche	Innerlich – ganze Person
Leistungsbeurteilung	Von außen, Sandwich-Technik	Selbstbeurteilung unter Verwendung von 360-Grad-Feedback
Informationen	Überwiegend kurzfristig, auf die finanzielle Seite bezogen	Balanced Scoreboard (auf lange und kurze Sicht)
Kommunikation	Vorwiegend von oben nach unten	Offen: nach oben, nach unten, seitlich
Kultur	Soziale Regeln/Sitten in der Organisation	Prinzipienzentrierte Werte und ökonomische Regeln des Marktes
Budgetierung	Vorwiegend von oben nach unten	Offen, flexibel, synergetisch
Training und Entwicklung	Nebensache, auf Fertigkeiten zielend, verzichtbar	Erhaltung, strategisch, ganze Person, Werte
Mitarbeiter	Kostenfaktor, nur angeblicher Aktivposten	Eine Investition mit enormer Rendite
Innere Stimme	Für die meisten grundsätzlich unwichtig	Für alle von Bedeutung, strategisch wichtig, auch für Teams

Tab. 5

In Tabelle 5 werden die Strukturen und Systeme des alten Kontrollmodells aus dem Industriezeitalter mit dem neuen, auf Eigenverantwortung, Talentfreisetzung und Befähigung der Mitarbeiter beruhenden Modell des Zeitalters der Wissensarbeit verglichen. Es ist zwar hilfreich, die beiden Modelle als Gegensätze zu sehen. In Wirklichkeit sind sie jedoch eher in einem Kontinuum anzuordnen als in einem Entweder-oder-Schema. Ich denke aber, dass die Gegenüberstellung die Begrenztheit des alten Kontrollmodells und die enorme Wirkkraft der Ausrichtung der Kulturen, Strukturen und Systeme an den Leitlinien, die bei der gemeinsamen Visionsentwicklung festgelegt wurden, sehr anschaulich vermittelt.

Fragen & Antworten

Was kann man machen, wenn man in einem Unternehmen arbeitet, dessen Systeme so stark auf kurzfristige Ergebnisse, internen Wettbewerb, die Hierarchie und Zahlen fokussiert sind, dass eine Kultur entstanden ist, die sich selbst auffrisst? Welche realistischen Möglichkeiten hat man in so einer Situation?

Falls das Unternehmen an die Wettbewerbskräfte des Marktes gebunden ist, können Sie Ihre Freiheit, zu wählen, nutzen und sich als Trimmruder einen größeren Einflussbereich verschaffen. Wenn das nicht der Fall ist, können Sie auf die griechische Philosophie von Ethos, Pathos und Logos zurückgreifen, bis andere erkennen, dass es von Vorteil für sie ist, wenn sie Ihre Vorschläge annehmen. Wenn Sie aber kontinuierlich so an Ihrer persönlichen und beruflichen Entwicklung gearbeitet haben, dass Ihre innere Sicherheit darauf beruht, Lösungen für Probleme zu entwickeln und menschliche Bedürfnisse zu erfüllen, werden sich Ihnen unendlich viele Chancen bieten, etwas anderes zu machen. Dann können Sie genau das tun: sich dafür entscheiden, woanders hinzugehen und dort ihr volles Potenzial zu entfalten.

Was ist – neben der gemeinsamen strategischen Visionsentwicklung – die wichtigste Aktivität aller Management- und Führungsteams?

Ich würde sagen: die Rekrutierung, Auswahl und Positionierung der Leute. Um mit Jim Collins zu sprechen: dafür zu sorgen, dass man die *richtigen* Leute auf den *richtigen* Sitzen im *richtigen* Bus hat. Meiner Ansicht nach ist das sogar noch wichtiger als Training und Entwicklung. In einer Wirtschaft, die sich rasant verändert, brauchen die meisten Unternehmen aber so schnell Leute und die Probleme sind so dringend, dass sie bei der Personaleinstellung nur Krisenmanagement betreiben. Sie handeln nach der Devise, dass wir das, was wir uns am meisten wünschen, besonders leicht glauben. Später müssen die Unternehmen dann oft mit wirklichen Katastrophen fertigwerden. Deshalb muss man bei den Neueinstellungen strategisch vorgehen und im Vorfeld sorgfältig über die Kriterien der Personalauswahl nachdenken, sie klar kommunizieren und sich den Werdegang verschiedener Leute genau ansehen. Man muss sich die Mühe machen, eine echte Beziehung zu den möglichen Kandidaten aufzubauen. Man muss intensive Gespräche führen und abwarten, bis sie im Auswahlverfahren wirklich authentisch und offen sind. Und man muss ihnen ausreichend Zeit geben, um über eine grundlegende Frage nachzudenken. Sie müssen sich darüber klar werden, ob ihre eigene Vision, ihre Werte und ihre innere Stimme mit den strategischen Kriterien bei ihrer zukünftigen Arbeit harmonieren. Wenn das der Fall ist, werden sich die Bewerber nach der Einstellung auch der Umsetzung der gemeinsamen Vision verschreiben.

Welche Frage sollte man den Leuten bei Bewerbungsgesprächen unbedingt stellen?

Meiner Erfahrung nach lautet die beste Frage: »Wenn Sie bei Ihren frühesten Erinnerungen anfangen – was haben Sie wirklich gern und auch gut gemacht?« Gehen Sie dann die Grundschule durch, das Gymnasium, die Universität und die bisherigen beruflichen Stationen. Dann werden Sie allmählich sehen, wo die wahren Talente und Stärken der Bewerber liegen, wo ihre innere Stimme ist. Sie werden außerdem feststellen, wie es um die Abhängigkeit, Unabhängigkeit oder Interdependenz der Kandidaten bestellt ist. Und Sie werden Verhaltensmuster in Bezug auf die Arbeit mit Dingen, Menschen oder auch Ideen erkennen. Und noch eins ist wichtig: Sie müssen bereit sein, die Bewerber umfassend darüber zu informieren, welche Rollen sie übernehmen und welche aus der Strategie abgeleiteten Kriterien dafür gelten sollen.

Was passiert, wenn Ko-Dependenz, also Passivität und Willfährigkeit, belohnt wird?

Ko-Dependenz wird immer nur vorübergehend belohnt werden. Langfristig wird der Markt das nicht zulassen. Auf Dauer kann sie keinen Erfolg haben, da es passiven, ko-dependenten Menschen an Kreativität, Einfallsreichtum und Weitblick fehlt. Daher können sie die Bedürfnisse der Kunden nicht gut genug erfüllen. Wenn im Markt Transparenz herrscht und man gutes Feedback aus ihm bekommt, können auf lange Sicht weder ko-dependente Menschen noch ko-dependente Organisationen überleben. In der globalen Wirtschaft von heute braucht man schlanke, befähigte, flexible, kreative, innovative Organisationskulturen – vor allem, wenn die Konkurrenz global und nicht nur lokal aufgestellt ist.

Was ist mit dem ganzen Prozess des Teamaufbaus?

Teams aufzubauen ist fundamental. Das gilt besonders für die Entwicklung sich untereinander ergänzender Teams. Hier kommen die Stärken jedes einzelnen Teammitglieds optimal zur Geltung, wohingegen die Schwächen durch die Stärken der anderen ausgeglichen werden. Zudem haben diese Teams eine gemeinsame Vision und ein gemeinsames Wertesystem, das für Zusammenhalt sorgt. Um den Teamaufbau zu verstärken, ist allerdings ein hohes Maß an Ausrichtung im Hinblick auf die Systeme und Strukturen erforderlich. Wenn man zu einer Blume sagt, sie solle wachsen, aber eine andere gießt, wird sie nicht wachsen. Wenn man sagt: »Wir wollen als Team arbeiten!«, muss man das auch vorleben. Wenn man aber autoritär denkt und einseitige, willkürliche Entscheidungen trifft, wird kein echtes Team entstehen. Der Aufbau von Teams ist enorm wichtig und wünschenswert, sofern er durch entsprechende Prinzipien in den Strukturen, Systemen und Prozessen des Unternehmens unterstützt wird. Ist das nicht der Fall, wird er immer nur ein bloßes Schlagwort und eine reine Nebensache bleiben.

Wie schafft man eine einheitliche, verbindende Kultur, wenn es im Unternehmen viele verschiedene Visionen und Ziele gibt?

Indem man Schmerzen bei den Leuten hervorruft! Solange sie nämlich zufrieden und glücklich sind, werden sie nicht viel tun. Nun können Sie natürlich nicht warten, bis der Markt Ihren Leuten Schmerzen zufügt. Also müssen Sie auf andere Weise dafür sorgen, dass es passiert. Ein gutes Mittel dazu ist ein Balanced Scoreboard. Das gilt vor allem dann, wenn die Mitarbeiter sich für ihre Leistungen auf dem Scoreboard verantworten müssen und das Bonussystem auf ihm basiert.

KAPITEL 13

Die Stimme der Befähigung: Als Coach Leidenschaft und Talent freisetzen

Wie kann man die Leute am besten zu herausragenden Leistungen inspirieren? Wenn man sie durch alles, was man tut, und durch seine Einstellung Tag für Tag davon überzeugt, dass man sie rückhaltlos unterstützt.

HAROLD S. GENEEN, EHEMALIGER VORSITZENDER VON ITT

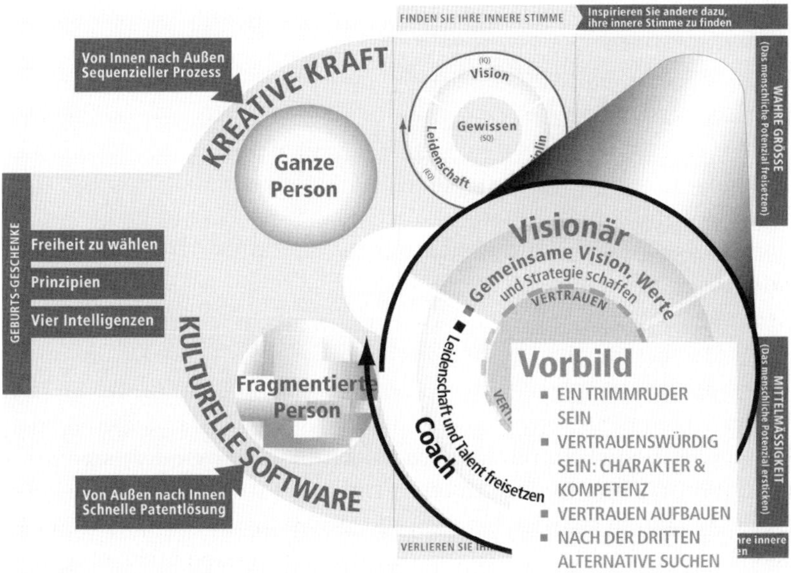

Abb. 13.1

MYTHOS	Zuckerbrot und Peitsche – die Eselstechnik – ist die beste Form der Motivation. *(Altes Paradigma)*
WIRKLICHKEIT	Die Motivation durch Zuckerbrot und Peitsche gehört in die Tierpsychologie. Der Mensch hat die Freiheit und Kraft, zu wählen. Man kann zwar seinen Rücken kaufen, nicht aber sein Herz und seinen Verstand. Man kann seine Hände kaufen, nicht aber seinen Geist. *(Neues Paradigma)*

Abb. 13.2

Die *erste Alternative* in der Rolle als Coach besteht darin, Leistung und Ergebnisse zu bekommen, indem man die Leute kontrolliert.

Die *zweite Alternative* ist, die Mitarbeiter sich selbst zu überlassen, sie aufzugeben. Mit anderen Worten: Befähigung zu predigen, in Wirklichkeit aber innerlich abzudanken und seine Verantwortlichkeit zu ignorieren.

Die *dritte Alternative* ist schwieriger und hilfreicher zugleich: Autonomie unter Anleitung. Die Grundlage dazu sind Gewinn / Gewinn-Vereinbarungen, die sich durch zwei Dinge auszeichnen: eng an den übergeordneten Zielen der Organisation ausgerichtete Ziele und Verantwortlichkeit für die Ergebnisse.

Zu viel Management und zu wenig Führung: Ich habe bereits gesagt, dass das meiner Ansicht nach in den meisten Organisationen, einschließlich unserer Familien, der Fall ist. Die Spannungen in den Beziehungen zu unseren Kindern und die häufig darauf folgende Auflehnung erinnern uns schmerzlich an diese Realität. Und sie sind geradezu symptomatisch für das, was in unseren Unternehmen geschieht. Deshalb möchte ich das Thema der Befähigung mit einer wahren Geschichte aus dem Familienleben beginnen. Sie handelt von einem meiner Freunde und Partner. Er versuchte gemeinsam mit seiner Frau, eine schwierige familiäre Herausforderung zu meistern:

Eines Tages fiel mir auf, dass meine Frau sehr niedergeschlagen war. Ich fragte, was denn los sei. Da antwortete sie: »Ich bin so frustriert!

Morgens vor der Schule ist es einfach schrecklich mit den Kindern. Ich habe das Gefühl, dass überhaupt nichts passieren würde, wenn ich ihnen nicht haarklein vorgebe, was sie als Nächstes tun sollen. Dann würden sie nie in die Schule kommen. Sie würden nie fertig werden. Sie würden überhaupt nicht aus dem Bett steigen! Ich weiß einfach nicht mehr, was ich machen soll.«

Ich beschloss, mir das Ganze am nächsten Morgen einmal näher anzusehen. Um Viertel nach sechs ging meine Frau in die einzelnen Zimmer, stupste jedes Kind an und sagte: »Schätzchen, es ist Zeit zum Aufstehen. Wach bitte auf!« Sie ging zwei- oder dreimal in jedes Zimmer, bis alle aus dem Bett waren. Dann drehte sie für unsere Tochter, die die größte Mühe hat, morgens aus dem Bett zu kommen, die Dusche auf. In den nächsten zehn Minuten ging sie dann mehrmals zur Dusche, klopfte dreimal an die Glastür und sagte: »Zeit, aufzuhören!« »Gleich!«, kam es ungehalten zurück. Schließlich stellte unsere Tochter die Dusche ab, trocknete sich ab, ging in ihr Zimmer, rollte sich auf dem Fußboden zusammen und deckte sich mit dem Handtuch zu, um warm zu werden.

Zehn Minuten später: »Kleines, du musst dich anziehen. Nun aber los!«

»Ich habe nichts, was ich anziehen könnte.«

»Dann nimm doch das hier.«

»Das mag ich aber nicht!«

»Was möchtest du denn anziehen?«

»Meine Jeans – aber die ist dreckig.«

Das ging so weiter, bis um Viertel vor sieben schließlich alle drei Kinder nach unten gerufen wurden. Meine Frau trieb sie weiter von einer Aktivität zur anderen und wies sie darauf hin, dass der Schulbus jeden Augenblick kommen würde. Schließlich schaffte sie es, alle mit einer Umarmung und einem Küsschen aus der Tür zu schieben. Sie war erschöpft – und ich auch – und das allein vom Zusehen.

Ich dachte: »Kein Wunder, dass sie so frustriert ist. Unsere Kinder sind total unselbstständig, weil wir sie immer an alles erinnern.«

Das Klopfen an die Duschtür wurde ein Symbol dafür, dass wir ihre Unselbstständigkeit und ihre Verantwortungslosigkeit beide unbewusst unterstützt hatten.

Also rief ich die Familie eines Abends zusammen und sagte: »Mir ist aufgefallen, dass es hier morgens ganz schön schwierig ist.« Alle lachten – sie wussten genau, was ich meinte. Ich fragte: »Wem von euch gefällt, wie es hier morgens zugeht?«

Niemand hob die Hand. »Ich möchte euch etwas sagen, über das ihr wirklich nachdenken solltet: Es steht in eurer Macht, Entscheidungen zu treffen. Ihr könnt selbst verantwortlich sein.«

Dann stellte ich eine ganze Reihe von Fragen: »Wer von euch kann sich selbst den Wecker stellen und dann jeden Morgen von allein aufstehen?« Sie sahen mich alle an, als wäre ich nicht ganz bei Trost.

»Nein, wirklich – wer von euch kann das?« Alle hoben die Hand.

»Wer von euch kann gut genug auf die Zeit achten, um zu wissen, wie lange er duschen kann, und das Wasser dann eigenhändig abdrehen?« Wieder hoben alle die Hand. »Wer von euch kann in sein Zimmer gehen, die Sachen raussuchen, die er anziehen will, und sich dann selbstständig anziehen?« Allmählich machte es Spaß, denn sie dachten alle: »Das kann ich!« »Wer von euch kann schon am Abend vorher überprüfen, ob er die Sachen hat, die er anziehen will? Wer kann eine Ladung Kleidung in die Waschmaschine stecken, wenn die Sachen, die er anziehen will, schmutzig sind?« »Ich kann das!« »Wer von euch kann sein Bett selbst machen und sein Zimmer aufräumen, ohne dass er darum gebeten oder dazu aufgefordert werden muss?« Alle hoben die Hand. »Wer von euch kann um Viertel vor sieben zum Frühstück unten sein?« Wieder hoben alle die Hand.

Wir gingen jeden einzelnen Punkt durch. Und immer stimmten sie zu: »Ich habe den Willen und die Fähigkeit dazu.« Schließlich sagte ich:

»Gut. Jetzt wollen wir das alles aufschreiben. Wir werden einen Plan für den Ablauf am Morgen aufstellen, mit dem wir alle einverstanden sind.«

Sie schrieben alles auf, was sie tun wollten. Dann arbeiteten sie einen Zeitplan aus. Die Tochter, mit der wir morgens immer den größten Kampf ausfechten mussten, war mit besonders großem Eifer bei der Sache. Sie berücksichtigte in ihrem Zeitplan jede einzelne Minute.

Wir stellten einige Richtlinien auf und legten auch fest, bei welchen Dingen wir unseren Kindern helfen würden. Gemeinsam einigten wir uns darauf, wie und wann sie verantwortlich sein und wie die Konsequenzen für ihr Verhalten aussehen würden. Die positiven Konsequenzen waren, dass morgens alle viel glücklicher sein würden – vor allem ihre Mutter. Und wir wissen ja alle, dass eine glückliche Mutter eine glückliche Familie bedeutet! Natürlich gab es auch negative Konsequenzen: Wenn jemand nicht pünktlich aufstand und von allein alle seine Pflichten erfüllte, musste er ein paar Tage lang eine halbe Stunde früher ins Bett gehen. Das erschien allen gerecht, da zu wenig Schlaf das Aufstehen gewöhnlich schwerer macht. Alle drei Kinder unterschrieben ihre Vereinbarung, aßen ein Eis und gingen ins Bett. Und wir dachten: »Okay – mal sehen, was passiert!«

Am nächsten Morgen lagen meine Frau und ich um sechs Uhr noch im Bett. Wir hörten, dass in einem der Kinderzimmer ein Wecker losging und das Licht angemacht wurde. Bevor wir es richtig merkten, war die Tochter, mit der es morgens normalerweise besonders schwierig war, ins Bad gerannt. Sie hatte die Dusche aufgedreht und sich darunter gestellt. Meine Frau und ich lächelten uns verwundert an. Wir hatten ja wirklich gehofft, dass es bei ihr funktionieren würde. Aber, dass sie gleich 15 Minuten früher als sonst ins Bad ging? Das war bemerkenswert. Aber das war noch nicht alles: Innerhalb von 15 bis 20 Minuten hatte sie alles erledigt, wofür sie üblicherweise eineinhalb Stunden brauchte. Ihr blieb sogar noch Zeit für ihre Klavierübungen! Die anderen Kinder machten es genauso. Wir hatten wirklich einen großartigen Morgen.

Als die Kinder aus dem Haus waren, sagte meine Frau: »Einfach himmlisch! Aber die wahre Feuerprobe kommt erst noch: Wird es so bleiben? Dass sie am ersten Morgen motiviert sind, kann ich ja verstehen. Die Frage ist, ob das von Dauer sein wird!«

Inzwischen ist über ein Jahr vergangen. Der Enthusiasmus war zwar nicht immer so groß wie an jenem ersten Morgen. Doch mit wenigen Ausnahmen, die für einige Tage eine frühere Schlafenszeit nach sich zogen, sind alle selbstständig aufgestanden und haben alles von allein gemacht. Wir haben außerdem festgestellt, dass es hilfreich ist, uns alle paar Monate zusammenzusetzen, um zu besprechen, wie es läuft, und unsere Vereinbarung zu erneuern.

Es ist einfach wundervoll, die Kinder in ihrem Gefühl »Das kann ich! Ich habe die Kraft dazu. Ich bin verantwortlich.« wachsen zu sehen. Wir bemühen uns, sie nicht zu ermahnen. Es ist eine grundlegende Erfahrung, die unser Familienleben von Grund auf verändert hat.

Man sieht, dass die Eltern zunächst davon ausgingen, dass *die Kinder* sich ändern müssen. Doch allmählich erkannten sie, dass *sie selbst* sich ändern mussten. Ursprünglich dachten sie, dass die Kinder ermahnt werden müssen, dass man sie überprüfen, ihnen über die Schulter schauen und nachhaken muss. Vielleicht haben Sie selbst schon einmal für jemanden *gearbeitet*, der sich genauso verhielt. Es ist das klassische auf Management und Kontrolle fixierte Denken.

Dann aber dachten die Eltern über den Wert und vor allem über das Potenzial ihrer Kinder nach. Sie wussten, dass ihre Kinder einen enormen Wert hatten, und liebten sie bedingungslos. Doch sie waren dem typischen Irrtum erlegen, ihre Kinder durch die Brille des schlechten Verhaltens zu sehen. Außerdem hatten sie den Kindern noch nicht klar vermittelt, wie groß ihr Potenzial war. Das holten sie nach, indem sie ihnen einige einfache Fragen stellten. Sie fragten ihre Kinder, ob sie glaubten, dass sie grundlegende Dinge wie Den-Wecker-stellen, das Aufstehen und das Fertigmachen für die Schule selbst schaffen konnten und auch dazu bereit waren. Dadurch identifizierten sich die Kinder emotional mit den Wünschen ihrer Eltern. Deshalb war diese Art der Kommunikation ein Erfolg. Man ging Verpflichtungen ein und hielt sich auch daran. Es wurde Potenzial freigesetzt und Verantwortung übernommen. Wachstum wurde ermöglicht. Das gegenseitige Vertrauen und Zutrauen stiegen. So kam es zu innerem Frieden und Frieden in der Familie. Das ist ein wundervolles Beispiel für die positive Wirkung und die Kraft der Befähigung.

Auch wenn es sich nur um ein einfaches kleines Problem handelte, ist es doch beispielhaft für das, was tagtäglich in unseren Familien und unseren Unternehmen passiert: Es kommt vor, dass die Leute zwar an das Potenzial anderer glauben, nicht aber an ihren Wert. Deshalb schenken sie ihnen kein Vertrauen, sind nicht geduldig, beharrlich und leidensfähig und auch nicht zur Selbstaufopferung bereit. Das ist es ihnen einfach nicht wert. Das Ganze wird nur noch zu einer Frage von Kosten und Nutzen. Vielleicht kommen sie – ohne es bewusst zu merken – zu dem Schluss, dass die Kosten einfach zu hoch sind. Wer kein Gefühl seines eigenen persönlichen Werts hat, kann anderen nicht dauerhaft und klar vermitteln, welchen Wert sie haben.

Wenn wir Vorbild für prinzipienzentriertes vertrauenswürdiges Verhalten sind, inspirieren wir andere zu Vertrauen – ohne groß darüber sprechen zu müssen. Als Visionär schaffen wir Ordnung – ohne sie zu verlangen. Als Koordinator entwickeln wir eine Vision und fördern Befähigung – ohne dass wir sie ausrufen. *Befähigung, Empowerment* ist die Frucht der drei anderen Rollen effektiver Führung. Sie ist das natürliche Ergebnis der Vertrauenswürdigkeit von Menschen und von Organisationen. Sie versetzt die Leute in die Lage, ihr Potenzial zu erkennen und es auch zu nutzen. Anders ausgedrückt: Ein Coach baut auf Selbstkontrolle, Selbstmanagement und Selbstorganisation. So werden bei der Erstellung einer Co-Mission die Leidenschaft, die Energie und der innere Antrieb der Leute angezapft. Kurz gesagt: So kommt ihre innere Stimme zum Tragen – nicht nur bei der gemeinsamen Visionsentwicklung in der gesamten Organisation, sondern auch auf der Ebene der Teams, Projekte, Aufgaben oder Jobs, also an den Stellen, an denen sich die Grundbedürfnisse der Leute und der Organisation überschneiden.

Leidenschaft ist das Feuer, der Enthusiasmus und der Mut, die und Menschen antreiben. Damit Leidenschaft entsteht, müssen zwei Grundvoraussetzungen erfüllt sein: Einerseits müssen wir etwas tun, was wir wirklich gerne machen. Andererseits müssen wir dabei ein Ziel verfolgen, das uns etwas wert ist – ein Ziel, das unsere tiefsten innersten Bedürfnisse erfüllt. Befähigung ist genau das Gleiche, nur im Rahmen einer Organisation. Hier übernehmen die Mitarbeiter eine Aufgabe, die sie wirklich gerne mögen. Diese Aufgabe erledigen sie in einer Art und Weise, die ihre eigenen innersten Bedürfnisse und die wichtigsten Bedürfnisse ihres Unternehmens erfüllt. So verschmelzen die inneren Stimmen der Mitarbeiter mit denen der Organisation.

In ihrem Buch *Entdecken Sie Ihre Stärken jetzt!* geben Marcus Buckingham und Donald O. Clifton eine Schlüsselerkenntnis der Gallup Organization wieder: »Jedes Unternehmen muss nicht nur die Tatsache klar erkennen, dass jeder Mitarbeiter anders ist. Es *muss aus diesen Unterschieden Kapital schlagen.*«[1] Sie berichten außerdem über die Forschungsergebnisse von Gallup im Zusammenhang mit der folgenden Frage, die 198 000 Mitarbeitern in 7939 Geschäftsbereichen von 36 Unternehmen gestellt wurde:

> *»Haben Sie bei Ihrer Arbeit die Gelegenheit, jeden Tag das zu tun, was Sie am besten können?« Wir verglichen dann die Antworten mit der Leistung verschiedener Geschäftsbereiche und entdeckten Folgendes: Wenn die Mitarbeiter diese Frage mit »Stimme entschieden zu« beantworteten, arbeiteten sie mit einer um 50 Prozent höheren Wahrscheinlichkeit in Abteilungen mit geringerer Personalfluktuation. Die Wahrscheinlichkeit, dass sie in produktiveren Geschäftsbereichen tätig waren, war um 38 Prozent größer. Und die Wahrscheinlichkeit, dass die Kundenzufriedenheit in ihrem Geschäftsbereich überdurchschnittlich gut war, war um 44 Prozent besser. Die Geschäftsbereiche,*

in denen sich die Anzahl der entschieden zustimmenden Mitarbeiter erhöhte, verzeichneten vergleichbare Steigerungen in Bezug auf die Produktivität, die Kundentreue und die Mitarbeiterloyalität.[2]

Denken Sie jetzt bitte über Ihr eigenes Leben nach. Welche Art von Aufgaben mögen Sie? Welche Form der Supervision? Was weckt Ihre tiefste Leidenschaft? Wie wäre es, wenn Sie einen Job hätten, der Ihre Leidenschaft entzündet? Was wäre, wenn die Führungskräfte Ihnen dienen und Sie persönlich oder systematisch dabei unterstützen würden, Ihre Arbeit gut zu erledigen? Wenn die Strukturen und Systeme Ihnen Unterstützung bieten würden? Wenn sie hilfreich und darauf ausgerichtet wären, dass Sie Ihr Potenzial erkennen und freisetzen können? Wenn Sie kontinuierlich für Ihre Leistung anerkannt und belohnt werden würden? Und – was am allerwichtigsten ist – Sie die innere Befriedigung verspüren würden, einen bedeutenden Beitrag zu einer Sache zu leisten, die in Ihren Augen eine tief empfundene Verpflichtung wert ist?

Coach sein für den Wissensarbeiter

Wir leben im Zeitalter der Wissensarbeit, wo intellektuelles Kapital das wertvollste Gut ist. Früher entfielen 80 Prozent der Produktionskosten auf das Material und 20 Prozent auf das Wissen. Heute hingegen ist das Verhältnis 30:70.[3] Stuart Crainer schreibt in seinem Buch *The Management Century*: »Das Informationszeitalter setzt eine Prämie auf intellektuelle Arbeit aus. Man erkennt zunehmend, dass die Wettbewerbsfähigkeit entscheidend davon abhängt, talentierte Leute einzustellen, zu halten und weiterzuentwickeln.«[4]

Peter F. Drucker bemerkt in seinem Buch *Die Zukunft managen*: »Der Schlüssel zur Zukunft liegt im *Wissen*. Die Welt von heute ist nicht mehr arbeitsintensiv, sie ist nicht mehr werkstoffintensiv oder energieintensiv, sondern *wissensintensiv*.«[5]

Führung ist heute das aktuellste Thema. Die New Economy beruht auf Wissensarbeit, und das ist im Grunde genommen nur ein anderes Wort für »Mitarbeiter«. Der Mehrwert bei den Produkten und Dienstleistungen stammt heute zu 80 Prozent aus der Wissensarbeit. Das zeigt: Unsere Wirtschaft lebt im Wesentlichen von der Wissensarbeit.

Die Schaffung von Wohlstand ist vom Geld und von den Dingen auf die Menschen übergegangen.

Unsere größte finanzielle Investition sind die Wissensarbeiter. Denken Sie nur einmal darüber nach, wie viel in Ihrem Unternehmen in Form von Gehältern, Prämien und vielleicht auch von Aktienbezugsrechten in die Wissensarbeiter investiert wird? Und was es kostet, sie für sich zu gewinnen und sie zu trainieren? Das sind oft Hunderttausende von Euro im Jahr für jeden Einzelnen!

Qualitativ hochwertige Wissensarbeit ist so wertvoll, dass die Erschließung ihres Potenzials den Unternehmen oft eine außergewöhnliche Wertschöpfungschance bietet. Wissensarbeit steigert die Rendite bei *allen* Investitionen, die bereits getätigt wurden. Mehr noch: Die Wissensarbeiter sind die Verbindung zu allen anderen Investitionen der Unternehmen. Sie erhöhen den Fokus, die Kreativität und die Hebelwirkung bei der Nutzung von Investitionen, sodass die Unternehmensziele wesentlich besser erreicht werden können. Oder anders ausgedrückt: Das intellektuelle und das soziale Kapital sind der Schlüssel zum wirkungsvollen Einsatz und zur Optimierung aller anderen Investitionen.

Daher ist es unerlässlich, dass man die Befähigung der Leute, die Ausrichtung ihrer inneren Stimmen, als *Frucht* des Vorbild-Seins, der Koordination und der gemeinsamen Visionsentwicklung betrachtet. Sonst wird man die Unternehmen zwar von Empowerment reden hören, doch das werden bloße Worte bleiben. Es gibt dann nämlich keine gemeinsame Vision, keine Disziplin und ganz sicher auch keine Leidenschaft.

Befähigung ist kein neues Konzept. In den 90er-Jahren wurde Empowerment sogar ein Modewort und eine Bewegung im Management. Man kann jedoch nicht abstreiten, dass diese Bewegung viel Zynismus und Wut hervorgerufen hat – sowohl bei den Managern als auch bei den übrigen Mitarbeitern. Weshalb? Weil Befähigung eben immer die *Frucht* der drei anderen Rollen effektiver Führung ist – und nicht ihre Wurzel.

Wir haben 3500 Managern in den Organisationen unserer Klienten die Frage gestellt, was der Befähigung im Wege steht. Die Antworten habe ich in der Abbildung 13.3 für Sie zusammengestellt. Sie zeigen deutlich, wie wichtig sowohl die persönliche Vertrauenswürdigkeit als auch die Vertrauenswürdigkeit der Organisation sind:

Abb. 13.3

Jetzt wissen Sie schon sehr viel über das Paradigma der ganzen Person und die 4 Rollen effektiver Führung. Nun wollen wir uns einen sehr wichtigen Punkt noch einmal genauer ansehen: Weshalb enttäuscht und entmutigt es die Mitarbeiter, wenn die Organisationen Anstrengungen zur Befähigung unternehmen, ohne dass zunächst die grundlegende Arbeit des Vorbild-Seins, der gemeinsamen Visionsentwicklung und der Koordination geleistet wurde?

Das Dilemma der Manager: Soll ich die Kontrolle aufgeben?

Vor ein paar Jahren führte ich ein Interview mit dem Leiter eines Unternehmens, das gerade den renommierten Malcolm Baldrige National Quality Award bekommen hatte. Ich fragte ihn: »Was war die schwierigste Herausforderung für Sie als CEO, um in Ihrem Unternehmen dieses herausragende Qualitätsniveau zu erreichen?« Er lächelte – und die Antwort kam wie aus der Pistole geschossen: »Die Kontrolle aufzugeben.«

Befähigung wird *immer* eine Plattitüde sein und Anlass zu Zynismus geben, wenn sie nicht tief im Vorbild-Sein, in der gemeinsamen Visionsentwicklung und in der Koordination von Zielen und Systemen verwurzelt ist. Die 4 Rollen effektiver Führung befreien die Manager aus einem großen Dilemma. Sie verhindern, dass sie in der Zwickmühle zwischen *der Kontrolle* und *der Angst davor, die Kontrolle zu verlieren* feststecken. Wenn man die Bedingungen für eine Befähigung nachhaltig in einer Organisation verankert, geht die Kontrolle nicht verloren – sie wird schlicht in Selbstkontrolle transformiert.

Zu Selbstkontrolle kommt es allerdings nicht, wenn man die Leute einfach im Namen der »Befähigung« sich selbst überlässt. Sie entsteht nur, wenn alle dasselbe Ende im Sinn haben, die gemeinsam vereinbarten Richtlinien akzeptieren und die Strukturen und Systeme diesen Prozess unterstützen. Außerdem muss jeder als ganze Person in einem ganzen Job eingesetzt werden. Und was ist mit Mitarbeitern, denen es an der erforderlichen Kompetenz fehlt, um mit mehr Freiheit betraut zu werden? Sie müssen Trainings und Coachings bekommen. Kontinuierliche Leistungen erhöhen das Vertrauen und den Spielraum bei den Methoden. Die Leute übernehmen die Verantwortung für die Ergebnisse. Zudem haben sie – im Rahmen der Richtlinien – die Freiheit, diese Ergebnisse so zu erreichen, dass sie dabei ihre einzigartigen Talente einsetzen können.

Das nenne ich *Autonomie unter Anleitung*. Die Rolle der Manager verschiebt sich dann von der Kontrolle zur Befähigung. Das heißt: Die Führungskräfte erstellen gemeinsam mit den Mitarbeitern eine Co-Mission, räumen ihnen Hindernisse aus dem Weg und werden eine Quelle der Hilfe und Unterstützung. Das ist eine wirklich tief greifende Veränderung!

Können Sie sich noch daran erinnern, dass wir an früherer Stelle von der Führungskraft vom Trimmruder-Typ gesprochen haben? Einer Führungskraft, die von einer Vision, von Disziplin und Leidenschaft erfüllt ist und sich von ihrem Gewissen leiten lässt. In diesem Zusammenhang war von Selbstbefähigung die Rede. Jetzt, im größeren Kontext, sehen wir uns an, wie man eine offizielle, institutionalisierte, formalisierte Philosophie der Befähigung schaffen kann. Im Idealfall würde man eine Befähigung der Person *und* des Unternehmens anstreben. Dann muss der Einzelne nicht gegen hemmende Kräfte im Unternehmen ankämpfen.

Das Werkzeug für Coachs: Der Prozess der Gewinn / Gewinn-Vereinbarungen

Betrachten Sie den gesamten Gewinn / Gewinn-Prozess einmal als Werk zweier Freiwilliger, die gemeinsam eine Co-Mission erstellen: Einer repräsentiert das Unternehmen und der andere die Interessengruppen, das Team oder den Einzelnen. Max De Pree beschreibt in seinem brillanten Buch *Die Kunst des Führens* die Einstellung von Freiwilligen, die zusammenarbeiten:

> *... heute könnte die Mehrheit der Berufstätigen mit Recht als Freiwillige klassifiziert werden. Die besten Leute, die gegenwärtig in Unternehmen arbeiten, könnten wahrscheinlich in den verschiedensten Bereichen gute Positionen finden. Deshalb entschließen sie sich für eine bestimmte Tätigkeit aus Gründen, die weniger greifbar sind als Gehalt oder Rang. Derart motivierte Menschen brauchen keine Verträge, sie brauchen Bündnisse ...*
>
> *Bündnisbeziehungen sind ... durch Freiheit, nicht durch Lähmung gekennzeichnet. Eine Bündnisbeziehung basiert auf einem gemeinsamen Engagement für Ideen, Anliegen, Werte, für Ziele und Managementprozesse. Bündnisbeziehungen sind offen für Einflüsse. Sie befriedigen tiefe innere Bedürfnisse und erfüllen Arbeit mit Sinn und Genugtuung.*[6]

Eine Gewinn / Gewinn-Vereinbarung ist weder eine formale Jobbeschreibung noch ein Vertrag im juristischen Sinn. Sie ist vielmehr ein für Änderungen offener Vertrag, der die Erwartungen klar definiert. Dieser Vertrag wird zunächst in die Herzen und Köpfe der Leute eingraviert. Erst dann wird er auf Papier niedergeschrieben – »mit Bleistift« und nicht mit Tinte. So sind Änderungen leicht möglich, wenn beide Seiten das Gefühl haben, dass das klug und angebracht ist. Man kann nach Belieben über den Vertrag diskutieren und erneut über ihn verhandeln, wenn die Umstände sich ändern. Auch wenn die Leute nicht ausdrücklich von einer »Gewinn / Gewinn-Vereinbarung« sprechen, ist die Idee, dass es ein gemeinsames Verstehen und eine gemeinsame Verpflichtung auf die obersten beiderseitigen Prioritäten gibt.

Gewinn / Gewinn-Vereinbarungen ermöglichen viel mehr Flexibilität, Anpassung und Kreativität als Jobbeschreibungen, die ja primär auf die Schritte und Methoden fokussiert sind. Bei einer Gewinn / Gewinn-Vereinbarung betrachten wir die Situation, die Reife, den

Charakter und die Kompetenz der Teammitglieder und der formalen Führungskräfte. Zudem werden Umgebungsfaktoren wie das Vorhandensein ausgerichteter Strukturen, Systeme und Prozesse berücksichtigt.

Wenn eine Gewinn / Gewinn-Vereinbarung entwickelt wurde, ist die Antwort auf die folgende Frage glasklar: »Was ist meine beziehungsweise unsere oberste Priorität?« Die Verantwortlichkeiten sind beschrieben und die jeweiligen Erwartungen in Worte gefasst worden. Die Verantwortlichkeit für diese Erwartungen wird in Form eines Balanced Scoreboard festgelegt. Es steht den Leuten frei, alles zu tun, was sie tun müssen, um die Ziele im Rahmen der Richtlinien zu erreichen. Die Mitarbeiter managen sich einfach selbst. Sie werden befähigt. In Kapitel 14, »Der 8. Weg und der ideale Punkt«, werde ich Ihnen ausführlich erklären, wie man eine starke, befähigende Team-Verantwortlichkeit fördern kann.

Gewinn / Gewinn-Befähigung: Vom Industriezeitalter zum Zeitalter der Wissensarbeiter

Was wäre, wenn wir alles vergessen würden, was wir über die ganze Person gelernt haben? Wenn wir das Feuer aus dem Blick verlieren, das in den Personen und Organisationen entzündet wird, die ihre innere Stimme finden und andere dazu inspirieren, ihre innere Stimme zu finden. Wenn wir weiter durch die traditionellen »Brillen« des Industriezeitalters schauen würden? Sehen Sie, wie leicht es wäre, den Prozess der Gewinn / Gewinn-Vereinbarungen im klassischen Stil eines Managers, der auf Kontrolle setzt, anzuwenden? Doch dann würden selbst die größten Bemühungen einfach nicht die Frucht der Befähigung hervorbringen.

Erfolgreiche Befähigung beruht auf der inneren Verpflichtung, über »Gewinn / Gewinn-Vereinbarungen« mit den Teammitgliedern zu arbeiten. Jede Organisation hat vier Bedürfnisse: finanzielle Gesundheit, Wachstum und Entwicklung, synergetische Beziehungen zu den wichtigsten Interessengruppen und Sinn / Beitrag. Und auch jeder einzelne Mensch hat vier Bedürfnisse: physisch – wirtschaftlich; mental – Wachstum und Entwicklung; sozial / emotional – Beziehungen; spirituell – Sinn und Beitrag. In den Unternehmen bedeutet Gewinn /

Gewinn, dass die vier Bedürfnisse der Organisation sich explizit mit den vier Bedürfnissen des Individuums überschneiden.

Aber was, wenn jemand gegen Grundwerte der Vereinbarung verstößt? Was ist, wenn er das trotz aufrichtiger Bemühungen, ihn zu diesen Werten zurückzuführen, auch weiterhin tut? Dann wird die Option *kein Geschäft* lauten. Zwischen den Partnern gibt es keine Vereinbarung. Man einigt sich darauf, dass die Differenzen sich nicht beilegen lassen. Solche Leute gehen. Falls es sich um Bewerber handelt, findet keine Einstellung statt. Man kann aber weitere Gespräche vereinbaren.

Beim Militär kommt eine wirklich interessante Form des »Kein Geschäft«-Denkens zum Einsatz: die »Doktrin der standhaften Ablehnung«. Ich habe diese Doktrin bei meiner Arbeit mit Marineoffizieren kennengelernt. Sie bedeutet: Wenn man weiß, dass etwas falsch ist und ernste Konsequenzen für das Leitbild und die Werte der Organisation hätte, sollte man respektvoll dagegenhalten – und zwar ungeachtet seiner Position und seines Ranges. Man sollte den Mund aufmachen und erklären, dass man sich gegen die Weiterentwicklung der Entscheidung sperrt, weil man sicher ist, dass sie völlig falsch ist. Das bedeutet: Man gibt dem Gruppendruck nicht nach. Stattdessen lässt man sich von seinem Gewissen leiten und erlaubt es seiner inneren Stimme, seine Handlungen zu bestimmen.

Es ist wichtig, dass die Leute in den hohen Führungspositionen die Doktrin der standhaften Ablehnung offiziell gutheißen. So wird das Recht, dagegenzuhalten und Falsches falsch oder Dummes dumm zu nennen, legitimiert.

Befähigung und die Beurteilung der Leistung

Wer kann die Fortschritte und Leistungen einer Person am besten beurteilen? Der Betreffende selbst! Die traditionelle Leistungsbeurteilung gehört eindeutig zu den Aderlass-Praktiken im Management unserer Zeit. Ich habe bereits erwähnt, dass der Chef seine Mitarbeiter dabei ausfragt. Er nutzt die Sandwich-Technik: Er beginnt mit ein paar netten Worten, dann stößt er das Messer in die Wunde. Anschließend dreht er es mehrmals um, nennt »Bereiche, in denen Verbesserungen dringend angesagt sind« und verabschiedet den Betreffenden dann mit einem freundlichen Schulterklopfen. In einer Kultur, in der großes Vertrauen herrscht, in der es hilfreiche Systeme gibt und in der alle am selben Strang ziehen, haben die Mitarbeiter optimale Voraussetzungen, um sich selbst zu beurteilen. Ganz besonders gilt das, wenn sie 360-Grad-Feedback bekommen. Das zeigen auch die Daten aus den 7-Wege-Profilen, die Sie in Abbildung 13.4 finden. Sie beruhen auf den Angaben von über einer halben Million Menschen, die sich am 360-Grad-Feedback beteiligt haben.

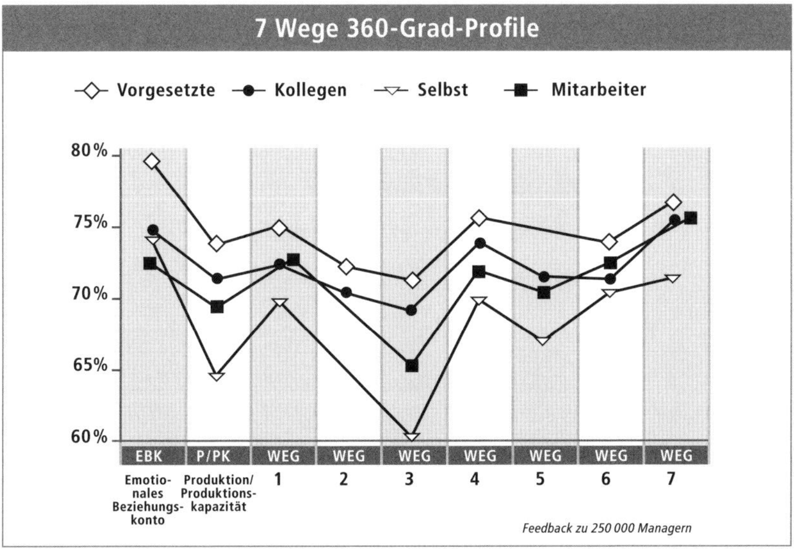

Abb. 13.4

Man sieht, dass die Selbstbeurteilung fast immer strenger ist als die Bewertung durch andere. Die Vorgesetzten wissen am wenigsten – sie sind am weitesten von den Leuten entfernt. Ko-dependente Mitarbeiter erzählen den Führungskräften das, was sie gerne hören möchten. Dadurch werden die Vorgesetzten isoliert und vom wirklichen Geschehen abgeschnitten. Erinnern Sie sich noch an die beiden biblischen Gleichnisse vom anvertrauten Geld, von den Talenten, auf die ich in Kapitel 6 hingewiesen habe? Hier beurteilt der Einzelne sich selbst und sein Herr verringert oder verstärkt die Verantwortung entsprechend.

Wie könnte man nach all der Befähigung und nachdem man vereinbart hat, dass die Leute sich selbst dazu entscheiden, Ziele mit höchster

Priorität zu erreichen, plötzlich einen so genannten Chef als großen Bewerter und Richter einsetzen? Das wäre ein verhängnisvoller Irrtum und eine völlig falsche Ausrichtung.

Der »Big Boss« sollte vielmehr ein bescheidener dienender Führer werden und seinen Mitarbeitern die Fragen stellen, die Sie in Abbildung 13.5 sehen.

Dienender Führer

(Gegenseitige Verantwortlichkeit)

1. **Wie läuft es?** (Scoreboard, Daten)
2. **Was lernen Sie gerade?**
3. **Was sind Ihre Ziele?**
4. **Wie kann ich Ihnen helfen?**
5. **Wie gut bin ich als Helfer?**

Abb. 13.5

»*Wie läuft es?*« Der Mitarbeiter weiß viel besser, wie es läuft, als irgendein hochrangiger Vorgesetzter. Das gilt vor allem dann, wenn Feedback-Systeme eingerichtet wurden, die die Beurteilung von Vorgesetzten und von allen anderen Interessengruppen umfassen, auf die sich die Arbeit des Betreffenden auswirkt. Die Frage, wie es läuft, wird also vom Mitarbeiter selbst beantwortet. Als Grundlage dienen ihm ein aussagekräftiges Balanced Scoreboard, das alle akzeptiert haben, und 360-Grad-Informationen von verschiedenen Interessengruppen.

Die zweite Frage lautet: »*Was lernen Sie gerade?*« Hier können die Mitarbeiter neue Erkenntnisse vorbringen oder offenbaren, dass sie in Sachen Weiterbildung nichts oder nur wenig unternehmen. Der entscheidende Punkt ist, dass sie selbst verantwortlich sind.

Durch die dritte Frage, »*Was sind Ihre Ziele?*« oder »*Was versuchen Sie gerade zu erreichen?*«, wird ermittelt, wie es um die Umsetzung der Vision in die Realität bestellt ist. Daraus ergibt sich wie von selbst die vierte Frage: »*Wie kann ich Ihnen helfen?*« Sie bringt klar zum Ausdruck: »Ich bin Ihr Helfer. Ich bin dazu da, um Ihnen zu dienen und Sie in die

Lage zu versetzen, Ihre Arbeit gut zu machen.« Wenn es angebracht und hilfreich ist, kann die dienende Führungskraft sogar ihre eigenen Erfahrungen oder Wahrnehmungen einbringen. Der Schlüssel zu diesem Austausch ist eine authentische Kommunikation vom Typ des indianischen Talking Stick. Keine Spielereien, keine politischen Posen, keine abwehrende, defensive Kommunikation, keine Schmeichelei, kein Bemühen, anderen das zu sagen, was sie hören wollen. Die fünfte Frage: *»Wie gut bin ich als Helfer?«*, drückt aus, dass eine offene, respektvolle gegenseitige Verantwortlichkeit besteht.

Manchmal ist es schwer, sich der Realität zu stellen – besonders wenn man sie von anderen vor Augen geführt bekommt. Behandeln wir andere aber nicht als rechenschaftspflichtige, verantwortliche Menschen, die selbst Entscheidungen treffen können, erniedrigen und beleidigen wir sie. Wenn wir anfangen, sie zu schützen, weil wir nett und freundlich sein wollen, setzen wir den Prozess der Ko-Dependenz und der stillen Verschwörung in Gang. Er endet schließlich mit der niedrigsten Ebene der Initiative: »Warten, bis es einem gesagt wird!«

Wenn sich in einer Organisation die Philosophie des Führens durch Dienen ausbreitet, kommt die in Kapitel 9 besprochene dritte Form des *Vertrauens* zu voller Blüte. Es ist das Vertrauen, das eine Person oder ein Team einem anderen bewusst *schenkt*. Dadurch *spüre* ich: Sie sind überzeugt, dass ich zur Wertschöpfung der Organisation beitragen kann. Sie schenken mir Ihr Vertrauen – und ich gebe es zurück. *Vertrauen* ist ein Verb UND ein Substantiv. Das bedeutet: Es ist etwas, was von den Menschen geteilt und erwidert wird. Ebenso wird man zur Führungskraft seines Chefs: Man erwirbt sich sein Vertrauen, indem man ihm Vertrauen entgegenbringt. Das Verb *vertrauen* erwächst aus zwei Dingen: der potenziellen Vertrauenswürdigkeit der Person, die das Vertrauen erhält, und aus der offensichtlichen Vertrauenswürdigkeit desjenigen, der es ihr schenkt. Die vierte Rolle, die des befähigenden Coachs, bedeutet auch, *vertrauen* zu einem Verb zu machen.

Die Geschichte von den Putzfrauen: Wie man aus Handarbeitern Wissensarbeiter macht

Ich möchte Ihnen jetzt eine wahre Geschichte erzählen. Sie verdeutlicht, was in einem Job geschehen kann, der zwar ehrenwert, aber von Natur aus ziemlich niedrig eingestuft, schlecht bezahlt und vorwiegend von ungelernten Kräften gemacht wird. Welchen Job ich meine? Den Job einer Putzfrau. Der Grundgedanke ist: Wenn man für einen Job, der unter anderem darin besteht, die Mülleimer zu leeren, den Boden zu wischen und die Bäder zu reinigen, eine Person in ihrer Ganzheit haben kann, ist das auch bei allen anderen Berufen möglich.

Ein Trainer für die Weiterbildung von Führungskräften arbeitete einmal mit einer Gruppe von Supervisoren. Es ging darum, wie man einen Job so aufwerten kann, dass er die Leute intrinsisch motiviert. Einer der Vorarbeiter, der für Putzfrauen zuständig war, glaubte nicht, dass das möglich war. Die Idee schien ihm zu idealistisch, ohne Bezug zu der Arbeit, die eine Putzfrau erledigt. Auch die anderen Supervisoren in der Gruppe waren der Ansicht, dass intrinsische Motivation bei Putzfrauen nicht möglich war. Sie waren sich einig, dass ihre Putzfrauen größtenteils eine schlechte Bildung hatten, ihren Job als Durchgangsstation betrachteten und nur blieben, weil sie keine bessere Arbeit fanden. Letztendlich bestand ihr einziges Ziel darin, ihre Arbeitszeit irgendwie hinter sich zu bringen. Manche waren sogar dem Alkohol verfallen. Der Vorarbeiter war zutiefst davon überzeugt, dass die Theorie der Motivation und der Befähigung ihm bei seiner Arbeit mit den Putzfrauen rein gar nichts bringen würde. Der Trainer wusste das. Also verzichtete er auf die Diskussionsrunde, die er ursprünglich geplant hatte, und ging das Problem mit den Putzfrauen direkt an.

Er schrieb drei Wörter an die Tafel: Planen, Machen und Beurteilen. Das waren drei Hauptelemente für die Aufwertung von Jobs. Dann bat er die Vorarbeiter, die mit diesen drei Wörtern verbundenen Pflichten und Aktivitäten aus dem Arbeitsbereich der Putzfrauen aufzulisten. Zu den Aspekten der Planung gehörten: Aufstellung von Zeitplänen, Auswahl und Kauf von Wachsen und Polituren sowie die Entscheidung, in welchen Bereichen der Anlage die einzelnen Putzfrauen arbeiten sollten. Im Laufe der Diskussion sagte der für die Putzfrauen zuständige Vorarbeiter, er wolle gerade neue Geräte für das Schrubben und Bohnern der Böden anschaffen. Diese Planungsaktivitäten wurden alle von ihm selbst durchgeführt.

Unter »Machen« wurden die normalen Aktivitäten der Putzfrauen aufgelistet: Fegen, Schrubben, Bohnern und die Entfernung von Müll und Unrat. Zur »Beurteilung« gehörten Aktivitäten wie die täglichen Routine-Überprüfungen der Anlage durch den Vorarbeiter oder die Bewertung der Wirksamkeit verschiedener Scheuermittel, Wachse und Polituren und die Ermittlung von Verbesserungsmöglichkeiten. Außerdem musste dafür Sorge getragen werden, dass die Reinigungspläne eingehalten wurden. Schließlich setzte der Vorarbeiter sich auch mit Vertretern in Verbindung, um herauszufinden, welche Reinigungsgeräte neu auf dem Markt waren.

Nachdem die verschiedenen Aktivitäten zusammengestellt worden waren, fragte der Trainer: »Welche dieser Aktivitäten könnten von den Putzfrauen erledigt werden? Weshalb bestimmen Sie, der Vorarbeiter, welche Reinigungsmittel gekauft werden? Warum überlassen Sie diese Entscheidung nicht Ihren Putzfrauen? Wie wäre es, wenn Sie den Putzfrauen die neuen Geräte vorführen und *sie* entscheiden lassen, welches das beste ist? Warum fragen Sie die Putzfrauen nicht, welche Aufgaben sie gern übernehmen würden?« Natürlich formulierte er das etwas diplomatischer. Zudem wurde an der Diskussion darüber, welche zusätzlichen Planungs- und Beurteilungsbereiche man den Putzfrauen übertragen konnte, die ganze Gruppe der Vorarbeiter beteiligt.

In den nächsten fünf Monaten wurde das Thema mit den Putzfrauen bei jeder Sitzung mit dem Trainer zumindest kurz angesprochen. Inzwischen bezog der betreffende Vorarbeiter die Herzen und das Wissen der Putzfrauen stärker ein. Er übertrug ihnen immer mehr Verantwortung für die Planung, Ausführung und Beurteilung ihrer Arbeit. Die Putzfrauen probierten neue Reinigungsgeräte aus und ihre Empfehlungen waren schließlich ausschlaggebend dafür, welche gekauft wurden. Sie experimentierten mit verschiedenen Wachsen, um herauszufinden, welches sich bei normaler Belastung am besten bewährte. Sie gingen den Reinigungsplan durch und überlegten, wie viel Zeit für die Reinigung einzelner Bereiche der Anlage eingeplant werden sollte. So wurde ein Bereich, der bis dahin jeden Tag gewischt worden war, nun nur noch nach Bedarf gereinigt. Die Putzfrauen entwickelten eigene Kriterien, um die Sauberkeit der Anlage zu beurteilen, und fingen an, Gruppendruck auf diejenigen auszuüben, die die Standards nicht erfüllten. Planen, Machen und Beurteilen: Ganz allmählich übernahmen diese Putzfrauen alle drei Aufgaben. Nach und nach wurden alle ihre Ressourcen in ihren Job einbezogen wurden – Körper, Herz, Verstand und Geist. Zur Überraschung aller führte das dazu, dass die Qualität der Arbeit stieg, die Personalfluktuation abnahm und die Probleme mit der Disziplin stark abnahmen. Um Initiative, Kooperation, Sorgfältigkeit und Qualität herum entwickelten sich soziale Normen. Auch die Zufriedenheit mit dem Job wuchs beträchtlich. Kurz gesagt: Man hatte jetzt eine Gruppe von Putzfrauen, die sich wirklich engagierte – und das alles nur, weil die Vorarbeiter es der ganzen Person erlaubt hatten, den ganzen Job zu machen. Durch die Befähigung der Putzfrauen war jetzt Autonomie unter Anleitung möglich. Die Putzfrauen brauchten keine Supervision und kein Management mehr. Denn sie überwachten und managten sich selbst. Dabei hielten sie sich an die Kriterien, bei deren Entwicklung sie mitgeholfen hatten.

Was vielleicht noch wichtiger ist: Andere Vorarbeiter fingen an, darüber nachzudenken, wie sie diese Prinzipien in ihren eigenen Bereichen anwenden konnten – vor allem, als sie die Ergebnisse der Arbeit ihres Kollegen allmählich selbst sehen konnten.

Dienst und Sinn

Wenn wir die Idee des »Planens, Machens und Beurteilens« in unser Führungsmodell der ganzen Person integrieren, sieht das so aus:

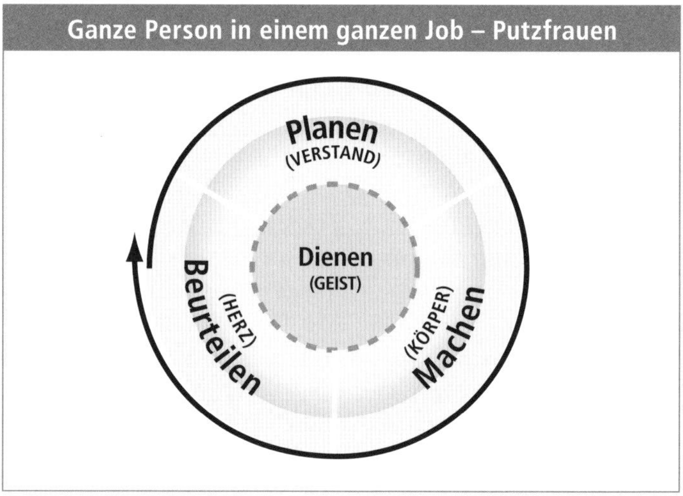

Abb. 13.6

Das vierte Element, das »Dienen«, wird im Zentrum eingefügt, weil der Geist das Bedürfnis nach einem Sinn und einem Beitrag hat. Man sieht, dass selbst die Putzfrauen in unserer Geschichte anfingen, in ihrer Arbeit einen großen Sinn zu sehen. Sie entwickelten einen tiefen Stolz auf das, was sie leisteten. Dadurch stieg die Qualität der Arbeit in der ganzen Anlage. Sie fanden ihre innere Stimme. Achten Sie bitte auch wieder auf den Pfeil am Rand des Diagramms. Er zeigt, dass es sich um einen Kreislauf handelt, um einen Prozess. Wenn die Beurteilung abgeschlossen ist, werden neue Pläne entwickelt. Hier wird das inzwischen Gelernte berücksichtigt. Die neuen Pläne werden umgesetzt – und der Zyklus der Verbesserung wiederholt sich.

Nun könnten Sie fragen: »Wozu braucht man bei einer so großen Befähigung der Leute dann überhaupt noch Vorarbeiter?« Die Antwort lautet schlicht: um die *Bedingungen für die Befähigung* zu schaffen und die Leute dann ihren Job machen zu lassen, ihnen den Weg frei zu geben und ihnen eine Quelle der Hilfe zu werden, wann immer das nötig ist. Das ist Führung durch Dienen. Schließlich geht es bei Ihrem Job als Führungskraft nicht um Streicheleinheiten für Ihr Ego, sondern darum, dass Ihre Mitarbeiter ihre Arbeit so gut wie nur möglich erledigen.

- **Nur 45 Prozent der Teilnehmer an der xQ-Befragung haben das Gefühl, dass ihre Beiträge im Job anerkannt und gewürdigt werden.**

Noch einmal: Wahlmöglichkeiten

Die Geschichte von den Putzfrauen erinnert uns an etwas sehr Wesentliches: Die Entscheidungen der Leute im Beruf hängen davon ab, wie sehr die vier Dimensionen ihres Menschseins respektiert und einbezogen werden. Die Abbildung zeigt, dass jede Wahl, die getroffen wird, eine Reaktion auf eine tiefere innere Motivation ist. Diese Motivation kann von Wut, Angst und Belohnung bis zu Pflicht, Liebe und Sinn reichen:

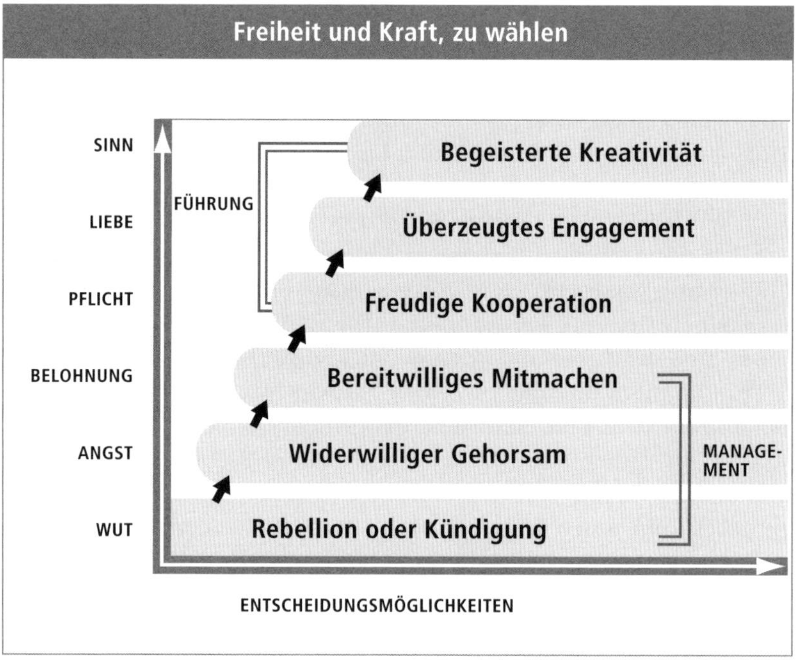

Abb. 13.7

Pflicht, Liebe und Sinn sind die höchsten Quellen der menschlichen Motivation. Sie werden immer die größten und nachhaltigsten Leistungen hervorbringen. Führung arbeitet mit den höchsten aller menschlichen Motive. Wenn man die Menschen aber wie Dinge managt, werden sie auf ihre niedrigsten Instinkte reduziert. Das ist der Aderlass beim Management unserer Zeit.

Die Geschichte von den Putzfrauen verdeutlicht noch einen ganz wichtigen Punkt: Ob jemand ein Wissensarbeiter ist, hängt *vom Führungsstil des Managers und von seinen Ansichten zur Führung* ab und nicht von der Art des Jobs, der Branche oder dem Wirtschaftszweig. Was passiert, wenn jemand nicht als Wissensarbeiter anerkannt wird – wenn beispielsweise die Putzfrauen nicht als Fachleute für ihr Aufgabengebiet betrachtet werden? Dann sind diese Leute Handarbeiter und keine Wissensarbeiter.

Film: »Die Natur der Führung«[7]

Der kurze Film, den ich Ihnen jetzt ans Herz legen möchte, ähnelt dem ersten auf der DVD zu diesem Buch. Er gibt Ihnen die Gelegenheit, über die Grundprinzipien dieses Führungsmodells nachzudenken, sie zu verinnerlichen und zur Basis Ihres Handelns zu machen. Die Natur ist Kulisse und Lehrer zugleich. Ich bin überzeugt, dass dieser Film Sie genauso inspirieren wird wie mich. Am besten, Sie sehen sich den Film jetzt gleich an – viel Vergnügen!

Fragen & Antworten

Sie sprechen von einem Team, das sich untereinander ergänzt. Ich bin Einzelkämpfer – ohne Mitarbeiter oder direkt Unterstellte. Deshalb muss ich alle Rollen selbst übernehmen. Wie kann ich dennoch ein sich untereinander ergänzendes Team aufbauen, das meine Schwächen ausgleicht?

Solange Sie keine Leute haben, an die Sie Aufgaben delegieren können, sodass deren Stärken Ihre eigenen Stärken produktiv und Ihre Schwächen irrelevant machen, haben Sie zwei Möglichkeiten: Sie können daran arbeiten, Ihre Schwächen so gut wie möglich auszumerzen. Oder Sie suchen sich Partner oder Berater, die Ihre Schwächen ausgleichen und irrelevant machen.

Wie können Sie in einer Umgebung, die stark reglementiert ist und mit ständig neuen Arbeitsanweisungen, Vorschriften und Bestimmungen überfrachtet wird, eine Befähigung der Mitarbeiter erreichen?

Ich würde mich an die Mitarbeiter wenden und ihnen genau diese Frage stellen: »Was schlagen Sie vor? Was denken Sie?« Das meine ich ernst. Ich würde es zu ihrer Sache machen. Die Leute sind erstaunlich kreativ und widerstandsfähig. So groß der Druck durch eine stark reglementierende Umgebung auch sein mag: Wenn die Arbeit sinnvoll ist, wird man immer einige Bereiche finden, in denen die Mitarbeiter ihre eigene Urteilskraft einbringen können. Doch Vorschriften sind klar als Richtlinien und sogar als Regeln zu begreifen, die eingehalten werden müssen.

Ich habe eine Zeit lang in England gewohnt und miterlebt, wie sich bei den Eisenbahnern wegen der extrem starken Reglementierung Unmut breit machte. Sie beschlossen, die Vorschriften bis zum letzten i-Punkt zu befolgen – und ganz England stand still. Kein einziger Zug kam pünktlich an. Es war das totale Chaos, weil sie sich strikt an ihre Vorschriften hielten! Vorher hatten sie nämlich nur aufgrund ihrer Kreativität, ihrer Initiative und ihres Einfallsreichtums Erfolg. Als das nicht mehr zu übersehen war, fingen die Leute in der Verwaltung an, dem menschlichen Urteilsvermögen mehr Wert beizumessen als den Regeln, und schon bald funktionierte es wieder.

Vielleicht können Sie ein Pilot- oder Testprogramm einrichten, das bei niedrigeren Kosten bessere Ergebnisse bringt, ohne dass gegen wichtige Vorschriften verstoßen wird. Dann sinkt das Risiko. Zudem ist das Lernpotenzial groß. Sie könnten außerdem anfangen, zwischen wirklich wichtigen Regeln und jenen, die eher unbedeutend oder bloß kulturelle Konstrukte sind, zu unterscheiden.

Ich habe einmal in der Atomenergiebranche, die stark reguliert ist, gearbeitet. Der Grad der Kooperation und der Kommunikation war selbst zwischen Konkurrenten erstaunlich hoch. Allen war klar, dass ein weiterer Zwischenfall wie der bei Three Mile Island das Ende der gesamten Branche bedeuten konnte. Daher informierten sie sich freiwillig gegenseitig über alle Vorfälle und Situationen, die zu Gefahren oder Verstößen gegen die Sicherheitsbestimmungen geführt hatten. Die Beamten im zuständigen Ministerium hätten das niemals erreicht. Sie hätten die Vorschriften nicht annähernd so stark verschärfen können, dass das möglich geworden wäre, was diese Unternehmen, die ja eigentlich Konkurrenten waren, von sich aus machten.

Wie kann man den Leuten Verantwortlichkeit abverlangen und gleichzeitig Gewinn / Gewinn denken? Bedeutet das Gewinn / Gewinn-Denken nicht eher, dass man bei der Verantwortlichkeit nachsichtig ist?

Keineswegs! Der Schlüssel liegt darin, Verantwortlichkeit für die gemeinsam angestrebten und vereinbarten Ergebnisse zu erreichen.

Nutzen Sie für diese Ergebnisse ein Balanced Scoreboard mit logischen und natürlichen Konsequenzen, die sich aus der Verantwortlichkeit ergeben. Ohne Balanced Scoreboard, ohne gemeinsam angestrebte Ergebnisse und ohne Konsequenzen für die Leistung wird Gewinn / Verlust zunächst zu Verlust / Gewinn und langfristig zu Verlust / Verlust.

Wie geht man mit widerspenstigen Mitarbeitern um, die sich gegen jede Entscheidung auflehnen und einfach alles so machen, wie sie wollen?

Gerade diesen Leuten verdanken wir oft erhebliche Fortschritte. Für diejenigen, die anders, frisch und kreativ denken, sollte es immer einen Platz geben. Sie müssen lernen, die einzigartigen Stärken jedes Einzelnen zu würdigen! Wenn die Widerspenstigkeit solcher Leute allerdings so weit geht, dass sie die Abläufe stören und andere negativ beeinflussen, sollte man ein System einrichten, das ihnen Feedback gibt. Sie sollten so lange zu spüren bekommen, wie andere sie wirklich wahrnehmen und welche Gefühle damit verbunden sind, bis sie eine Entscheidung darüber treffen, was sie wirklich tun wollen. Was aber, wenn solche eigensinnigen Mitarbeiter gestörte Persönlichkeiten sind, denen es wirklich Vergnügen bereitet, gegen die sozialen Normen zu verstoßen? Wenn sie nicht durch kreative, innovative Beiträge eine echte Wertschöpfung leisten? Dann muss man sie eventuell entlassen. Es gibt aber viele Leute, die unabhängig sind – zwar nicht interdependent, aber auch nicht gestört. Sie können bei Jobs, bei denen es auf Unabhängigkeit ankommt, eine sehr wichtige Rolle spielen. Der entscheidende Punkt ist, eine Kultur zu schaffen, die im Rahmen eines gemeinsamen Zwecks und gemeinsamer Werte für Vielfalt offen ist und sie begrüßt. Emile Durkheim sagte ganz richtig: »Wenn die Moral ausreicht, braucht man keine Gesetze. Wenn die Moral aber nicht ausreicht, lassen Gesetze sich nicht durchsetzen.«

Ich persönlich habe ein starkes Bedürfnis danach, selbst die Kontrolle zu haben. Diese ganze Idee vom Freisetzen jagt mir Angst ein, auch wenn sie einleuchtend ist. Kann ich mich ändern?

Natürlich! Sie sind ja kein Tier. Sie werden zwar von den Genen und von Ihrer Erziehung beeinflusst. Aber Sie sind nicht deren Ergebnis. Sie sind vielmehr das Ergebnis Ihrer eigenen Entscheidungen. Dennoch müssen Sie bereit sein, sich auf der persönlichen Ebene zu ändern. Der Schlüssel dazu ist, dass Sie Ihre drei einzigartigen Geburts-Geschenke nutzen – die Freiheit und die Kraft, zu wählen, die Prinzipien und die vier Intelligenzen. Mit viel Geduld und Ausdauer werden Sie Ihr Bedürfnis nach Kontrolle überwinden. Wenn Sie mehr Zutrauen zu einigen wenigen Menschen in der Familie und bei der Arbeit gewinnen, werden Sie feststellen: Es bringt weitaus mehr Produktivität und Seelenfrieden, die Prinzipien durch Unterweisung und Vorbild-Sein zu lehren und andere über sich selbst bestimmen zu lassen. Schließlich werden Sie lernen, wie Sie diese Art der moralischen Autorität in den Systemen, Strukturen und Prozessen Ihrer Organisation institutionalisieren können.

Das Zeitalter der Weisheit

KAPITEL 14

Der 8. Weg und der ideale Punkt

Der Unterschied zwischen dem, was wir tun, und dem, wozu wir fähig sind, würde die meisten Probleme auf der Welt lösen.

MAHATMA GANDHI

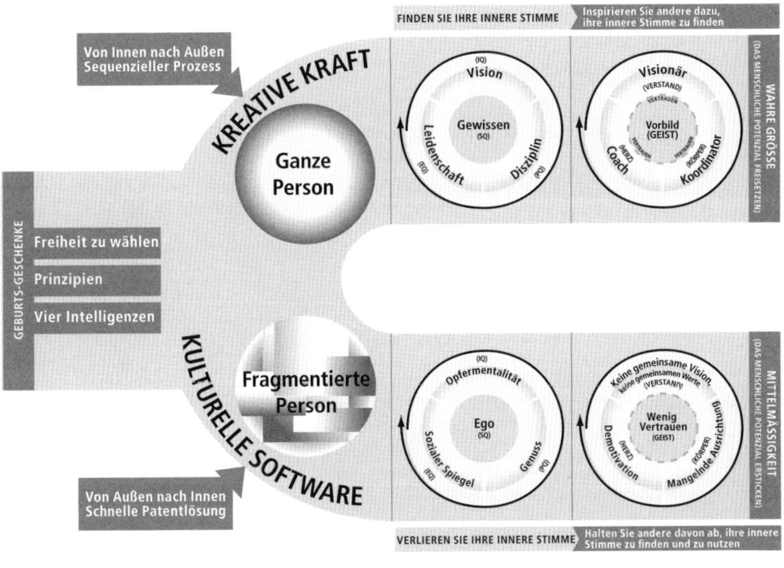

Abb. 14.1

Der 8. Weg – die innere Stimme finden und andere dazu inspirieren, ihre innere Stimme zu finden – ist eine Idee, deren Zeit gekommen ist. »Eine Idee, deren Zeit gekommen ist« stammt aus den berühmten Worten von Victor Hugo, die ich ja schon zitiert habe: »Nichts auf der Welt ist so mächtig wie eine Idee, deren Zeit gekommen ist.« Dass der

8. Weg zu diesen Ideen gehört, liegt daran, dass er das Verstehen der ganzen Person umfasst. Dieses Verstehen eröffnet den Zugang zum grenzenlosen Potenzial der Wissensarbeiter. Wie der untere Weg in Abbildung 14.1 zeigt, beruhte die Ökonomie der Arbeiter im Industriezeitalter nicht auf dem Paradigma der ganzen, sondern der geteilten Person. Ich nenne das »fragmentierte Person«. In der heutigen Welt führt dieser Weg aber bestenfalls zu Mittelmäßigkeit. Denn er steckt das menschliche Potenzial im wahrsten Sinn in eine Zwangsjacke. Organisationen, die in den Denkweisen des Industriezeitalters gefangen sind, lassen weiterhin die Leute an der Spitze die wichtigen Entscheidungen treffen und alle anderen bloß »die Schrauben anziehen«. Was für eine ungeheure Verschwendung! Was für ein unermesslicher Verlust!

Denken Sie an die Worte des Autors John Gardner: »Die meisten kränkelnden Organisationen haben eine funktionelle Blindheit für ihre Schwachpunkte entwickelt. Dass sie nicht gesund sind, liegt nicht daran, dass sie ihre Probleme nicht lösen könnten. Der wahre Grund dafür ist, sie ihre Probleme nicht *sehen* können.« Damit trifft Gardner den Nagel auf den Kopf.

Der 8. Weg gibt Ihnen Denkweisen und Fähigkeiten an die Hand, mit denen Sie das Potenzial in den Menschen erkennen können. Er ist jene Art von Führung, die den Leuten klar vermittelt, welchen Wert und welches Potenzial sie haben. Nur so können sie diesen Wert und dieses Potenzial selbst in sich erkennen. Voraussetzung dafür ist, dass wir den Leuten zuhören. Wir müssen sie durch unsere Worte und alle 4 Rollen effektiver Führung einbeziehen, motivieren und immer wieder bestätigen.

Als Gedächtnisstütze habe ich hier noch einmal einen kurzen Überblick über die einzelnen Rollen für Sie. Beachten Sie bitte, dass jede Rolle direkt oder indirekt den Wert der Menschen als ganze Personen bestätigt und die Freisetzung ihres Potenzials ermöglicht.

1. *Vorbild:* Ein Vorbild kann ein Einzelner oder das ganze Team sein. Das Vorbild-Sein inspiriert zu Vertrauen, ohne es zu erwarten. Vertrauen ist der Kitt des Lebens. Es entsteht nur aus Vertrauenswürdigkeit. Wenn wir uns an die im 8. Weg verkörperten Prinzipien halten, wird das Vertrauen aufblühen. Kurz gesagt: Als Vorbild gewinnt man *persönliche moralische Autorität.*

2. *Visionär:* Die gemeinsame Visionsentwicklung schafft Ordnung, ohne sie einzufordern. Die Leute werden in die strategischen Entscheidungen einbezogen. Das ist besonders wichtig, wenn es um die Werte und die wichtigsten Ziele geht. Dann identifizieren sich die Mitarbeiter mit den obersten Prioritäten des Unternehmens und es kommt zu einer emotionalen Verbindung und einer inneren Verpflichtung. Management und Motivation verlagern sich dann von außen nach innen. Kurzum: Als Visionär erzeugt man *visionäre moralische Autorität.*
3. *Koordinator:* Der Koordinator sorgt dafür, dass die Strukturen, Systeme und Prozesse der Organisation an ihren höchsten Werten, obersten Prioritäten und wichtigsten Zielen ausgerichtet sind. Er fördert den Geist des Vertrauens, der Vision und der Befähigung in der gesamten Organisation. Kurzum: Als Koordinator fördert man *institutionalisierte moralische Autorität.*
4. *Coach:* Befähigung oder Empowerment ist die Frucht der drei anderen Führungsrollen. Der Coach arbeitet nicht mit Kontrolle, Zwang oder Druck. Er setzt ohne Motivation von außen das höchste menschliche Potenzial frei. Kurzum: Als Coach schafft man *kulturelle moralische Autorität.*

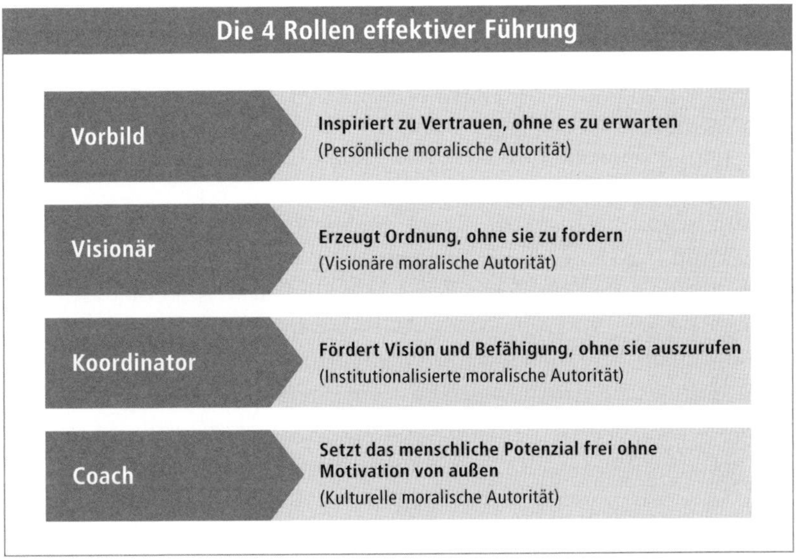

Abb. 14.2

Der wichtigste Part des Vorbild-Seins ist, dass eine Führungskraft *die drei anderen Rollen effektiver Führung vorlebt.* Mit anderen Worten: *Visionär* zu sein bedeutet, einerseits den *Mut* zur Bestimmung des Kurses vorzuleben. Andererseits auch die *Bescheidenheit* und den *gegenseitigen Respekt* vorzuleben, andere in die Entscheidung über die obersten Prioritäten einzubeziehen. *Koordinator-Sein* heißt, die Bereitschaft vorzuleben, Strukturen, Systeme und Prozesse zu etablieren, die im Einklang mit den strategischen Entscheidungen über die obersten Prioritäten stehen. Denn das ist der Schlüssel, damit die Organisation ständig auf ihre wichtigsten Ziele fokussiert bleibt. *Coach-Sein* schließlich ist das Vorleben eines wirklich tiefen Glaubens an das menschliche Potenzial. Eines tiefen Glaubens an die vier menschliche Gaben und die Fähigkeit der Leute, von ihrer Freiheit, zu wählen, Gebrauch zu machen.

Fokus und Umsetzung

Meiner Meinung nach kann man alles bisher Gesagte in zwei Wörtern zusammenfassen: Fokus und Umsetzung. In diesen beiden Wörtern liegt die »Einfachheit, die nach der Komplexität kommt«. Der *Fokus* befasst sich damit, was am wichtigsten ist. Bei der *Umsetzung* sorgt man dafür, dass es passiert und die obersten Prioritäten, Ziele und Werte verwirklicht werden. Meine Gedanken zu dieser aus nur zwei Wörtern bestehenden Zusammenfassung wurden stark von *Managen heißt Machen,* dem großartigen Bestseller von Ram Charan und Larry Bossidy, beeinflusst.

Vorbild und *Visionär:* Die ersten beiden Rollen der effektiven Führung kann man mit einem einzigen Wort wiedergeben – *Fokus.* Und die nächsten beiden Rollen – *Koordinator* und *Coach* – ebenfalls nur mit einem einzigen Wort: *Umsetzung.* Wie kommt das? Denken Sie einmal darüber nach. Die gemeinsame Visionsentwicklung ist im Wesentlichen strategische Arbeit: Man muss entscheiden, welche Ziele oberste Priorität haben sollen. Anschließend muss man dann festlegen, welche Werte als Richtlinien zur Erreichung und Aufrechterhaltung dieser Ziele dienen sollen. Das erfordert sowohl ein klares Verständnis als auch eine innere Verpflichtung auf diese Ziele. Die innere Verpflichtung beruht auf Vertrauen, Vertrauenswürdigkeit und Synergie. Das sind also genau die Punkte, die das Vorbild-Sein ausmachen. Nur wenn es echte persönliche und zwischenmenschliche Vertrauenswürdigkeit gibt, wird sich Vertrauen entwickeln, sodass eine effektive Teamsynergie entsteht. Dieses persönliche und zwischenmenschliche Vorbild-Sein beinhaltet gegenseitigen Respekt, gegenseitiges Verstehen und kreative Kooperation (4., 5. und 6. Weg) bei der Entwicklung klarer Ziele mit hoher Priorität, auf die man sich innerlich verpflichtet (2. Weg: Schon am Anfang das Ende im Sinn haben). Die persönliche und zwischenmenschliche Vertrauenswürdigkeit wiederum beruht darauf, dass die Leute ihr Leben an ihren Werten und Zielen ausrichten. Mit anderen Worten: Vertrauenswürdigkeit basiert auf persönlichem Fokus und persönlicher Umsetzung. Das ist der 3. Weg: Das Wichtigste zuerst tun. Der Ausdruck »Das Wichtigste zuerst« ist eine andere Beschreibung für Fokus und Umsetzung.

> *Führung ohne die Disziplin der Umsetzung ist unvollkommen und ineffektiv. Ohne die Fähigkeit, die Dinge umsetzen zu können, werden alle anderen Eigenschaften, die für Führung notwendig sind, nutzlos.*
>
> *Kein Unternehmen kann seine Verpflichtungen erfüllen oder sich erfolgreich an Veränderungen anpassen, wenn nicht alle Führungskräfte, auf allen Hierarchiestufen, die Disziplin der Umsetzung beherrschen. Die Umsetzung muss zu einem wesentlichen Bestandteil der Strategie eines Unternehmens und seiner Ziele werden. Umsetzung schließt die Lücke zwischen Hoffnungen und Resultaten.*
>
> RAM CHARAN und LARRY BOSSIDY[1]

Koordinator und *Coach:* Die beiden anderen Rollen effektiver Führung stehen für die *Umsetzung*. Bei der *Koordination* geht es um die bewusste Einführung von Strukturen, Systemen und Prozessen. Sie ermöglichen es den Einzelnen und den Teams, die wichtigsten strategischen Ziele und die obersten Prioritäten der Organisation, die im Zuge der gemeinsamen Visionsentwicklung festgelegt wurden, in ihre konkrete tägliche Arbeit und ihre Teamziele zu übersetzen. Kurz gesagt: Die Leute werden dazu befähigt, ihren Job zu machen.

Fokus und Umsetzung sind untrennbar miteinander verbunden. Das heißt: Solange die Leute nicht am selben Strang ziehen, wird es keine nachhaltige Umsetzung geben. Natürlich könnte man das auf Anordnungen und Kontrolle basierende Transaktionsmodell des Industriezeitalters nutzen, um die gewünschte Fokussierung zu erreichen. Doch dann kann man das befähigende Transformationsmodell des Zeitalters der Wissensarbeit nicht einsetzen, um die Umsetzung zu bewirken. Warum das nicht geht? Ganz einfach, weil es ohne Einbeziehung und Identifikation keine emotionale Verpflichtung der Mitarbeiter auf den Fokus der Organisation gibt. Und dann wird auch keine Umsetzung stattfinden. Allerdings wird es auch umgekehrt nicht funktionieren: Es bringt nichts, mithilfe des Einbeziehungs- und Befähigungsmodells des Zeitalters der Wissensarbeit einen gemeinsamen Fokus zu schaffen, und dann für die Umsetzung zum Transaktionsmodell des Industriezeitalters zu wechseln. Wenn man so vorgeht, wird man den Fokus der Mitarbeiter nicht aufrechterhalten können. Woran das liegt? Die Leute werden das Fehlen von Aufrichtigkeit und Integrität bei der Umsetzung sehr schnell bemerken und ihre innere Motivation verlieren.

Wenn man aber sowohl für den Fokus (Vorbild und Visionär) als auch für die Umsetzung (Koordinator und Coach) das Modell des Zeitalters der Wissensarbeit verwendet, wird man in der Organisation eine Kultur der Integrität und Vertrauenswürdigkeit schaffen. Dann wird die Organisation ihre innere Stimme finden und sie auch nutzen, um ihren Zwecken und den Interessengruppen auf herausragende Weise zu dienen.

Die großen Schwachstellen bei der Umsetzung

In Kapitel 3 habe ich gesagt: »Etwas zu wissen, es aber nicht tun, bedeutet, dass wir es nicht wirklich wissen.« Das ist eine tiefsinnige Wahrheit. Die Prinzipien des 8. Weges sind nicht viel wert, wenn sie nicht durch Anwendung in der Praxis, durch *Umsetzung* ein fester Bestandteil unseres Charakters und unserer Fähigkeiten werden. Denn nur so werden sie zur *Gewohnheit.*

Die Umsetzung ist heute in den meisten Organisationen *das* große Problem. Dennoch wird es sträflich vernachlässigt oder einfach beiseitegeschoben. Eine klare Strategie zu haben, ist eine Sache, aber sie tatsächlich umzusetzen, ist etwas ganz anderes. Die meisten Führungs-

Ich bin dein ständiger Gefährte. Ich bin dein größter Helfer oder deine schwerste Last. Ich werde dich voranbringen oder zum Misserfolg treiben. Ich stehe dir ganz zur Verfügung. Die Hälfte der Dinge, die du tust, könntest du genauso gut mir überlassen. Ich würde sie schnell und richtig machen. Du kannst mich ganz leicht managen. Dazu musst du mir gegenüber nur standhaft bleiben. Zeig mir genau, wie du etwas gemacht haben möchtest. Schon nach ein paar Lektionen werde ich es automatisch tun. Ich bin der Diener aller erfolgreicher Menschen und leider auch aller Versager. Diejenigen, die Versager sind, habe ich dazu gemacht. Ich bin keine Maschine. Denn ich arbeite mit der vollkommenen Präzision einer Maschine und nutze zudem die Intelligenz eines Menschen. Du kannst mit mir Gewinne oder auch Verluste machen. Für mich ist das kein Unterschied. Nutze mich, trainiere mich, sei mir gegenüber standhaft – und ich werde dir die Welt zu Füßen legen. Wenn du mir gegenüber jedoch nicht standhaft bist, dann werde ich dich zerstören.

Wer bin ich? Ich bin die Gewohnheit.

ANONYMUS

kräfte sind sogar der Ansicht, dass sie mit einer durchschnittlichen Strategie mit hervorragender Umsetzung besser dran wären als mit einer hervorragenden Strategie mit schlechter Umsetzung. Diejenigen, die ihre Strategie umsetzen, gewinnen immer die Oberhand. Louis V. Gerstner Jr. sagt: »Alle großen Firmen dieser Welt übertrumpfen ihre Konkurrenten tagtäglich auf dem Markt, in ihren Fabriken, in ihrer Logistik, in ihrem Einfallsreichtum – in nahezu allem, was sie tun. Nur selten … haben große Firmen eine geschützte Position inne, die sie vor dem ständigen Einzelkampf mit der Konkurrenz bewahrt.«[2]

Die Umsetzung wird durch viele Dinge beeinflusst. Doch unsere xQ-Befragung hat gezeigt, dass es bei den Organisationen sechs Haupttreiber für die Umsetzung gibt: *Klarheit, Verpflichtung, Aktion, Ermöglichung, Synergie* und *Verantwortung*. Daraus folgt, dass Misserfolge bei der Umsetzung meist durch Störungen bei einem oder mehreren dieser Treiber hervorgerufen werden. Diese Störungen nenne ich *Schwachstellen bei der Umsetzung*:

- Klarheit: Die Mitarbeiter wissen nicht genau, wie die Ziele oder Prioritäten ihres Teams oder ihrer Organisation aussehen.
- Verpflichtung: Die Leute verschreiben sich den Zielen nicht.
- Aktion: Die Leute wissen nicht, was sie selbst tun können, um dem Team oder der Organisation dabei zu helfen, ihre Ziele zu erreichen.
- Ermöglichung: Die Leute haben nicht die Struktur, die Systeme, die Prozesse oder die Freiheit, um gute Arbeit leisten zu können.
- Synergie: Die Leute kommen nicht gut miteinander aus oder arbeiten nicht Hand in Hand zusammen.
- Verantwortung: Die Leute ziehen sich nicht regelmäßig gegenseitig zur Rechenschaft.

> *Viel zu viel von dem, was wir Management nennen, besteht darin, den Leuten ihre Arbeit schwer zu machen.*
>
> PETER F. DRUCKER

In Tabelle 6 sehen Sie eine stark vereinfachte Übersicht. Sie zeigt, wie die auf Kontrolle ausgerichteten Denkweisen des Industriezeitalters die sechs Schwachstellen bei der Umsetzung verursachen und wie man sie durch das Modell des Wissensarbeiters und der ganzen Person lösen kann.

Schwachstelle bei der Umsetzung	Ursache im Industriezeitalter	Lösung im Zeitalter der Wissensarbeiter
Klarheit	Verkünden	Identifikation und/oder Einbeziehung
Verpflichtung	Verkaufen	Ganze Person in einem ganzen Job
Aktion	Jobbeschreibung	Ausrichtung der Ziele auf die Ergebnisse
Ermöglichung	Zuckerbrot und Peitsche (Leute als Kostenfaktor)	Ausrichtung der Strukturen und der Kultur
Synergie	»Arbeiten Sie zusammen!«	Kommunikation als Suche nach der dritten Alternative
Verantwortung	Sandwich-Technik Leistungsbeurteilung	Häufige, offene gegenseitige Verantwortlichkeit (überzeugendes Scoreboard)

Tab. 6

1. **Klarheit:** Die für das Industriezeitalter typische Vorgehensweise besteht darin, einfach zu verkünden, wie das Leitbild, die Vision, die Werte und die wichtigsten Ziele aussehen. Wir haben ja schon darüber gesprochen, wie diese Dinge meistens festgelegt werden: Die Spitzenmanager treffen sich außerhalb der Organisation zu Workshops, bei denen das Leitbild formuliert wird. Dann kommen sie zurück und verkünden den Leuten in schönen Worten, welche strategischen Entscheidungen nun alle anderen Entscheidungen leiten sollen. Da es keine wirkliche Einbeziehung gibt, verkommen diese Leitbilder im Laufe der Zeit zu bloßen PR-Statements. Es fehlt an echter Identifikation. Doch die ist im Zeitalter der Wissensarbeiter der entscheidende Faktor. Dennoch sollte man bedenken, dass Identifikation persönliche moralische Autorität ist. Sie erwächst aus der Beziehung zu der bewunderten Person und nicht notwendigerweise daraus, dass man in die strategischen Entscheidungen einbezogen wird.

2. **Verpflichtung:** Im Industriezeitalter wird die Verpflichtung üblicherweise durch Verkaufen erreicht. Man kommuniziert das immer wieder, erklärt es und versucht, es plausibel zu machen: Verkaufen, verkaufen, verkaufen! Studien haben jedoch ergeben, dass nur 20 Prozent der Mitarbeiter den obersten Zielen ihres Teams und ihrer Organisation leidenschaftlich verpflichtet sind. Das zeigt: Im Zeitalter der Wissensarbeit sollte man dem 8. Weg folgen und die ganze Person in einem ganzen Job arbeiten lassen. Es gilt, Körper, Herz, Verstand und Geist gleichermaßen anzusprechen: Bezahlt mich gerecht, behandelt mich freundlich und respektvoll, nutzt meinen Verstand kreativ für eine Arbeit, die wirklich Mehrwert bringt, und lasst mich meinen Job prinzipienorientiert machen. Motivation durch Zuckerbrot und Peitsche funktioniert nicht mehr. Die Eselstechnik, bei der man den Leuten einfach mehr Geld hinwirft, hat sich überlebt. Neue Umfragen haben gezeigt: Wenn man das Modell des Wissensarbeiters einsetzt, sind Lohn und Gehalt für die Leute nicht mehr so wichtig. Sie kommen erst an vierter Stelle. Die vorderen drei Plätze dagegen belegen Vertrauen, Respekt und Stolz. Weshalb das so ist? Wenn die Leute in ihrer Arbeit innere Befriedigung finden, verlieren die äußeren Faktoren an Bedeutung. Fehlt die innere Erfüllung, wird das Geld am wichtigsten. Mit Geld kann man sich nämlich Befriedigung

außerhalb des Jobs kaufen. Der 8. Weg basiert auf der ganzen Person, dadurch setzt er *innere* Motivation frei.

Fehlende Klarheit und Verpflichtung. Diese beiden Umsetzungsschwachstellen sind auch die Hauptursache bei Problemen mit dem Zeitmanagement. Dafür gibt es einen einfachen Grund: Die Art und Weise, wie die Leute ihre Kernziele, das Leitbild und die Werte definieren, bestimmt alle ihre anderen Entscheidungen. Wenn es an Klarheit und Verpflichtung fehlt, weiß niemand so genau, was wirklich wichtig ist. Letztendlich führt das dazu, dass die Wichtigkeit durch die Dringlichkeit definiert wird. Wichtig wird das, was dringend ist. Konkret heißt das: Alles, was eilig, beliebt, nahe liegend und angenehm ist, bekommt oberste Priorität. Und das Endergebnis? Alle lesen den Kaffeesatz, hängen ihren Mantel nach dem politischen Wind und buckeln nach oben. Die Verwirrung breitet sich dann in der ganzen Organisation aus. Solange die Leute keine Klarheit im Hinblick auf das Leitbild, die Vision und die Werte der Organisation haben und sich nicht innerlich darauf verpflichten, wird auch noch so viel Zeitmanagementtraining keine nachhaltige Wirkung haben. Charles Hummel schreibt ganz richtig:

> *Wichtige Aufgaben müssen nur selten heute oder auch nur in dieser Woche erledigt werden … Dringende Aufgaben aber erfordern sofortiges Handeln … Diese Aufgaben üben zunächst eine scheinbar unwiderstehliche Anziehungskraft auf uns aus und verschlingen unsere Energie. Langfristig gesehen schwindet die trügerische Bedeutsamkeit der dringlichen Aufgaben jedoch: Mit einem Gefühl des Bedauerns erinnern wir uns an die wirklich wichtige Aufgabe, die wir zur Seite geschoben haben. Wir erkennen, dass wir Sklaven der Tyrannei des Dringenden geworden sind.*[3]

3. **Aktion:** Im Industriezeitalter stützte man sich auf Jobbeschreibungen. Im Zeitalter der Wissensarbeiter hingegen hilft man dabei, die Jobs der Leute an ihren inneren Stimmen, ihren Talenten und Leidenschaften, und an den übergeordneten Zielen des Teams und der Organisation auszurichten.

4. **Ermöglichung:** Das ist die Umsetzungsschwachstelle, die in vielerlei Hinsicht am schwersten zu beheben ist. Man muss dann nämlich

all die strukturellen, systemischen und anderen kulturellen Hindernisse aus dem Weg räumen, die wir das ganze Buch hindurch besprochen haben. Ob Personalwerbung, Auswahl, Einstellung, Training und Entwicklung, Lohn und Gehalt oder Bonussysteme, Kommunikation und Information: Diese fördernden oder hemmenden Strukturen und Systeme sind für viele Leute die wichtigste Quelle der Sicherheit und der Vorhersehbarkeit im Berufsleben. Doch wie kann man fest verankerte Strukturen und Systeme neu ausrichten? Um die nötige emotionale Verbindung, das Vertrauen und die innere Motivation aufzubauen, ist eine echte Einbeziehung in den Prozess der strategischen Entscheidungsfindung, vor allem im Hinblick auf die Werte und die obersten Prioritäten der Organisation, unerlässlich. Im Industriezeitalter sind die Leute ein Kostenfaktor. Dinge hingegen, wie die Maschinen und die Technologie, sind eine Investition. Unbegreiflich! Die Leute – ein Kostenfaktor! Die Dinge – eine Investition! Das ist das grundlegende Informationssystem. Es ist ein ungesunder Aderlass. Das Modell des 8. Weges ist dem Zeitalter der Wissensarbeiter angemessen. Damit können die Leute in die Etablierung eines sehr starken visuellen, gegenwartsorientierten, überzeugenden Scoreboards, das sowohl für die Ergebnisse als auch für die Fähigkeiten gilt, einbezogen werden. Daran kann man jederzeit ablesen, wie gut die Systeme und Strukturen darauf ausgerichtet sind, das Erreichen der Schlüsselziele zu ermöglichen.

5. **Synergie:** Der Ansatz des Industriezeitalters ist bestenfalls ein Kompromiss; schlimmstenfalls Gewinn / Verlust oder Verlust / Gewinn. Im Zeitalter der Wissensarbeit aber kann man durch Synergie dritte Alternativen schaffen. Diese Form der Kommunikation steht im Einklang mit dem 8. Weg. Die inneren Stimmen der Leute werden gehört und an der Stimme der Organisation ausgerichtet. So harmonieren die Stimmen verschiedener Teams oder Abteilungen miteinander.

6. **Verantwortung:** Die Motivation durch Zuckerbrot und Peitsche und die Leistungsbeurteilung durch die »Sandwich-Technik«, die beide aus dem Industriezeitalter stammen, werden ersetzt. An ihre Stelle treten gegenseitige Verantwortlichkeit und der offene, klar verständliche Austausch von Informationen über die Ziele mit

höchster Priorität. Man kann das sehr gut mit der Anzeigetafel bei einem Fußball- oder Baseballspiel vergleichen, die alle im Stadion genau darüber informiert, was passiert.

Der ideale Punkt

Lassen Sie uns das nun alles zusammenfügen. In Kapitel 3 habe ich Ihnen eine neue Idee vorgestellt: Jeder von uns entscheidet sich für einen von zwei Lebenswegen – für den ausgetretenen zur Mittelmäßigkeit oder für den zur wahren Größe. Wir haben gesehen, dass der Weg zur Mittelmäßigkeit das menschliche Potenzial in eine Zwangsjacke steckt. Dagegen setzt der Weg zur Größe dieses Potenzial frei. Der Weg zur Größe ist der 8. Weg. Und wahre Größe liegt darin, seine eigene innere Stimme zu finden und andere zu inspirieren, ihre innere Stimme zu finden.

Wir haben uns bereits mit den 3 Formen wahrer Größe beschäftigt: der *persönlichen* Größe, der Größe bei der *Führung* und der Größe von *Organisationen*.*

Persönliche Größe finden wir, wenn wir unsere 3 Geburts-Geschenke entdecken – die Freiheit, zu wählen, die Prinzipien und die vier Intelligenzen. Durch ihre Entwicklung bekommen wir einen Charakter voller Vision, Disziplin und Leidenschaft, der von unserem Gewissen geleitet wird. Dieser mutige, ehrliche, vertrauenswürdige Charakter ist in hohem Maße dazu motiviert, bedeutsame Beiträge zu leisten. Einen solchen Charakter würde ich als *primäre Größe* bezeichnen. Dagegen beruht sekundäre Größe auf Faktoren wie einem guten Image, Prestige, Reichtum und Anerkennung.

Größe bei der Führung erreichen Menschen, die sich unabhängig von ihrer Position dafür entscheiden, andere zu inspirieren, ihre innere Stimme zu finden. Der Schlüssel dazu sind die 4 Rollen effektiver Führung.

Organisationen schließlich erlangen *Größe*, wenn sie ihre Führungsrollen, Arbeit, ihre Aufgaben, ihr Leitbild, ihre Vision und ihre Werte

---

* Ausführliche Informationen darüber, wie man durch die Entwicklung aller drei Formen wahrer Größe eine nachhaltige hervorragende Performance erreicht, finden Sie in Anhang 5.

in die Treiber für die Umsetzung transformieren. Diese Treiber sind Klarheit, Verpflichtung, Aktion, Befähigung, Synergie und Verantwortung. Wenn man sich diese Treiber einmal näher ansieht, erkennt man schnell: Hier handelt es sich um universelle, zeitlose, offensichtliche Prinzipien für die Organisationen.

In Abbildung 14.3 wird der Zusammenhang zwischen persönlicher Größe, Größe bei der Führung und der Größe von Organisationen dargestellt. Organisationen, die sich durch alle drei Formen wahrer Größe leiten lassen, treffen das, was wir den *idealen Punkt* nennen könnten. Der ideale Punkt, der so genannte Sweet Spot, ist der Bereich, in dem sich alle drei Kreise überschneiden. Dort liegt der stärkste Ausdruck der Kraft und des Potenzials. Wenn wir beim Tennis oder beim Golf den kleinen Ball mit dem idealen Punkt des Schlägers treffen, merken wir das sofort. Das versetzt uns in ein Hochgefühl! Es schlägt eine Saite

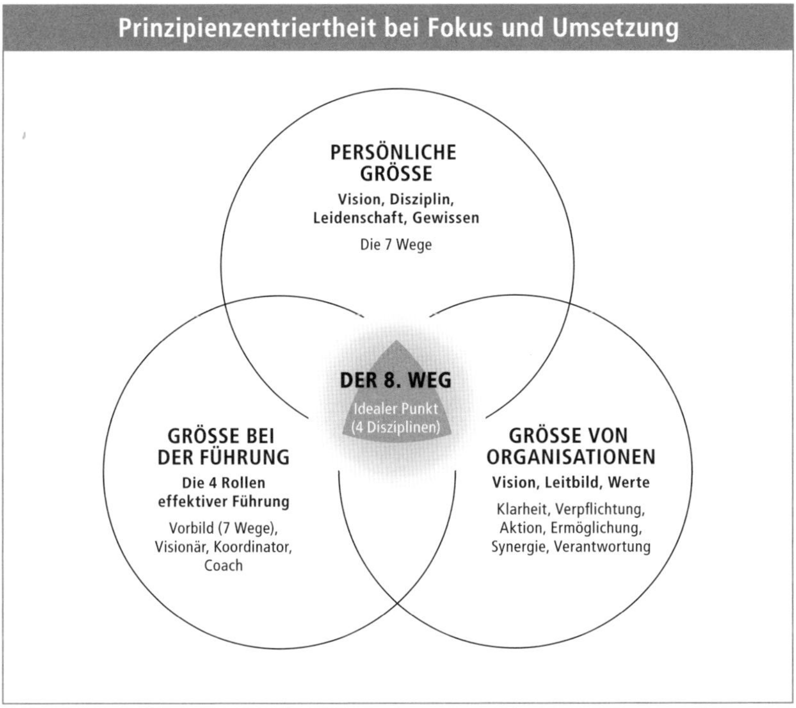

Abb. 14.3

in uns an und fühlt sich einfach großartig an. Ohne dass wir uns mehr anstrengen müssten als sonst, setzt die Verbindung zum idealen Punkt eine geradezu explosive Kraft frei und der Ball fliegt viel schneller und weiter. Das ist eine wunderbare Metapher für die Kraft, die entfesselt wird, wenn wir als Einzelperson, Team oder Organisation unsere innere Stimme finden.

Die 4 Disziplinen erfolgreicher Umsetzung

Es gibt vier Disziplinen, wenn man sie konsequent umsetzt, kann man die Schwachstellen bei der Umsetzung überwinden. Sie sind der Schlüssel, um die Fähigkeit von Teams und Organisationen zur Fokussierung auf ihre obersten Prioritäten und deren Umsetzung enorm zu verbessern. Ich nenne sie die *4 Disziplinen erfolgreicher Umsetzung*. Natürlich wird die Umsetzung durch Dutzende von Faktoren beeinflusst. Unseren Forschungen zufolge verkörpern diese 4 Disziplinen jedoch die 20 Prozent der Aktivitäten, die 80 Prozent der Ergebnisse bringen. Woran das liegt? Die 4 Disziplinen führen zu einer durchgängig hervorragenden Umsetzung der obersten Prioritäten. Sie stehen im Einklang mit den drei Formen wahrer Größe und ergeben sich aus ihnen. Die 4 Disziplinen erfolgreicher Umsetzung sind der ideale Punkt, den Sie im Zentrum des Diagramms in der Abbildung 14.3 sehen.

Das ist der Kontaktpunkt, an dem die stärkste Kraft freigesetzt wird. Es sind die von Schritt zu Schritt führenden, machbaren, konkreten, laserscharf fokussierten, praktischen Methoden, die es Teams und Organisationen ermöglichen, durchgängig herausragende Ergebnisse zu erzielen.

Nun möchte ich Ihnen einen Überblick über die 4 Disziplinen erfolgreicher Umsetzung geben.

Disziplin 1: Auf das absolut Wichtige fokussieren

Bei der Fokussierung von Organisationen ist ein Schlüsselprinzip zu beachten, das viele nicht verstehen: **Die Leute können sich von Natur aus immer nur auf eine Sache oder bestenfalls auf einige wenige Dinge so konzentrieren, dass sie dabei herausragende Leistungen erbringen.**

Nehmen wir an, Sie hätten eine Chance von 80 Prozent, ein bestimmtes Ziel auf hervorragende Weise zu erreichen. Wenn Sie noch ein zweites Ziel dazunehmen, sinkt Ihre Chance, beide zu verwirklichen, auf 64 Prozent. Das haben Forschungen ergeben. Und je mehr Ziele Sie hinzufügen, desto stärker sinkt die Wahrscheinlichkeit, sie zu erreichen. Wer beispielsweise mit fünf Zielen gleichzeitig jongliert, hat nur noch eine Chance von 33 Prozent, bei allen fünf wirklich Spitzenergebnisse zu schaffen.

Deshalb muss man sich unbedingt sorgsam und intensiv auf nur ganz wenige entscheidende Ziele konzentrieren.

Natürlich sind manche Ziele wichtiger als andere. Daher müssen wir lernen, zwischen dem »bloß Wichtigen« und dem »absolut Wichtigen« zu unterscheiden. »Absolut wichtige Ziele« bringen ernsthafte Konsequenzen mit sich. Falls wir diese Ziele nicht erreichen, wird alles andere, was uns gelungen ist, belanglos.

Denken Sie nur einmal an die Situation eines Fluglotsen. Ständig sind Hunderte von Flugzeugen in der Luft. Sie alle sind wichtig – besonders, wenn man selbst in einem von ihnen sitzt! Der Lotse kann sich jedoch nicht auf alle zugleich konzentrieren. Seine Aufgabe ist es, *sie nacheinander sicher auf den Boden zu holen*, ohne dabei auch nur einen einzigen Fehler zu machen. Unternehmen und alle anderen Organisationen sind in einer sehr ähnlichen Lage. Den Luxus der »geteilten Aufmerksamkeit« können sich nur wenige leisten. Manche Ziele *müssen* einfach sofort »auf den Boden geholt« werden.

Woher wissen wir aber, welche Ziele »absolut wichtig« sind? Wie finden wir heraus, welche Ziele ganz entscheidend zur Umsetzung unseres strategischen Plans beitragen? Manchmal ist das auf den ersten Blick klar und offensichtlich. Doch oft ist eine genaue Analyse erforderlich, um das herauszufinden. Der *Wichtigkeits-Filter* ist ein sehr nützliches Tool für die strategische Planung. Er hilft uns, die Priorität unserer Ziele zu ermitteln. Dazu lassen wir sie durch die Teil-Filter für die Wirtschaftlichkeit, die Strategie und die Interessengruppen laufen. Anders gesagt: Mit dem Wichtigkeits-Filter können Sie herausfinden, welche der möglichen Ziele die größte positive Wirkung auf die Wirtschaftlichkeit, die Strategie und die Interessengruppen haben. Sie können den Filter auch nutzen, um Ihre absolut wichtigsten Ziele zu bestimmen. Das ist *Visionär-Sein* an der vordersten Front des Handelns.

Interessen-Filter: Was sind die wichtigsten Dinge, die Sie tun sollten, um die Bedürfnisse der Interessengruppen zu erfüllen? Von diesen Zielen sind Ihre Kunden, Mitarbeiter, Zulieferer, Investoren und viele andere betroffen. Denken Sie darüber nach, wie die möglichen Ziele

- die Kundenbindung erhöhen,
- Energie und Engagement der Mitarbeiter freisetzen,
- sich positiv auf Ihre Lieferanten, Geschäftspartner und Investoren auswirken.

Strategie-Filter: Wie werden die möglichen Ziele die Strategie Ihrer Organisation beeinflussen? Überlegen Sie vor allem, ob sie

- die Ziele Ihrer Organisation direkt unterstützen,
- die Kernkompetenzen steigern,
- die Marktposition stärken,
- den Wettbewerbsvorteil vergrößern.

Denken Sie darüber nach, wie Sie Ihre Strategie auf die wirksamste Weise voranbringen können.

Wirtschaftlichkeits-Filter: Ein absolut wichtiges Ziel muss direkt oder indirekt zur finanziellen Gesundheit Ihrer Organisation beitragen. Fragen Sie sich, welche zwei oder drei der möglichen Ziele Ihnen den größten wirtschaftlichen Ertrag bringen. Berücksichtigen Sie dabei folgende Aspekte:

- Steigerung des Umsatzes,
- Reduzierung der Kosten,
- Verbesserung des Cashflows,
- Erhöhung der Profitabilität.

Selbst bei Non-Profit-Organisationen ist die Wirtschaftlichkeit ganz wichtig. Denn ohne Cashflow können auch sie nicht überleben.

Wenn man die Ziele durch die drei Filter laufen lässt, setzt man hinter das »Was« jeweils ein klares »Warum«.

Wichtigkeits-Filter	Wirtschaftlichkeits-Filter
ANLEITUNG	Skala: -1 bis +4
1. Listen Sie alle möglichen Team-Ziele auf. 2. Bewerten Sie die Ziele auf einer Skala von -1 bis +4 in den aufgeführten Bereichen 4 = Sehr positive Auswirkung 0 = Keine Auswirkung -1 = Negative Auswirkung 3. Kalkulieren Sie das Gesamtergebnis pro Ziel. 4. Bewerten Sie jedes Ziel nach Ihrem »Bauchgefühl«: Ist es durchführbar/realistisch? 5. Markieren Sie die wichtigsten durchführbaren Ziele unter Berücksichtigung der Gesamtergebnisse und Ihres »Bauchgefühls«.	**Wirtschaftliche Kriterien:** – Steigert den Umsatz – Reduziert Kosten – Verbessert den Cashflow – Erhöht die Profitabilität – Andere wirtschaftliche Kriterien

Mögliche Team-Ziele		Wirtschaftlichkeits-Filter					
☐		-1	0	1	2	3	4
☐		-1	0	1	2	3	4
☐		-1	0	1	2	3	4
☐		-1	0	1	2	3	4
☐		-1	0	1	2	3	4
☐		-1	0	1	2	3	4
☐		-1	0	1	2	3	4
☐		-1	0	1	2	3	4
☐		-1	0	1	2	3	4

Strategie-Filter	Interessen-Filter
Skala: -1 bis +4 **Strategische Kriterien:** – Unterstützt die Ziele der Organisation – Baut Kernkompetenzen aus – Stärkt die Marktposition – Stärkt den Wettbewerbsvorteil – Andere strategische Kriterien	Skala: -1 bis +4 **Kriterien verschiedener Interessengruppen:** – Erhöht die Kundenbindung – Setzt Energie und Engagement der Mitarbeiter frei – Hat positive Auswirkungen für Lieferanten, Geschäftspartner, Investoren etc. – Andere Kriterien von Interessengruppen

Strategie-Filter						Interessen-Filter						Gesamtergebnis	»Bauchgefühl« rot, gelb, grün
-1	0	1	2	3	4	-1	0	1	2	3	4		
-1	0	1	2	3	4	-1	0	1	2	3	4		
-1	0	1	2	3	4	-1	0	1	2	3	4		
-1	0	1	2	3	4	-1	0	1	2	3	4		
-1	0	1	2	3	4	-1	0	1	2	3	4		
-1	0	1	2	3	4	-1	0	1	2	3	4		
-1	0	1	2	3	4	-1	0	1	2	3	4		
-1	0	1	2	3	4	-1	0	1	2	3	4		

Abb. 14.4

Meiner Ansicht nach werden Strategiepläne immer verschwommen und hochfliegend bleiben, wenn man die zwei oder drei höchsten Prioritäten, die absolut wichtigen Ziele nicht ermittelt. In diesen Prozess müssen die Interessengruppen auf allen Ebenen der Organisation einbezogen werden. Dadurch wird ihre innere Verpflichtung größer. Zudem können sie die Überlegungen hinter jedem dieser Ziele so viel besser verstehen.

Um Spitzenergebnisse zu erreichen, muss man sich auf eine ganz kleine Zahl absolut wichtiger Ziele konzentrieren. Das bloß Wichtige muss man zurückstellen. Wir Menschen können von Natur aus immer nur eine Aufgabe oder bestenfalls einige wenige Dinge hervorragend erledigen. Deshalb müssen wir lernen, unseren Fokus zu verengen. Doch die Wirklichkeit sieht anders aus: Viel zu viele von uns versuchen, viel zu viele Dinge auf einmal zu tun. Wir müssen wie die Fluglotsen lernen, immer nur ein Flugzeug auf den Boden zu holen. Das heißt: Wir müssen weniger Dinge hervorragend tun statt viele auf mittelmäßige Art und Weise.

Damit Sie die 1. Disziplin erfolgreicher Umsetzung optimal für sich nutzen können, müssen Sie zunächst die zwei oder drei »absolut wichtigen« Ziele Ihres Teams ermitteln. Danach gilt es, diese Ziele so zu gestalten, dass sie an den obersten Prioritäten Ihrer Organisation ausgerichtet sind.

Film: »Es ist nicht bloß wichtig, sondern absolut wichtig!«

Um Ihnen zu zeigen, dass es unerlässlich ist, sich auf die zwei oder drei entscheidenden Ziele zu konzentrieren, haben wir einen kleinen Film mit dem Titel *Es ist nicht bloß wichtig, sondern absolut wichtig!* gedreht. Er beruht auf echten Gesprächen, die wir mit unseren Kunden geführt haben, nicht mit Schauspielern. Der Film veranschaulicht die fehlende Ausrichtung und Klarheit hinsichtlich der Ziele, die für die meisten Organisationen typisch ist. Er ist lustig, zeigt aber ganz deutlich die Probleme mit der Fokussierung und der Umsetzung, mit denen so viele Organisationen zu kämpfen haben. Also, sehen Sie sich den Film gleich an. Vielleicht fühlen Sie sich ja auch ein bisschen an die Organisation erinnert, für die Sie selbst arbeiten?

Disziplin 2: Ein überzeugendes Mess-System erstellen

Ein Mess-System in Form eines Scoreboards ermöglicht es Ihnen, ein sehr effektives Grundprinzip zu nutzen: **Wenn die Leute die Punkte oder Treffer mitzählen, spielen sie anders.**

Haben Sie schon einmal ein Fußball-, Basketball- oder Hockeyspiel auf der Straße oder im Park beobachtet, bei dem niemand den Punktestand mitverfolgt? Dann tun die Spieler gewöhnlich, was sie wollen. Das Spiel wird immer wieder für ein paar Späßchen unterbrochen und ist nicht besonders fokussiert. Wenn die Spieler aber anfangen, die Tore oder Punkte zu zählen, entsteht plötzlich große Intensität. Sie stimmen eine gemeinsame Taktik ab, improvisieren bei den Spielzügen und stellen sich schnell auf jede neue Herausforderung ein. Das Tempo steigt ganz erheblich.

Im Job ist das genauso. Ohne glasklare Erfolgsmessungen wissen die Mitarbeiter nie genau, wie das Ziel wirklich aussieht. Dann verstehen hundert Leute ein und dasselbe Ziel auf hundert verschiedene Weisen. Das führt zwangsläufig dazu, dass die Teammitglieder aus der Spur kommen. Sie tun Dinge, die zwar dringend sein mögen, aber nicht wichtig sind. Sie arbeiten mit unbeständigem Tempo und die Motivation nimmt ab.

Deshalb braucht man unbedingt ein überzeugendes, für alle Mitarbeiter gut zugängliches Scoreboard, das den strategischen Plan und die wichtigsten Ziele für jeden in der Organisation sichtbar macht. Dennoch gibt es bei den meisten Arbeitsgruppen keine klaren Maßstäbe für den Erfolg. Sie haben keine Möglichkeit, zu erkennen, wie sie bei ihren obersten Prioritäten vorankommen.

Unsere xQ-Befragung hat ergeben: Lediglich jeder dritte Mitarbeiter kann auf klare, zutreffende Maßstäbe für seine Fortschritte hinsichtlich der Schlüsselziele und entsprechende Messungen zurückgreifen. Und nur etwa 30 Prozent sind der Ansicht, dass die Belohnungen und Konsequenzen für ihre Leistungen etwas mit dem Erreichen von messbaren Zielen zu tun haben. Offensichtlich haben nur wenige Beschäftigte das Feedback-System, das sie für eine präzise Umsetzung brauchen.

Das Scoreboard entfaltet eine ungeheure Motivationskraft. Es ist ein Bild von der *Wirklichkeit*, dem man sich nicht entziehen kann. Davon hängt der strategische Erfolg ab. Die Pläne und das Timing müssen genau darauf abgestimmt werden. Solange Sie den »Spielstand« nicht klar vor Augen haben, bleiben Ihre Pläne und Strategien oberflächlich und verschwommen. Daher müssen Sie ein überzeugendes Scoreboard entwickeln und es regelmäßig auf den neuesten Stand bringen. Das ist eine Kombination aus Visionär-Sein und Koordinator-Sein an der vordersten Front des Handelns.

Wie man ein überzeugendes Scoreboard entwickelt

Zunächst müssen Sie durch Einbeziehung und Synergie, durch das *Vorleben* der 7 Wege, die Schlüssel-Messgrößen für die Ziele Ihrer Organisation oder Ihres Teams identifizieren. Danach stellen Sie diese Messgrößen visuell dar. Das Scoreboard muss drei Punkte klar machen: *Von wo aus? Wohin? Bis wann?*

1. Listen Sie Ihre obersten Prioritäten oder »absolut wichtigen Ziele« auf – diejenigen, die Ihr Team einfach erreichen *muss*.

2. Entwickeln Sie für jedes dieser Ziele ein Mess-System in Form eines Scoreboards mit den drei folgenden Elementen:

   - Aktueller Wert: Wo stehen wir im Augenblick?
   - Zielwert: Wo müssen wir hingelangen?
   - Zieltermin: Bis wann müssen wir das Ziel erreicht haben?

   Das Scoreboard kann die Form eines Balken- oder Kreisdiagramms, einer Kurve oder eines Gantt-Diagramms haben. Es kann aber auch aussehen wie ein Thermometer, ein Tacho oder eine Skala. Auf jeden Fall sollte es sichtbar, dynamisch und für alle gut zugänglich sein. Denken Sie auch daran, schon vorher das Ende im Sinn zu haben. Sie können in Ihr Scoreboard also auch Maßstäbe für prinzipienzentrierte Werte einbauen.

3. Hängen Sie das Scoreboard auf. Fordern Sie die Leute dann auf, sich das Scoreboard jeden Tag oder jede Woche anzusehen. Setzen Sie Meetings dazu an, besprechen Sie den Punktestand und lösen Sie Probleme, sobald sie auftauchen.

   Alle Teammitglieder sollten die Möglichkeit haben, sich das Scoreboard anzusehen und zu verfolgen, wie es sich verändert – Woche für Woche, Tag für Tag und sogar von einem Augenblick zum anderen. Sie sollten ständig darüber sprechen und immer an das Scoreboard denken. Ein überzeugendes Scoreboard gibt den Stand bei einem Spiel auf der Straße wieder. Plötzlich steigt das Tempo. Die Leute arbeiten schneller, ihre Gespräche ändern sich, sie stellen sich umgehend auf neue Aspekte ein. Und das Ziel wird viel genauer und wesentlich schneller erreicht.

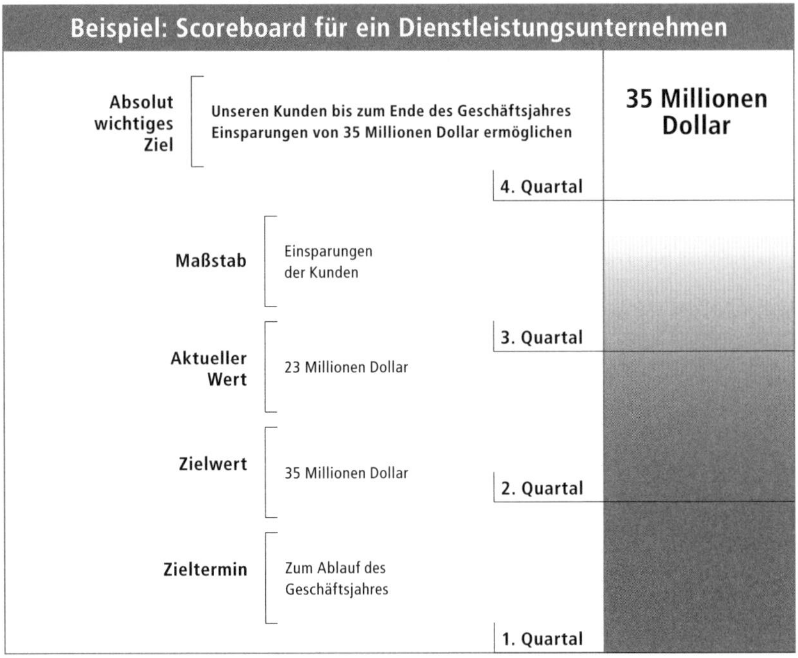

Abb. 14.5

Disziplin 3: Große Ziele in konkrete Schritte unterteilen

Ein neues Ziel oder eine neue Strategie zu entwickeln, ist eine Sache. Doch dieses Ziel dann tatsächlich umzusetzen, ist etwas ganz anderes. Es in Verhaltensweisen und Aktivitäten auf allen Ebenen der Organisation – einschließlich der Mitarbeiter an der Basis – herunterzubrechen, ist eine wirklich große Herausforderung. Zwischen der geplanten und der tatsächlichen Strategie besteht ein himmelweiter Unterschied. Die geplante Strategie ist das, was kommuniziert wird. Die tatsächliche hingegen das, was die Leute Tag für Tag machen. Wenn Sie Ziele erreichen wollen, die Sie bisher noch nie erreicht haben, müssen Sie anfangen, Dinge zu tun, die Sie bisher noch nie gemacht haben. Dass die Führungskräfte die Ziele kennen, heißt noch lange nicht, dass die Mitarbeiter an der Front, wo die konkrete Umsetzung stattfindet, wissen, was sie tun müssen. Die Ziele können aber nur erreicht werden, wenn jeder im Team genau weiß, was *er* dafür *tun muss*. Das Geschäftsergebnis wird letztendlich von den Leuten an der Basis erzielt. Sie sind die kreativen Wissensarbeiter. Denken Sie daran: Führung ist eine Frage der Wahl und nicht der Position. Sie kann überall stattfinden – auf allen Ebenen der Organisation. Und bedenken Sie auch, dass man die Leute nicht für ihre Ergebnisse verantwortlich machen kann, wenn man ihre Arbeitsmethoden überwacht. In diesem Fall ist man nämlich selbst für die Ergebnisse verantwortlich. Die menschliche Urteilskraft, die Kreativität und die Verantwortlichkeit werden dann durch Regeln ersetzt.

Um die 3. Disziplin erfolgreicher Umsetzung anzuwenden, muss Ihr Team kreativ werden. Ermitteln Sie die *neuen* und *besseren* Verhaltensweisen, die erforderlich sind, um Ihre Ziele zu erreichen. Unterteilen Sie diese dann in Wochen- und Tagesaufgaben auf allen Ebenen der Organisation. Das ist *Coach-Sein* an der vordersten Front des Handelns.

Disziplin 4: Sich gegenseitig in die Pflicht nehmen – jederzeit

Jeden Monat, jede Woche oder sogar jeden Tag: In besonders effektiven Teams kommen die Leute oft zusammen. Sie treffen sich, um über ihre Verpflichtungen Rechenschaft abzulegen, das Scoreboard zu besprechen, Probleme zu lösen und herauszufinden, wie sie sich gegenseitig unterstützen können. Wenn nicht jeder im Team *die ganze Zeit über* alle anderen in die Pflicht nimmt, wird der Umsetzungsprozess am Ende ins Leere laufen. Bürgermeister Rudolph W. Giuliani, dem der Aufschwung von New York zugeschrieben wird, hielt morgens regelmäßig Meetings mit seinem Stab ab. Die Idee war, an jedem Tag Rechenschaft über die Fortschritte bei den Kernzielen abzulegen. Trifft ein Team sich nicht mindestens einmal in der Woche zu solchen Verantwortlichkeits-Besprechungen, kommt es leicht vom Kurs ab und verliert den Fokus.

Ein Team, das sich durch Selbstbefähigung auszeichnet, wird sich also durch häufige Zusammenkünfte gegenseitig in die Pflicht nehmen. Es wird sich fokussieren und immer wieder neu fokussieren. Solche Besprechungen sind komplett *anders* als die typischen internen Meetings, bei denen die Leute über alles Mögliche reden und es gar nicht abwarten können, endlich wieder zu ihrer wirklichen Arbeit zurückzukehren. Im Gegensatz dazu ist der Sinn und Zweck einer effektiven

Verantwortlichkeits-Besprechung das Voranbringen der Schlüsselziele. Die entscheidenden Charakteristika solcher Besprechungen sind:

- den aktuellen Status schnell überprüfen,
- dritte Alternativen finden,
- den Weg frei machen.

Den Status schnell überprüfen – Triage-Berichterstattung: In der Ambulanz von Krankenhäusern hängt oft ein großes Schild, auf dem steht: »Die Reihenfolge der Behandlung richtet sich nach dem Schweregrad der Verletzungen, nicht nach dem Zeitpunkt des Eintreffens.« Das medizinische Personal führt einen *Triage* genannten Prozess durch. Hier werden die Patienten nach der Schwere ihrer Erkrankung oder Verletzung eingestuft und behandelt. Deshalb muss Ihr gebrochener Arm warten, während die Ärzte sich um jemanden mit einer lebensbedrohlichen Kopfverletzung kümmern – auch wenn Sie zuerst da waren. Im Rahmen der Triage-Berichterstattung spricht jeder kurz über die allerwichtigsten Punkte und stellt den Rest für später zurück. Man konzentriert sich konsequent auf die Schlüsselergebnisse und die Hauptprobleme. Das bedeutet nicht, dass nur »dringende« Dinge besprochen werden. Im Gegenteil: Es bedeutet, dass ausschließlich »wichtige« Dinge zur Sprache kommen, auch wenn manche von ihnen nicht »dringend« sind. In Tabelle 7 sehen Sie die Unterschiede zwischen einer effektiven Verantwortlichkeits-Besprechung und dem typischen internen Meeting:

Effektive Verantwortlichkeits-Besprechungen (Triage-Berichterstattung)	Typische interne Meetings
Schneller Bericht über die entscheidendsten Punkte	»Todesmarsch« durch den Raum, wobei die Leute Druck verspüren, zu reden, während alle anderen sich ausklinken
Betrachtung des Scoreboards	Kein Mess-System für die Fortschritte
Nachfassen	Kein Nachfassen
Gegenseitige Verantwortlichkeit	Nur die Manager machen die Leute verantwortlich
Offener Bericht über die Schwierigkeiten und Misserfolge	Die Leute verheimlichen ihre Schwierigkeiten und Fehlschläge
Feiern der Erfolge	Fokussierung nur auf die Probleme

Tab. 7

Dritte Alternativen finden: Bei effektiven Verantwortlichkeits-Besprechungen gibt es eine intensive Fokussierung darauf, wie die Schlüsselziele erreicht werden können. Das Grundprinzip lautet: Um Ziele zu erreichen, die wir noch nie erreicht haben, müssen wir Dinge machen, die wir noch nie gemacht haben. Das bedeutet, dass wir ständig nach neuen, besseren Verhaltensweisen suchen, die uns zum Ziel bringen. Deshalb müssen wir dritte Alternativen finden – Handlungsweisen, die besser als meine und Ihre sind, das Ergebnis *unseres* gemeinsamen Nachdenkens. Wir können nur Synergie schaffen, wenn wir unsere Vielfalt, die Unterschiede zwischen uns, respektieren. Genauer gesagt: Wir schätzen die individuellen Unterschiede, sind uns jedoch in Bezug auf das Leitbild, die Werte, die Vision und die absolut wichtigen Ziele *einig*.

Bei solchen Besprechungen kommt es häufig zum Brainstorming. Zudem wird ausreichend Zeit für den kreativen Dialog vorgesehen. Tabelle 8 zeigt die Hauptunterschiede zwischen den typischen internen Meetings und effektiven Verantwortlichkeits-Besprechungen:

Effektive Verantwortlichkeits-Besprechungen (Suche nach dritten Alternativen)	Typische interne Meetings
Wirksame synergetische Lösung von Problemen	Nur Gerede, kein Handeln
Erzeugung neuer, besserer Ideen (1 + 1 = 3, 10, 100 oder noch mehr)	Keine Zeit und Umgebung für einen kreativen Dialog; Konsens und Kompromisse unter Zwang
Weisheit der Gruppe	Das »einsame Genie«

Tab. 8

Den Weg frei machen: Effektive Führung besteht zum Großteil darin, Hindernisse aus dem Weg zu räumen und Systeme, Prozesse und Strukturen so auszurichten, dass andere ihre Ziele erreichen können. Bei einem wirklich auf einer Gewinn / Gewinn-Leistungsvereinbarung beruhenden Prozess macht die Führungskraft den Weg frei. Sie tut alles, um es den Mitarbeitern zu ermöglichen, die vereinbarten Ziele zu erreichen. Natürlich macht nicht nur die Führungskraft den Weg für andere frei, sondern das ist die Aufgabe von allen.

Bei effektiven Verantwortlichkeits-Besprechungen hört man daher oft: »Wie kann ich Ihnen den Weg freimachen?«, »Ich schlage mich gerade mit einem Problem herum und brauche Hilfe.« oder »Was können wir tun, um Ihnen zu helfen, das zu schaffen?«. In Tabelle 9 wird noch einmal die effektive Verantwortlichkeits-Besprechung dem typischen internen Meeting gegenübergestellt:

Effektive Verantwortlichkeits-Besprechungen (Den Weg frei machen)	Typische interne Meetings
Ein einziger Federstrich von mir erspart Ihnen stundenlange Arbeit	Wegen Hindernissen, die man nicht selbst überwinden kann, feststecken
Wir sitzen alle im selben Boot	Jeder steht allein
Zugeben, dass Sie Hilfe brauchen, und darum bitten	Angst davor haben, zuzugeben, dass Sie Hilfe brauchen

Tab. 9

Das ist *Koordinator-Sein* an der vordersten Front des Handelns.

Institutionalisierung der Umsetzung

Gewöhnlich gilt die erfolgreiche Umsetzung als variabler Prozess, den nur wenige Spitzenleute beherrschen. Die 4 Disziplinen geben Ihnen eine Methode an die Hand, mit der eine nachhaltige Umsetzung vorhersehbar, lehrbar und wiederholbar wird. Unsere Forschungen und unsere Erfahrungen haben gezeigt: Teams, Abteilungen und Organisationen, die diese 4 Disziplinen nutzen, haben eine viel größere Fähigkeit, immer wieder die obersten Prioritäten erfolgreich umzusetzen.* Woran das liegt? Mithilfe der 4 Disziplinen wird die Umsetzung institutionalisiert. Sie hängt nicht mehr vom Glück oder vom Einfluss einiger herausragender Führungskräfte ab. Aber wie schafft man es, eine Umsetzungskultur fest in seiner Organisation zu verankern? Der Schlüssel zur Institutionalisierung liegt in der regelmäßigen Messung.

* Weitere Informationen zur Institutionalisierung der 4 Disziplinen erfolgreicher Umsetzung in Ihrem Team oder Ihrer Organisation finden Sie in Anhang 3.

Der Umsetzungsquotient (xQ)

Organisationen brauchen eine neue Möglichkeit, ihre kollektive Fähigkeit zur »Fokussierung und Umsetzung« abzubilden und zu messen. Wir haben diese Lösung entwickelt und nennen sie *xQ*. Das steht für Execution Quotient oder *Umsetzungsquotient*. Wie IQ-Tests Lücken im Hinblick auf die Intelligenz zeigen, so deckt der xQ die Schwachstellen bei der Umsetzung auf. Er zeigt, wie groß die Lücke zwischen dem Setzen eines Ziels und seiner tatsächlichen Erreichung ist. Der xQ ist ein zukunftsorientierter Indikator für die Fähigkeit von Organisationen, ihre wichtigsten Ziele umzusetzen. Man braucht also nicht mehr auf die vergangenheitsbezogenen Daten, Zahlen und Fakten zu warten, um zu erfahren, ob man Erfolg hatte oder nicht. Wie Sie den xQ Ihrer Organisation messen? Das ist ganz einfach. Dazu haben wir mit großer Sorgfalt 27 Fragen an Ihre Mitarbeiter entwickelt. Sie helfen Ihnen, den xQ Ihrer Organisation zu ermitteln. Ihre Beantwortung nimmt ungefähr eine Viertelstunde in Anspruch. Danach wissen Sie, wie es um diesen wichtigen zukunftsorientierten Indikator in Ihrem Unternehmen bestellt ist.*

Können Sie sich vorstellen, wie wirkungsvoll es ist, alle drei bis sechs Monate von der untersten Ebene an eine xQ-Befragung durchzuführen? Wenn Sie ein zutreffendes Bild davon bekommen, wie stark die Fokussierung und die Umsetzung in Ihrer Organisation sind? Man kann das formell, aber auch informell machen. Der Unterschied zwischen dem formellen und dem informellen Zusammentragen von Informationen ist umso geringer, je reifer eine Organisationskultur wird. Auf Grundlage des xQ-Fragebogens bekommt die Ausrichtung der Ziele zwischen den Teams und Abteilungen von der untersten Ebene an einen starken kulturellen Anstoß. Dann stehen die entscheidenden strategischen Prioritäten immer im Fokus, sodass sie auch umgesetzt werden. Dadurch wird das Modell des Zeitalters der Wissensarbeiter ins Zeitalter der Weisheit transportiert

Finden Sie Ihre innere Stimme und inspirieren Sie andere dazu, ihre innere Stimme zu finden: Sicher erkennen Sie jetzt allmählich, dass man den 8. Weg auch anders formulieren könnte. Nämlich so:

---

* In Anhang 4 finden Sie eine eingehendere Zusammenfassung der Ergebnisse der Studie von Harris Interactive, bei der 23 000 Führungskräfte, Manager und andere Beschäftigte den xQ-Fragebogen ausfüllten.

»Nutzen Sie das auf Befähigung abzielende Modell des Wissensarbeiters und der ganzen Person. Wenden Sie die 7 Wege (persönliche Größe), die 4 Rollen effektiver Führung (Größe bei der Führung) und die 6 Prinzipien oder Treiber der Umsetzung (Größe von Organisationen) auf dieses Modell an.«

Nun kommen wir zum Gipfel des 8. Weges: der weisen Benutzung unserer inneren Stimmen, um anderen zu dienen.

Frage & Antwort

Was ist der Unterschied zwischen dem, was Sie traditionell als die fünf Elemente guter Gewinn / Gewinn-Vereinbarungen gelehrt haben, und den 4 Disziplinen erfolgreicher Umsetzung?

Auf der Ebene des Grundprinzips gibt es keinen Unterschied. Der Unterschied liegt einerseits in der Semantik, also in der Art und Weise, wie die Wörter benutzt und definiert werden. Andererseits im Gesamtkontext, in den die 4 Disziplinen gestellt werden. Das möchte ich jetzt noch ausführlicher erläutern. Die fünf Elemente guter Gewinn / Gewinn-Vereinbarungen sind:

1. Gewünschte Ergebnisse
2. Richtlinien
3. Ressourcen
4. Verantwortlichkeit
5. Konsequenzen

Die *gewünschten Ergebnisse* und die *Richtlinien* werden im Wesentlichen von den beiden ersten Umsetzungsdisziplinen umfasst – der Etablierung der absolut wichtigen Ziele und eines überzeugenden Scoreboards. Wir haben ja darüber gesprochen, dass die Ziele und die Mittel untrennbar sind. Das heißt: Wenn es auf prinzipienzentrierte Weise erfolgt, kann das Erreichen der gewünschten Ergebnisse mit dem Erreichen der absolut wichtigen Ziele verknüpft werden.

Das dritte Element von Gewinn / Gewinn-Vereinbarungen, die *Ressourcen,* ist implizit Bestandteil der 3. Umsetzungsdisziplin. Denn hier steht die Unterteilung großer Ziele in konkrete Schritte im Mittelpunkt.

Verantwortlichkeit und *Konsequenzen:* Um das vierte und fünfte Element von Gewinn / Gewinn-Leistungsvereinbarungen geht es explizit bei der 4. Disziplin. Dabei nimmt man sich ständig gegenseitig in die Pflicht. Als natürliches Ergebnis der Verantwortlichkeit sind auch die Konsequenzen einbezogen.

Der große Vorteil des Modells der 4 Disziplinen für die erfolgreiche Umsetzung und die Befähigung von Teams liegt in seinen Grundlagen. Es beruht auf durch Forschungen gestützten Studien zu den Schwachstellen bei der Umsetzung. Und der größere Kontext? Er beschreibt, wie das Modell des Industriezeitalters diese Umsetzungslücken hervorruft und wie das Modell des Zeitalters der Wissensarbeiter sie schließt.

KAPITEL 15

Weise Nutzung unserer inneren Stimmen, um anderen zu dienen

Ich bin kein junger Mann mehr voller Energie und Vitalität ... Ich gebe mich gern der Meditation und dem Gebet hin. Es würde mir gefallen, im Schaukelstuhl zu sitzen, Tabletten und Pülverchen zu schlucken, sanfte Musik zu hören und über die Dinge des Universums nachzudenken. Doch solche Aktivitäten bieten keine Herausforderung und leisten keinen Beitrag. Ich möchte auf den Beinen sein und etwas tun. Ich möchte jedem Tag mit Entschlossenheit und einem Zweck entgegentreten. Ich möchte jede wache Stunde nutzen, um andere zu ermutigen, um jene zu segnen, deren Last schwer ist, um den Glauben und die Stärke des Zeugnisses aufzubauen. Die Anwesenheit wunderbarer Menschen stimuliert das Adrenalin. Was mir Energie verleiht, ist der Ausdruck der Liebe in ihren Augen.

GORDON B. HINCKLEY (92 JAHRE)[1]

Ich schlief und träumte, das Leben sei Freude. Ich erwachte und sah, das Leben war Dienst. Ich handelte und der Dienst war Freude.

RABINDRANATH TAGORE

Ich bin überzeugt, dass es die gemeinsame Pflicht der Menschheit ist, nützliche Dienste zu leisten, und dass nur im läuternden Feuer des Opfers die Schlacke der Selbstsucht verzehrt und die Größe der menschlichen Seele freigesetzt wird.

JOHN D. ROCKEFELLER JR.[2]

Woher kommt der innere Antrieb, um 1. die innere Stimme zu finden und 2. andere dazu zu inspirieren, ihre innere Stimme zu finden? Er entstammt einem einzigen großen, alles überspannenden Zweck: den Menschen zu dienen und ihre Bedürfnisse zu erfüllen. Dieser Zweck ist zugleich das beste Mittel, um beides zu erreichen. Was ich damit meine? Wenn wir keine Bedürfnisse anderer erfüllen, erweitern und entwickeln wir unsere Freiheit, zu wählen, nicht so, wie wir es sonst könnten. Doch wenn wir uns anderen schenken, wachsen wir auf der persönlichen Ebene immer mehr. Unsere Beziehungen werden besser und vertiefen sich, sobald wir gemeinsam versuchen, unserer Familie, anderen Familien, einem Unternehmen oder der Gesellschaft zu dienen.

Zunächst, als Student, wollte ich nur Freiheit für mich selbst – die flüchtigen Freiheiten, nachts außer Haus bleiben zu können, zu lesen, was ich wollte, und zu gehen, wohin mir der Sinn stand. Später dann, als junger Mann in Johannesburg, sehnte ich mich nach den grundlegenden, ehrenhaften Freiheiten, meine Möglichkeiten auszuschöpfen, meinen Lebensunterhalt zu verdienen, zu heiraten und eine Familie zu gründen. Ich sehnte mich nach der Freiheit, nicht in einem gesetzmäßigen Leben behindert zu werden. Doch dann erkannte ich allmählich, dass nicht nur ich nicht frei war, sondern dass auch meine Brüder und Schwestern nicht frei waren … Da wurde der Hunger nach meiner eigenen Freiheit zu dem größeren Hunger nach der Freiheit meines Volks.

Es war diese Sehnsucht nach der Freiheit meines Volkes, in Würde und Selbstachtung zu leben, die mein Leben beseelte; die einen erschreckten jungen Mann in einen kühnen verwandelte; die einen gesetzestreuen Anwalt zu einem Kriminellen machte; die einen Ehemann, der seine Familie liebte, in einen Mann ohne Heim und Heimat verwandelte … Ich bin nicht tugendhafter oder selbstaufopfernder als der Mann neben mir. Doch ich konnte nicht einmal die ärmlichen, begrenzten Freiheiten genießen, die mir gewährt wurden, als ich sah, dass mein Volk nicht frei war.

NELSON MANDELA[3]

Organisationen werden gegründet, um Menschen zu dienen und ihre Bedürfnisse zu erfüllen. Das ist der einzige Grund für ihre Existenz. In seinem Essay »Die Institution als Diener« wendet Robert K. Greenleaf das Konzept der Verantwortung auf eine Organisation an.

> *Der Dienst ist die Miete, die wir dafür zahlen, in dieser Welt zu leben.*
>
> NATHAN ELDON TANNER[4]

Willis Harmon, Mitbegründer der World Business Academy, formulierte seine Ansicht zur Institution der Wirtschaft so:

> *Die Wirtschaft ist zur mächtigsten Institution auf diesem Planeten geworden. Die dominierende Institution muss in jeder Gesellschaft die Verantwortung für das Ganze übernehmen. Die Wirtschaft aber kennt diese Tradition nicht. Das ist eine neue Rolle, die noch nicht gut verstanden und akzeptiert wird. Von Anfang an verließ man sich auf das Konzept des Kapitalismus und des freien Unternehmertums. Man ging davon aus, dass die Aktionen der individuellen Unternehmenseinheiten – auf die Kräfte des Marktes reagierend und von der »unsichtbaren Hand« Adam Smith' geleitet – schon irgendwie die gewünschten Ergebnisse bringen würden. Im letzten Jahrzehnt des 20. Jahrhunderts wurde jedoch deutlich, dass die »unsichtbare Hand« ihre Kraft verlor. Sie hing von universellen Bedeutungen und Werten ab, die es nicht mehr gibt. Daher muss die Wirtschaft eine Tradition übernehmen, die sie in der gesamten Geschichte des Kapitalismus noch nie hatte: gemeinsam die Verantwortung für das Ganze zu tragen. Jede Entscheidung und jede Handlung muss im Lichte dieser Verantwortung betrachtet werden.*

Das Zeitalter der Weisheit

Ich bin überzeugt, dass dieses Jahrtausend das Zeitalter der Weisheit werden *wird*. Das geschieht entweder durch die Kraft der Umstände, die die Leute bescheiden macht, oder durch die Kraft des Gewissens – vielleicht auch durch beides.

Denken Sie noch einmal an die fünf Zeitalter der Zivilisation. Die Technologie des Zeitalters der Jäger und Sammler wurde durch Pfeil und Bogen symbolisiert und die des Zeitalters der Landwirtschaft durch bäuerliche Gerätschaften. Weitere Symbole waren eine Fabrik für das Industriezeitalter, der Mensch für das Zeitalter der Informationen und der Wissensarbeit und der Kompass für das Zeitalter der Weisheit. Der Kompass steht dafür, dass wir unsere Richtung und unseren Zweck selbst wählen. Wir können uns dafür entscheiden, den Naturgesetzen oder Prinzipien zu gehorchen. Sie sind gleichsam der magnetische Norden. Denn sie ändern sich nie und sind universell, zeitlos und offensichtlich.

Wie bereits erwähnt verlieren bei jeder Verschiebung der Infrastruktur letztlich über 90 Prozent der Leute ihre Arbeit. Ich denke, dass das auch beim Übergang vom Industriezeitalter zum Zeitalter der Informationen und der Wissensarbeit passieren wird. Die Leute verlieren entweder ihre Arbeit oder werden durch die Anforderungen ihrer neuen Jobs allmählich zu Wissensarbeitern. Ich persönlich glaube: Das Wissen und die Fähigkeiten von über 20 Prozent der gegenwärtigen Arbeitskräfte entsprechen nicht den Anforderungen des Wissenszeitalters. Und schon in den nächsten Jahren werden weitere 20 Prozent dazu kommen, deren Qualifikation nicht ausreicht, um im Wissenszeitalter bestehen zu können. Was also tun? Wer seinen Job behalten will, der muss sich auf die neuen Anforderungen einstellen und sich neu erfinden.

Der Übergang vom Zeitalter der Informationen ins Zeitalter der Wissensarbeit vollzieht sich mit enorm hoher Geschwindigkeit. Mit diesen rasanten Veränderungen können wir nur Schritt halten, wenn wir ständig in unsere Weiterbildung und unser Training investieren. Ein großer Teil der Leute wird eine sehr kalte Dusche abbekommen. Doch das kann man verhindern. Dazu sind vorausschauendes Handeln, Disziplin und kontinuierliche Weiterbildung nötig. Es gilt, sein Wissen systematisch auszubauen und sich die nötigen Denkweisen und Fähigkeiten anzueignen, um sich an die Gegebenheiten des neuen Zeitalters anzupassen. Wir können darauf hoffen, dass dann allmählich das Zeitalter der Weisheit heraufzieht. Denn hier sind die Informationen und das Wissen von einem Zweck und von Prinzipien durchdrungen.

Wo finden wir Weisheit?

Wir alle wissen, dass Informationen keine Weisheit sind. Klar ist auch, dass Wissen keine Weisheit ist.

Vor vielen Jahren war ich Dozent an einer Universität und arbeitete gleichzeitig an meiner Doktorarbeit. Eines Tages sagte ich zum Inhaber des Lehrstuhls, mit dem ich befreundet war: »Ich möchte meine Dissertation gern zum Thema ›Motivation und Führung‹ schreiben – eine philosophische Abhandlung, keine empirische Studie.«

Er erwiderte: »Stephen, du weißt nicht einmal genug, um die richtigen Fragen zu stellen!« Mit anderen Worten: Mein Wissensniveau war bei Weitem nicht ausreichend für die Beschäftigung mit den Fragen, die ich dann hätte klären müssen. Das war ein emotional sehr traumatisches Erlebnis für mich. Mein Herz und mein Verstand drängten mich zu einer philosophischen und nicht zu einer naturwissenschaftlichen Betrachtung. Doch damit musste ich mich schließlich begnügen. Ich hatte gedacht, dass die informelle philosophische Ausbildung, die ich während meines Betriebswirtschaftsstudiums erhalten hatte, ausreichen würde. Erst Jahre später erkannte ich, dass mein Freund damals recht hatte. Das war eine Erfahrung, die mich sehr bescheiden machte.

Diese Lektion in Bescheidenheit war der Ausgangspunkt für viele wertvolle Erkenntnisse und Einsichten, die ich in den folgenden Jahren gewann. Im Laufe der Zeit lernen wir: *Je mehr wir wissen, desto mehr wissen wir, wie viel wir nicht wissen.* Sehen Sie sich dazu bitte die Abbildung 15.1 an: Der Kreis steht für Ihr Wissen. Das, was Sie nicht wissen, befindet sich am äußeren Rand dieses Kreises.

»Bildung ist die fortschreitende Entdeckung unseres Nicht-Wissens.« Will Durant

Abb. 15.1

Abb. 15.2

Wenn unser Wissen zunimmt, was passiert dann mit unserem Nicht-Wissen? Es nimmt natürlich ebenfalls zu – zumindest wächst unser Bewusstsein darüber, was wir alles nicht wissen. Das können Sie sehr gut in Abbildung 15.2 sehen. Je mehr wir also wissen, desto mehr erkennen wir, wie viel wir nicht wissen. Aber was wäre, wenn Sie einem Zweck dienen würden, der größer ist als Ihr Wissen? Der außerhalb Ihrer Komfortzone liegt? Das würde echte Bescheidenheit hervorrufen und den Wunsch wecken, sich bei anderen – in einer Partnerschaft oder einem Team – Hilfe zu holen. Die erfolgreiche Zusammenarbeit mit anderen macht das eigene Wissen und die eigenen Fähigkeiten produktiv. Um das zu erreichen, ist der Aufbau eines sich untereinander ergänzenden Teams nötig. In so einem Team findet man das Wissen und die Fähigkeiten, die das eigene Nicht-Wissen und die eigenen Schwächen ausgleichen und sie belanglos machen. Genau so sollte es sein!

Dieses Bewusstsein sollte unsere innere Verpflichtung auf lebenslanges, von Mentoren begleitetes Lernen noch größer machen. Das gilt besonders für Gebiete, die so wichtig sind wie das persönliche Wachstum, die Beziehungen zu andern und die Führung. Ich glaube, dass wir nur dann echte Weisheit besitzen, wenn unser Wissen von lohnenden Zwecken und Prinzipien durchdrungen ist.

In gewissem Sinne schrumpft das Wissen, wenn die Weisheit wächst. Dann werden immer mehr Details von Prinzipien überlagert. Das Detailwissen, das wichtig ist, wird ad hoc in jeder Lebenssituation aufgenommen. Endgültig aber besitzen wir Weisheit, wenn wir es uns zur Gewohnheit gemacht haben, gut verstandene Prinzipien aktiv zu nutzen.

ALFRED NORTH WHITEHEAD5

Man könnte es auch so ausdrücken: Weisheit ist die Tochter der Integrität. Integrität wiederum ist die Tochter von Bescheidenheit und Mut. Wir könnten sogar sagen, dass Bescheidenheit die höchste und damit die Mutter aller Tugenden ist. Denn sie erkennt an, dass es Naturgesetze oder Prinzipien gibt, die über das Universum herrschen. Es geht nach ihnen, nicht nach uns. Der Stolz lehrt uns, dass *wir* die Kontrolle haben. Die Bescheidenheit lehrt uns, die *Prinzipien* zu verstehen und nach ihnen zu leben, weil sie letztendlich die Konsequenzen unserer Handlungen bestimmen. Wenn Bescheidenheit die Mutter der Weisheit ist, ist der Mut ihr Vater. Nach diesen Prinzipien zu leben, wenn sie im Widerspruch zu den Sitten, Normen und Werten der Gesellschaft stehen, erfordert nämlich ungeheuer viel Mut.

Mut bedeutet nicht, keine Angst zu haben, sondern die Erkenntnis, dass etwas anderes wichtiger ist als die Angst.

AMBROSE REDMOON

In Abbildung 15.3 werden die drei Generationen des prinzipienzentrierten Lebens und das jeweilige Gegenteil grafisch dargestellt.

Integrität hat also zwei Kinder: Weisheit und Überfluss-Mentalität. Weisheit erlangen die Menschen, die ihr Gewissen erforschen und ihm folgen. Die Überfluss-Mentalität entsteht, weil aus Integrität innere Sicherheit erwächst. Wenn jemand sein Selbstwertgefühl nicht von äußeren Beurteilungen und Vergleichen abhängig macht, kann er sich ehrlich über die Erfolge anderer freuen. Ganz anders sieht es da bei denjenigen aus, deren Identität auf Vergleichen basiert. Sie können

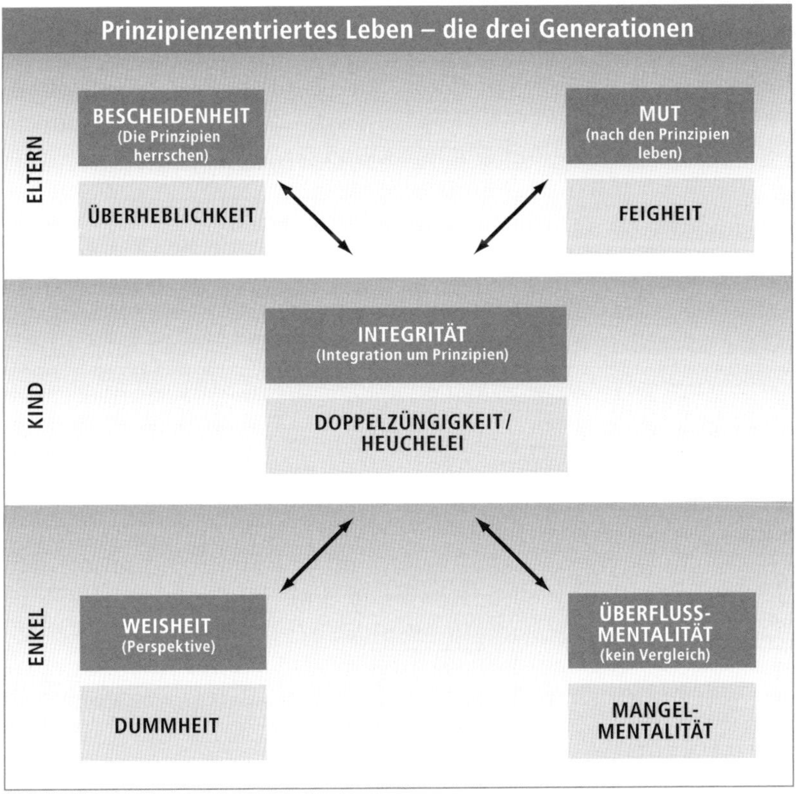

Abb. 15.3

sich einfach nicht freuen, wenn andere Erfolg haben. Sie handeln aus einer emotionalen Unzulänglichkeit heraus.

Auf Weisheit und Überfluss-Mentalität basieren die Paradigmen, über die ich in diesem Buch spreche: Paradigmen, die uns dazu führen, an die Menschen zu glauben, ihren Wert und ihr Potenzial zu bestätigen, und im Sinne von Befähigung zu denken, nicht von Kontrolle. Diese Kombination von Weisheit und Überfluss-Mentalität respektiert die Kraft und die Fähigkeit der Menschen, zu wählen. Und sie akzeptiert die Tatsache, dass wahre Motivation von innen kommt. Menschen, die sich durch Weisheit und eine Überfluss-Mentalität auszeichnen, versuchen nicht, andere zu managen, zu kontrollieren oder zu motivieren. Sie inspirieren, statt zu fordern. Sie kontrollieren Dinge, doch Menschen führen und befähigen sie. Sie haben keine Nullsummen-Mentalität. Sie suchen immer nach der dritten Alternative – nach dem höheren mittleren Weg. Sie sind von Dankbarkeit, Ehrfurcht und Respekt für alle Menschen erfüllt. Sie betrachten das Leben als ein Füllhorn von Ressourcen – besonders von menschlichen Ressourcen für immer neue Chancen und fortwährendes Wachstum.

Moralische Autorität und Führen durch Dienen

> *Du tatest nicht genug, hast nie genug getan, solange die Möglichkeit besteht, dass etwas an dir von Wert sein kann.*
>
> DAG HAMMARSKJÖLD[6]

Weisheit ist die Nutzung von Wissen zum Wohl anderer; Weisheit sind Informationen und Wissen, die von einem höheren Zweck und Prinzipien durchdrungen sind. Die Weisheit lehrt uns, alle Menschen zu respektieren, ihre Unterschiede zu schätzen und uns nur von einer einzigen Ethik leiten zu lassen: *Der Dienst kommt vor dem Ich!* Moralische Autorität ist *primäre Größe* – Charakterstärke. Formale Autorität ist *sekundäre Größe* – Position, Reichtum, Talent, Image, Beliebtheit.

> *Wenn ich auf mein Leben zurückblicke, was ich manchmal tue, fällt mir eins besonders auf: Das, was mir einst bedeutsam und verlockend schien, kommt mir heute völlig sinnlos und absurd vor. Beispielsweise der Erfolg mit seinen vielen verschiedenen Gesichtern: Bekannt zu sein und gerühmt zu werden; scheinbare Freuden wie Geld anzuhäufen; Frauen zu verführen; zu reisen und in der Welt herumzukommen; sich in ihr nach oben und nach unten zu bewegen wie der Satan und alles zu erklären und zu erleben, was der Jahrmarkt der Eitelkeit zu bieten hat. Im Rückblick wirken all diese Übungen zur Selbstbefriedigung wie Hirngespinste, wie das, was Pascal »an der Erde lecken« nannte.*
>
> MALCOLM MUGGERIDGE[7]

Wissen Sie, was das Interessante an der moralischen Autorität ist? Sie ist ein großes Paradoxon! Die Lexika verwenden für Autorität Begriffe wie Kontrolle, Macht, Beeinflussung, Herrschaft, Überlegenheit, Beherrschung, Stärke, Ansehen. Das Gegenteil aber sind Höflichkeit, Schwäche, Unterwürfigkeit, Knechtschaft. Für mich ist moralische Autorität das Gewinnen von Einfluss durch die Einhaltung von Prinzipien. Moralische Herrschaft gewinnt man, indem man sich in den Dienst anderer stellt und Beiträge leistet. Macht und moralische Überlegenheit erwachsen aus Bescheidenheit: Der Größte wird zum Diener aller. Robert K. Greenleaf war der Begründer der modernen Servant Leadership Bewegung. Zum Thema Führen durch Dienen sagte er:

> *Es zeigt sich ein neues Moralprinzip, das nur eine Autorität kennt, die unsere Loyalität verdient. Es ist die Autorität, die die Geführten der Führungspersönlichkeit aus freien Stücken und bewusst zugestehen – als Reaktion auf ihre offensichtliche Größe als Diener... Diejenigen, die sich dafür entscheiden, dieses Prinzip zu befolgen, werden die Autorität der bestehenden Institutionen nicht einfach so akzeptieren. Sie werden vielmehr von sich aus nur auf Menschen reagieren, die zum Führer auserwählt wurden, weil sie sich als Diener erwiesen und bewährt haben. Wenn dieses Prinzip sich durchsetzt, werden nur jene Institutionen wirklich lebensfähig sein, die vorwiegend von Dienern geführt werden.*[8]

Ich habe die Erfahrung gemacht, dass die wahren Spitzenleute wirklich großer Organisationen durch Dienen führen. Sie sind die Bescheidensten, Ehrfurchtsvollsten, Offensten, Gelehrigsten, Respektvollsten, Fürsorglichsten. Ich habe ja schon auf das fünfjährige Forschungsprojekt von Jim Collins verwiesen. Der Mitautor des Bestsellers *Immer erfolgreich* und Verfasser des Ratgebers *Der Weg zu den Besten* hat sich intensiv mit folgender Frage beschäftigt: Wie schaffen Unternehmen, die zunächst einfach nur gut sind, den Sprung zu den besten? Seine Schlussfolgerung sollte unser Denken im Hinblick auf die Führung grundlegend verändern. Die 5. Ebene der Führung beschreibt er so:

> *Die Unternehmensführer, die wirklich etwas bewegen, zeichnen sich durch eine außergewöhnliche Mischung von persönlicher Bescheidenheit und professionellem Willen aus. Sie sind schüchtern und wild entschlossen. Scheu und furchtlos. Sie sind sehr selten zu finden – und nichts und niemand kann sie aufhalten ... Transformationen guter*

Unternehmen zu den besten sind ohne Führungspersönlichkeiten der 5. Ebene am Ruder definitiv nicht möglich.[9]

Wenn Leute mit formaler Autorität oder positionsbedingter Macht beides nur im äußersten Notfall einsetzen, wächst ihre moralische Autorität. Denn dadurch wird offensichtlich, dass sie ihr Ego und ihre positionsbedingte Macht zurückstellen und stattdessen auf Argumente, Überzeugungskraft, Freundlichkeit, Einfühlungsvermögen und Vertrauenswürdigkeit setzen. In *Leading Beyond the Walls* stellt Collins dieses Prinzip in einen breiteren Unternehmenskontext:

> *Erstens müssen die Führungskräfte das Innen und Außen des Unternehmens definieren – und zwar über die Kernwerte und den Kernzweck, nicht über die traditionellen Grenzen. Zweitens müssen sie Verbindungs- und Verpflichtungsmechanismen aufbauen, die in der Freiheit, zu wählen, verwurzelt sind, anstatt sich auf Zwangs- und Kontrollsysteme zu verlassen. Drittens müssen sie die Tatsache akzeptieren, dass wahre Führung umgekehrt proportional zur Ausübung von Macht ist. Viertens schließlich müssen sie sich der Realität stellen, dass die traditionellen Grenzen jetzt zerfallen und dass dieser Trend sich noch beschleunigen wird.*[10]

Großes Chaos, Verwirrung und Kampf ums Überleben: Es gibt turbulente Zeiten, in denen man die starke Hand der formalen Autorität braucht, um die Dinge wieder ins richtige Fahrwasser zu bringen. Dann muss man das Unternehmen auf eine neue Ordnungs- und Stabilitätsebene heben oder an einer neuen Vision ausrichten. Wenn Führungskräfte ihre formale Autorität aber zu früh einsetzen, werden sie ihre moralische Autorität dadurch meist schmälern. Wer seine Stärke aus seiner Position zieht, baut an drei Stellen Schwäche auf: in sich selbst, weil er keine moralische Autorität gewinnt; in den anderen, weil es zu Ko-Dependenz kommt; und in der Qualität der Beziehung, weil nie wirkliche Offenheit und Vertrauen entstehen.

> *Am deutlichsten zeigt sich der Charakter nicht im Unglück, sondern wenn wir den Leuten Macht geben.*
>
> ABRAHAM LINCOLN

Abb. 15.4

Im Allgemeinen *bekommen* Menschen mit großer moralischer Autorität irgendwann auch formale Autorität. Ein Beispiel dafür ist Nelson Mandela, der Vater des neuen Südafrika. Allerdings ist das nicht immer der Fall. Ein Beispiel dafür ist Mahatma Gandhi, der Vater des neuen Indien.

Außerdem werden diejenigen, die formale Autorität besitzen und sie prinzipienzentriert nutzen, fast immer feststellen, dass ihr Einfluss exponentiell wächst. Ein Beispiel dafür ist George Washington, der Vater der Vereinigten Staaten von Amerika.

Wieso steigert moralische Autorität die Effektivität der formalen

Autorität und Macht exponentiell? Abhängige Menschen sind sehr empfänglich dafür, wenn jemand auf seine Entscheidungsbefugnis pocht. Andererseits sind sie sehr offen für Geduld, Freundlichkeit, Sanftheit, Einfühlsamkeit und behutsame Überzeugung. Diese Charakterstärke spricht ihr Gewissen an. Dadurch entsteht eine emotionale Identifikation mit der Führungspersönlichkeit und der Sache oder den Prinzipien, für die sie steht. Wenn dann auch noch formale Autorität oder positionsbedingte Macht eingesetzt wird, folgen die Leute aus den richtigen Gründen – aus echter innerer Verpflichtung und nicht aus Angst. In diesem Fall haben wir es mit einer Form der dritten Alternative zu tun.

Abb. 15.5

Die Verbindung hoher Standards, starker Werte und konsequenter Disziplin mit bedingungsloser Liebe, tiefer Einfühlsamkeit und viel Freude ist auch der wahre Schlüssel zur Elternschaft – der wohl höchsten Verantwortung in unserem Leben. Oder anders ausgedrückt: Der größte Prüfstein für die Elternschaft und die wichtigste Voraussetzung zum Aufbau einer gesunden Familienkultur besteht darin, wie wir diejenigen behandeln, die uns am stärksten auf die Probe stellen.

In wirtschaftlich schwierigen und beunruhigenden Zeiten fürchten viele Menschen um ihre finanzielle Sicherheit. Deshalb neigen sie dazu, zum Modell des Industriezeitalters zurückzukehren. Mit diesem Modell fühlen sie sich einfach sicherer. Zudem tendieren sie dazu, abhängiger zu werden und verstärkt auf die Führung durch Anordnungen und Kontrolle anzusprechen. Doch gerade in unsicheren Zeiten entfaltet das Modell des Wissensarbeiters seine größte Wirkung und Kraft. Denn jetzt gilt es mehr für weniger zu produzieren.

Mehr für weniger kann man nur produzieren, wenn das menschliche Potenzial in der *ganzen* Organisation freigesetzt und genutzt wird. Man darf nicht wieder in den alten Fehler verfallen, sämtliche wichtigen Entscheidungen von den Leuten an der Spitze treffen zu lassen und alle anderen zu bloßen Handlangern zu machen. In unserer modernen, harten Zeit funktioniert das einfach nicht mehr.

Kurz gesagt: Bei schlechter Wirtschaftslage könnten wir auf die Eselstechnik, auf die Motivation durch Zuckerbrot und Peitsche, zurückgreifen. Schließlich hat sie sich ja bewährt. Sie könnte uns vielleicht das Überleben sichern. Doch sie wird keine optimalen Ergebnisse bringen.

In Tabelle 10 werden die Unterschiede zwischen Führung durch die Position (formale Autorität) und Führung durch freie Wahl (moralische Autorität) gegenübergestellt.

Führung als …	
Position (formale Autorität)	**Wahl (moralische Autorität)**
Macht schafft Recht	Das Recht schafft Macht
Loyalität über Integrität	Integrität ist Loyalität
Sich anpassen, um durchzukommen	Standhafte Ablehnung
»Falsch« ist, sich erwischen zu lassen	»Falsch« ist, etwas Falsches zu tun
Die Leute an der Spitze verschreiben sich ihm nicht	Ethos, Pathos, Logos
Die Leute an der Spitze leben es nicht vor	Ein Vorbild sein, kein Kritiker
Nur das Image zählt …	»Sein, nicht scheinen«
»Das hat mir niemand gesagt!«	Fragen; Vorschläge machen
»Ich habe gemacht, was Sie mir gesagt haben; es hat nicht funktioniert. Was jetzt?«	»Ich habe … vor.«
Es gibt nicht genug	Es gibt mehr als genug

Tab. 10

Ob *ohne* formale, nur mit moralischer oder mit moralischer *und* formaler Autorität, ob Staatsoberhäupter, militärische Führer oder andere:

Lassen Sie uns nun gemeinsam ansehen, wie Städte und Personen ihre weisen inneren Stimmen nutzen oder genutzt haben, um anderen zu dienen und ihre Bedürfnisse zu erfüllen.

Neue Polizeistrategien in den Städten

Viele Städte in den USA und anderswo auf der Welt konnten die Kriminalitätsrate durch die Mitwirkung der Bürger um bis zu 60 Prozent senken – das ist die dritte Alternative. Die erste Alternative ist, die Polizei das Gesetz einfach durchsetzen zu lassen. Die zweite ist, die Standards für das Verhalten zu senken und mit der »Schwächung der Moral in der Gesellschaft« zu leben. Die dritte Alternative sieht so aus: Moralische Autorität einsetzen, um die Bürger zu ermutigen und zu befähigen, bei der Verhütung von Verbrechen und der Suche nach Kriminellen und ihrer Strafverfolgung eine aktive Rolle zu übernehmen. Wer liefert diese Art von Führung? Die Streifenpolizisten.

Wie schafft man es, dass die Nachbarn, Väter, Mütter, Lehrer und die anderen ganz normalen Bürger Partner der Polizei bei der *Verhütung* von Verbrechen und der Identifizierung von Kriminellen werden? Dazu müssen die Streifenpolizisten »überzeugend gute Leute sein«, so der County Sheriff von Los Angeles, Baca. Wie kann man in den Gettos gesellschaftliche Normen und Sitten etablieren? Und wie kann man keinerlei Toleranz gegenüber Gesetzesverstößen erreichen, sogar im Hinblick auf das verkehrswidrige Überqueren der Straße, und entsprechende Projekte umsetzen? Voraussetzung ist, dass es zu einer emotionalen Bindung zwischen den Leuten und »ihren« Streifenpolizisten kommt. Eine brillante Erkenntnis des großen Soziologen Emile Durkheim lautet: » Wenn die Moral ausreicht, braucht man keine Gesetze. Wenn die Moral aber nicht ausreicht, lassen Gesetze sich nicht durchsetzen.«

Ein Kollege von mir ist fest angestellter Trainer bei der Polizei. Ob Sheriffs, Captains oder Lieutenants: Seine Zuhörer gehören überwiegend zu den formalen Führungskräften. Er fragt sie häufig, wer die wahren Führungskräfte bei der örtlichen Polizei sind. Schnell wird deutlich, dass das die Streifenpolizisten sind. Sie sind diejenigen, die die Familien einbeziehen und von Vertrauen geprägte Beziehungen zu ihnen aufbauen. Denn das ist der Schlüssel, um Verbrechen vorzubeugen und in Stadtvierteln mit vielen Banden, Drogensüchtigen und Dealern, wo Gewaltausbrüche fast an der Tagesordnung sind, die Ordnung aufrechtzuerhalten. Oft setzen die Streifenpolizisten im Dienst ihre eigene Sicherheit auf Spiel. In solchen Situationen funktioniert formale Autorität nicht. Sie wäre sogar kontraproduktiv und würde noch mehr Unstimmigkeiten heraufbeschwören. Nur moralische Autorität führt zu allgemein anerkannten Normen für die Vorbeugung und die Aufklärung von Verbrechen. Wie der gute Hirte aus der Bibel müssen die Streifenpolizisten ihre Schafe kennen. Die Schafe sind den Hirten so wichtig, dass sie bereit sind, ihr Leben für sie zu geben. Deshalb gehen sie voran, und die Schafe folgen ihnen. Bezahlte Schafhirten behaupten zwar auch, die Schafe seien ihnen wichtig. Doch in Wahrheit sind sie nur auf ihren eigenen Vorteil, auf ihren Lohn aus. Sie lassen die Schafe im Stich, wenn sich »Wölfe« nähern. Deshalb müssen sie die Herde von hinten antreiben – mit Zuckerbrot und Peitsche.

Die formalen Führer bei der Polizei sind in Wirklichkeit Manager. Besser gesagt: Sie führen durch Dienen. Sie können helfen, indem sie modernste Technologien einsetzen, um potenzielle Probleme frühzeitig aufzudecken. Dann können die wahren Führungskräfte, die Streifenpolizisten, die Verbrechen schon im Keim ersticken.

Was für ein Konzept! Was für eine Lektion für diejenigen, die glauben, dass allein die Position Führungsstärke verleiht! Das neue Modell sieht die Streifenpolizisten mit ihrer moralischen Autorität als die wahren Führungspersönlichkeiten. Dagegen werden die höheren Ränge als Manager ausgerichteter Systeme betrachtet. Sie sind Führungskräfte, die den Leuten am unteren Ende der Hierarchie dienen. Was für ein Paradigmenwechsel – besonders in diesem so traditionellen, autoritären, hierarchischen und nach dem Modell der Anordnungen und der Kontrolle arbeitenden Bereich!

Das Vorgehen aus dem kommunalen Polizeiwesen ist ein Beispiel für das, was in allen Bereichen gilt: Die wahren Führungspersönlichkeiten sind die Leute am unteren Ende des Meißels; diejenigen, die da sind, wo es wirklich zur Sache geht. Sie müssen auf ihre Kunden oder Klienten – oder wie sie sonst noch genannt werden – Einfluss ausüben. Sie sind die kreativen Problemlöser, die wirklich führen müssen, indem sie Beziehungen aufbauen, in denen Vertrauen herrscht.

Die grundlegende Aufgabe der Polizei besteht darin, Verbrechen und Unordnung zu VERHINDERN. Die Öffentlichkeit ist die Polizei und die Polizei ist die Öffentlichkeit. Beide tragen gemeinsam die Verantwortung für die Sicherheit in den Städten und Gemeinden.

SIR ROBERT PEEL, BEGRÜNDER DES MODERNEN POLIZEIWESENS[12]

Joshua Lawrence Chamberlain

In den Annalen der Militärgeschichte gibt es keine inspirierendere Geschichte über moralische Autorität als die des Bürgerkriegshelden Joshua Lawrence Chamberlain, des Kommandeurs des 20. Maine Infanterieregiments. Chamberlain war Professor am Bowdoin College. Als Abraham Lincoln dringend zusätzliche Leute für die Armee der Nordstaaten brauchte, meldete er sich freiwillig. Er war ein Mann von großer Charakterstärke und tiefer moralischer Überzeugung. Obwohl er so gut wie keine militärischen Kenntnisse hatte, stieg er schnell die Rangleiter hoch.

Berühmt wurde Chamberlain wegen seiner Tapferkeit und seiner Führungsstärke bei der Schlacht von Gettysburg. Dort hatte er seine größte Stunde als Verteidiger des Little Round Top. Chamberlain hatte den Befehl bekommen, die linke Flanke der Potomac-Armee gegen die angreifenden Konföderierten zu sichern. Er und seine Soldaten hielten stand, bis ihnen schließlich die Munition ausging. Dennoch war Chamberlain nicht bereit, zurückzuweichen. Vielmehr befahl er dem Regiment, die Bajonette aufzupflanzen. In seinen Worten klingt das so:

> *In dieser Krise befahl ich das Bajonett. Das Wort reichte aus. Es verbreitete sich wie ein Lauffeuer die ganze Kampflinie entlang – von einem Mann zum anderen. Schließlich erhob es sich zu einem Schrei, mit dem sie sich dem jetzt keine 30 Meter mehr entfernten Feind entgegenstürzten. Das hatte eine erstaunliche Wirkung: Viele in der ersten Linie des Feindes ließen ihre Waffen fallen und ergaben sich. Ein Offizier feuerte mit der einen Hand seine Pistole auf meinen Kopf ab, während*

er mir mit der anderen seinen Säbel überreichte. Wir blieben rechts fest verankert, schwenkten aber links nach vorn. So entstand ein großes »rechts-drehendes Rad«, vor dem die zweite Linie des Feindes zerbrach. Unsere Gegner zogen sich zurück, von einem Baum zum anderen kämpfend, wobei viele gefangen genommen wurden. Schließlich hatten wir alle Feinde aus dem Tal gedrängt und fast vor unserer ganzen Brigade die Front freigemacht.[13]

Viele sind der Ansicht, dass dieser Sieg des reinen Mutes auf dem Little Round Top die Wende in der Schlacht bei Gettysburg und im gesamten Bürgerkrieg brachte. In Würdigung seiner Verdienste überreichte man Chamberlain die Waffen der ersten Südstaaten-Einheit, die sich bei Appomattox ergeben hatte. Bei Kriegsende war er Generalmajor. Später wurde er für seine Leistung auf dem Little Round Top mit der Tapferkeitsmedaille des Kongresses ausgezeichnet.

Jahre später machten seine Freunde und früheren Waffenbrüder ihm als Anerkennung für alles, was er getan hatte, ein ganz besonderes Geschenk: einen prächtigen Grauschimmel. Chamberlain bedankte sich mit der für ihn typischen Bescheidenheit für dieses wundervolle Geschenk, fügte aber hinzu: »Keines der Opfer und keiner der Dienste, die ich gebracht und geleistet habe, verlangt eine andere Belohnung als die, die das Gewissen jedem Menschen gibt, der seine Pflicht erfüllt.«[14]

Präsident Kim Dae-Jung

Ich hatte die Ehre, Kim Dae-Jung, den früheren Präsidenten von Süd-Korea, und einige seiner Berater im Blauen Haus in Seoul trainieren zu dürfen. Kurz vor dem Ende fragte er mich: »Dr. Covey, glauben Sie wirklich an das, was Sie lehren?« Diese Frage verblüffte und ernüchterte mich. Nach einer kurzen Pause antwortete ich: »Ja, das tue ich.« Er fragte weiter: »Woher wissen Sie, dass Sie das tun?« Ich antwortete: »Ich versuche, nach dieser Lehre zu leben. Ich weiß, dass mir das nicht immer gelingt und dass ich oft strauchle. Doch ich glaube an sie, werde von ihr inspiriert und kehre immer wieder zu ihr zurück.«

Er entgegnete: »Das reicht mir nicht.« Ich sagte: »Ich glaube, ich sollte Ihnen besser zuhören.« Er fragte: »Sind Sie bereit, dafür zu sterben?« Ich erwiderte: »Ich habe das Gefühl, dass Sie versuchen, mir etwas zu sagen.« Und er versuchte mir tatsächlich etwas zu sagen. Er erzählte mir dann die Geschichte seiner vielen Jahre in der Verbannung, im Exil, von der Zeit im Gefängnis und mehreren Attentatsversuchen. Beispielsweise war er in einen mit Steinen beschwerten Sack gesteckt und ins Chinesische Meer geworfen, aber von einem CIA-Hubschrauber gerettet worden. Er erzählte mir von der Militärjunta im Norden, die ihn massiv unter Druck gesetzt hatte, damit er mit ihr kooperierte. Man hatte ihm sogar die Präsidentschaft angeboten. Aber er hatte abgelehnt. Er wusste, dass er dann letztlich nur eine Marionette in den Händen einer Diktatur gewesen wäre. Sie drohten ihm mit dem Tod, wenn er nicht nachgab. Er sagte damals: »Dann bringen Sie mich um! Falls Sie mich töten, werde ich nur einmal sterben. Doch wenn ich mit Ihnen kooperiere, werde ich für den Rest meines Lebens jeden Tag 100-mal sterben!«

> *Eins weiß ich jetzt: Jeder Mann widmet sein Leben dem, woran er glaubt. Jede Frau gibt ihr Leben für das, woran sie glaubt. Manchmal glauben die Leute an wenig oder gar nichts, und dann widmen sie ihr Leben wenig oder gar nichts …*
>
> JEANNE D'ARC[15]

Er erzählte mir von der Treue und Unterstützung seiner Familie während seines langen Martyriums, von seinem Glauben als bekehrter Christ und von seinem tiefen Glauben an die Menschen und die großartige Macht der Demokratie. Er machte mir deutlich, dass er an den Wert und das Potenzial jedes Einzelnen und an das Recht zum Ausdruck der eigenen Persönlichkeit glaubte. Am Schluss überreichte er mir ein ganz privates Buch mit Briefen, die er aus dem Gefängnis an die Menschen geschrieben hatte, die er liebte. Es enthielt seine tiefen Überzeugungen und inneren Verpflichtungen.

Moralische Autorität als Ökosystem

Ich habe einmal mit dem Präsidenten eines Landes der Dritten Welt gearbeitet, in dem seit Jahren Krieg herrscht und Korruption, Gewalt und Aufstände an der Tagesordnung sind. Der neue Präsident war ein Mann mit sehr viel Mut. Er trat kühn für die Rechtsstaatlichkeit und die Verfassung ein und weigerte sich, mit terroristischen Organisationen zu verhandeln. So gewann er immer mehr Vertrauen und wurde sehr beliebt. Ich fragte ihn, welches Vermächtnis er hinterlassen wolle, damit seine Arbeit weitergehen und institutionalisiert werden konnte. Während unseres Gesprächs wurde ihm immer klarer, dass persönliche moralische Autorität nicht ausreicht. Er erkannte, dass sowohl *visionäre* als auch *institutionalisierte* moralische Autorität unerlässlich waren. Nur so konnte sein Volk sich mit seiner Vision von Frieden durch Rechtsstaatlichkeit und von Wohlstand durch synergetische, auf die Suche nach dritten Alternativen ausgerichtete Kommunikation identifizieren. Außerdem war es die einzige Möglichkeit, um die fundamentalen Prinzipien in den Regierungsstrukturen und -systemen zu verankern. Dadurch konnte sich allmählich eine bürgerliche Gesellschaft mit einer eigenen *kulturellen* moralischen Autorität entwickeln. In dieser Gesellschaft würden die Normen und die Sitten die Rechtsstaatlichkeit aufrechterhalten, präventives Denken und auf Vorbeugung ausgerichtete kommunale Polizeistrategien fördern und die Bedürfnisse des Volkes im Hinblick auf die Wohlfahrt, Bildung und Erziehung erfüllen.

Die innere Stimme finden und andere dazu inspirieren, ihre innere Stimme zu finden: Der Präsident erkannte, dass das Grundmodell, auf dem der 8. Weg beruht, diese vier Formen der moralischen Autorität umfasst.

Kulturelle moralische Autorität entwickelt sich immer nur ganz langsam. Das war überall auf der Welt so – auch in den USA. Trotzdem ist es hilfreich, zu begreifen, dass die vier Formen der moralischen Autorität ein Ökosystem bilden. Denn genau wie bei einem physischen Ökosystem hängen alle miteinander zusammen und sind interdependent. Die Essenz der Weisheit besteht darin, zu erkennen, dass alle Dinge miteinander verbunden sind.

Mahatma Gandhi

Ich möchte Sie bitten, sich bei Gelegenheit den Film *Gandhi* anzusehen. Sie werden eine Person mit Schwächen und mit Stolz sehen, die ihre Geburts-Geschenke nutzte, um Bescheidenheit, Mut, Integrität, Disziplin und eine Vision zu entwickeln. Einen Menschen, der alle seine Intelligenzen seinem Gewissen, seiner spirituellen Intelligenz, unterordnete. Einen Mann, der einen Erfolg in der Beziehung zu seiner Frau erringen musste. Denn erst danach konnte er die Freiheit, die Kraft und die moralische Autorität entwickeln, um eine große Ansammlung wütender Inder zu einer dritten Alternative zu inspirieren. Dadurch waren sie sogar bereit, für die Sache, der sie sich gemeinsam verschrieben hatten, ihr Leben zu geben. Gandhis Leben war beispielhaft für die Reihenfolge in der alten griechischen Weisheit: »Erkenne dich selbst, beherrsche dich selbst, gib dich selbst!«

Gandhi war nicht vollkommen. Dennoch ist er ein wunderbares Beispiel für einen Menschen, der durch eine Vision, durch Disziplin und durch von seinem Gewissen geleitete Leidenschaft eine enorme moralische Autorität entwickelt hat. Die Welt ist anders, weil es ihn gab. Dass Indien eine unabhängige Demokratie ist, verdankt es ihm. Das wirklich Erstaunliche dabei? Gandhi wurde niemals gewählt. Er hatte keinerlei formale Autorität inne. Er sagte selbst, jeder ganz normale Mensch, der seine Kräfte nutze, könne das, was er getan hat, auch machen.

Unsere Geburts-Geschenke, die kulturelle Prägung und Weisheit

Die innere Stimme finden und andere dazu inspirieren, ihre innere Stimme zu finden: Durch die beiden Elemente des 8. Wegs zieht sich ein roter Faden. Er zeigt, dass trotz unserer Geburts-Geschenke allmählich eine kulturelle Prägung stattfindet. Wenn wir der Computer-Terminologie folgen, könnten wir diese Prägung als Software bezeichnen. So wie selbst die leistungsstärksten Computer nicht außerhalb ihrer Software arbeiten können, können Individuen, Organisationen und Gesellschaften nicht außerhalb ihrer kulturellen Sitten, Normen und Überzeugungen arbeiten. Es sei denn, man ist ein Muhammad Yunus, von dem ich Ihnen in Kapitel 1 erzählt habe!

Die Vision dieses Mannes von den Menschen, seine Disziplin und seine Leidenschaft wurden von seinem Gewissen beherrscht, bis die alte Software mit ihren starren, einschränkenden Vorstellungen schließlich ersetzt worden war. Und das nicht nur im Kopf des Einzelnen, sondern auch in den kollektiven Köpfen der Familien, der Institutionen und der Gesellschaft. Das ist ein wundervolles Beispiel dafür, wie man Vorurteile und vorschnelle Verurteilungen überwinden kann. Man spürt, dass die Bescheidenheit von Yunus und sein Mut die Eltern seiner Integrität und die Großeltern seiner Weisheit und seiner Überfluss-Mentalität sind.

Das, was Yunus geschafft hat, können auch Sie schaffen! Sie können es sich zu einer tief verwurzelten Gewohnheit beim WISSEN, bei der EINSTELLUNG und bei den FÄHIGKEITEN machen, dem 8. Weg zu folgen. Sie können Ihre innere Stimme finden und andere dazu inspirieren, ihre innere Stimme zu finden. Hören Sie einfach auf Ihr Gewissen – Ihre eigene Quelle der Weisheit. Dann können Sie durch die fehlerhafte kulturelle Prägung bei den verschiedenen Ebenen der menschlichen Bedürfnisse, über die ich gleich sprechen werde, hindurchsehen. Jedes von ihnen kommt in Form eines Dilemmas.

Auf der persönlichen Ebene wollen die Leute doch nicht nur *inneren Frieden erlangen und gute Beziehungen aufbauen,* sondern auch *ihre Gewohnheiten und ihren Lebensstil beibehalten.* Was würde das von *Weisheit* durchdrungene Gewissen dazu sagen? Sind Sie auch der Ansicht, dass wir alle auf irgendeine Weise einen privaten Erfolg erringen müssen? Dass wir das, was wir wollen, für einen höheren, wichtigeren Zweck, für das, was richtig ist, opfern müssen?

Lassen Sie uns nun das Dilemma auf der Ebene der Beziehungen näher betrachten. Denken Sie auch, dass Beziehungen *auf Vertrauen aufgebaut* werden? Und dass *die meisten Menschen eher sich selbst in den Mittelpunkt stellen,* ihre eigenen Wünsche, Bedürfnisse und Rechte? Was würde die *Weisheit* gebieten? Würde sie uns nicht dazu anleiten, uns auf die Prinzipien für den Aufbau von Vertrauen zu konzentrieren und das »Ich« für das »Wir« zu opfern?

Auf der Ebene der Organisationen haben wir es sogar mit zwei Dilemmata zu tun. Oft *will das Management mehr für weniger* – also mehr Produktivität bei weniger Kosten. Und *die Mitarbeiter wollen mehr Lohn oder Gehalt bei weniger Zeitaufwand und Anstrengung.* Das ist ein sehr verbreitetes Phänomen. Aber was würde die *Weisheit* uns sagen? Wie wäre es mit der Erstellung einer Co-Mission, der Entwicklung von Gewinn / Gewinn-Leistungsvereinbarungen als dritter Alternative, dem Verzicht von Kontrolle zugunsten von Befähigung? Was wäre, wenn das Management und die Mitarbeiter am selben Strang ziehen, um das menschliche Potenzial freizusetzen und mehr für weniger zu produzieren?

Ein weiteres sehr häufiges Dilemma auf der Ebene der Organisationen ist, dass *die Geschäfte von den ökonomischen Regeln des Marktes bestimmt werden.* Bitte denken Sie eingehend darüber nach. Andererseits aber – auch darüber sollten Sie nachdenken – *unterliegen die Organisationen den kulturellen Regeln der Arbeitswelt.* Mit anderen Worten: Hier treffen zwei unterschiedliche Gruppen von Regeln aufeinander – wirtschaftliche und kulturelle. Was würde die *Weisheit* gebieten? Wie wäre es, wenn Sie den Markt in die Kultur der Arbeitswelt bringen könnten? Was wäre, wenn jeder Einzelne und jedes Team prinzipienzentrierte Kriterien nutzen würden und Zugang zu 360-Grad-Feedback und auf der Grundlage von Balanced Scoreboards gewonnenen Informationen hätten? Ich bin überzeugt: Diese Informationen würden, in Verbindung mit extrinsischen *und* intrinsischen Belohnungen, einen natürlichen Anreiz bilden, sich ganz darauf zu konzentrieren, die menschlichen Bedürfnisse im Markt und die Bedürfnisse *aller* Interessengruppen zu erfüllen.

Diese Art des *Weisheits*-Denkens ließe sich sogar auf die Gesellschaft und ihren Umgang mit ihrem eigenen fundamentalen Dilemma anwenden. Kurz gesagt: *Die Gesellschaft handelt nach den vorherrschenden sozialen Werten,* andererseits *muss sie mit den Konsequenzen der unveränderlichen Naturgesetze und Prinzipien leben.* Wie wäre es, wenn wir die sozialen Werte, Sitten und Gesetze an Prinzipien ausrichten könnten, indem wir die Eigeninteressen dem Gemeinwohl opfern?

Erkennen Sie, dass der größere Kontext der *Weisheit* bei der Erfüllung menschlicher Bedürfnisse die Lösung für alle diese Dilemmata bringt? Ist Ihnen jetzt klar, weshalb das Opfer ein so wichtiger Imperativ ist? Ein Opfer bedeutet, etwas Gutes für etwas Besseres aufzugeben. Wenn Ihre Vision im Hinblick auf die Erfüllung eines speziellen Bedürfnisses stark genug ist, würden Sie gar nicht von einem Opfer sprechen, auch wenn Außenstehende das vielleicht tun würden. Solche aus dem Herzen kommenden Opfer bilden den Kern der moralischen Autorität.

Problemlösung durch ein prinzipienzentriertes Modell

Am Anfang dieses Buches habe ich gesagt: Wenn das Paradigma der ganzen Person zutrifft, gibt uns das eine außergewöhnliche Möglichkeit, die größten Probleme in unseren Organisationen zu diagnostizieren, zu erklären und sogar vorherzusagen. Davon bin ich überzeugt. Meiner Ansicht nach haben das Modell der ganzen Person und der Entwicklungsprozess tatsächlich die Einfachheit, die nach der Komplexität kommt. Im Laufe der Jahre habe ich Hunderttausende von Menschen auf der ganzen Welt gebeten, ihre größte *persönliche* Herausforderung zu identifizieren. Die Herausforderung, die sie nachts nicht schlafen lässt. Dann habe ich die Leute aufgefordert, mir ihr schwierigstes Problem *in ihrem Beruf* oder *ihrer Organisation* zu nennen. In Tabelle 11 finden Sie eine Zusammenfassung der häufigsten Antworten. Bitte sehen Sie sich die Antworten an und achten Sie auf die Ähnlichkeit mit dem Schmerz und den Herausforderungen, über die ich am Anfang dieses Buches gesprochen habe.

Persönliche Herausforderungen	Herausforderungen im Beruf oder in der Organisation
1. Finanzen, Geld	1. Arbeitsbelastung, Fristen – Unfähigkeit, die Ziele zu erreichen
2. Lebensbalance, nicht genug Zeit	2. Nicht genug Zeit und Ressourcen
3. Gesundheit	3. Finanzielles Überleben
4. Beziehungen – Ehepartner, Kinder, Freunde	4. Zu wenig Vertrauen
5. Erziehung und Disziplinierung der Kinder	5. Demotivation
6. Selbstzweifel	6. Veränderungen und Unsicherheit
7. Unsicherheit, Veränderungen	7. Bei der Technologie auf dem Laufenden bleiben
8. Fehlende Fähigkeiten und Bildung	8. Verwirrung – Fehlen einer gemeinsamen Vision und gemeinsamer Werte
9. Fehlender Sinn	9. Zufriedenheit mit der Arbeit – keine Freude daran
10. Kein Frieden	10. Mangelnde Integrität des Chefs/Topmanagements

Tab. 11

Wieder bin ich überzeugt: Egal, welche dieser Herausforderungen im persönlichen Leben oder in der Organisation wir herausgreifen, Sie wissen, wie Sie diese Probleme mithilfe der in den drei Modellen wahrer Größe verkörperten Prinzipien lösen könnten. Denken Sie einfach über die Herausforderung nach, vor der Sie gerade stehen: Was könnten Sie durch *Vision, Disziplin, Leidenschaft,* Ihr *Gewissen* und die *7 Wege* auf der persönlichen Seite erreichen? Was durch Handeln als *Vorbild, Visionär, Koordinator* und *Coach* in Ihrer Führungsrolle? Und was durch *Klarheit, Verpflichtung, Aktion, Synergie, Ermöglichung* und *Verantwortung* im Kontext einer *Mission,* einer *Vision* und von *Werten* in Ihrer Organisation? Wie bei der ökologischen Beziehung zwischen den vier Dimensionen der moralischen Autorität werden Sie auch zwischen den Modellen der wahren Größe und ihren verschiedenen Elementen beim Lösen Ihrer Herausforderungen eine feste Verbindung und eine logische Reihenfolge finden.

Abbildung 15.6 zeigt noch einmal das Modell der prinzipienzentrierten Fokussierung und Umsetzung.

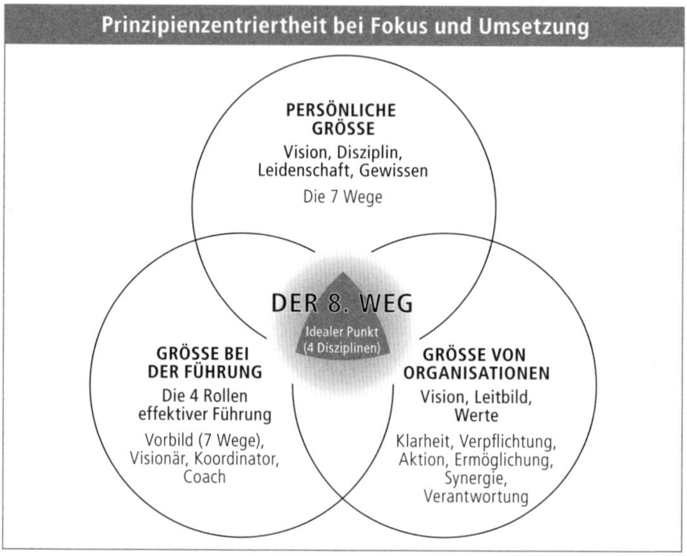

Abb. 15.6

Körper, Verstand, Herz und Geist: Das Modell der ganzen Person ist sehr stark und weitreichend. Es umfasst die 4 Intelligenzen: IQ, EQ,

PQ und SQ. Es beinhaltet die vier Grundmotivationen / Lebensbedürfnisse: zu leben, zu lieben, zu lernen und ein Lebenswerk zu hinterlassen. Es repräsentiert außerdem die vier Attribute der persönlichen Führung: Vision, Disziplin, Leidenschaft, unter der Leitung des Gewissens. In Form der 4 Rollen – Vorbild, Visionär, Koordinator und Coach – stellt es die 4 Attribute auch in den größeren Kontext der Organisationen, einschließlich der Familien. Einen Überblick dazu gibt Ihnen die Abbildung 15.7.

	4 INTELLIGENZEN	4 ATTRIBUTE	4 ROLLEN	
KÖRPER (leben)	Physische Intelligenz	Vision	Vorbild	FOKUS
VERSTAND (lernen)	Mentale Intelligenz	Disziplin	Visionär	
HERZ (lieben)	Emotionale Intelligenz	Leidenschaft	Koordinator	UMSETZUNG
GEIST (ein Lebenswerk schaffen)	Spirituelle Intelligenz	Gewissen	Coach	

Abb. 15.7

Die innere Stimme zu finden ist ein synergetisches Konzept: Das Ganze ist größer als die Summe seiner Teile. Wenn Sie also die vier Dimensionen der menschlichen Natur respektieren, entwickeln, fest in ihrem Leben verankern und ins Gleichgewicht bringen, können Sie Ihr volles Potenzial verwirklichen und dauerhafte Erfüllung erreichen.

Öffnen Sie Ihr Herz. Dieser Ausdruck ist sehr stark. Das zeigt das Modell der ganzen Person – Körper, Verstand, Herz und Geist.

Physisch betrachtet, sollten Sie Ihre Gefäße durch richtige Ernährung und ausreichend körperliche Bewegung fit halten, damit Ihr Herz gesund und stark ist.

Emotional sollten Sie Ihr Herz so öffnen, dass Sie bereit sind, andere in das Problem einzubeziehen und gemeinsam Lösungen auszuarbeiten. Zudem sollten sie einfühlend zuhören, um die anderen zu verstehen.

Sie sollten Ihr Herz auch *mental* öffnen, sodass Sie immer besser lernen, die Leute als ganze Menschen zu betrachten und aufhören, nach schnellen Patentlösungen zu suchen. Denn nur dann haben Sie die Freiheit, Führung tatsächlich zu wählen.

Schließlich sollten Sie Ihr Herz *spirituell* öffnen, sodass Ihr Leben von einer höheren Weisheit angeleitet wird – von einem göttlichen Gewissen. Dessen Ethik besteht darin, dass Sie sich selbst finden, indem Sie anderen dienen, und etwas gut machen, indem Sie Gutes tun.

Nehmen Sie Ihre ganze Intelligenz und Entschlossenheit zusammen und machen Sie sich im Geiste Churchills an die Arbeit: »Für jeden Menschen kommt irgendwann im Leben der Augenblick, in dem ihm sozusagen jemand auf die Schulter klopft und ihm die Chance gibt, etwas ganz Besonderes zu tun, etwas Einzigartiges, das auf seine Talente abgestimmt ist. Was für eine Tragödie, wenn er dann nicht auf die Aufgabe, die seine größte Stunde sein sollte, vorbereitet und nicht zu ihr befähigt ist.«

Fazit

In diesem Buch habe ich vor allem versucht, *ein* Grundparadigma zu vermitteln: dass wir Menschen *ganze Personen* sind – Körper, Verstand, Herz und Geist. Wenn sich jemand auf den *8. Weg* macht, sich auf den *sequenziellen Prozess* einlässt, seine innere Stimme zu finden und seinen Einfluss auszudehnen, indem er andere dazu inspiriert, ihre innere Stimme zu finden, dann steigert er seine Freiheit, zu wählen. Er erhöht sein Vermögen, seine größten Herausforderungen zu meistern und menschlichen Bedürfnissen zu dienen. Er lernt, wie *Führung eine Sache der Wahl werden kann* und nicht der Position. Dann verbreitet sich die Kunst der Befähigung in den Organisationen und der Gesellschaft, sodass wir zwar die Dinge managen oder kontrollieren, die Menschen aber führen.

Im Zusammenhang mit dem Paradigma der ganzen Person haben wir gelernt, dass jeder Mensch an sich wertvoll ist. Wir haben erfahren, dass er mit einem riesigen, fast unendlich großen Potenzial und einer ebenso großen Kapazität ausgestattet ist. Der Weg zur Erweiterung dieser Kapazität besteht darin, unsere gegenwärtigen Gaben und Talente zu vergrößern. Dann werden uns weitere Gaben und Talente geschenkt oder für uns geöffnet – fast wie eine Blume, die im Frühling erblüht. Unsere natürlichen Kapazitäten werden in allen vier Bereichen erschlossen, sodass wir ein ausgeglichenes, integriertes, kraftvolles Leben führen können. Auch das Gegenteil trifft zu: Wenn wir unsere Gaben und Talente vernachlässigen, werden sie, genau wie unbenutzte Muskeln, schwach und verkümmern.

Wir haben außerdem gelernt, dass die Kultur, in der wir leben und arbeiten, uns auf Mittelmäßigkeit geprägt hat. Mit anderen Worten: Wir sind darauf geprägt, dass wir unser Potenzial bei Weitem nicht ausschöpfen. Alles, was keine ganze Person ist, ist ein Ding – und Dinge muss man kontrollieren oder managen. Dieses aus dem Industriezeitalter stammende, auf Anordnungen und Kontrolle setzende Modell hat die Arbeitswelt zu dem Glauben gebracht, dass die größte Quelle von Wohlstand das Kapital und die Maschinen sind und nicht die Menschen. Wir haben jedoch die angeborene Fähigkeit, diese Software umzuschreiben. Das inspiriert uns dazu, Menschen, die wählen können, zu *führen* und zu befähigen. Wohingegen wir Dinge, die nicht frei wählen können, *managen*.

Das Paradigma des Entwicklungsprozesses beantwortet die Fragen nach dem »Wie« und dem »Wann«. Es hilft uns, zunächst uns selbst zu bezwingen, indem wir das, was wir *jetzt* wollen, dem unterordnen, was wir *später* wollen. Dieser Prozess wird immer inspirierender, weil er unsere Entscheidungsmöglichkeiten und unser Potenzial immer mehr erweitert. Wenn wir uns an die durch einen Kompass symbolisierten Prinzipien halten, die stets nach Norden weisen, entwickeln wir allmählich moralische Autorität. Dann vertrauen die Leute uns. Und wenn wir sie wirklich respektieren, ihren Wert und ihr Potenzial erkennen und sie einbeziehen, können wir zu einer gemeinsamen Vision gelangen. Wenn wir uns durch unsere moralische Autorität (primäre Größe) formale Autorität oder eine offizielle Position (sekundäre Größe) verdienen, können wir diese Prinzipien institutionalisieren, sodass Körper und Geist ständig neue Nahrung bekommen werden. Das alles mündet in einer unglaublichen Form der Freiheit und des Vermögens, unseren Beitrag für andere zu erweitern und zu vertiefen. Kurz gesagt: Zu jener Art der Führung, die zum Nachfolgen inspiriert, kommt es nur dann, wenn wir dem Dienst für andere den Vorrang vor uns selbst geben.

Sowohl die privaten als auch die öffentlichen Organisationen lernen, dass sie nur dann auf Dauer überleben können, wenn sie menschlichen Bedürfnissen dienen. Auch hier gilt: Das Dienen muss über das Ich gestellt werden. Das ist die wahre DNA des Erfolgs. Es geht nicht darum, wo unser Vorteil liegt, sondern darum, was wir beitragen können.

Ich suchte meinen Gott, doch ich konnte ihn nicht finden.
Ich suchte meine Seele, doch sie entzog sich mir.
Ich suchte meinen Bruder, um ihm in seiner Not zu dienen,
und fand alle drei – meinen Gott, meine Seele und dich.

ANONYMUS

Ein paar Worte zum Schluss

Am Ende dieses Buches möchte ich Ihnen, meinen Leserinnen und Lesern, Ihren Wert und Ihr Potenzial bestätigen. Ich hoffe inständig, dass ich Ihnen die universellen, zeitlosen Prinzipien so gut vermitteln konnte, dass Sie diesen Wert und dieses Potenzial nicht nur in sich erkannt haben, sondern auch Ihre innere Stimme finden und ein Leben von wahrer Größe führen werden, indem Sie viele andere Menschen und Organisationen dazu inspirieren, ihre innere Stimme zu finden.

Selbst wenn Ihre Lebensumstände gerade sehr schlimm sein sollten, sollten Sie immer daran denken: Sie haben die Freiheit und die Fähigkeit, Ihre Reaktion selbst zu wählen. Gerade in schwierigen Zeiten ruft das Leben uns dazu auf, denjenigen um uns herum zu dienen, deren Bedürfnisse wir erkennen.

Haddon Klingberg Jr., hat eine tiefsinnige Biografie über Elly und Viktor Frankl mit dem Titel *Das Leben wartet auf Dich* verfasst. Diese Biografie war eines der beiden Projekte, an denen Frankl vor seinem Tod arbeitete. Hier schreibt Klingberg über die Freiheit, die das zentrale Thema in Frankls Leben war, Folgendes:

> *Da Spiritualität in ihrem Wesen Selbsttranszendenz ist, bringt sie dem Menschen [nach Ansicht von Frankl] Freiheit. Aber es ist weniger die Freiheit von als vielmehr die Freiheit zu etwas. Wir können uns nicht unserer biologischen Natur, sei es dem Instinkt, dem genetischen Erbe*

oder den Funktionen oder Fehlfunktionen unseres Gehirns und unseres Körpers, entziehen. Wir können uns auch nicht den Einflüssen der Gesellschaft, äußeren Entwicklungen und der Welt, die uns umgibt, entziehen. Aber es steht uns frei, gegen diese Einflüsse Stellung zu beziehen, ja sie zu bekämpfen. Es steht uns frei, mit dem, was uns gegeben ist, zu machen, was wir wollen. Wir können wählen, wie wir auf schicksalhafte Ereignisse reagieren wollen, und frei entscheiden, welcher Sache und welchen Personen wir unsere Liebe und Zuneigung schenken.

Diese Freiheit zieht jedoch auch eine Verpflichtung nach sich … denn wir alle sind für etwas und für jemanden verantwortlich. Indem wir unsere Freiheit dafür einsetzen, in der Welt verantwortungsvoll zu handeln, entdecken wir einen Sinn in unserem Leben. Nur wenn unsere Suche nach einem Sinn enttäuscht wird, widmen wir uns dem Streben nach Lustgewinn (Freud) oder nach finanziellem oder gesellschaftlichem Erfolg (Adler).

Übt ein Mensch spirituelle Freiheit und Verantwortung aus, hat das Folgen für sein Leben. Es bringt ihm Seelenfrieden, ein gutes Gewissen und Zufriedenheit. Das sind sozusagen natürliche Nebenwirkungen. Diesen Zustand der Erfüllung unmittelbar zu erreichen sei unwahrscheinlich oder sogar unmöglich, meinte Frankl. Nichts macht einen reizbarer, als wenn man reinen Seelenfrieden anstrebt. Das Bemühen um ein gutes Gewissen kann zu Heuchelei und Schuld oder beidem führen. Strebt man nach Gesundheit als oberstem Ziel, kann man leicht zum Hypochonder werden. Für Frankl sind das alles Ziele, die nicht um ihrer selbst willen, ja nicht einmal zum eigenen Vorteil anzustreben sind. Sie ergeben sich vielmehr auf natürliche Weise daraus, dass man versucht, für etwas anderes, für etwas Größeres zu leben.[16]

Aus tiefster Überzeugung bestätige ich Sie mit den Worten von General Joshua Lawrence Chamberlain:

Die Inspiration durch eine edle Sache, die menschliche Interessen weit und breit beinhaltet, befähigt uns Menschen, Dinge zu tun, derer wir uns vorher nicht einmal im Traum für fähig gehalten hätten und zu denen wir allein nicht fähig gewesen wären. Das Bewusstsein, auf lebenswichtige Weise zu etwas zu gehören, was die Individualität übersteigt, Teil einer Persönlichkeit zu sein, die ins Unbekannte hinausreicht, in Raum und Zeit, macht das Herz größer – bis an die

Grenzen des Ideals der Seele – und bildet das Höchste des Charakters aus.[17]

Mein Großvater, Stephen L. Richards, war einer meiner einflussreichsten Mentoren. Meine Liebe, mein Respekt und meine Bewunderung für ihn sind unendlich groß. Sein Leben war ganz dem Dienst an anderen gewidmet. Alle, die ihn kannten, betrachteten ihn als einen der weisesten Menschen, den sie je getroffen haben. Ich schließe in Dankbarkeit für das Lebensmotto, das er an mich weitergab:

Das Leben ist eine Mission, keine Karriere. Der Zweck aller Bildung und Erziehung und allen Wissens ist, dass wir Gott besser repräsentieren und uns in seinem Namen und zu seinen Zwecken in den Dienst jener Lebensmission stellen können.

Fragen & Antworten

Warum ist das Opfer so zentral für die moralische Autorität?

Opfer bedeuten in Wirklichkeit, dass man etwas Gutes für etwas Besseres aufgibt. Man könnte das sogar als Erreichen einer höheren Ebene betrachten. Wissen Sie, wie der Weg des geringsten Widerstandes aussieht, wenn jemand eine Vision hat, wenn er auf eine wichtige Sache oder ein wichtiges Projekt, mit denen er emotional verbunden ist, fokussiert ist? Er besteht darin, das Dienen über sich selbst zu stellen. Für Menschen, die das tun, ist das kein Opfer. Auch wenn es für Außenstehenden so aussehen mag, weil der Betreffende sich etwas Gutes versagt, was er jetzt sofort haben könnte. Doch Glück ist im Wesentlichen ein Nebenprodukt davon, dass wir das, was wir jetzt wollen, dem unterordnen, was wir letztendlich wollen. Opfer sind nicht der Weg des größten Widerstandes. Im Gegenteil: Für jemanden, der spirituell und emotional tief mit einer Sache, einer Berufung oder dem Dienst an anderen verbunden ist, sind sie der Weg des geringsten Widerstandes. Dass das Dienen Vorrang vor dem Ich hat, ist die Ethik aller großen Religionen und auch aller überdauernden Philosophien und Hauptströmungen der Psychologie. Albert Schweitzer sagte: »Ich weiß nicht, was euer Schicksal sein wird, doch eines weiß ich: Wahrhaft glücklich werden nur diejenigen von euch werden, die dienen wollten und es getan haben.«

Erst die Begeisterung über Total-Quality-Management (TQM). Dann war es Empowerment. Heute ist es die Innovation. Was wird morgen kommen?

Meiner Ansicht nach die Weisheit. Wenn es im Kern der Herzen und Seelen der Menschen und der Beziehungen und der Kultur in einer Organisation keine Prinzipien gibt, kann man kein großes Vertrauen aufbauen. Und ohne einen hohen Vertrauensgrad ist keine Befähigung möglich. Wird die menschliche Urteilskraft durch Regeln ersetzt, können Innovationen und Kreativität nicht gedeihen. Vielmehr entsteht eine heuchlerische Kultur. Ohne großes Vertrauen und gut ausgerichtete Strukturen und Systeme, die auf einer Überfluss-Mentalität basieren, kann man kein TQM erreichen, keine Qualität. Meiner Meinung nach kann es gar nicht ausbleiben, dass auf das Informationszeitalter das Zeitalter der Weisheit folgt, in dem die Essenz der Führung das Führen durch Dienen sein wird.

Mir gefällt das Konzept des prinzipienzentrierten Unternehmens. Lässt es sich auch auf Städte und Gemeinden übertragen?

Selbstverständlich! Man muss genug engagierte Leute zusammenbringen – die natürlichen und die formalen Führungspersönlichkeiten im Bildungswesen, in der Wirtschaft, in der Verwaltung und anderen Bereichen, aber auch Leute ohne formale Autorität, die große moralische Autorität besitzen und denen viel an der Sache liegt. Sie alle müssen in den Prozess einbezogen werden, die Unternehmen und Familien in der ganzen Stadt oder Gemeinde mit den 7 Wegen zur Effektivität und den 4 Rollen effektiver Führung vertraut zu machen. So kann man erstaunlich viel erreichen. Wir haben das schon in unzähligen Städten und Gemeinden auf der ganzen Welt gemacht.

KAPITEL 16

Fragen, die mir besonders oft gestellt werden

Ich habe festgestellt, dass es fast unmöglich ist, meine Gewohnheiten zu ändern. Geht das vielen so oder bin ich da der Einzige?

Nein, Sie sind nicht der Einzige! Ich möchte Ihnen erklären, warum das so ist.

Vielleicht erinnern Sie sich noch an die Fernsehsendungen über die Apollo-11-Mission oder Sie haben die Bilder in einem neueren Video oder Film gesehen. Wer die Ereignisse damals am Bildschirm miterlebte, war bis in die Haarspitzen fasziniert. Wir trauten unseren Augen kaum – wir sahen tatsächlich, wie Menschen auf dem Mond gingen!

Wofür wurde bei dieser Reise ins Weltall wohl die meiste Kraft und Energie aufgewendet? Für den etwa 400 000 Kilometer langen Flug zum Mond? Für die Rückkehr zur Erde? Für die Umkreisung des Mondes? Für die Trennung der Mondfähre vom Mutterschiff und das Manöver zum Wiederandocken? Für das Abheben vom Mond?

Nein, für keines dieser Dinge. Nicht einmal für sie alle zusammen. Die meiste Energie und Kraft waren für das Abheben von der Erde nötig. In den ersten paar Minuten und auf den allerersten Kilometern der Reise wurde mehr Energie verbraucht als für die halbe Million Meilen in den folgenden Tagen!

Auf diesen ersten Kilometern war die Schwerkraft ungeheuer stark. Um in den Weltraum zu gelangen, war ein innerer Antrieb erforderlich, der die Summe der Schwerkraft und des Widerstands der Erdatmosphäre überstieg. Danach aber war für alle anderen Dinge kaum noch Energie nötig. Als einer der Astronauten gefragt wurde, wie viel Energie es gekostet habe, die Mondfähre vom Mutterschiff zu trennen, um auf dem Mond landen und ihn zu erforschen, antwortete er sogar: »Weniger als den Atemzug eines Babys.«

Diesen Flug zum Mond können wir als eindrucksvolle Metapher für das nutzen, was erforderlich ist, wenn wir aus alten Gewohnheiten ausbrechen und neue schaffen wollen. Die Schwerkraft der Erde entspricht den tief eingeschliffenen Gewohnheiten, den durch unser Erbgut, unsere Umwelt, unsere Eltern und andere wichtige Personen programmierten Verhaltensmustern. Die Erdatmosphäre können wir mit den gesellschaftlichen und unternehmerischen Kulturen vergleichen, zu denen wir gehören. Diese Kräfte dieser zwei Kulturen sind sehr stark. Um abheben zu können, brauchen wir einen inneren Willen, der größer ist als beide zusammen.

Dann aber werden Sie staunen, wie groß Ihre neue Freiheit ist. Die Astronauten haben beim Start so gut wie keine Freiheit. Sie können nichts anderes tun, als das Programm auszuführen. Sobald sie sich aber aus der Schwerkraft und der Erdatmosphäre gelöst haben, erleben sie einen unglaublichen Anstieg, ein wahres Aufwallen von Freiheit. Und haben dann sehr, sehr viele Optionen und Alternativen.

Die innere Stimme finden und andere dazu inspirieren, ihre innere Stimme zu finden: Wenn Sie einfach losgehen, den 8. Weg gehen und nicht von ihm abweichen, werden Sie die Kraft dieser neuen Gewohnheit entwickeln. Dann werden Sie es schaffen, sich in der heutigen Welt mit ihren enormen Herausforderungen, ihrer ungeheuren Komplexität und ihren zahllosen Chancen weiterzuentwickeln und zu ändern.

Ich finde das, was Sie lehren, einerseits sehr spannend und interessant. Andererseits bezweifle ich, dass ich es wirklich umsetzen kann.

Das ist sehr ehrlich. Bevor Sie sich mit der Frage Ihrer Kompetenz befassen, sollten Sie sich aber zunächst zwei andere Fragen stellen. Bei der ersten geht es um den Wert: »*Sollte* ich es machen?« Bei der zweiten geht es um die Motivation, um Ihre einzigartige innere Stimme und Ihre Leidenschaft: »*Will* ich es machen?« Nur wenn Sie diese beiden Fragen bejaht haben, sollten Sie sich mit der Frage, ob Sie es machen können, beschäftigen. Dabei geht es um Ihre Kompetenz, und die hat etwas damit zu tun, dass Sie sich um das richtige Training und die nötige Weiterbildung kümmern müssen. Diese drei Fragen dürfen

Sie nicht durcheinanderbringen. Versuchen Sie nicht, auf eine Frage nach dem Wert eine Antwort zu geben, die sich auf das Training bezieht; auf eine Frage nach der Motivation eine wertbezogene Antwort; oder auf eine Frage nach der Kompetenz eine motivationsbezogene. Denken Sie klar und sorgfältig über die drei Fragen nach: *Sollte* ich es machen? *Will* ich es machen? *Kann* ich es machen? Halten Sie die drei Fragen voneinander getrennt, damit Sie die besten Antworten finden können.

Warum ist das Thema »Führung« heute so brandaktuell?

Die New Economy beruht primär auf Wissensarbeit. Das bedeutet: Die Wertschöpfung hat sich von Investitionen und von Dingen zu den Menschen verlagert – zum intellektuellen und sozialen Kapital. Unsere wichtigste finanzielle Investition ist die in die Wissensarbeiter. Mehr noch: Das intellektuelle und soziale Kapital ist der Schlüssel zur Optimierung aller anderen Investitionen. Außerdem veralten die aus dem Industriezeitalter stammenden Systeme zunehmend. Aufgrund der Wettbewerbskräfte des Markts funktioniert Management durch Kontrolle und die Einstufung der Menschen als Kostenfaktor einfach nicht mehr. Deshalb greift die Erkenntnis, dass die menschliche Dimension, besonders die Vertrauensebene, die wahre Ursache aller Probleme ist, immer weiter um sich. Konkret heißt das: Die »weichen« Faktoren sind in Wirklichkeit die harten, die schwierigen – und das begreift allmählich jeder. Deshalb ist Führung die höchste aller Künste; sie ist die Kunst des *Empowerment – der Befähigung!*

Mir kommt das alles zu idealistisch und moralistisch vor. Ist angesichts der herrschenden Bedingungen überhaupt irgendetwas davon wirklich möglich?

Die tiefere Frage, die Sie stellen müssen, lautet: Gibt es zwischen Reiz und Reaktion einen Raum? Mit anderen Worten: Haben wir wirklich die Freiheit, zu wählen, und zwar unabhängig von den Umständen? Wenn Sie diese Frage ehrlich mit Ja beantworten können, werden Sie erkennen: Idealismus ist Realismus. Die elektronischen Wunderdinge der heutigen Zeit können wir nicht »sehen«. Dennoch verlassen wir uns auf sie und wissen, dass sie real sind. Bevor sie erfunden wurden, waren sie nicht »real«, sondern bloß idealistisch. Und wenn Sie sagen, die Dinge, die ich in diesem Buch beschrieben habe, seien zu moralistisch, setzt das Recht und Unrecht voraus. Im Grunde unseres Herzens wissen wir, dass es zwischen Recht und Unrecht einen Unterschied gibt. Uns ist auch klar, dass andere Konsequenzen folgen, wenn wir uns für das entscheiden, was recht ist, als wenn wir das wählen, was unrecht ist. Deshalb sind die Ideen aus diesem Buch idealistisch und moralistisch – und beides ist sehr realistisch.

Sie sagen, eines der Grundprobleme sei, dass wir in einem Zeitalter der Wissensarbeiter mit dem Modell des Industriezeitalters arbeiten. Wir sind aber doch immer noch ein Industriestaat? Wo wir auch hinblicken, wir sehen überall Industrie.

Das stimmt! Doch auch dort wird die *Wertschöpfungs*arbeit immer mehr von Wissensarbeitern geleistet, nicht mehr von Industriearbeitern. Wir sprechen also nicht darüber, die Industrie abzuschaffen. Vielmehr ist die Rede von der Verwendung eines anderen Führungsparadigmas in der Industrie. Dieses Paradigma kann sogar in der Landwirtschaft Anwendung finden. Außerhalb der Städte gibt es ja überall Bauernhöfe, und diese produzieren heute einen Mehrwert durch die Stärken des Industrie- und Informationszeitalters. Wir sprechen also eher über einen Denkrahmen als über konkrete Branchen oder Wirtschaftszweige.

Wie weit gilt all das bei einer schlechten Wirtschaftslage beziehungsweise bei einer guten Wirtschaftslage, aber in einer schwächelnden Branche?

Es gilt dann umso mehr – einfach weil die größte Ressource die Kreativität von Leuten ist, die in schlechten Zeiten Lösungen in Form einer dritten Alternative finden. Die natürliche Tendenz ist jedoch, zum transaktionalen Modell des Industriezeitalters zurückzukehren, also zu Anordnungen und Kontrolle. Das lässt sich jedoch langfristig nicht aufrechterhalten. In kurzfristigen Krisen kann der autoritäre Ansatz durchaus Erfolg bringen. Denn dann hat das Unternehmen einen gemeinsamen Zweck – nämlich zu überleben. Wie Eisenhower einmal sagte: »Gegenüber dem Mann im Schützengraben ist Demokratie nicht angebracht.« Letztendlich braucht man aber die tiefe Einbeziehung aller, um tief greifende Veränderungen nachhaltig zu machen. Und das geht nur mit einer Führung, die auf erwiesener moralischer Autorität beruht.

Welcher Zusammenhang besteht zwischen den 7 Wegen und den 4 Rollen effektiver Führung? Wir haben viel Zeit und Geld in das Training der 7 Wege investiert.

Sie wissen ja, dass die 7 Wege auf Prinzipien beruhen. Die damit verbundenen Gewohnheiten sind Charakterprinzipien, die bestimmen, *wer und was wir sind.* Die 4 Rollen effektiver Führung sind das, *was wir machen,* um in einem Unternehmen Einfluss als Führungskraft zu gewinnen. Wenn man die 7 Wege in den Kontext der 4 Rollen stellt, ist ihre Rolle das Vorbild-Sein. Das Vorbild-Sein verleiht den 7 Wegen eine strategische Qualität: Während wir in den anderen drei Führungsrollen agieren, leben wir die 7 Wege. Damit übernehmen wir die Vorbildrolle. Die Prinzipien, auf denen die 7 Wege basieren, sind mit einem tiefen Brunnen vergleichbar. Er versorgt alle Brunnen an der Oberfläche mit Wasser – zum Beispiel Total Quality Management oder Befähigung beim Teamaufbau und Innovation.

Skandale im Zusammenhang mit einzelnen Unternehmen führen oft dazu, dass alle Unternehmen über einen Kamm geschoren werden. Das rückt die Frage des Charakters ins Rampenlicht. Wie entwickelt man den persönlichen und den kulturellen Charakter? Wie kann man solchen Problemen aus dem Weg gehen?

Ich hatte die Gelegenheit, an den Nachwirkungen des Zwischenfalls auf Three Mile Island, der Unruhen im Zusammenhang mit Rodney King und der Havarie des Tankers *Exxon Valdez* zu arbeiten. Dabei habe ich festgestellt, dass all diese Katastrophen im Grunde akute Symptome eines tief in der Unternehmenskultur verankerten Phänomens waren. Im Grunde waren sie waren nur die Spitze eines Eisbergs: Leute hatten das Falsche getan, Dinge vertuscht, Unterlagen vernichtet, schlimme Vorfälle ignoriert. Dann waren sie erwischt worden – und die Medien stürzten sich darauf und verbreiteten das Ganze in Windeseile.

Meiner Ansicht nach ist das eine Lektion, die alle Unternehmen beherzigen sollten. Gehen Sie noch einmal das durch, was Ihnen am wichtigsten ist: Ihre Vision und Ihr Wertesystem. Analysieren Sie sämtliche Prozesse und Verfahrensweisen, Strukturen und Systeme. Prüfen Sie, ob die Visionen und Werte in Ihrer Organisation institutionalisiert wurden. Achten Sie auch darauf, dass Ihr Feedbacksystem die ehrlichen Beurteilungen der Mitarbeiter, Zulieferer, Kunden und der ganzen Wertschöpfungskette wiedergibt. Denken Sie daran: Aus Problemen, die wir durch unser Verhalten hervorgerufen haben, können wir uns nicht einfach so herausreden. Früher oder später werden die Dinge auf den Verursacher zurückfallen. Loyalität darf kein höherer Wert als Integrität sein. Genau genommen ist Integrität Loyalität. Wir wünschen uns alle, dass unser Arzt uns die Wahrheit sagt – auch wenn sie unangenehm ist und wir sie vielleicht gar nicht hören wollen. Wir wollen, dass der Arzt sich seinem Beruf gegenüber integer verhält. Denn dann wissen wir, dass er auch uns selbst gegenüber integer sein wird. Mit Ihrem Unternehmen ist es genauso. Sie sollten sich als Profi betrachten, dessen höchste Loyalität moralischen und beruflichen Prinzipien gilt, und nicht dem Unternehmen. Das ist die beste Weise, um Ihrem Unternehmen gegenüber loyal zu sein.

Aber wie kann man in einem Unternehmen Charakter entwickeln? Diesen Punkt sollte man nicht einfach auf eine Checkliste setzen, anhand derer die Mitarbeiter beurteilt werden. Vielmehr sollte man die Leute für an einem Balanced Scoreboard gemessene Ergebnisse verantwortlich machen, die eine höhere Ebene der Charakterentwicklung erfordern. Das ist der beste Weg, den ich kenne! So beurteilt man nämlich nicht den Charakter der Mitarbeiter, sondern man überträgt ihnen lediglich eine Verantwortung, die Charakterwachstum verlangt.

Wie kann man nach einer Entlassungswelle eine positive, auf Vertrauen basierende Unternehmenskultur aufrechterhalten?

Wissen Sie, warum sich die Unternehmenskultur nach Entlassungen verschlechtert? Weil man die Prinzipien nicht befolgt, weil man die Leute nicht einbezieht, weil sie nicht informiert werden und daher nicht wissen, wann die Nächsten an der Reihe sind. Sie verstehen die Kriterien für die künftigen Entscheidungen nicht. Vielleicht sind sie auch nicht gut genug über die aktuellen Gegebenheiten in ihrer Branche und ihrem Unternehmen und über die wirtschaftliche Gesamtlage informiert. Ich habe oft miterlebt, dass Unternehmen sehr schwere Zeiten durchmachten und harte Entscheidungen treffen mussten. Dennoch haben sie das auf bemerkenswert prinzipienzentrierte Weise getan. Wie war das möglich? Durch transparente und offene Kommunikation, durch aufrichtige Einbeziehung und Beteiligung der Mitarbeiter und durch die Orientierung an festen, auf Prinzipien basierenden Werten. Alle diese Dinge haben den Unternehmen viel abverlangt. Doch die betroffenen Mitarbeiter und ihre Familien wussten das zu schätzen. Sie haben erkannt, welchen zusätzlichen Aufwand das Unternehmen für sie in Kauf nahm, sodass die Verständigungsbereitschaft deutlich stieg.

Ob Schulungen, externe Workshops, spezielle Meetings und Trainer, die zu uns ins Unternehmen kommen: Bei uns wird viel für die Führungskräfteentwicklung getan. Das ist alles hilfreich und inspirierend und verleiht uns Auftrieb. Doch nach ein paar Tagen läuft alles wieder im alten Trott. Was würden Sie uns empfehlen?

Etwas zu wissen, es aber nicht zu tun, bedeutet, es nicht wirklich zu wissen. Neues, wichtiges Wissen und neue Fähigkeiten können uns vorübergehend inspirieren und ermutigen. Doch wenn wir sie nicht anwenden, ist das nicht von Dauer. Solange die Strukturen und Systeme des Unternehmens keine Anreize dafür geben, *werden* die Leute das Gelernte nicht anwenden. Es wird ihnen also an *Praxiswissen* fehlen. Irgendwann fordern solche Erfahrungen ihren Tribut und führen in der ganzen Organisation zu Zynismus. Die Bemühungen um Veränderungen und die ganzen neuen Management-Schlagwörter sind dann wie Zuckerwatte, die zwar einen Augenblick lang gut schmeckt, dann aber dahinschmilzt. Der Schlüssel ist, die fundamentalen Prinzipien zu lehren, darüber zu sprechen und zu versuchen, sie zu institutionalisieren. Das geht am besten, indem man sie direkt in die Prozesse des operativen Geschäfts und in die Belohnungssysteme integriert. Dann wird das neue Wissen sich in der gesamten Organisation festsetzen. Es wird keine Nebensache mehr sein, sondern eines der Schlüsselthemen.

Ist das Wissen aus diesem Buch so neu? Diese Ideen höre ich schon seit meiner Jugend, ich sehe sie überall in unserer Geschichte.

Ja, da haben Sie recht. Ich würde sogar noch einen Schritt weiter gehen: Gerade aufgrund unserer prinzipienzentrierten Verfassung und unseres freien Markts kommt es in den USA verstärkt zur Freisetzung des menschlichen Potenzials. Beispielsweise produzieren hier 4,5 Prozent der Weltbevölkerung fast ein Drittel alle Güter dieser Erde. Das ist ein Beweis dafür, dass die Kraft dieser Paradigmen und Prinzipien zu wirklich phänomenalen Ergebnissen führt. Sie wissen ja, dass die Prinzipien zeitlos und universell sind. Am besten werden sie wohl von den Landwirten verstanden oder besser gesagt: *gelebt und geerntet.* Das liegt daran, dass die Bauern so eng mit der Natur und ihren Gesetzen verbunden sind. Sie wissen, dass man auf dem Hof nicht in letzter Minute den ganzen Lernstoff nachholen kann. Ihnen ist klar, dass das keine Früchte trägt. Dennoch versuchen die Leute in den von der Gesellschaft organisierten Institutionen, beispielsweise den Schulen, genau das. Auch der Spitzensport ist eine ausgezeichnete Metapher, denn wer dort eine echte Chance auf den Sieg haben will, der muss den Preis dafür zahlen.

Was der gesunde Menschenverstand uns sagt, wird leider längst nicht überall praktiziert. Deshalb besteht großer Bedarf nach Erneuerung, nach einer neuerlichen inneren Verpflichtung und einer Wiederherstellung der Charakter-Ethik und der prinzipienzentrierten Führung.

Beruhen ihre Erkenntnisse auf Forschungen?

Falls Sie empirische Doppelblindstudien meinen, nein – mit Ausnahme unserer wissenschaftlichen Untersuchungen zu den Schwachstellen bei der Umsetzung. Falls Sie aber historische Analysen, die Sichtung der Literatur und eine eingehende Beobachtung des Handelns von Menschen und Organisationen auf der ganzen Welt meinen, ja.

Sind die Prinzipien im Grunde religiös?

Die Prinzipien haben definitiv eine moralische und spirituelle Grundlage. Allerdings sind sie kein Bestandteil einer bestimmten Religion. Ich habe sie auf der ganzen Welt gelehrt – im Kontext verschiedener Religionen. Dabei habe ich immer die jeweiligen heiligen Schriften herangezogen. Die Prinzipien sind tatsächlich universell und zeitlos. Früher hat es mich verblüfft, zu sehen, was passiert, wenn man die Leute irgendwo auf der Welt auf irgendeiner Ebene im Unternehmen auf elementare Weise in die Entwicklung des Wertesystems einbezieht. Heute ist das anders. Inzwischen weiß ich: Wenn der Geist echter Offenheit und Synergie herrscht und die Leute wirklich informiert sind, werden im Wesentlichen die gleichen Werte gewählt. Es werden zwar unterschiedliche Wörter benutzt und es ergeben sich unterschiedliche praktische Methoden, die diese Werte reflektieren. Doch bei der tieferen Bedeutung geht es immer um die vier Dimensionen, über die ich hier gesprochen habe – die physische / ökonomische, die soziale, die mentale und die spirituelle. Das gilt sowohl im Zusammenhang mit einem Sinn als auch mit Integrität. Das können Sie ganz leicht selbst ausprobieren. Nehmen Sie einfach die Leitbilder einiger Unternehmen zur Hand, die auf der Basis von Einbeziehung und Identifikation der Mitarbeiter entwickelt wurden. Sie werden feststellen, dass zwar unterschiedliche Wörter benutzt werden, die Leitbilder aber im Wesentlichen den gleichen Inhalt haben – auch wenn die Unternehmen vielleicht nicht immer nach ihnen leben.

Anhänge

ANHANG 1

Literaturübersicht zu Führungstheorien

Bei den im 20. Jahrhundert entwickelten Theorien zur Führung lassen sich fünf Hauptgruppen unterscheiden: Sie beruhen auf Eigenschaften, dem Verhalten, Macht und Einfluss, der Situation oder Integration. Bis 1900 beherrschten Theorien über große Führungspersönlichkeiten die Diskussionen. Danach wurden sie durch Theorien abgelöst, die Führung an den Eigenschaften festmachten. In der Folgezeit legten die Theoretiker viel Gewicht auf Faktoren wie die Situation und die Umgebung. Schließlich wurden – ausgehend von Personen und Situationen, der Psychoanalyse, Rollenmodellen, Veränderungen, Zielen und Zufälligkeiten – die Integrationstheorien entwickelt. Seit 1970 erwuchsen alle Theorien zur Führung aus einer dieser Haupttheorien.

Führungstheorien: eine Literaturübersicht

Theorie	Repräsentative Autoren/Jahr	Zusammenfassung
Führung durch große Persönlichkeiten	Dowd (1936)	Die Geschichte und die gesellschaftlichen Institutionen werden durch die Führung großer Persönlichkeiten (wie Moses, Mohammed, Jeanne d'Arc, Washington, Gandhi, Churchill) geprägt. Dowd (1936) zufolge gibt es keine Führung durch die Massen. In allen Gesellschaften verfügen die Individuen über unterschiedliche Grade von Intelligenz, Energie und moralischer Stärke; in welche Richtung die Massen sich bewegen, wird stets von den wenigen Überlegenen bestimmt.

Theorie	Repräsentative Autoren / Jahr	Zusammenfassung
Eigenschafts-theorien	L. L. Barnard (1926); Bingham (1927); Kilbourne (1935); Kirkpatrick & Locke (1991); Kohs & Irle (1920); Page (1935); Tead (1929)	Der Führer besitzt Eigenschaften, die denen der Geführten überlegen sind. Die Forschung befasste sich vor allem mit zwei Fragen: Durch welche Eigenschaften unterscheiden sich Führer von anderen Menschen? Wie groß sind diese Unterschiede?
Situations-abhängigkeit	Bogardus (1918); Hersey & Blanchard (1972); Hocking (1924); Person (1928); H. Spencer	Führung ist das Produkt situativer Erfordernisse: Wer zum Führer wird, das hängt von situativen Faktoren ab, nicht von den Anlagen der Menschen. Das Auftauchen eines großen Führers ergibt sich aus der Zeit, dem Ort und den Umständen.
Abhängigkeit von der Person und der Situation	Barnard (1938); Bass (1960); J. F. Brown (1936); Case (1933); C. A. Gibb (1947, 1954); Jenkins (1947); Lapiere (1938); Murphy (1941); Westburgh (1931)	Diese Theorien bilden eine Kombination der drei bisher umrissenen. Die Forschungen wiesen darauf hin, dass bei der Untersuchung der Führung sowohl affektive, intellektuelle und Handlungseigenschaften als auch die spezifischen Bedingungen, unter denen der Einzelne agiert, berücksichtigt werden müssen. Zu den Bedingungen gehörten die Eigenschaften der Persönlichkeit; die Beschaffenheit der Gruppe und ihrer Mitglieder; die Ereignisse, denen die Gruppe sich gegenübersieht.
Psychoanalytische Theorien	Erikson (1964); Frank (1939); Freud (1913, 1922); Fromm (1941); H. Levison (1970); Wolman (1971)	Der Führer fungiert als Vaterfigur: als Quelle von Liebe oder Angst, als Verkörperung des Über-Ichs, als emotionales Ventil für die Frustrationen und die zerstörerische Aggression der Geführten.
Humanistische Theorien	Argyris (1957, 1962, 1964); Blake & Mouton (1964, 1965); Hersey & Blanchard (1969, 1972); Likert (1961, 1967); Maslow (1965); McGregor (1960, 1966)	Die humanistischen Theorien befassen sich mit der Entwicklung des Einzelnen in effektiven Organisationen mit innerem Zusammenhalt. Ihre Verfechter gehen davon aus, dass der Mensch von Natur aus motiviert ist und Organisationen von Natur aus strukturiert und kontrolliert sind. Ihnen zufolge besteht Führung darin, die in den Organisationen existierenden Beschränkungen so zu modifizieren, dass der Einzelne die Freiheit bekommt, sein volles Potenzial zu realisieren und einen Beitrag für die Organisation zu leisten.

Theorie	Repräsentative Autoren/Jahr	Zusammenfassung
Theorie der Führungsrolle	Homans (1950); Kahn & Quinn (1970); Kerr & Jermier (1978); Mintzberg (1973); Osborn & Hunt (1975)	Die Eigenschaften der Einzelnen und die situativen Erfordernisse wirken so zusammen, dass eine oder mehrere Personen sich als Führer erweisen können. Die Gruppen sind auf der Basis der Interaktionen ihrer Mitglieder strukturiert, und ihre Organisation entwickelt sich gemäß den verschiedenen Rollen und Positionen. Führung ist eine davon; von der Person in dieser Position wird erwartet, dass ihr Verhalten sich von dem der anderen in der Gruppe unterscheidet. Das Verhalten der Führer hängt davon ab, wie sie selbst ihre Rolle begreifen und was die anderen von ihnen erwarten. Mintzberg identifizierte folgende Führungsrollen: Repräsentator, Führer, Verbindungsglied, Überwacher, Verbreiter, Sprecher, Unternehmer, Krisenmanager, Ressourcen-Verteiler und Verhandler.
Weg-Ziel-Theorie	M. G. Evans (1970); Georgopoulos, Mahoney & Jones (1957); House (1971); House & Dessler (1974)	Die Führer verstärken Veränderungen bei den Geführten, indem sie diesen Verhaltensweisen (Wege) aufzeigen, durch die sie Belohnungen erlangen können. Außerdem klären sie die Ziele der Geführten und regen sie zu guten Leistungen an. Wie die Führer das erreichen, hängt von situativen Faktoren ab.
Kontingenz-Theorie	Fiedler (1967); Fiedler, Chemers & Mahar (1976)	Die Effektivität eines aufgaben- oder mitarbeiterorientierten Führers hängt von der Situation ab. Im Rahmen dieser Theorie entwickelte Trainingsprogramme helfen dem Führer, seine Orientierung zu ermitteln und sich besser auf die Günstigkeit oder Ungünstigkeit der Situation einzustellen.
Kognitive Führung: Führung durch große Persönlichkeiten im 20. Jahrhundert	H. Gardner (1995); J. Collins (2001)	Führer sind Personen, die – durch ihre Worte und/oder ihr Beispiel – das Verhalten, das Denken und/oder die Gefühle einer signifikanten Zahl ihrer Mitmenschen merklich beeinflussen. Man kann Erkenntnisse über das Wesen der Führung gewinnen, wenn man den menschlichen Verstand untersucht (sowohl beim Führer als auch bei den Geführten). Collins kam durch seine Forschungen zu dem Schluss, dass der Unterschied zwischen jenen Unternehmen, die *nachhaltig* herausragende Ergebnisse produzieren, und den anderen darin besteht, dass Erstere von »Level-5-Führungskräften« – bei denen sich Bescheidenheit und Willensstärke auf paradoxe Weise vermischen – geleitet werden.

Theorie	Repräsentative Autoren/Jahr	Zusammenfassung
Theorien und Modelle interaktiver Prozesse: Multiple Linkage Model, Multiple Screen Model, Vertical Dyad Linkage, Austausch-, Verhaltens- und Kommunikationstheorien	Davis & Luthans (1979); Fiedler & Leister (1977); Fulk & Wendler (1982); Graen (1976); Greene (1975); Yuki (1971)	Führung ist ein interaktiver Prozess. Die Theorien beschäftigen sich beispielsweise mit der Initiationsstruktur der Führer, dem Zusammenhang zwischen ihrer Intelligenz und der Leistung ihrer Gruppen, der Beziehung zwischen dem Führer und den einzelnen Individuen (statt der Gruppe) und der sozialen Interaktion als Form des Austauschs oder der Verhaltenskontingenz.
Macht und Einfluss: partizipative Führung, rationale Erklärung und Ableitung	Coch & French (1948); J. Gardner (1990); Lewin, Lippitt & White (1939); Vroom & Yetton (1974)	Zu diesen Theorien gehört eine partizipative Führung. Bei der Forschung wird untersucht, wie viel Macht der Führer hat und ausübt. Man setzt außerdem eine nur in einer Richtung wirksame Kausalität voraus. Bei der partizipativen Führung geht es um die Teilung der Macht und die Befähigung der Geführten. Vroom & Yetton schlugen eine präskriptive Führungstheorie vor, laut der die Führer Weisungen geben und die Untergebenen passive Geführte sind. Verfügen die Untergebenen jedoch über mehr Wissen, sollte ihre Rolle stärker partizipativ sein. Gardner zufolge ist Führung der Prozess, bei dem ein Einzelner (oder ein Führungsteam) eine Gruppe durch Überzeugung oder das eigene Beispiel dazu bringt, von ihm vertretene Ziele oder gemeinsame Ziele von Führer und Gruppe zu verfolgen. Seiner Ansicht nach ist Führung eine Rolle, die besetzt werden muss; daher spielen die Führer in dem System, das sie leiten, eine wesentliche Rolle.
Attribution, Informationsverarbeitung und offene Systeme	Bryon & Kelley (1978); Katz & Kahn (1966); Lord (1976, 1985); Lord, Binning, Rush & Thomas (1978); Mitchell, Larsen & Green (1977); Newell & Simon (1972); H. M. Weiss (1977)	Führung ist eine sozial konstruierte Realität. Laut Mitchell et al. wird die Attribution von Führung durch Beobachter und die Gruppenmitglieder durch deren individuelle soziale Realitäten beeinflusst. Studien zufolge sind die individuellen, strukturellen, Prozess- und Umgebungsvariablen wechselseitige Kausalfaktoren. Mit anderen Worten: Es ist schwierig, bei diesen Variablen Ursache und Wirkung auszumachen.

Theorie	Repräsentative Autoren/Jahr	Zusammenfassung
Integrativ: transformativ, wertebasiert	Bass; Bennis (1984, 1992, 1993); Burns (1978); Downton (1973); Fairholm (1991); O'Toole (1995); De Pree (1992); Tichy & Devanna; Renesch	Burns zufolge ist die transformative Führung ein Prozess, durch den Führer und Geführte sich bei der Moral und der Motivation gegenseitig auf höhere Ebenen heben. Die Geführten stellen ihre eigenen Interessen zum Wohle der Gruppe zurück, sie berücksichtigen langfristige Ziele und entwickeln ein Bewusstsein für das, was wichtig ist. Laut Bennis erfüllen effektive Führer drei Funktionen: Ausrichtung, Erschaffung und Befähigung. Sie transformieren Organisationen, indem sie die menschlichen mit den anderen Ressourcen in Einklang bringen (Ausrichtung); eine Kultur erschaffen, die die freie Äußerung von Ideen fördert; und andere dazu befähigen, Beiträge zur Organisation zu leisten. Bennis wurde vor allem durch seine Unterscheidung zwischen Management und Führung bekannt. Er vertritt die Ansicht, dass Führer das Richtige tun, Manager hingegen die Dinge richtig machen.
Charismatische Führung	Conger & Kanungu (1987); House (1977); Kets de Vries (1988); J. Maxwell (1999); Meindl (1990); Shamir, House & Arthur (1993); Weber (1947)	Diese Theorien gehen davon aus, dass der Führer in den Augen seiner Untergebenen außergewöhnliche Eigenschaften besitzt. Sein Einfluss beruht nicht auf Autorität oder Tradition, sondern auf der Wahrnehmung der Geführten. Zu den Erklärungen für charismatische Führung gehören: Zuschreibung, objektive Beobachtungen, die Theorie von der Ich-Vorstellung, die Psychoanalyse und soziale Verbreitung.
Anspruchsvolle, visionäre Führung	Burns; Kouzes & Posner (1995); Peters; Waterman (1990); Richards & Engle (1986)	Laut Kouzes & Posner »entzündet« Führung die Leidenschaft der Untergebenen und dient als Kompass für die Orientierung der Geführten. Führung wird als die Kunst definiert, andere zu mobilisieren, sodass sie für gemeinsame Bestrebungen kämpfen wollen. Die Betonung liegt dabei einerseits auf dem Wunsch der Geführten, Beiträge zu leisten, andererseits auf der Fähigkeit des Führers, andere zum Handeln zu motivieren. Die Führer gehen auf die Kunden ein, schaffen Visionen, geben ihren Mitarbeitern Energie und fühlen sich in einer hektischen, »chaotischen« Umgebung in ihrem Element. Führung bedeutet, Visionen in Worte zu fassen, Werte zu verkörpern und eine Umgebung zu schaffen, in der Aufgaben erledigt werden können.

Theorie	Repräsentative Autoren/Jahr	Zusammenfassung
Kompetenzbasierte Führung	Bennis (1993); Boyatizis; Cameron; Quinn	Wir können entscheidende Kompetenzen lernen und verbessern, aus denen sich die Unterschiede zwischen Menschen mit herausragender Performance (Führern) und denen mit durchschnittlicher Performance ableiten lassen.
Management-Führung und strategische Führung	Drucker (1999); Jacobs & Jaques (1990); Jaques & Clement (1991); Kotter (1998, 1999); Buckingham & Coffman (1999); Buckingham & Clifton (2001)	Führung bedeutet die Integration der externen und internen Partnerschaften. Drucker hebt drei Elemente dieser Integration hervor: das finanzielle, das persönliche und das der Leistung. Ihm zufolge sind die Führer für die Performance ihrer Organisationen und für die ganze Gemeinde verantwortlich. Sie übernehmen Rollen und besitzen besondere Eigenschaften. Laut Kotter verbreiten Führer eine Vision und eine Richtung, sie bringen die Leute auf den gewünschten Kurs, motivieren und inspirieren die Geführten und erfüllen sie mit Energie. Sie sind Wegbereiter des Wandels und sorgen für die Befähigung ihrer Leute. Führung ist der Prozess, dem kollektiven Bemühen einen Zweck (eine sinnvolle Richtung) zu geben und zu bewirken, dass bereitwillig Anstrengungen unternommen werden, um diesen Zweck zu erreichen. Außerdem bringt eine effektive Führung dieser Art eine effektive Managementarbeit hervor. Nach Ansicht dieser Autoren hängt die Führung immer von Zeit und Ort sowie dem Einzelnen und der Situation ab.
Ergebnisorientierte Führung	Ulrich, Zenger & Smallwood (1999); Nohria, Joyce & Robertson (2003)	Ulrich et al. schlagen eine »Führungsmarke« vor, die »die besonderen Ergebnisse beschreibt, die Führungskräfte ihren Firmen bringen«, und diese Ergebnisse an den Eigenschaften der Führungskräfte festmacht. Führer verfügen neben Fachwissen und strategischem Denken über Charakterstärke, Integrität und Energie. Und sie leben effektive Verhaltensweisen vor, die den Erfolg der Organisation fördern. Da die Ergebnisse der Führung messbar sind, lassen sie sich auch lehren und lernen. Nohria et al. untersuchten bei ihrem Evergreen Project über einen Zeitraum von zehn Jahren mehr als 200 Managementpraktiken, um zu ermitteln, welche wirklich herausragende Ergebnisse produzieren. Die vier primären Praktiken sind Strategie, Umsetzung, Kultur und Struktur. Organisationen mit herausragenden Ergebnissen wenden außerdem zwei von vier sekundären Praktiken an: Talent, Innovation, Führung sowie Fusionen und Übernahmen.

Theorie	Repräsentative Autoren/Jahr	Zusammenfassung
Kompetenzbasierte Führung	Bennis (1993); Boyatizis; Cameron; Quinn	Wir können entscheidende Kompetenzen lernen und verbessern, aus denen sich die Unterschiede zwischen Menschen mit herausragender Performance (Führern) und denen mit durchschnittlicher Performance ableiten lassen.
Der Führer als Lehrer	De Pree (1992); Tichy (1998)	Führer sind Lehrer. Sie etablieren den »Standpunkt, der sich lehren lässt«. Bei der Führung geht es darum, andere durch beispielhafte Geschichten zu motivieren. Tichy zufolge ist effektive Führung mit effektiver Lehre gleichzusetzen.
Führung als Performing Art	De Pree (1992); Mintzberg (1998); Vaill (1989)	Führung erfolgt im Verborgenen – die Führer verrichten keine von außen erkennbaren Führungshandlungen (wie motivieren, coachen usw.), sondern unauffällige Handlungen, die all jene Dinge umfassen, die Führer und Manager machen. Eine häufig verwendete Metapher für diese Form der Führung sind Orchesterdirigenten und Jazzbands.
Kulturelle und ganzheitliche Führung	Fairholm (1994); Senge (1990); Schein (1992); Wheatley (1992)	Führung ist die Fähigkeit, aus der Kultur hinauszutreten und evolutionäre Veränderungsprozesse zu beginnen, die adaptiver sind; die wichtigen Interessengruppen einzubeziehen, andere mitzureißen und zu befähigen. Margaret Wheatley geht bei ihrem ganzheitlichen Modell davon aus, dass Führung vom Kontext abhängt und systemisch ist. Führungskräfte erschaffen synergetische Beziehungen zwischen den Einzelnen, den Organisationen und der Umgebung. Sie bauen lernende Organisationen auf, indem sie sich an fünf Disziplinen halten. Laut Senge erfüllen Führer drei Rollen: Sie sind Designer, Stewards und Lehrer.
Führen durch Dienen	Greenleaf (1996); Spears & Frick (1992)	Führer führen vor allem dadurch, dass sie anderen – ihren Leuten, ihren Kunden und der Gemeinde – dienen. Typische Charakteristika solcher Führer sind Zuhören, Einfühlsamkeit, Heilung, Wahrnehmung, Überzeugungskraft, Konzeptualisierung, Weitblick, Verantwortung, die innere Verpflichtung, das Wachstum anderer zu fördern, und der Aufbau von Gemeinschaft.

Spirituelle Führung	De Pree (1989); Etzioni (1993); Fairholm (1997); Greenleaf (1977); Hawley (1993); Keifer (1992); J. Maxwell; Vaill (1989)	Führung bedeutet nicht, die Handlungen der Leute zu kontrollieren, sondern ihre Seele zu beeinflussen. Nach Ansicht von Fairholm beinhaltet Führung, mit anderen eine Verbindung einzugehen. Da es die Verpflichtung der Führer ist, sich um die ganze Person zu kümmern, impliziert dies auch die spirituelle Fürsorge. Die Führer im neuen Jahrhundert müssen sich aktiv engagieren, um diese Verbindungen für sich selbst herzustellen, und dann den Geführten helfen, ebenfalls solche Verbindungen aufzubauen. Der Einfluss der Führer erwächst aus ihrem Wissen über die Kultur, Bräuche, Werte und Traditionen ihrer Organisation.

Literaturverzeichnis

Bass, B. M.: *Bass and Stogdill's Handbook of Leadership: Theory, Research, and Managerial Applications* (London, 3. Aufl. 1990)

Bennis, W. G.: *An Invented Life: Reflections on Leadership and Change* (Reading, Mass., 1993). – *Schlüsselstrategien erfolgreichen Führens: Das Beste von Mr. Leadership* (Düsseldorf 1994)

Buckingham, M., und D. O. Clifton: *Now Discover Your Strengths* (New York 2001). – *Entdecken Sie Ihre Stärken jetzt! Das Gallup-Prinzip für individuelle Entwicklung und erfolgreiche Führung* (Frankfurt / Main 2002)

Buckingham, M., und C. Coffman: *First, Break All the Rules: What the World's Greatest Managers Do Differently* (New York 1999). – *Erfolgreiche Führung gegen alle Regeln: Wie Sie wertvolle Mitarbeiter gewinnen, halten und fördern* (Frankfurt / Main 2001)

Collins, J. C.: *Good to Great: Why Some Companies Make the Leap … and Others Don't* (New York 2001). – *Der Weg zu den Besten: Die sieben Management-Prinzipien für dauerhaften Unternehmenserfolg* (Stuttgart, 5. Aufl. 2005)

Fairholm, G. W.: *Capturing the Heart of Leadership: Spirituality and Community in the New American Workplace* (Westport, Conn., 1997)

Fairholm, G. W.: *Perspectives on Leadership: From the Science of Management to Its Spiritual Heart* (Westport, Conn., 1998).

Gardner, H.: *Leading Minds: An Anatomy of Leadership* (New York 1995). – *Die Zukunft der Vorbilder: Das Profil der innovativen Führungskraft* (Stuttgart 1997)

Gardner, J. W.: *On Leadership* (New York 1990)

Jaques, E., und S. D. Clement: *Executive Leadership: A Practical Guide to Managing Complexity* (Arlington, Va., 1991)

Kouzes, J. M., und B. Z. Posner: *The Leadership Challenge: How to* Keep *Getting Extraordinary Things Done in Organizations* (San Francisco 1995)

Renesch, J. (Hg.): *Leadership in a New Era: Visionary Approaches to the Biggest Crisis of Our Time* (San Francisco 1994)

Senge, P. M.: *The Fifth Discipline: The Art and Practice of the Learning Organization* (New York 1990). – *Die fünfte Disziplin: Kunst und Praxis der lernenden Organisation* (Stuttgart 1996)

Ulrich, D., J. Zenger und N. Smallwood: *Results-Based Leadership: How Leaders Build the Business and Improve the Bottom Line* (Boston 1999). – *Ergebnisorientierte Unternehmensführung: Von der Zielformulierung zu messbaren Erfolgen* (Frankfurt / Main 2000)

Vaill, P. B.: *Managing as a Performing Art: New Ideas for a World of Chaotic Change* (San Francisco 1989)

Wheatley, M. J.: *Leadership and the New Science: Learning about Organization from an Orderly Universe* (San Francisco 1992). – *Quantensprung der Führungskunst: Leadership and the New Science: Die neuen Denkmodelle der Naturwissenschaften revolutionieren die Management-Praxis* (Reinbek bei Hamburg 1997)

Wren, J. T.: *Leader's Companion: Insights on Leadership through the Ages* (New York 1995)

Yuki, G.: *Leadership in Organizations* (Upper Saddle River, NJ, 4. Aufl. 1998)

ANHANG 2

Repräsentative Aussagen zu Führung und Management

Autoren und Literaturverweise	Aussagen: Management versus Führung (Leadership)
Warren Bennis Bennis, W. G. (1994): »Leading Change: The Leader as the Chief Transformation Officer«. In: J. Renesch (Hg.), *Leadership in a New Era: Visionary Approaches to the Biggest Crisis of Our Time* (San Francisco), 102–110	»Ein Manager bringt seine Mitarbeiter dazu, das Notwendige zu tun. Eine echte Führungspersönlichkeit dagegen wirkt auf andere so ein, dass sie den Wunsch haben, das Notwendige zu tun. Manager drängen, Führer ziehen. Manager befehlen, Führer kommunizieren.«
Bennis, W. G. (1993): *An Invented Life: Reflections on Leadership and Change* (Reading, Mass.). – *Schlüsselstrategien erfolgreichen Führens: Das Beste von Mr. Leadership* (Düsseldorf 1994)	»Führer tun das Richtige; Manager machen die Dinge richtig.«
In Carter-Scott, C. (1994): »The Differences Between Management and Leadership«, *Manage*, 10ff. – Deutsch in *Schlüsselstrategien erfolgreichen Führens*, 135f.	»Führungspersönlichkeiten erobern sich ein Umfeld, das Unsicherheit und Chaos birgt, während Manager sich ihm ergeben und nur noch reagieren. ... Manager sind Verwalter, Führungspersönlichkeiten sind Innovatoren. Ein Manager ist eine Kopie, die Führungspersönlichkeit ein Original. Manager bewahren das Bestehende, Führungspersönlichkeiten entwickeln Neues. Manager konzentrieren sich auf Systeme und Strukturen, Führungspersönlichkeiten auf Menschen. Manager kontrollieren, Führungspersönlichkeiten schaffen Vertrauen. Manager jagen den unmittelbaren Zielen nach, Führungspersönlichkeiten verfolgen langfristige Perspektiven. Manager fragen nach dem Wie und Wann, Führungspersönlichkeiten nach dem Was und Warum. Manager starren auf das Quartalsergebnis, Führungspersönlichkeiten blicken zum Horizont. [Manager imitieren, Führer erschaffen.] Manager akzeptieren den

Autoren und Literaturverweise	Aussagen: Management versus Führung (Leadership)
	Status quo, Führungspersönlichkeiten stellen ihn in Frage. Manager sind die klassischen Befehlsempfänger, Führungspersönlichkeiten handeln eigenständig. Manager erfüllen ihre Aufgaben, Führungspersönlichkeiten stellen die richtigen Aufgaben.«
John W. Gardner Gardner, J.W. (1990): *On Leadership* (New York)	»Führer und Führer/Manager unterscheiden sich bei mindestens sechs Aspekten von den durchschnittlichen Managern: 1. Sie denken langfristiger … 2. Sie erfassen die Beziehungen der von ihnen geleiteten Einheit zu größeren Realitäten … 3. Sie erreichen und beeinflussen auch Leute außerhalb ihres Zuständigkeitsbereiches, jenseits der Grenzen … 4. Sie messen den immateriellen Faktoren Vision, Werte und Motivation großes Gewicht bei und verstehen die nicht-rationalen und unbewussten Elemente bei der Interaktion zwischen Führer und Geführten intuitiv. 5. Sie besitzen das politische Geschick, mit den gegensätzlichen Bedürfnissen verschiedener Gruppen fertigzuwerden. 6. Sie denken in Form von Erneuerung …« »Manager sind enger an die Organisationen gebunden als Führer. Manchmal haben Führer sogar überhaupt keine Organisation.«
James Kouzes und Barry Posner Kouzes, J.M., und Posner, B.Z. (1995): *The Leadership Challenge: How to* Keep *Getting Extraordinary Things Done in Organizations* (San Francisco)	»Das Wort *lead* bedeutet ursprünglich ›gehen, reisen, geleiten‹. Führung hat etwas Kinästhetisches, sie beinhaltet ein Gefühl der Bewegung. … [Führer] beginnen die Suche nach einer neuen Ordnung. Sie wagen sich in unerforschtes Gebiet vor und leiten uns zu neuen, unbekannten Zielen. *Managen* hingegen liegt ein Wort mit der Bedeutung ›Hand‹ zugrunde. Beim Managen geht es also vom Kern her um die Handhabung der Dinge, die Aufrechterhaltung der Ordnung, Organisation und Kontrolle. Die ursprünglichen Bedeutungen der beiden Wörter reflektieren den entscheidenden Unterschied zwischen Management und Führung – den Unterschied zwischen der Handhabung von Dingen und dem Erreichen von Zielen.«
In Carter-Scott, C. (1994): »The Differences Between Management and Leadership«, *Manage*, 10ff.	Kouzes: »Einen der Hauptunterschiede zwischen Management und Führung findet man in der ursprünglichen Bedeutung der beiden Wörter – den Unterschied zwischen der Handhabung von Dingen und dem Erreichen von Zielen.«

Autoren und Literaturverweise	Aussagen: Management versus Führung (Leadership)
Abraham Zaleznik Zaleznik, A. (1977): »Managers and Leaders: Are They Different?« *Harvard Business Review* 55 (5), 67–78	Manager befassen sich damit, wie die Dinge gemacht werden; Führern jedoch geht es darum, was die Dinge für die Menschen bedeuten. »Führer und Manager haben unterschiedliche Auffassungen und Vorstellungen. Manager betrachten die Arbeit meist als einen Prozess des Ermöglichens, bei dem eine Kombination von Menschen und Ideen interagiert, um eine Strategie zu etablieren und Entscheidungen zu treffen. … Während Manager durch ihre Handlungen die Möglichkeiten begrenzen wollen, arbeiten Führer in der umgekehrten Richtung: Sie wollen neue Herangehensweisen an alte Probleme entwickeln und neuen Möglichkeiten den Weg bereiten … Führer machen die Arbeit aufregend.«
John Kotter Kotter, J. (1990): »What Leaders Really Do«, *Harvard Business Review* 68, 103 ff.	»Beim Management geht es darum, mit der Komplexität fertigzuwerden. Seine Methoden und Verfahrensweisen sind größtenteils eine Reaktion auf eine der wichtigsten Entwicklungen im 20. Jahrhundert: die Entstehung großer Organisationen. Ohne gutes Management breitet sich in komplexen Unternehmen leicht so viel Chaos aus, dass ihr Fortbestehen gefährdet ist. Gutes Management bringt eine gewisse Ordnung und Konsistenz in Schlüsseldimensionen wie der Qualität und Profitabilität der Produkte. Bei der Führung aber geht es darum, Veränderungen zu bewältigen. Dass ihre Bedeutung in den letzten Jahren so stark zugenommen hat, liegt auch daran, dass die Wirtschaft so unbeständig geworden ist und dort ein so harter Wettbewerb herrscht. Zu den zahlreichen Faktoren, die dazu beigetragen haben, gehören schnellere Veränderungen bei der Technologie, mehr internationaler Wettbewerb, die Deregulierung der Märkte, Überkapazitäten in den kapitalintensiven Branchen, ein instabiles Ölkartell, Übernahme-Geier mit Junk Bonds und der demografische Wandel bei den Beschäftigten. Das zu machen, was gestern gemacht wurde, oder es um fünf Prozent besser zu machen, ist daher kein Erfolgsrezept mehr. Um in dieser neuen Umgebung überleben und sich effektiv im Wettbewerb behaupten zu können, sind zunehmend große Veränderungen nötig. Mehr Veränderungen aber erfordern immer auch mehr Führung.«

Autoren und Literaturverweise	Aussagen: Management versus Führung (Leadership)
James M. Burns Burns, J. M. (1978): *Leadership* (New York)	Transaktional (Management) versus transformativ (Führung) Transaktionale Führung: Jemand ergreift die Initiative und baut Kontakt zu anderen auf, um Dinge, denen man einen Wert beimisst, auszutauschen. Transformative Führung: Eine oder mehrere Personen treten so mit anderen in Interaktion, dass Führer und Geführte sich bei der Moral und der Motivation gegenseitig auf höhere Ebenen heben. Ihre Zwecke, die anfangs (wie bei der transaktionalen Führung) vielleicht getrennt, aber verwandt waren, verschmelzen miteinander.
Peter Drucker In Galagan, P.A. (1998): *Peter Drucker: Training & Development*, 52, 22–27	»Der Prüfstein für Führer ist nicht, was sie erreichen, sondern was passiert, wenn sie abtreten. Der wahre Prüfstein ist nämlich die Nachfolge. Falls das Unternehmen zusammenbricht, sobald diese wundervollen, charismatischen Menschen es verlassen, ist das keine Führung, sondern – unverblümt gesagt – eine Irreführung. … Ich habe immer wieder betont, dass Führung Verantwortung ist. Führung ist Verantwortlichkeit. Führung ist Handeln … Management von Führung zu trennen, ist unsinnig – so unsinnig, als würde man das Management vom Unternehmertum trennen. Beide sind wesentliche Bestandteile des gleichen Jobs. Natürlich unterscheiden sie sich, aber nur wie die rechte Hand von der linken oder die Nase vom Mund. Sie gehören zum selben Körper.«
Richard Pascale In Johnson, M. (1996): »Taking the Lid Off Leadership«, *Management Review*, 59–61	»Management ist die Ausübung von Autorität und Einfluss, um bei der Leistung ein Niveau zu erreichen, das dem zuvor gezeigten entspricht. … Führung bedeutet, zu bewirken, dass etwas passiert, was nicht ohnehin passiert wäre; sie wird immer beinhalten, dass man an der Grenze des Akzeptablen arbeitet.«
Weathersby, George Weathersby, G.B. (1999): »Leadership versus Management«, *Management Review* 88, 5 ff.	»Management ist die Zuweisung knapper Ressourcen gemäß dem kurzfristigen Ziel des Unternehmens, die Setzung von Prioritäten, die Gestaltung der Arbeit und die Erzielung von Ergebnissen. Vor allem aber geht es dabei um Kontrolle. Führung hingegen konzentriert sich auf die Erschaffung einer gemeinsamen Vision. Sie motiviert die Leute dazu, etwas zu der Vision beizutragen, und regt sie dazu an, ihre eigenen Interessen mit denen des Unternehmens in Einklang zu bringen. Sie bedeutet zu überzeugen, nicht anzuordnen.«

Autoren und Literaturverweise	Aussagen: Management versus Führung (Leadership)
John Mariotti Mariotti, J. (1998): »Leadership Matters«, *Industry Week* 247, 70 ff.	»Leute, die gut ›gemanagt‹ werden, sind oft nicht geneigt, die für den Erfolg nötigen Bemühungen an den Tag zu legen – es sei denn, sie haben gute Führer. Große Führer holen aus gewöhnlichen Menschen außergewöhnliche Ergebnisse heraus. Große Manager dagegen bekommen zwar gut geplante und manchmal auch gut ausgeführte Resultate, aber nur selten die enormen Erfolge, die aus der durch wahre Führung entzündeten Leidenschaft, Begeisterung und inneren Verpflichtung erwachsen. Führer sind die Architekten, Manager die Baumeister. Man braucht beide – doch ohne den Architekten gibt es nichts Besonderes zu bauen.«
Rosabeth Moss Kanter Kanter, R.M. (1989): »The New Managerial Work«, *Harvard Business Review*, 85 ff.	»Die alten Grundlagen für die Autorität der Manager werden ausgehöhlt; neue Führungs-Tools nehmen ihren Platz ein. Manager, deren Macht sich aus der Hierarchie ableitete und die an einen beschränkten Bereich persönlicher Kontrolle gewöhnt waren, lernen jetzt, ihre Perspektive zu ändern und ihren Horizont zu erweitern. Die neue Arbeit der Manager besteht darin, über einen abgesteckten Bereich der Verantwortlichkeit hinauszublicken und Chancen zu erspüren sowie aus allen relevanten Feldern zusammengezogene Projektteams zu bilden, um diese Chancen ergreifen zu können. Sie beinhaltet Kommunikation und Zusammenarbeit zwischen den Funktionen, den Abteilungen und den Unternehmen, deren Aktivitäten und Ressourcen sich überschneiden. Daher werden Rang, Titel und Ernennungsurkunde bei der neuen Arbeit der Manager nicht so wichtig sein wie das Wissen, die Fähigkeiten und das Feingefühl, durch die man die Leute mobilisieren und dazu motivieren kann, ihr Bestes zu geben.«
Tom Peters Peters, T. (1994): *Thriving on Chaos* (New York). – *Kreatives Chaos: Die neue Management-Praxis* (München 2000)	Peters stützt sich auf die oben umrissenen Führungs- und Managementkonzepte von Bennis und Kouzes und Posner. Seiner Ansicht nach gehört es zu den wesentlichen Elementen von Führung, eine Vision zu entwickeln; noch wichtiger ist, sein Leben tatkräftig an ihr auszurichten. Visionen haben in der Welt der Vorstände den gleichen Ehrenplatz wie in der des mittleren Managements.

Bei diesem Projekt musste ich daran denken, dass wir oft am besten lernen, wenn wir Gegensätze sehen. Daher stelle ich die Unterschiede zwischen Führung und Management in Abbildung A2.1 noch einmal tabellarisch gegenüber.

Führung	Management
Leute	Dinge
Spontaneität, glückliche Zufälle	Struktur
Freisetzung, Befähigung	Kontrolle
Effektivität	Effizienz
Programmierer	Programm
Investition	Kosten
Prinzipien	Techniken
Transformation	Transaktion
Prinzipienzentrierte Macht	Nützlichkeit
Urteilskraft	Messung
Das Richtige tun	Die Dinge richtig tun
Richtung	Schnelligkeit
Top Line	Bottom Line
Zwecke	Methoden
Prinzipien	Praktiken
Über die Systeme	In den Systemen
»Steht die Leiter an der richtigen Mauer?«	Die Leiter schnell ersteigen

Abb. A2.1

ANHANG 3

Praktische Anwendung der 4 Disziplinen erfolgreicher Umsetzung

Für die 4 Disziplinen erfolgreicher Umsetzung ist ein ein- bis dreitägiges Arbeitstreffen für jeden innerhalb der Organisation nötig. Diese Workshops können mit dem obersten Führungskreis, operativen Teams, Managern oder Einzelnen durchgeführt werden. Man kann sich dabei auch von Beratern von FranklinCovey helfen lassen. Zudem können sich die Unternehmen auch lizenzieren und zertifizieren lassen und diese Workshops dann selbst leiten. Dabei werden die Teilnehmer durch einen Prozess geführt, bei dem sie ihre wichtigsten Ziele klären und Mess-Größen und ein Scoreboard dafür einrichten. Sie lernen auch, die Ziele in neue Aktivitäten und Verhaltensweisen aufzugliedern und sich gegenseitig in die Pflicht zu nehmen, um auf diese Ziele fokussiert zu bleiben. Wir unterstützen Organisationen bei ihren Bemühungen, ihre Strategie umzusetzen und die Ziele schnell auf alle Ebenen herunterzubrechen, so dass die Schlüsselziele und -strategien besser verstanden werden und die Verpflichtung auf sie beständig zunimmt. Wir helfen Organisationen jeder Form und Größe bei der praktischen Anwendung dieser Methode – auch Unternehmen aus den Fortune 100. Mehr Informationen über die 4 Disziplinen erfolgreicher Umsetzung erhalten Sie bei FranklinCovey Deutschland, Schweiz, Österreich. Die Kontaktdaten finden Sie am Ende dieses Buches auf den Seiten 437 und 438.

ANHANG 4

xQ-Ergebnisse

Der xQ Test misst die Fähigkeit einer Organisation, ihre Schlüsselziele umzusetzen. Wie ein IQ-Test Schwachstellen bei der Intelligenz aufdeckt, so misst eine xQ-Evaluierung die Schwachstellen bei der Umsetzung. Das heißt: Sie zeigt an, wie groß die Lücke zwischen dem Setzen der Ziele und ihrem tatsächlichen Erreichen ist. »xQ« steht für *Execution Quotient* – Umsetzungsquotient.

FranklinCovey hat etwa 2,5 Millionen Menschen zur Effektivität ihrer Manager befragt und in Zusammenarbeit mit Harris Interactive, dem Begründer der Harris Poll, eine Methode zur Messung der Umsetzungskraft entwickelt.

Die Ergebnisse der xQ-Befragung sind ebenso beeindruckend wie beunruhigend. Die folgenden Zahlen liefern den Beweis, dass es in den Unternehmen tatsächlich große Schwachstellen bei der Umsetzung gibt.

Aspekt der Umsetzung	Zustimmung in Prozent
KLARE AUSRICHTUNG IN DER ORGANISATION: Sind alle Mitarbeiter auf die Ziele der Organisation fokussiert?	22 %
QUALITÄT DER TEAM-ZIELE: Haben die Arbeitsteams klare, messbare Ziele?	9 %
TEAM-PLANUNG: Planen die Arbeitsteams gemeinsam, wie sie ihre Ziele erreichen wollen?	16 %
KOMMUNIKATION IM TEAM: Herrscht in den Arbeitsteams gegenseitiges Verstehen, findet ein kreativer Dialog statt?	17 %
VERTRAUEN IM TEAM: Operieren die Arbeitsteams in einer sicheren, auf Gewinn/Gewinn ausgerichteten Umgebung?	15 %

Aspekt der Umsetzung	Zustimmung in Prozent
BEFÄHIGUNG DER TEAMS: Verfügen die Teams über genug Ressourcen und Freiheit für ihre Arbeit?	15 %
TEAM-VERANTWORTLICHKEIT: Nehmen die Teammitglieder sich jederzeit gegenseitig in die Pflicht?	10 %
QUALITÄT DER TEAM-MESSGRÖSSEN: Werden die Messgrößen für den Erfolg genau und offen dargelegt?	10 %
INDIVIDUELLE ARBEITSZIELE: Haben die Leute klare, messbare, an Fristen gebundene Ziele?	10 %
INDIVIDUELLES ENGAGEMENT: Sind die Mitarbeiter motiviert? Haben sie das Gefühl, dass man ihren Wert anerkennt?	22 %
INDIVIDUELLE PLANUNG: Planen die Leute ihre Prioritäten systematisch?	8 %
INDIVIDUELLE INITIATIVE: Übernehmen die Leute individuell die Initiative und die Verantwortung für die Ergebnisse?	13 %
RICHTUNG DER ORGANISATION: Werden die Strategie und die Ziele der Organisation von jedem genau verstanden?	23 %
ZUSAMMENARBEIT IN DER ORGANISATION: Arbeiten die Teams über die Bereiche hinweg reibungslos zusammen?	13 %
VERTRAUENSWÜRDIGKEIT DER ORGANISATION: Hält die Organisation sich an ihre Werte und Verpflichtungen?	20 %
VERBESSERUNG DER LEISTUNG DER ORGANISATION: Gibt es eine in sich stimmige, systematische Vorgehensweise?	13 %
INDIVIDUELLE VERPFLICHTUNG: Haben die Leute sich innerlich auf die Strategie und die Ziele der Organisation verpflichtet?	39 % sehr stark oder stark
UNTERSTÜTZUNG DURCH DIE ORGANISATION: Unterstützt die obere Leitungsebene die Ziele der Arbeitsteams aktiv?	45 % sagen stark oder sehr stark
TEAM-FOKUS: Ist meine Arbeitsgruppe vollständig und sorgsam auf ihre wichtigsten Ziele fokussiert?	14 %
INDIVIDUELLE ZEITAUFTEILUNG: Wie viel Zeit wenden unsere Leute tatsächlich für die Schlüsselziele auf?	60 %

Tab. 14

Wichtigste Ergebnisse der xQ-Befragung von FranklinCovey

Schlüsselergebnisse	Ermittlungsmethode
Nur ungefähr ein Drittel der Leute gibt an, klar zu verstehen, was ihre Organisation zu erreichen versucht.	37 % wählten die Antwort »Mir sind die Gründe für die strategische Richtung meiner Organisation klar«.
Nur etwa jeder Siebte ist unablässig auf die wichtigsten Ziele fokussiert.	14 % wählten die Antwort »Wir bleiben unablässig auf unsere wichtigsten Ziele fokussiert«.
Kommunizieren die Führer ihre wichtigsten Ziele?	44 % gaben an, ihre Organisation habe ihnen ihre wichtigsten Ziele klar vermittelt.
Lediglich 20 % der Beschäftigten sind der Ansicht, dass ihre eigenen Aufgaben klar auf die Ziele ihrer Organisation ausgerichtet sind.	22 % sagten, es bestehe eine »klare Ausrichtung« ihrer eigenen Ziele auf die der Organisation.
Nur etwa 10 % gaben an, die Leute seien durch die Ziele ihrer Organisation ganz von Energie erfüllt und innerlich auf sie verpflichtet.	9 % entschieden sich für die Antwort »Von sehr viel Energie erfüllt und sehr stark verpflichtet«.
Lediglich ein Drittel hat klar definierte Arbeitsziele.	33 % berichteten, ihre Arbeitsziele seien »schriftlich ausformuliert« worden.
Die Leute verbringen eine von vier Stunden mit dringenden, aber belanglosen Aufgaben.	Die Befragten schätzten, dass sie 23 % ihrer Zeit für Aktivitäten aufwenden, die dringend, aber für die Schlüsselziele kaum von Bedeutung sind.
Die Leute beschäftigen sich in ungefähr einem Fünftel ihrer Zeit mit interner Politik und Bürokratie.	Laut Schätzung der Befragten verbringen sie 17 % ihrer Zeit mit kontraproduktiven Aktivitäten wie der Beschäftigung mit der internen Bürokratie, internen Kämpfen, Absicherung usw.
Nur etwa die Hälfte der Leute hat das Gefühl, dass ihr Job ihnen erlaubt, alles anzuwenden, was sie zu geben haben.	48 % stimmten der folgenden Aussage zu: *Die Mehrheit der Leute in meiner Organisation besitzt viel mehr Talent, Intelligenz und Kreativität, als ihr gegenwärtiger Job erfordert oder auch nur zulässt.*
Nur die Hälfte hat das Gefühl, dass sie bei der Arbeit offen sprechen können.	52% stimmten der folgenden Aussage zu: *Ich habe das Gefühl, dass ich meine Meinung offen zum Ausdruck bringen kann, ohne negative Folgen befürchten zu müssen.*

Schlüsselergebnisse	Ermittlungsmethode
Ein Drittel gibt an, dass sie in einem »Gewinn/Gewinn-Klima« arbeiten.	33 % waren der Ansicht, dass in ihrer Organisation das Prinzip »Mein Erfolg ist auch Ihrer« gilt.
Etwa ein Viertel kommt mindestens einmal im Monat mit ihren Managern zusammen, um über die Fortschritte bei ihren Arbeitszielen zu sprechen.	Das gaben 26 % an.
Weniger als ein Drittel sagte, es werde für ihr Budget verantwortlich gemacht.	31 % stimmten der folgenden Aussage stark oder sehr stark zu: *Wir nehmen uns gegenseitig in die Pflicht, damit wir unser Budget nicht überschreiten.*
Eine erdrückende Arbeitslast, zu wenig Ressourcen und unklare Prioritäten bei der Arbeit sind die drei größten Hindernisse bei der Umsetzung.	Bei der Frage nach den drei größten Hindernissen bei der Umsetzung wählten 31 % »erdrückende Arbeitslast«, 30 % »zu wenig Ressourcen« und 27 % »unklare oder sich ändernde Prioritäten bei der Arbeit«.
Etwa 60 % sind nicht davon überzeugt, dass ihr Arbeitgeber seine Verpflichtungen gegenüber den Mitarbeitern einhält.	43 % sagten, ihr Arbeitgeber halte sich stets an seine Verpflichtungen gegenüber seinen Leuten.
Die Teams arbeiten abgeschottet in Silos; es gibt kaum aktive Zusammenarbeit über die Bereiche hinweg.	Als sie nach den anderen Gruppen in ihrer Organisation befragt wurden, stimmten nur 28 % der folgenden Aussage zu: *Wir helfen einander aktiv, unsere jeweiligen Ziele zu erreichen.*
Nur ungefähr ein Drittel der Befragten gab an, dass sie für ihre Ziele klar definierte Messgrößen haben.	35 % stimmten der folgenden Aussage zu: *Es gibt klare Messgrößen.*

Tab. 15

ANHANG 5

Das Modell von FranklinCovey

Dauerhafter Unternehmenserfolg …

Das ist das Schwierigste im Geschäftsleben und eine echte Herausforderung für fast alle Organisationen. Ja, natürlich kann nahezu jeder ein oder zwei Quartale lang gute Ergebnisse liefern. Die wahre Kunst aber besteht darin, eine Organisationskultur zu schaffen, die Jahr um Jahr gute Ergebnisse liefern kann.

Erstaunlicherweise gelingt das nur wenigen Organisationen. Das zeigen auch die Statistiken aus Standardwerken zur Unternehmensführung:

- *Erfolgsfaktor Kerngeschäft*: Nur 111 von 1854 Unternehmen (6 Prozent) gelang es, über einen Zeitraum von zehn Jahren ein nachhaltiges profitables Wachstum zu erzielen.
- *Der Weg zu den Besten*: Lediglich 126 von 1435 Unternehmen (9 Prozent) schafften es, die Performance des Marktes beim Eigenkapital mindestens ein Jahrzehnt lang zu übertreffen. Und nur 11 der 1435 Unternehmen (nicht einmal 1 Prozent) erfüllten die Kriterien der Studie für eine nachhaltige hervorragende Performance.
- *Schöpfen und zerstören*: Nur 160 von 1008 über einen Zeitraum von 30 Jahren analysierten Unternehmen (16 Prozent) gelang es, überhaupt bestehen zu bleiben.
- *Stall Points*: Lediglich 5 Prozent der Unternehmen in den Fortune 50 schafften es, ihr Wachstum erfolgreich aufrechtzuerhalten.

Dauerhaften Unternehmenserfolg zu erzielen und gleichzeitig die Fähigkeit aufzubauen, dies immer wieder zu schaffen – das zeichnet wirklich große Organisationen aus. Den meisten Organisationen und ihren Managern gelingt das jedoch nicht. Und die Wurzeln ihres Misserfolgs liegen in ihrer Vorgehensweise.

Eine Fabel von Äsop

Eines Tages entdeckt ein armer Bauer im Nest seiner Lieblingsgans ein glänzendes goldenes Ei. Zunächst traut er seinen Augen nicht. Dann aber beschließt er, den Wert des Eis schätzen zu lassen.

Der Bauer kann sein Glück kaum fassen. Das Ei besteht aus reinem Gold! Am nächsten Tag ist er noch aufgeregter, denn die Gans legt wieder ein goldenes Ei. Nun läuft er jeden Tag gleich nach dem Aufwachen zu dem Nest und findet dort immer ein weiteres goldenes Ei. So wird er unermesslich reich.

Mit dem Reichtum aber kommen Gier und Ungeduld. Der Bauer will nicht mehr jeden Tag auf das goldene Ei warten. Er beschließt, die Gans zu schlachten und sich gleich alle Eier auf einmal zu holen. Doch was für eine Enttäuschung: Als er die Gans aufschneidet, ist sie leer! Es gibt keine goldenen Eier mehr – und auch keine Möglichkeit, neue zu bekommen. Der Bauer hat die Gans, die die Eier für ihn produzierte, ja getötet.

In dieser Fabel steckt eines der Schlüsselprinzipien für die Performance von Organisationen. Dauerhafter Unternehmenserfolg hängt nämlich von zwei Faktoren ab. Einerseits von dem, was produziert wird – den goldenen Eiern. Andererseits von der Produktionskapazität – der Gans.

Was aber passiert, wenn Organisationen sich nur auf die Produktion der goldenen Eier, auf das Erreichen der Ergebnisse von heute konzentrieren? Dann vernachlässigen sie die Gans, den Aufbau der Kapazität für morgen. Doch so werden sie den Wertschöpfungsfaktor, der die goldenen Eier produziert, bald verlieren. Und was ist, wenn sich die Organisationen nur um die Gans kümmern, aber nicht um die Produktion der goldenen Eier? In diesem Fall werden sie die Gans bald nicht mehr füttern können. Der entscheidende Punkt ist, ein Gleichgewicht herzustellen.

Vielleicht sieht auch Ihre Organisation ja so aus:

Wenn wir unter dem Druck stehen, Ergebnisse liefern zu müssen, laufen wir auf Hochtouren. Wir arbeiten mit einem Programm, das die Leute auf Trab bringt und jeden dazu antreibt, das Ziel schnellstmöglich zu erreichen. Manchmal handelt es sich dabei um die Absatzquote, dann geht es darum, die Kosten zu senken, und beim nächsten Mal ist es wieder etwas anderes. Wir reagieren immer nur und hangeln uns von einer Kriseninitiative zur nächsten. Das Problem ist, dass wir offenbar nie genug in die Leute, Prozesse, Maschinen und Geräte investieren, die wir brauchen, um unser Geschäft wirklich zu verbessern. Daher können wir nie in den Rhythmus einer nachhaltigen Performance kommen.

Oder so:

Wir haben viele Jahre lang enorm in unsere Belegschaft und unsere Unternehmenskultur investiert. Unsere Theorie lautete, dass großartige, talentierte Leute mit den besten Systemen und Technologien automatisch dauerhaften Unternehmenserfolg schaffen würden. Es war toll, in unserem Unternehmen zu arbeiten. Doch dann kamen die schweren Zeiten. Wir mussten feststellen, dass uns die grundlegende Fähigkeit fehlte, uns angesichts von hartem Wettbewerb und einer ungünstigen wirtschaftlichen Entwicklung zu behaupten. Daher waren wir gezwungen, all die Investitionen, an die unsere Belegschaft sich in den goldenen Jahren gewöhnt hatte, zu kürzen. Jetzt sind die Leute enttäuscht, die Moral ist am Boden – und viele unserer besten Mitarbeiter gehen.

Wir bei FranklinCovey haben am eigenen Leib erfahren, wie wichtig das Gleichgewicht zwischen der Performance und der Performance-Kapazität ist. Auch wir sind zwischen beiden hin- und hergependelt. Wir haben uns diese Lektion also wirklich »verdient«. Denn unser Modell beruht keineswegs nur auf theoretischen Überlegungen.

Bei FranklinCovey nähern wir uns dem Ziel eines dauerhaften Unternehmenserfolgs von beiden Seiten der Gleichung aus. Wir helfen Organisationen, sich auf spezifische Ergebnisse zu konzentrieren und sie zu liefern. Wir unterstützen sie außerdem dabei, mehr Kapazität aufzubauen: durch Führungskräfte und einzelne Mitarbeiter, die die Fähigkeit haben, bedeutende Beiträge bei der Performance zu leisten und neue Ebenen zu erreichen.

Ergebnisse erreichen und Kapazität aufbauen: Im Rahmen dieser beiden Bereiche arbeitet FranklinCovey mit seinen Kunden an drei konkreten »Aufgaben, die gelöst werden müssen«. Sie repräsentieren die drei Kernbereiche wahrer Größe, die der 8. Weg umfasst: *Größe der Organisation*, *Größe bei der Führung* und *persönliche Größe*.

Ergebnisse erreichen		
1. Aufgabe	**Umsetzung der Schlüsselprioritäten**	Wir helfen unseren Kunden, durch eine stärkere Verpflichtung auf ihre Top-Prioritäten, mehr Klarheit im Hinblick auf diese Prioritäten und die Etablierung entsprechender Umsetzungsprozesse spezifische Ergebnisse – Steigerung des Umsatzes, Durchführung konkreter Initiativen oder Verbesserung der Qualität – zu erreichen. Dadurch gewinnt **die Organisation an Größe**.
Kapazität aufbauen		
2. Aufgabe	**Führungs- und Managemententwicklung**	Wir helfen unseren Kunden, auf der Grundlage von Charakter, Teambildung und der Fähigkeit, hervorragende Ergebnisse zu erreichen, dauerhafte Führungskapazität aufzubauen. So entsteht **Größe bei der Führung**.
3. Aufgabe	**Individuelle Effektivität**	Wir helfen den Organisationen, das Wissen, die Fähigkeiten und die persönliche Leistung ihrer Mitarbeiter zu steigern, sodass diese als Einzelne und als Teams bessere Ergebnisse erreichen. Dadurch wird **persönliche Größe** aufgebaut.

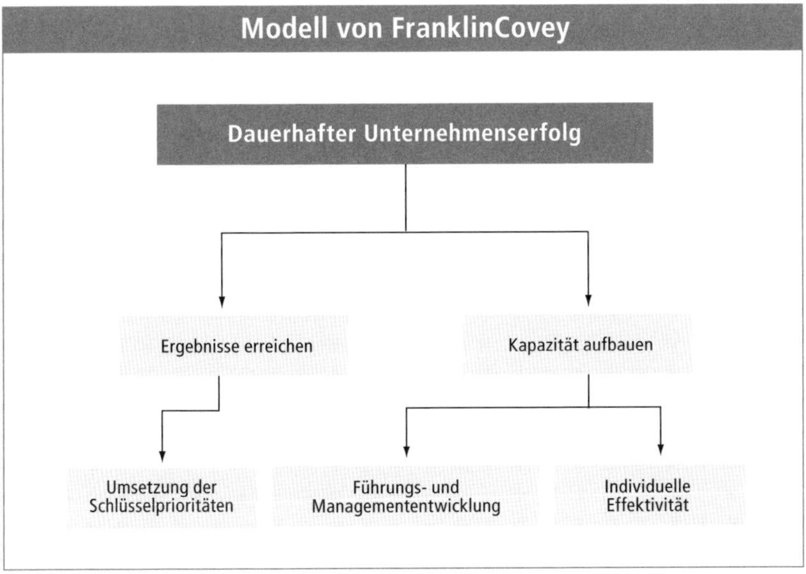

Abb. A5.1

Überlegen Sie einen Moment, wie Sie im Sport ein Champion-Team aufbauen würden. Durch Investitionen in die Qualität und das Training der Spieler wird Ihr Team besser werden. Denn dann sind die Spieler besser. Doch so gut die einzelnen Spieler auch sein mögen, das Team wird nur gewinnen, wenn es gemeinsam auf spezifische Ziele hinarbeitet und das Spiel immer wieder hervorragend »umsetzen« kann.

Sie brauchen also sowohl großartige Spieler als auch eine großartige Umsetzung – ein Team, das eine Spielzeit nach der anderen konstant seine Leistung bringen kann, das dauerhaft gewinnt. Genau das ist der Kern des Modells von FranklinCovey: die Kapazitäten der Organisation immer wieder in spezifische Ergebnisse zu »übersetzen«, sodass eine Organisation entsteht, die gewinnt.

Anmerkungen

Kapitel 1

1 C.R. Rogers, On Becoming a Person (Boston 1961), Seite 26. (dt. Ausgabe: Entwicklung der Persönlichkeit: Psychotherapie aus der Sicht eines Therapeuten (Stuttgart, 10. Auflage 1994)

2 Zu den *Schlüsselbranchen* gehören: das Hotel-, Gaststätten- und Nahrungsmittelgewerbe, die Kraftfahrzeugbranche, Banken und Finanzen, Kommunikation, Bildung und Erziehung, das Gesundheitswesen, das Militär, der öffentliche Dienst, der Einzelhandel, die technologischen Dienstleistungen und die Telekommunikation.

3 Zu den *Schlüsselbereichen* gehören folgende Berufsgruppen: Buchhalter, Verwaltungsassistenten, Werbe- und Vermarktungsfachleute, Führungskräfte in der Wirtschaft, Computerfachleute, Leute im Schul- und Bildungswesen, Finanzberater, Beamte und Angestellte des öffentlichen Dienstes, die Leute im Gesundheitswesen und Vertreter.

4 Rick Levine, Christopher Locke, Doc Searls und David Weinberger, *The Cluetrain Manifesto* (Cambridge, MA, 2000), 36, 39. – *Das Cluetrain Manifest: 95 Thesen für die neue Unternehmenskultur im digitalen Zeitalter* (München 2000), 82, 85f.

5 *New York Times Syndicate.*

6 Antony Jay, *The Oxford Dictionary of Political Quotations* (Oxford 1996), 68.

Kapitel 2

1 Aus einer Rede von Stanley M. Davis bei einer Tagung in Asien.

2 Peter F. Drucker, »Managing Knowledge Means Managing Oneself«, *Leader to Leader*, 16 (Frühjahr 2000), 8–10.

3 Peter F. Drucker, *Management Challenges for the 21st Century* (New York 1999), 135. – *Management im 21. Jahrhundert* (München 1999), 191.

Kapitel 3

1 Henry David Thoreau, *Walden* (Boston, 1997), 70. – *Walden oder Leben in den Wäldern* (Jena 1905), 75.

2 Robert Frost, Elizabeth Knowles (Hg.), *The Oxford Dictionary of Quotations,* »The Road Not Taken« (1916), (Oxford, 5. Aufl. 1999). – Robert Frost, *Promises to keep,* Übersetzung und Nachwort von Lars Vollert (München, 4. Aufl. 2004), 67.

Kapitel 4

1 Daniel Ladinsky, *The Gift: Poems by Hafiz the Great Sufi Master* (New York 1999), 67f.

2 Michael C. Thomsett, Rede, 9. Oktober 1956, in: *War and Conflict Quotations* (North Carolina 1997), 50.

3 C.S. Lewis, *Mere Christianity* (New York 1980), 19–21. – *Christentum schlechthin* (Köln 1956), 26–29.

4 Doc Childre und Bruce Cryer, *From Chaos to Coherence* (Boston 1999), 23. – *Vom Chaos zur Kohärenz: Herzintelligenz im Unternehmen* (Kirchzarten bei Freiburg 2000), 47.

5 *From Chaos to Coherence,* 29.

6 Daniel Goleman, *Working with Emotional Intelligence* (New York 1998), 31. – *EQ²: Der Erfolgsquotient* (München, 2. Aufl. 2001), 47–49.

7 Richard Wolman, *Thinking with Your Soul* (New York 2001), 26.

8 *King-James-Bibel.*

9 Danah Zohar und Ian Marshall, *SQ: Connecting with Our Spiritual Intelligence* (New York 2000).

10 Anwar El-Sadat, *In Search of Identity: An Autobiography* (New York 1978), 303. – *Unterwegs zur Gerechtigkeit: Auf der Suche nach Identität: Die Geschichte meines Lebens* (Wien 1978), 349.

11 »The Speaker's Electronic Reference Collection«, AApex Software, 1994.

12 Dee Hock, »The Art of Chaordic Leadership«, *Leader to Leader,* 15 (Winter 2000), 20–26.

13 Warren G. Bennis und Robert J. Thomas, *Geeks and Geezers: How Era, Values, and Defining Moments Shape Leaders* (Boston 2002).

14 Jim Loehr und Tony Schwartz, *The Power of Full Engagement* (New York 2003). – *Die Disziplin des Erfolgs: Von Spitzensportlern lernen – Energie richtig managen* (München 2003).

15 Hans Selye, *Stress: Bewältigung und Lebensgewinn* (München, 2. Aufl. 1988).

Kapitel 5

1 Philip Massinger, Timoleon, in: *The Bondman*, 1. Akt, 3. Szene (1624), in: P. Edwards und C. Gibson (Hg.), *Poems of Philip Massinger* (1976).

2 Polly LaBarre, »Do You Have the Will to Lead?«, *Fast Company Magazine* 32 (März 2000), 222. Gefunden am 27. Mai 2004 auf der Website http://www.fast-company.com/online/32/koestenbaum.html.

3 Lucinda Vardey, *A Simple Path* (New York 1995), xxxviii. – *Mutter Teresa: Der einfache Weg* (Bergisch-Gladbach 1997), 35.

4 Dag Hammarskjöld, *Markings* (New York 2001), 124. – *Zeichen am Weg* (München 1965), 110.

5 Das englische Wort für »Jünger«, *disciple*, geht auf dasselbe lateinische Wort zurück wie *Disziplin*.

6 Albert E. N. Gray Essay, »*The common denominator of success*« (Philadelphia, NALU Annual Convention, 1940).

7 Clyde J. Williams (Hg.), *Teachings of Harold B. Lee* (Salt Lake City 1996), 606.

8 Charles Moore (Hg.), Einleitung zu *Washington's School Exercises: Rules of Civility and Decent Behavior in Company and Conversation* (Boston 1926), xi–xv.

9 Elizabeth Knowles (Hg.), *The Oxford Dictionary of Quotations* (Oxford, 5. Aufl. 1999), 396.

10 JoAnn C. Jones, »Brockville«, *Ontario-Guide Posts*, Januar 1996.

11 Im Sinne von: »Denk ich an deine Liebe, bin ich reich …«

12 *Die Sonette des William Shakespeare*, nachgedichtet von Karl Bernhard (Frankfurt/Main 1989), 123.

13 David O. McKay, *Conference Report*, Kirche Jesu Christi der Heiligen der letzten Tage, April 1964, 5.

14 John G. Whittier, *Maud Muller* (Boston 1866), 12.

Kapitel 6

1 Peter F. Drucker, *Management Challenges for the 21st Century* (New York 1999), 8. – *Management im 21. Jahrhundert* (München 1999), 19f.

2 Philip Evans und Thomas S. Wurster, *Blown to Bits* (Boston 2000), 13. – *Web Att@ck: Strategien für die Internet-Revolution* (München 2000), 24f.

3 Dave Ulrich, Jack Zenger und Norm Smallwood, *Results Based Leadership* (Boston 1999), 7. – *Ergebnisorientierte Unternehmensführung: Von der Zielformulierung zu messbaren Erfolgen* (Frankfurt/Main 2000), 24.

Kapitel 7

1 Del Jones, »What would Attila the Hun do?«, *USA Today* (6. April 2003). Gefunden am 27. Mai 2004 auf der Website von *USA Today*: http://www.usatoday.com/money/companies/management/2003-04-06-warleaders_x.htm.

2 Tom Peters, *The Project 50* (New York 1999), 48f.

Kapitel 8

1 American Museum of Natural History, am 15. Mai 2004 auf der Website http://www.amnh.org/common/faq/quotes.html gefunden.

2 Eknath Easwaran, *Gandhi, the Man* (2. Aufl. 1978), 145. – *Der Mensch Gandhi: Meditation und Gewaltlosigkeit* (Gelsenkirchen 1983), 31.

3 Lieutenant General Dave R. Palmer '56 (außer Dienst), »Competence and Character: Schwarzkopf's Message to the Corps«, *Assembly Magazine*, Mai 1992.

Kapitel 9

1 Gordon B. Hinckley, »The True Strength of the Church«, *Ensign Magazine*, Juli 1973, 48.

2 Rick Pitino, *Lead to Succeed* (New York 2000), 64.

3 Elizabeth Knowles (Hg.), *The Oxford Dictionary of Quotations* (Oxford, 5. Aufl. 1999), 503.

4 Dag Hammarskjöld, *Markings* (New York 2001), 197. – *Zeichen am Weg* (München 1965), 166.

Kapitel 10

1 Warren Bennis, *Why Leaders Can't Lead* (San Francisco 1989), 158.

2 Arun Gandhi, »Reflections of Peace«, *BYU Magazine*, Bd. 54, Nr. 1 (Frühjahr 2000), 1–6. Gefunden am 14. Mai 2004 auf der Website http://magazine.byu.edu/bym/2000sp/pages/peace1.shtml#.

3 Dr. med. Ralph Roughton, Verwendung mit seiner Genehmigung.

Kapitel 11

1 J. A. Belasco, *Teaching the Elephant to Dance: The Manager's Guide to Empowering Change* (New York 1991), 11.

2 Clayton M. Christensen, *The Innovators Dilemma* (Boston 1997), xviiif.

3 Jim Collins, *Good to Great* (New York 2001), 96. – *Der Weg zu den Besten: Die sieben Management-Prinzipien für dauerhaften Unternehmenserfolg* (Stuttgart, 5. Aufl. 2005), 127f.

Kapitel 12

1 Martin H. Manser, *The Westminster Collection of Christian Quotations* (Louisville 2001), 76.

2 Randall Rothenberg und Noel M. Tichy, »The Thought Leader Interview«, *Strategy + Business Magazine* (Frühjahr 2002), 91f.

Kapitel 13

1 Marcus Buckingham und Donald O. Clifton, *Now Discover Your Strengths* (New York), 5. – *Entdecken Sie Ihre Stärken jetzt! Das Gallup-Prinzip für individuelle Entwicklung und erfolgreiche Führung* (Frankfurt/Main 2002), 12.

2 Ebd.

3 Thomas Stewart, *Intellectual Capital: The New Wealth of Organizations* (New York 1997). – *Der vierte Produktionsfaktor: Wachstum und Wettbewerbsvorteile durch Wissensmanagement* (München 1998).

4 Stuart Crainer, *The Management Century* (San Francisco 2000), 207.

5 Peter F. Drucker, *Managing for the Future: The 1990's and Beyond* (New York 1992), 334. – *Die Zukunft managen* (Düsseldorf 1992), 241.

6 Max De Pree, *Leadership Is an Art* (New York 1989), 28, 38. – *Die Kunst des Führens* (Frankfurt/Main 1990), 49, 72.

7 Die wundervollen Bilder in diesem Film stammen von Dewitt Jones und Roger Merrill und wurden dem Buch *The Nature of Leadership* entnommen.

Kapitel 14

1 Larry Bossidy und Ram Charan, *Execution: The Discipline of Getting Things Done* (New York 2002), 19, 34. – *Managen heißt Machen: Die Kunst, Projekte abzuschließen, Pläne umzusetzen und bis zum Schluss durchzuhalten* (München 2002), 42, 27f.

2 Louis V. Gerstner Jr., *Who Says Elephants Can't Dance?* (New York 2002), 230. – *Wer sagt, Elefanten können nicht tanzen? Der Wiederaufstieg von IBM* (Stuttgart 2002), 259.

3 Charles Hummel, *Tyranny of the Urgent* (Downers Grove, IL, 1967), 9f.

Kapitel 15

1 Gordon B. Hinckley, »Testimony«, *Ensign Magazine* (Mai 1998), 69.

2 Inschrift an einem Denkmal am Rockefeller Center in New York.

3 Nelson Mandela, *Long Walk to Freedom* (Boston 1994), 543f. – *Der lange Weg zur Freiheit: Autobiographie* (Frankfurt/Main 1994), 834f.

4 Inschrift an einem Denkmal vor dem Eingang zum Nathan Eldon Tanner Building, Marriott School of Management, Brigham Young University, Provo, Utah.

5 Alfred North Whitehead, »The Rhythmic Claims of Freedom and Discipline«, *The Aims of Education and Other Essays* (New York 1929), 46.

6 Dag Hammarskjöld, *Markings* (New York 2001), 158. – *Zeichen am Weg* (München 1965), 139.

7 Malcolm Muggeridge, »A Twentieth Century Testimony«, in: Thomas Howard (Hg.), *Malcolm Muggeridge* (London 1979).

8 Robert K. Greenleaf, »The Servant as Leader«, in: *Servant Leadership: A Journey into the Nature of Legitimate Power and Greatness*, Ausgabe zum 25. Jahrestag (Mahwah, NJ, 2002), 23f.

9 Jim Collins, »Level Five Leadership: The Triumph of Humility and Fierce Resolve«, *Harvard Business Review*, Bd. 79, Nr. 1 (Januar 2001), 67.

10 Jim Collins, »And the Walls Came Tumbling Down«, in: Frances Hesselbein, Marshall Goldsmith und Iain Somerville (Hg.), *Leading Beyond the Walls* (The Peter F. Drucker Foundation for Nonprofit Management, 1999).

11 Jim Collins, *Good to Great* (New York 2001), 20. – *Der Weg zu den Besten: Die sieben Management-Prinzipien für dauerhaften Unternehmenserfolg* (Stuttgart, 5. Aufl. 2005), 37.

12 *Peel's Principles of Modern Policing*, 1829.

13 Bericht von Col. Joshua L. Chamberlain, Twentieth Maine Infantry Field Near Emmitsburg – 6. Juli 1863.

14 Alice Rains Trulock, *In the Hands of Providence: Joshua L. Chamberlain and the American Civil War* (Chapel Hill 1992), 5.

15 Maxwell Anderson, *Joan of Lorraine* (Washington, D.C., 1947).

16 Haddon Klingberg Jr., *When Life Calls Out to Us* (New York 2001), 8. – *Das Leben wartet auf Dich: Elly & Viktor Frankl* (Wien 2002), 27f.

17 Trulock, 154. Auszug aus der Rede zur Einweihung der Maine Monuments bei Gettysburg am Abend des 3. Oktober 1889.

Über FranklinCovey

FranklinCovey ist ein internationales Beratungs- und Trainingsunternehmen, das auf die Entwicklung von Unternehmens- und Führungskultur spezialisiert ist. Weltweit in 150 Ländern vertreten, berät FranklinCovey mit rund 3500 Beratern in bis zu 40 Sprachen Kunden aller Branchen im Bereich der Organisations- und Personalentwicklung. Dabei ist es das Ziel, deren Unternehmenskultur als strategischen Wettbewerbsvorteil aufzubauen.

Programminhalte und Angebote

FranklinCoveys Programme sind über viele Jahre entwickelt und orientieren sich an wissenschaftlich belegten Verhaltensmustern. Die Inhalte sind darauf ausgelegt, Führungskräften und Mitarbeitern prinzipienorientierte Einstellungen und relevante Kompetenzen zu vermitteln und ihnen zu zeigen, wie sie diese anhand von erprobten Werkzeugen umsetzen. Dabei ist das Ziel, Veränderungen auf allen Ebenen zu erreichen und somit die Kultur der Unternehmen nachhaltig zu entwickeln.

Die Kompetenzfelder von FranklinCovey sind:

- Führung
- Produktivität
- Vertrauen
- Umsetzung
- Vertrieb

Programmportfolio

FranklinCovey bietet eine große Bandbreite von innovativen, hochwertig ausgearbeiteten Trainingsformaten an, die von klassischen Workshops über Vorträge bis hin zu Online- und Blended-Learning-Konzepten reichen. Neben Firmentrainerausbildungen und IP-Lösungen ist auch die Beratung und Leitung von Change-Projekten enthalten. Für Unternehmen und Organisationen bietet FranklinCovey alle seine Trainingsinhalte und Programme sowie Webinare und Lernvideos auch als All Access Pass™ an.

www.franklincovey.de
www.franklincovey.ch
www.franklincovey.at

Über FranklinCovey im deutschsprachigen Raum

Im deutschsprachigen Raum wird FranklinCovey durch die Leadership Institut GmbH mit Büros in Deutschland, Österreich und der Schweiz vertreten. Das Leadership Institut bietet das Beratungs- und Trainingsspektrum von FranklinCovey in deutscher Sprache und angepasst auf unsere kulturellen Anforderungen an.

Darüber hinaus entwickelt und implementiert das Leadership Institut Lösungen rund um das Thema »Effektivität von Führung« für Organisationen, Teams und Individuen und setzt Standards bei der Einführung nachhaltiger Leadership-Systeme.

FranklinCovey Deutschland
Leadership Institut GmbH
Bavariafilmplatz 3
82031 Grünwald
Telefon: +49 (0) 89 45 21 48 - 0
Telefax: +49 (0) 89 45 21 48 - 48
Internet: www.franklincovey.de
E-Mail: info@franklincovey.de

FranklinCovey Schweiz
Leadership Institut GmbH
General-Guisan-Strasse 6/8
6303 Zug
Telefon: +41 (0) 41 71 13 730
Telefax: +41 (0) 41 71 13 731
Internet: www.franklincovey.ch
E-Mail: info@franklincovey.ch

FranklinCovey Österreich
Leadership Institut GmbH
Kärntner Ring 5-7
1010 Wien
Telefon: +43 (0)1 3201 622
Telefax: +43 (0)1 3201 623
Internet: www.franklincovey.at
E-Mail: info@franklincovey.at

Über den Autor

Dr. Stephen R. Covey, weltweit anerkannter Experte für Führungsfragen und Familien, Lehrer, Unternehmensberater und Autor, sah seine Lebensaufgabe in der Verbreitung des prinzipienzentrierten Lebens und Führens für den Aufbau von Familien und Unternehmen. Er studierte an der Harvard University Betriebswirtschaft und promovierte an der Brigham Young University, wo er als Professor für das Verhalten von Organisationen und Betriebsführung lehrte und auch für die Beziehungen zu anderen Universitäten zuständig und Assistent des Rektors war.

Dr. Covey hat mehrere erfolgreiche Bücher verfasst, darunter den internationalen Bestseller *Die 7 Wege zur Effektivität*, der zum einflussreichsten Wirtschaftsbuch des 20. Jahrhunderts ernannt wurde und als eines der zehn einflussreichsten Managementbücher aller Zeiten gilt. Das Buch wurde in 38 Sprachen übersetzt und weltweit über 20 Millionen Mal verkauft. Auch *Der Weg zum Wesentlichen*, *Die effektive Führungspersönlichkeit* und *The 7 Habits of Highly Effective Families* sind Bestseller. Insgesamt wurden über 25 Millionen Exemplare seiner Bücher verkauft. Der Familienvater und Großvater erhielt 2003 den Vaterschaftspreis der National Fatherhood Initiative, den er selbst als bedeutsamste seiner zahlreichen Auszeichnungen betrachtete. Außerdem bekam er für seinen unermüdlichen Dienst an der Menschheit die Thomas More College Medallion, 1999 die Auszeichnung als Sprecher des Jahres, 1998 den Internationalen Friedenspreis der Sikhs, 1994 den Preis für den internationalen Unternehmer des Jahres und einen Preis für sein unternehmerisches Lebenswerk. Das *Time Magazine* zählte ihn zu den 25 einflussreichsten US-Amerikanern; er hat sieben Ehren-Doktortitel erhalten.

Dr. Covey war Mitbegründer und Vice Chairman der FranklinCovey Company, des in 130 Ländern vertretenen führenden globalen Management-, Trainings- und Consulting-Instituts. Alle lokalen Vertretungen teilen seine Vision, Disziplin und Leidenschaft, zu inspirieren und Tools zu entwickeln für die Veränderung und das Wachstum von Einzelnen und Organisationen auf der ganzen Welt.

⑧ Die Herausforderung des 8. Weges

1. Schritt: Lesen Sie das Kapitel.

2. Schritt: Lehren Sie mindestens zwei Leute – Arbeitskollegen, Familienmitglieder, Freunde usw. – den Inhalt des Kapitels.

3. Schritt: Bemühen Sie sich aufrichtig und konzentriert, die in dem Kapitel behandelten Prinzipien einen Monat lang in Ihrem Leben zu beherzigen.

4. Schritt: Erzählen Sie einem Kollegen, Angehörigen oder Freund, dem Sie vertrauen, welche Ergebnisse Sie durch die Umsetzung der Ideen aus dem betreffenden Kapitel in Ihrem Leben erzielt und was Sie dabei gelernt haben.

1	Der Schmerz
2	Das Problem
3	Die Lösung
4	Entdecken Sie Ihre innere Stimme – unsere ungeöffneten Geburts-Geschenke
5	Bringen Sie Ihre innere Stimme zum Ausdruck: Vision, Disziplin, Leidenschaft und Gewissen
6	Inspirieren Sie andere dazu, ihre innere Stimme zu finden: Die Herausforderung der Führung
7	Die Stimme des Einflusses: Ein Trimmruder sein
8	Die Stimme der Vertrauenswürdigkeit: Als Vorbild Charakterstärke und Kompetenz vorleben
9	Die Stimme und Schnelligkeit des Vertrauens
10	Verschmelzung der inneren Stimmen: Die Suche nach der dritten Alternative
11	Mit einer Stimme: Als Visionär gemeinsame Vision, Werte und Strategie entwickeln
12	Die Stimme und Disziplin der Umsetzung: Als Koordinator Ziele und Systeme auf Ergebnisse ausrichten
13	Die Stimme der Befähigung: Als Coach Leidenschaft und Talent freisetzen
14	Der 8. Weg und der ideale Punkt
15	Weise Nutzung unserer inneren Stimmen, um anderen zu dienen

Finden Sie Ihre innere Stimme und inspirieren Sie andere dazu, ihre innere Stimme zu finden.

❶ Lesen	❷ Zwei Personen lehren	❸ Die Prinzipien im Leben beherzigen	❹ Über die Ergebnisse sprechen
☐	☐ ☐	☐ 30 Tage	☐
☐	☐ ☐	☐ 30 Tage	☐
☐	☐ ☐	☐ 30 Tage	☐
☐	☐ ☐	☐ 30 Tage	☐
☐	☐ ☐	☐ 30 Tage	☐
☐	☐ ☐	☐ 30 Tage	☐
☐	☐ ☐	☐ 30 Tage	☐
☐	☐ ☐	☐ 30 Tage	☐
☐	☐ ☐	☐ 30 Tage	☐
☐	☐ ☐	☐ 30 Tage	☐
☐	☐ ☐	☐ 30 Tage	☐
☐	☐ ☐	☐ 30 Tage	☐
☐	☐ ☐	☐ 30 Tage	☐
☐	☐ ☐	☐ 30 Tage	☐
☐	☐ ☐	☐ 30 Tage	☐

Leserstimmen

»Das ist ein Charakterbuch – der Big Mac der Management-Literatur!«

Alexander J. Riedl

McDonald's

»Nach den 7 Wegen nun mit dem 8. Weg eine Erweiterung und gleichzeitig logische Fortentwicklung. Genauso plausibel, genauso relevant – mitten ins Herz der Gesamtschau des menschlichen Zusammenspiels. Eine große Kraft liegt in uns. Covey zeigt einen Weg zur vollen Entfaltung dieses kollektiven Potenzials. Ein wirklich großer, ganzheitlicher Entwurf.«

Christian Weller von Ahlefeld

CFO, GfK AG

»Simpel, effektiv, wiederum ganzheitlich und erneut umsetzungsorientiert. Die 7 Wege zur Effektivität – das Managementbuch mit dem wohl höchsten Einfluss in angelsächsischen Führungsetagen – findet einen würdigen Nachfolger auf deutschen Business-Schreibtischen: Der 8. Weg – ich könnte es auch die ›Covey-Enzyklopädie‹ nennen. Covey ist wieder mal inspirierend und direkt zugleich, seine Beispiele und Weisheiten treffen. Wer sich auf den Weg macht zu persönlicher Work-Life-Balance, auf den Weg zu einer Leadership- und Unternehmenskultur mit Engagement und Leistung, der kommt am 8. Weg von Stephen R. Covey nicht vorbei.«

Gerald Prior

CEO, entory AG

»Wieder ein packendes Buch von Stephen Covey! Der weltweit anerkannteste Führungsexperte baut hier auf seinem Bestseller *Die 7 Wege zur Effektivität* auf und präsentiert ein neues Muster für ein Leben, das voller Leidenschaft ist, wahrhaftig etwas bewirkt und als Vermächtnis eine Größe hinterlässt, die das Leben lange überdauert.«

Larry King

Journalist, CNN

»Covey versetzt uns weiter in Erstaunen. Mit diesem Buch ermöglicht er den Lesern einen Riesenschritt zur Verwirklichung jener Größe, die in uns allen schlummert. Sein 8. Weg ist wirklich ein zeitloses Führungsprinzip: Der 8. Weg basiert auf dem Respekt vor dem Einzelnen – einer wesentlichen Wahrheit, die in einer Welt, die den Menschen zunehmend als bloßes Produktionsmittel betrachtet, verloren gegangen ist. Covey hilft uns – im heutigen globalen, durch scheinbar unendliche Netzwerke verbundenen Markt –, die einzigartige Größe der unzähligen Menschen, die unser Leben Tag für Tag berühren, zu erkennen und aufzudecken. Als Führungsverantwortlicher von 120 000 talentierten Menschen in fast 150 Ländern schätze ich den Unterschied und das Führungsmodell, das dieser kluge Mann so bereitwillig an andere weitergibt.«

William G. Parrett

Chief Executive Officer, Deloitte Touche Tohmatsu

»Mit diesem Buch hat Covey die Führung auf eine neue, inspirierende Ebene gehoben. Eine Pflichtlektüre für alle, die Führungspositionen anstreben!«

Arun Gandhi

President, M. K. Gandhi Institute for Nonviolence

»Große Führungspersönlichkeiten kennen den Wert der Menschen und schätzen ihn. Sie hören sich die Meinung anderer nicht nur an, sondern wollen sie erfahren. Sie sorgen dafür, dass jeder in ihrem Team die Chance hat, einen bedeutenden, nachhaltigen Beitrag zu leisten. Sie wissen, dass ihre wichtigste Verantwortung als Führungskraft darin besteht, ihre Leute zu entwickeln, ihnen Raum für Wachstum zu geben und sie zur Entfaltung ihres vollen Potenzials zu inspirieren. Marriott hat sich dieser Philosophie schon seit Langem verschrieben. Wir sind überzeugt: Wenn wir uns besonders gut um unsere Partner kümmern, werden sie sich besonders gut um unsere Kunden kümmern. Das ist auch die Philosophie von Stephen R. Covey. Sein Buch *Der 8. Weg: Mit Effektivität zu wahrer Größe* ist ein hervorragender Leitfaden dafür, wie man ein stärkerer, effektiverer, wirklich inspirierender Führer wird.«

J. W. Marriott Jr.

Chairman und CEO, Marriott International, Inc.

»Stephen Covey ist es wie immer gelungen, sich auf das zu konzentrieren, was einerseits das Herz inspiriert und andererseits dafür sorgt, dass im Business die Dinge erledigt werden. Der 8. Weg – inneren Frieden und einen intensiven Fokus zu finden – ist ganz wichtig.«

Ram Charan

Autor von »Was Tante Emma und Rockefeller gemeinsam haben« und Mitautor von »Managen heißt Machen«

»Auf die nächste Phase von Coveys Arbeit an den 7 Wegen habe ich über ein Jahrzehnt lang gewartet. Seit ich *Die 7 Wege zur Effektivität* zum ersten Mal gelesen habe, haben die Anforderungen an mein Leben sich dramatisch geändert. Ich brauchte also eine neue Betrachtungsweise für mein Leben und meine Balance. Jetzt bin ich wieder inspiriert!«

Greg Coleman
EVP, Yahoo! Media and Sales

»*Der 8. Weg* ist eine sehr wirkungsvolle, praktische Landkarte, wenn man mehr als bloße Effektivität erreichen will. Jeder, der nach Glück und Erfüllung strebt, sollte dieses Buch lesen.«

Clayton M. Christensen
Professor of Business Administration, Harvard Business School

»Aufstrebende Führungskräfte, die ihre persönliche Effektivität bei der Arbeit und im Privatleben signifikant steigern wollen, müssen dieses Buch unbedingt lesen! Covey präsentiert uns hier eine brillante Vorlage für den beruflichen und persönlichen Erfolg im neuen Jahrtausend.«

Douglas R. Conant
President und CEO, Campbell Soup Co.

»Dieses neue Buch entspricht ganz meiner eigenen Überzeugung, dass jeder Mensch und jedes Unternehmen das Potenzial hat, Größe zu erreichen und aufrechtzuerhalten. Covey versteht, dass wahre Größe Leidenschaft erfordert und dass die Leidenschaft in den Unternehmen durch Unternehmenspraktiken entfacht werden muss, die Kooperation, Wachstum und innere Verpflichtung fördern und belohnen.«

Ann Livermore
Executive Vice President, Technology Solutions Group, HP

»Ich bin überzeugt, dass Covey wirklich die Essenz der Führung erfasst hat. *Der 8. Weg* wird sich als das für erfolgreiche Führungskräfte wichtigste Buch erweisen.«

Michael H. Jordan
Chairman und CEO, EDS

»Coveys Arbeit hat weltweit Millionen und Abermillionen von Menschen beeinflusst. Mit diesem Buch unternimmt er einen großen konzeptuellen Wurf und führt uns ein in Ideen und Methoden, die für unser aller Leben von grundlegender Bedeutung sein werden. *Der 8. Weg* ist ein großartiges Buch, ein Triumph des Geistes und – meiner Ansicht nach – Coveys wichtigstes Werk.«

Warren Bennis
Autor von »Führen lernen«

»ÜBERNEHMEN SIE VERANTWORTUNG FÜR IHR LEBEN.«
STEPHEN R. COVEY

Stephen R. Covey hat mit seinen ZEITLOSEN PRINZIPIEN UND GEDANKEN neue Maßstäbe gesetzt

Internationaler BESTSELLERAUTOR und MANAGEMENTVORDENKER

DIE WICHTIGSTEN BÜCHER von Stephen R. Covey IN NEUEM LOOK

INTERNATIONALER BESTSELLER
ÜBER 30 MIO. VERKAUFTE EXEMPLARE WELTWEIT

ISBN 978-3-86936-895-5
€ 29,90 (D) / € 30,80 (A)

ISBN 978-3-86936-722-4
€ 24,90 (D) / € 25,60 (A)

ISBN 978-3-86936-894-8
€ 24,90 (D) / € 25,60 (A)

Eine Übersicht aller Bücher von Stephen R. Covey finden Sie auf **www.gabal-verlag.de.**

Alle Titel auch als E-Book erhältlich